비니타데바의 유식학 주석서

—『유식이십론』과 『관소연론』 역주—

비니타데바의 유식학 주석서 —『유식이십론』과『관소연론』 역주—

—

1판 1쇄 발행 2026년 1월 9일

—

저 자 | 비니타데바
역 주 | 유리
발행인 | 이병은
발행처 | 세창출판사
신고번호 제1990-000013호
주소 03736 서울시 서대문구 경기대로 58 경기빌딩 602호
전화 02-723-8660 팩스 02-720-4579
이메일 edit@sechangpub.co.kr 홈페이지 www.sechangpub.co.kr
블로그 blog.naver.com/scpc1992 페이스북 fb.me/Sechangofficial 인스타그램 @sechang_official

—

ISBN 979-11-6684-429-4 93150

—

이 역주서는 2021년 대한민국 교육부와 한국연구재단의 지원을 받아 수행된 연구임.
(NRF-2021S1A5A7079842)

—

이 책은 한국연구재단의 지원으로 세창출판사가 출판, 유통합니다.

비니타데바의 유식학 주석서

—『유식이십론』과『관소연론』역주—

비니타데바(Vinītadeva) 저

유리 역주

세창출판사

차 례

Ⅱ. 『유식이십론』 티베트역과 비니타데바 티베트역 주석서 원문과 한글 번역

일러두기

1. 본 역주는 바수반두의 『유식이십론』과 디그나가의 『관소연론』에 대한 비니타데바의 티베트역 주석서를 번역한 것이다. 더불어 『유식이십론』의 티베트역과 『관소연론』의 티베트역, 진제와 현장 두 한역도 번역하였다.
2. 본 역주에 사용된 단락은 역자가 내용 맥락에 근거하여 구분하였다.
3. 여기에 사용된 티베트역은 모두 데게(sDe dge)판을 저본(底本)으로 삼았다. 패킹(Peking), 간댄(Ganden), 쪼네(Cone), 나르탕(sDar thang) 판본과 비교, 대조한 교정 작업은 뻬둘마를 참조하거나 직접 대조하여 각주로 처리하였다.
4. 본 역주에 사용된 *는 추정된 산스크리트 단어를 의미한다.
5. [ ]는 원문에는 없지만, 역자가 맥락상 보충한 내용을 의미한다.
6. 본 역주는 산스크리트본, 티베트역, 한역의 용어를 필요에 따라 나란히 적었다. 예컨대, 인식대상(ālambana, dmigs pa, 所緣)이 그것이다. 정해진 방식은 없다. 티베트역에서는 인식대상(dmigs pa, 所緣)의 경우처럼 티베트 용어를 먼저 적었고, 한역에서는 인식대상(所緣, dmigs pa)의 경우처럼 한자어를 먼저 적었다.
7. 각주는 역자의 역주와 원본에 대한 비판 교정이다.
8. 티베트어 표기와 발음은 동국대학교 티베트장경연구소에서 발간된 『티베트 한글 표기안』(2010)에 따른다.
9. 각주에 (+)는 데게 판본에 있는 것이고 (-)는 데게 판본에 없다는 표시이다.
10. 원문 중에서 예컨대, :do/ de( ) 은 원문의 교정 범위에 대한 표시이다. 즉 : 표시가 있는 do부터 각주 표시가 있는 ( )까지를 교정한다는 것으로 각주로 처리하였다.
11. 案은 『관소연론』 각 게송이 끝나는 부분에 역자의 해설을 추가한 것이다.

I
해 제

본 글은 비니타데바(Vinītadeva, 調伏天, 7?-8세기?)의 『唯識二十論』(Viṃśikāvijñaptimātratāsiddhi, 이하 『이십론』으로 약칭)과 『觀所緣論』(Ālambanaparīkṣā)에 대한 티베트역 주석서를 우리말로 번역한 것이다. 더불어 『유식이십론』의 티베트역과 『관소연론』의 티베트역, 현장(玄奘, 602-664)과 진제(Paramārtha, 眞諦, 499-569)의 한역도 함께 번역한다.

제목에서도 드러나듯이, 『이십론』은 유식(vijñaptimātra, 唯識)을 성립시키기 위하여 외계 대상이 존재하지 않는다는 것을 20게송으로 논증하는 바수반두(Vasubandhu,[1] 世親, 400-480/320-400)의 논서이다. 『관소연론』은 유식학파의 인식대상의 본질을 8게송으로 해명하는 디그나가(Dignāga, 陳那, 480-540/400-480)의 논서이다. 『이십론』이 외계 대상의 존재론적 특성을 다루는 것이라면, 『관소연론』은 외계 대상의 인식론적 특성을 다룬다. 우리의 인식은 외계 대상과 인식대상의 관계로 성립되는데, 즉 외계 대상이 어떤 방식으로 인식대상으로 되는가의 문제로 집약된다. 『이십론』과 『관소연론』은 인식 성립의 주요 조건인 외계 대상과 인식대상의 문제만을 심층적으로 해명하여 두 개념의 관계를 자세히 밝히고 있다. 따라서 우리는 비니타데바의 두 주석서를 통해서 유식학파가 이 두 문제를 어떠한 방식으로 해명하는지를 더욱 자세하게 알 수 있을 것이다.

인도 논사 비니타데바의 생몰연대는 정확하게 알려진 것이 없다. 그의 현존하는 저서를 통해서 대개 7-8세기에 활동하였다고 하거나 생몰연대를 645-715라고 추측하기도 하지만, 현재 학계에서 공식적으로 통

---

1 바수반두(Vasubandhu)에서 바수(vasu)는 부(富), 보석이라는 의미이고 반두(bandhu)는 친족, 친구라는 의미이다. 바수반두(婆藪槃豆), 벌소반도(筏蘇畔徒) 등으로 음사되거나 천친(天親)이나 세친(世親)이라고 불리기도 한다. 티베트에서는 바수반두라는 이름을 '세상 사람들(世人)이 지향하는 번영이나 깨달음의 친족'이라고 해석한다.

용되는 연대는 없다. 그의 현존하는 저서는 『이십론』과 『관소연론』에 대한 티베트역 주석서와 『유식삼십론송』(Triṃśikāvijñaptimātratāsiddhi, 이하 『삼십송』으로 약칭)의 스띠라마티(Sthiramati, 安慧, 510-570/470-550)의 주석서를 다시 해석한 티베트역 주석서가 있다. 그 외는 불교인식논리학을 완성시킨 다르마끼르티(Dharmakīrti, 法稱, 600-660)의 주석서가 대부분이다. 그가 직접 저술한 문헌은 아직까지 밝혀진 바가 없다. 그의 주석서는 시기적으로 유식 교학이 완성되고 불교인식논리학자들이 왕성하게 활동하던 시기에 저술되었다. 따라서 비니타데바의 주석은 유식 사상에서 불교인식논리학으로 전개되는 일련의 사상적 과정을 검토하는 데 있어서 주요한 지표를 제시해 주는 역할을 한다.

본 번역은 비니타데바의 『이십론』과 『관소연론』에 대한 티베트역 주석서를 우리말로 옮기는 것을 일차적인 목적으로 한다. 불교 연구에서 산스크리트 문헌을 우선시하는 것은 주지의 사실이다. 그러나 우리에게 남겨진 방대한 불교 문헌 자료 중에서 티베트 문헌이나 한역 문헌의 중요성도 배제하지 못한다. 게다가 문헌의 성립 시기, 불교 사상적 자료 등을 생각하면 이런 비산스크리트 불교 문헌이 가지는 의미는 결코 간과되어서는 안 된다. 따라서 본 번역은 티베트 불교 문헌을 우리말로 이해할 수 있는 편의를 제공할 뿐 아니라 유식 불교 철학을 이해하는 좋은 통로가 될 것이다.

다음은 번역 용어의 문제이다. 현재 한국 불교학계에서 티베트 불교 용어에 대한 통일된 우리말은 없는 실정이다. 이 점은 티베트 불교 논서를 우리말로 번역할 때의 가장 곤혹스러운 부분 중의 하나이다. 이것은 티베트 불교에만 적용되지는 않는다. 여전히 우리는 산스크리트 불교 논서를 번역할 때도 천 년 동안 고착되어 전해 온 중국 고전어를 그대로 사용한다. 그래서 해탈(解脫), 지옥(地獄), 열반(涅槃) 등 우리의 일상생활

속에 스며든 이 용어들을 사상적 맥락에서 우리말로 풀어 번역하기는 매우 어려운 형편이다. 참고로 티베트 불교 용어는 우리처럼 중국 고전어를 사용하지 않고, 일상 용어 그대로 사용한다는 경향이 있다. 그래서 티베트 불교 용어는 그 말 그대로 쉽게 그 뜻을 이해할 수 있다. 우리도 불교 용어를 순수한 우리말로 옮기고자 하는 노력이 다수의 불교학자와 사찰 등에서 이루어지고 있다. 사찰 예불에 반드시 들어가는 『반야심경』이나 『천수경』 등을 우리말로 풀어서 사용하는 것이 그 단적인 예이다. 또한 학계에서는 해탈(mokṣa, 解脫)을 '해방'이라거나, 오온(pañca-skandha, 五蘊)을 '다섯 무더기'라든가, 욕계(kāma-dhātu, 欲界)를 '욕망의 세계', 색계(rūpa-dhātu, 色界)를 '물질의 세계' 등으로 번역한다. 본 번역은 누구나 읽기 쉬운 문장을 목표로 하기에 맥락에 따라서 익숙한 중국 고전어 불교 용어를 그대로 사용하거나, 또는 우리말로 적절하게 풀어서 번역한다.[2]

2 본 번역 중에서 그늘진 부분(chāya, 影), 물리적 방해(pratighāta, 障), 인격적 주체가 없는 상태(pudgalanairātmya, 人無我), 존재의 요소가 없는 상태(dharmanairātmya, 法無我), 교정 수단(pratipakṣa, 對治), 종별의 유사성(sabhāga, 同分), 홀연히 태어나는 중생(upapāduka, 化生) 등의 용어 출처는 『유식이십론 — 다섯 가지 버전과 상세한 해설로 읽다』(강형철 · 유리 · 구미숙 역주, 씨아이알, 2025)이다. 이 책은 바수반두 『유식이십론』의 현존하는 다섯 가지 버전, 즉 산스크리트본, 티베트역, 현장과 진제, 보리류지 세 한역을 모두 우리말로 옮긴 세계 최초의 번역서이다. 여기에서 이 단어들은 『이십론』의 산스크리트본을 번역한 강형철 선생님의 번역어이다. 따라서 바수반두의 『이십론』과 비니타데바의 『이십론』 티베트역 주석서가 서로 내용상 연결되기에 본 글은 그의 번역어를 허락하에 그대로 사용한다.

1. 『유식이십론』

1) 개관

『이십론』은 바수반두의 저서이다. 바수반두는 2인설이 나올 정도로 불교사상에서 그의 역할과 영향력이 지대하다.[3] 그는 설일체유부(Sarvāstivāda)로 출가하여 아비달마 교리를 공부하였으며 경량부(Sautrāntika) 사상을 접하여 이를 근거로 유부 사상을 체계적으로 비판한 『아비달마구사론』(Abhidharmakośabhāṣya)[4]을 지었으며 이후 유식학파(Yogācāra)로 전향한다. 그의 저서는 『유식삼십론송』, 『유식이십론』, 『대승오온론』, 『대승성업론』, 『삼성론』 등이 있고, 『섭대승론』, 『대승장엄경론』, 『중변분별론』에 대한 주석서가 있으며 『무량수경』을 해설한 『정토론』도 있다.

바수반두의 사상적 도정은 아비달마 교학으로부터 경량부 사상을 거쳐 유식학파로 귀결된다. 이런 사상적 편력을 지닌 바수반두의 『이십론』은 『삼십송』[5]과 더불어 유식학파의 교리를 대표하는 주요 저서이다. 『이십론』의 저술 목적은 이 세계는 '오직 인식일 뿐'(vijñaptimātra, 唯識)

---

3 바수반두 2인설은 프라우왈러(1951)가 처음 주장했다. 그는 유부 논사로 『구사론』 저자인 바수반두와 유부에서 유식학파로 사상적으로 전이한 유식 논사인 바수반두를 구분하였다. 이후 학계에서는 이 문제 제기에 대한 다양한 의견들이 제시되고 있다.

4 『아비달마구사론』은 경량부 사상을 기반으로 삼아서 아비달마 교리를 체계적으로 분석하고 정리한 바수반두의 저서이다. 특히 『구사론』의 마지막 부분에 있는 「파아품」은 경량부 사상의 정보가 극히 제한적인 현시점에서 그들의 교리에 대한 자료를 제공한다.

5 『삼십송』은 유식 교학을 30송으로 집대성한 바수반두의 저서이다. 저자 자주(自註)는 없고 산스크리트본, 티베트역, 현장의 『삼십송』과 진제의 『전식론』 두 한역의 게송만이 남아 있다. 주석서는 다르마빨라를 비롯한 10대 논사들의 견해를 편집한 중국 법상유식의 주석서 『성유식론』이 있고, 스띠라마티의 산스크리트본과 티베트역의 주석서가 있으며, 이것을 다시 주석한 비니타데바의 티베트역 주석서가 있다.

이라는 것을 논증하기 위한 목적으로 '외계 대상은 존재하지 않는다'라는 것을 중점적으로 다루고 있다. 『이십론』이 외계 대상의 존재성을 원자(paramāṇu) 개념으로 직접 논증하는 것이야말로 이 논서만이 지닌 특징이다. 하지만 『이십론』은 외계 대상이 존재하느냐, 존재하지 않느냐의 문제에만 국한되지 않고 외계 대상의 존재 여부를 인식대상의 문제로 연결한다. 결국은 외계 대상이 존재하지 않는다면, 우리의 인식은 어떻게 가능한가라는 문제를 다룬다. 『이십론』의 내용적 형식은 먼저 경전적 근거(經證)와 이론적 근거(理證)로써 논증하는데, 경증은 『십지경』을 들고 이증은 대략 9가지 정도를 제시하고 있다. 외계 대상의 실재성을 인정하는 외계실재론자(bāhyārthavādā)들이 묻고(pūrvapakṣa) 유식론자 바수반두가 답하는(uttarapakṣa) 대론 형식으로 구성되어 있다.

다음은 『이십론』의 서지 정보이다.

① 『이십론』의 산스크리트 편집본과 사본이다.

㉠ Lévi, Sylvain, 1925, *vijñaptimātratāsiddhi: Deux Traités de Vasubandhu: Viṃśatikā et Triṃśikā*, Paris: Libraire Ancienne Honoré Champion.

㉡ Lévi, Sylvain, 1932, *Matériaux pour l'étude du système vijñaptimātra*. Paris: Bibliothèque de l'École des Hautes Études.

㉢ Bagchi, Sitansu Sekhar, 1957, "vijñaptimātratāsiddhi, Viṃśatikā of Vasubandhu", Nava-Nālandā-Mahāvihāra Research Publication, vol. Ⅰ.

㉣ Tripathi, Ram Shankar, 1992, *vijñaptimātratāsiddhi prakarana dvayam*. Varanasi: Sampurnananda Sanskrit University.

ⓜ Balcerowicz, Piotr & Nowakowska, Monika, 1999, "Wasubandhu: Dowód na wylaczne istnienie treści świadomości w dwudziestu strofach(Vasubandhu: Viṃśatikā - vijñapti - mātratā - siddhi), opracowanie tekstu I przeklad z sanskrytu", Studia Indologicne 6.

ⓑ Tola, Fernando & Dragonetti, Carmen, 2004, *Being as Consciousness: Yogācāra Philosophy of Buddhism*. Delhi: Motilal Banarsidass.

ⓢ Fukita, Takamichi, 2020, *Vasubandhu: Viṃśatikā vijñaptimātratāsiddhi*, E - text based on Lévi(1925) & 宇井伯壽(1953), Göttingen Register of Electronic Texts in Indian Languages.

ⓞ Ruzsa, Ferenc & Szegedi, Mónika, 2015, "Vasubandhu's Viṃśatikā", Távol-keleti Tanulmányok 1, Budapest: Távol-keleti Intézet.

푸생(Vallée, Poussin)은 1912년에 티베트역『이십론』을 프랑스어로 번역하여 출판하였다. 이것이 최초의『이십론』의 번역 출판이다. 레비(Lévi, Sylvain)는 1925년에『이십론』 산스크리트 교정본을 최초로 출판한다. 또 그는 1932년에 이것을 프랑스어로 출판한다. 레비의 산스크리트 교정의 편집본이 나온 이후에 대부분은『이십론』의 편집본이지만, 사본(manuscript)의 복사본을 출판한 것도 있고, 부분적으로 교정을 제안한 경우도 있다.[6]

② 다음은 티베트 대장경 땐귤(Tanjur)에 있는 문헌이다.

㉠ Viṃśikā-kārikā(nyi shu pa'i tshig le'ur byas pa): 게송만 있는 서지 정보

Cone: sems tsam, shi $3a^4$-$4a^2$.

sDe dge: No.4056, sems tsam, shi $3a^4$-$4a^2$.

Ganden: No.3556, sems tsam, si $4a^3$-$5a^5$.

sNar thang: No.4325, sems tsam, si $4a^5$-$5a^5$.

Peking: No.5557, sems tsam, si $3b^1$-$4b^1$.

㉡ Viṃśikā-vṛtti(nyi shu pa'i grel pa): 게송과 자주가 있는 서지 정보

Cone: No.3557, sems tsam, si $4a^2$-$10a^3$.

sDe dge: No.4057, sems tsam, shi $4a^3$-$10a^2$.

Ganden: No.3557, sems tsam, si $5a^5$-$13a^5$.

sNar thang: No.4326, sems tsam, si $5a^5$-$10a^7$.

Peking: No.5558, sems tsam, si $4b^1$-$11a^1$.

㉢ 펠리오 판본(돈황 문헌)

P.K.125. An edition of the Dunhuang Manuscript Pelliot tibétain 125(7.4×28.2cm, 1면 6행). *Revue d'Études Tibétaines*, 39, April 2017, pp. 342-360.

본 번역은 델게(sDe dge)판을 저본으로 삼았다. 델게판은 패킹(Peking)판, 간댄(Ganden)판, 나르탕(sDar thang)판과는 달리 쪼네(Cone)판과 거의 동일하다.[7] 델게판과 나머지 판본과의 비교 교정은 뻬둘마를 참조하거

6 유리 외 2인(2025), 39-41.

7 최종남 등 공역(2024). 이 역서는 현존하는 모든 대장경의 성립과 변천 과정을 정리하

나 직접 대조하였다. 펠리오 판본은 폴 펠리오 교수가 돈황에서 발견한 티베트역을 교정한 것이다. 돈황 문헌[8] 티베트역은 기존의 티베트 대장경에 있는 『이십론』과 단어나 문장에서 많은 차이를 보인다. 이에 따라 돈황 티베트역은 티베트 고전어 연구뿐만 아니라 『이십론』의 내용 연구에도 중요한 단서가 되는 가치를 지닌다.[9]

③ 다음은 『이십론』의 세 한역이다.

㉠ 『唯識論』 반야류지[10] 번역 T. 31, No. 1588.

㉡ 『大乘唯識論』 진제[11] 번역 T. 31, No. 1589.

㉢ 『唯識二十論』 현장 번역 T. 31, No. 1590.

여 소개한다.

8 돈황 문헌(敦煌 文獻)은 20세기인 1900년 중국 간쑤성 돈황시(敦煌市)의 막고굴(莫高窟)을 비롯한 각지의 유적에서 발견된, 5세기부터 11세기까지 작성된 고대 사본 및 소량의 인쇄본의 통칭이다. 그 형태는 두루마리, 책자본, 각본(인쇄본), 탁본 등으로 다양하며 작성된 문자도 중국어(한자)에서 몽골어, 티베트어, 산스크리트, 튀르키예어 및 중앙아시아 여러 나라의 언어로 그 구성이 다양하다. 처음 발견될 당시 둔황 문헌은 오랜 세월에 걸쳐 막고굴 벽 속에 봉인되어 있었으나, 도사(道士) 왕원록(王円籙)에 의해 우연히 발견되었다. 당대 이전의 귀중한 자료가 대량으로 보존되어 있어서 그 학술적 가치는 돈황학(敦煌學)이라 불리는 학문을 발생시켰다(위키 백과 참조). 참고로 『이십론』 펠리오 돈황본 번역은 Silk(2018) 참조.

9 上山大峻(1987) 참조. 『이십론』 돈황 사본에는 전체 게송이 다 수록되어 있지만, 『삼십송』은 22송 1구까지만 수록되어 있다.

10 『유식이십론술기』(T43, 979c13-979c15) 菩提鶻露支此云覺愛 先云覺熹. 卽魏時菩提流支法師. 或云魏時有居士 名般若流支 此云慧愛. “이 보리골로지(菩提鶻露支)는 각애(覺愛)라고도 하며 이전에는 각희(覺熹)라고 하였다. 즉 위(魏)나라 때 [있었던] 보리류지(菩提流支) 법사이다. 혹은 위나라 때 있었던 거사(居士) 반야류지(般若流支)라고도 불렀는데 이것은 혜애(慧愛)라고[도] 전해지고 있다.”

11 『유식이십론술기』(T43, 979c15-979c17) 梁末陳初 有呴那羅他. 此云家依 親依亦得 卽眞諦三藏也. “양(梁)나라 말 진(陳)나라 초에 구나라타(呴那羅他)가 있었다. 이것은 가의(家依)를 뜻하고 친의(親依)라고도 하는데, 즉 진제 삼장을 말한다.”

『이십론』은 고전 중국어(漢譯)로 된 세 번역서가 현재 남아 있지만, 제목이 모두 다르다. 『대정신수대장경』에 의하면, 각 제목은 『唯識論』(後魏 瞿曇 般若流支 譯), 『大乘唯識論』(陳 眞諦 譯), 『唯識二十論』(唐 玄奘 譯)이다. 가장 먼저 번역된 것은 후위(後魏) 때 반야류지(prajñāruci, 般若流支)가 538년-543년 무렵 업성(鄴城)의 금화사(金華寺)에서 번역한 『유식론(唯識論)』이고, 두 번째는 진(陳)의 진제가 566년-567년 무렵 광주(廣州) 제지사(制旨寺)에 머물면서 번역한 『대승유식론(唯識論)』이고, 세 번째는 당(唐)의 현장(玄奘)이 용삭(龍朔) 1년(661)에 옥화사(玉華寺)의 경복전(慶福殿)에서 번역한 『유식이십론』이다.[12] 반야류지와 진제의 제목은 여러 번 바뀌었다. 宇井伯壽와 横山紘一은 宋・元・明本에는 위(魏)역을 『능가경유식론』 또는 『대승능가경유식론』으로 불렀다고 한다. 특히 宇井伯壽는 위역 때 번역된 『유식론』의 역자를 보리유지(菩提流支)라고 주장한다.[13] 본 번역은 『대정신수대장경』에 있는 그대로 『유식론』의 역자를 '반야류지'라고 한다.

『이십론』에 대한 세 한역의 특징은 다음과 같다. 복잡한 문법적 구조

---

12 『유식이십론술기』(T43, 978c12-978c18) 今我和上三藏法師玄奘 校諸梵本 睹先再譯 知其莫閑奧理 義多缺謬 不悟聲明 詞甚繁鄙 非只一條 難具陳述. 所以自古通學開而靡究. 復以大唐龍朔元年 歲次辛酉 六月一日 於玉花慶福殿 肇翻此論. 基受旨執筆. 其月八日詳譯畢功 刪整增訛 綴補紕闕. "지금 우리 화상 삼장법사 현장께서 여러 범본을 비교하고 앞의 두 번역(=진제와 반야류지)을 살펴보신 후 [이것들이] 오묘한 이치를 지키지 못하고 뜻에 오류가 많으며 음운을 깨닫지 못하여 글이 매우 번잡하고 비루하여서 다만 한 가지가 아니고 모두를 갖추고 [있지 않아서 읽기에] 어렵다는 것을 아셨다. 그러나 옛날부터 통용된 학문이었기에 [항상] 관심을 가지셨지만 몰두하지는 않으셨다. 다시 대당 용삭 원년 신유년 6월 1일에 옥화 경복전에서 비로소 이 논(=『이십론』)을 번역하였다. 규기는 집필을 담당했다. 그[해 6]월 8일에 상세하게 번역하여 정성을 들여 첨가하거나 잘못된 내용을 제거하고 바로잡아 미진한 부분을 보완하여 [비로소 원만하게] 연결하였다."

13 宇井伯壽(1979), 91-92.

를 지닌 산스크리트 문장을 함축적인 뜻글자인 한자어로 옮기는 데 있어서 진제는 산스크리트본의 뜻을 제대로 담은 최적화된 한자어를 구사하여 번역한다. 즉 원문을 충실히 반영하는 번역으로, 말 그대로 직역에 가깝다. 이에 반해 현장역은 직역과 의역을 적절히 혼합한 형태이다. 원전의 의미를 오롯이 내용적으로 전달하고자 하는 그의 의도가 담긴 것이라고 볼 수 있다. 간혹 산스크리트본이나 티베트역의 문장으로 이해되지 않는 내용이 현장역으로 이해될 때도 있다. 마지막으로 반야류지의 번역은 그가 저본(底本)으로 삼은 산스크리트본이 무엇인지는 현재 알 수 없지만, 거의 주석적 번역을 시도하고 있다. 즉 현존하는 산스크리트본이나 티베트역과는 그 내용적 맥락에서 크게 벗어나지 않지만, 그 번역의 양으로 봤을 때 본인의 해석을 풍부하게 가미하여 번역한 것으로 보인다.[14]

④ 다음은 『이십론』에 대한 번역이다.

㉠ 강형철 · 유리 · 구미숙 역주, 2025, 『유식이십론 — 다섯 가지 버전과 상세한 해설로 읽다』, 서울: 씨아이알. —이 역주는 『유식이십론』의 현존하는 다섯 가지 버전, 산스크리트본 · 티베트역 · 진제역 · 현장역 · 반야류지역을 세계 최초로 우리말로 번역하였다. 다섯 가지 버전의 원문과 그 우리말 번역문을 배치하여 서로 비교 대조하기 쉽도록 편집하였을 뿐만 아니라, 각 게송이 끝나는 부분에는 그 게송의 철학적 해석을 첨가하였다.

㉡ Anacker, Stefan, 1984, *Seven Works of Vasubandhu: The*

14 구라마집, 현장, 진제, 의정 등 역경사들의 번역 특징에 대해서는 문을식(2007), 안성두 외 6인(2010), 조윤경(2019), YT Nyen(2022) 등 참조.

Buddhist Psychological Doctor(Religion of Asia Series 4), New Delhi: Motilal Banarsidass. —산스크리트본을 영어로 번역하였다.

ⓒ Kellner, Birgit & Taber, John, 2014, "Studies in Yogācāra-Vijñānavāda idealism I: The interpretation of Vasubandhu's Viṃśatikā," *Asiatische Studien: Zeitschrift der Schweizerischen Asiengesellschaft = Études asiatiques: revue de la Société Suisse - Asie*, Vol. 68(3-4). — 산스크리트를 독일어로 번역하였다.

ⓓ Silk, Jonathan A, 2018, *Materials Toward the Study of Vasubandhu's Viṁśikā (I) - Sanskrit and Tibetan Critical Editions of the Verses and Autocommentary, An English Translation and Annotations (Harvard Oriental Series 81)*, Cambridge: Harvard University. —산스크리트본, 티베트역, 펠리오 돈황본 티베트역을 영어로 번역한 최신 연구 성과이다.

ⓔ 宇井伯壽[Ui, Hakuju], 1953, 『四譯對照唯識二十論研究』, Tokyo: 岩波書店. —산스크리트본과 세 한역을 일본어로 번역하고 그것을 서로 비교 대조한 내용으로 구성되어 있다. 티베트역의 번역은 없다.

ⓕ 山口益[Yamaguchi, Susumu] & 佐々木月樵[Sasaki, Gessho], 1977 (再刊 1923), 『唯識二十論の對譯研究』, Tokyo: 国書刊行会. —이 저서는 『이십론』 티베트역과 세 한역을 일본어로 번역했다. 산스크리트본의 번역은 없다.

⑤ 다음은 『이십론』 한역 주석서이다.

ⓐ 규기의 『唯識二十論述記』, 현장 번역, T. 31, No. 1834.

ⓑ 다르마빨라의 『成唯識寶生論』, 의정[15] 번역, T. 31, No. 1591.

⑥ 다음은 비니타데바의 티베트역 주석서이다.

㉠ sDe dge 4065, sems tsam, śi 171b^{7}-195b^{5}

㉡ Peking 5566, sems tsam, si 201b^{8}-232a^{8}

㉢ sDar thang 4334, sems tsam, si 192a^{2}-221a^{5}

⑦ 다음은 『이십론』 주석서에 대한 현대 번역이다.

㉠ Hillis, Gregory A., 1993, An Introduction and Translation of Vinītadeva's Explanation of the First Ten Verses of (Vasubandhu's) Commentary on his 'Twenty Stanzas' with Appended Glossary of Technical Terms[MA thesis, University of Virginia]. ―이 저서는 바수반두의 『이십론』 산스크리트본과 비니타데바의 티베트역 주석서에 대한 영어 번역이다. 『이십론』의 전체 번역이 아니라 1-10게송만 번역되어 있다.

㉡ 山口益[Yamaguchi, Susumu] & 野澤靜證[Nozawa, Josho], 1953, 『世親唯識の原典解明』, Kyoto: 法藏館. ―이 저서는 디그나가의 『관소연론』과 비니타데바의 티베트역 주석서, 바수반두의 산스크리트본 『이십론』과 비니타데바의 티베트역 주석서와 산스크리트본 『삼십송』과 스띠라마티의 산스크리트본 주석서, 비니타데바의 티베트역 주석서를 일본어로 번역했다.

㉢ 이규완, 2022, 『하운의 유식이십론술기 한글역』, 서울: 씨아이알.

---

15 의정(義淨, 635-713, 인도 체재 673-680)은 다르마빨라의 『이십론』 주석서 『성유식보생론』과 『관소연론』 주석서 『관소연론석』을 중국 고전어로 번역하였다. 의정의 번역은 일관적이지 않은 용어의 사용 방식과 체계적이지 않은 문맥의 흐름으로 인해 우리말로 옮기기가 매우 까다롭다고 정평이 나 있다. 『성유식보생론』은 극미 부분인 11-15게송의 해석이 없으며 『관소연론석』은 7-8게송의 해석 부분이 결여되어 있다.

—이 번역서는 규기의 『이십론』에 대한 한역 주석서 『유식이십론술기』를 우리말로 완역한 것이다.

2) 전체 구성

Ⅰ. 논의 목적

Ⅱ. 경증: 경전적 근거로 『십지경』을 들어 삼계가 '오직 인식일 뿐'임을 논증함

Ⅲ. 이증: 논리적 근거로 삼계가 '오직 인식일 뿐'임을 논증함

■ 이증 1 — 논증식 (제1송)

■ 이증 2 — 네 가지 주제에 대한 논증 (제2송 - 제7송)

(1) 네 가지 주제(장소와 시간의 한정, 마음의 비한정, 대상의 실제 작용)에 대한 외계실재론자의 반론 (제2송)

(2) 네 가지 주제에 대한 바수반두의 답변 (제3송)

1) 시간과 장소의 한정, 마음의 비한정은 대상 없이도 성립함을 밝힘

2) 꿈의 예시로 대상의 실제 작용이 성립함을 밝힘 (제4송 ab)

(3) 지옥의 예시로 네 가지 주제가 모두 성립함을 밝힘 (제4송 cd)

1) 지옥의 파수꾼을 지옥 중생이라고 하는 외계실재론자의 반론에 대한 바수반두의 답변 (제5송)

2) 지옥의 파수꾼은 지옥 중생의 행위에 의해 네 가지 물질적 원소가 변하였다는 외계실재론자의 반론과 식이 변하였다는 바수반두의 답변 (제6송)

3) 지옥 중생의 마음에 원인과 결과가 함께 존재한다는 바수반두의 답변 (제7송)

■ 이증 3 — 색깔/형태 등의 인식영역은 숨은 의도(密意)의 가르침이라는

논증 (제8송 - 제10송)

(1) 경전을 근거로 색깔/형태 등의 인식영역이 실재한다는 외계실재론자의 반론 (제8송)

(2) 인식(vijñapti)은 자신의 마음씨앗과 나타나는 것으로부터 생긴다는 바수반두의 답변 (제9송)

(3) 숨은 의도의 가르침은 인무아와 법무아에 들어가기 위한 것이라는 바수반두의 답변 (제10송)

■ 이증 4 — 원자를 부정하는 논증 (제11송 - 제15송)

(1) 단일한 원자, 다수의 원자, 원자의 모임을 부정하는 바수반두의 답변 (제11송)

(2) 다수의 원자는 실재하지 않음 (제12송)

(3) 원자의 모임은 실재하지 않음 (제13송)

(4) 부분을 가진 원자와 부분을 가지지 않은 원자 (제14송)

(5) 색깔/형태 등은 단일한 원자로도 다수의 원자로도 실재하지 않음 (제15송)

■ 이증 5 — 지각, 기억, 꿈꿀 때와 깨어 있을 때의 차이에 대한 논증 (제16송 - 제17송)

(1) 지각의 대상은 실재하지 않음 (제16송)

(2) 기억의 대상은 실재하지 않음 (제17송 ab)

(3) 꿈에서 깨어났을 때와 꿈속의 대상은 실재하지 않음 (제17송 cd)

■ 이증 6 — 타자, 세 가지 행위, 다른 사람의 마음을 아는 자의 앎을 논증 (제18송 - 제21송)

(1) 타자는 대상의 차별이 아니라 식의 차별이다 (제18송)

(2) 세 가지 행위의 결과는 성립하지 않는다는 외계실재론자의 반론

1) 죽음이란 심상속의 힘에 의해 타인의 심상속을 단절시키는

것이다 (제19송 ab)

2) 의지의 힘에 의해 타인의 기억을 상실시키는 사례 (제19송 cd)

3) 의지의 힘에 의해 살생이 행해진 사례 (제20송)

(3) 다른 사람의 마음에 대한 앎: 붓다의 인식영역에서만 자신의 마음과 다른 사람의 마음을 있는 그대로 안다 (제21송)

IV. 결론: 유식의 진리(vijñaptimātratā, 唯識性)는 붓다의 인식영역이다 (제22송)

3)『이십론』과 외계 대상의 문제

우리의 주변에는 많은 대상들이 있다. 이러한 외계 대상은 우리 각자의 인식 과정을 거쳐서 인식대상이 된다. 불교 제 학파마다 외계 대상에 대한 정의가 다른 만큼 인식 과정과 인식대상 또한 다르다. 유부의 경우 외계 대상은 원자와 네 가지 물질적 원소로 이루어져서 시간적으로 변하고 공간적으로 자리를 차지하고 있는 객관적 실체로 식과 별도로 존재한다. 경량부의 경우 외계 대상은 원자가 모여서 구성된 것이지만, 그것은 실체가 아니라 이름만 존재하는 가설적 존재이다. 유식학파의 경우 외계 대상은 전적으로 존재하지 않는다. 이처럼 각 학파의 인식은 외계 대상의 존재 방식의 차이에 따라 그 대상들을 인식하는 방식의 차이를 드러낸다.

이처럼 불교 각 학파에서 주장하는 외계 대상은 물질의 최소 단위인 원자를 기반으로 구성되어 있다. 이에 바수반두는『이십론』에서 이 원자의 존재를 부정함으로써 외계 대상의 존재를 부정하는 논증을 유식 논서 최초로 시도한다. 그것은 11-15게송에 걸쳐 인도 육파철학에 속하는 바이쉐시카와 인도 사대 불교에 속하는 설일체유부와 경량부의 예시를 들어, 원자의 존재성을 논증하는 것이다. 이 원자의 존재성을 논증하는 방식은 원자들의 결합 방식에 관한 것으로서 결국은 원자들이 결합한 외계 대상은 우리들의 인식대상이 되지 못한다는 문제로 귀결된다. 즉 원자로 이루어진 외계 대상은 인식대상이 될 수 없다는 것을 논증함으로써 외계 대상은 존재하지 않는다는 점을 밝히고 있다.

따라서 바수반두는 『이십론』에서 외계 대상을 존재론적, 인식론적으로 다루면서 그 존재성을 부정한다. 존재론적으로 다룬다는 것은 외계 대상의 존재 방식을 문제 삼는다는 것이고, 인식론적으로 다룬다는 것은 외계 대상 없이 성립하는 인식의 발생 가능성을 다룬다는 것이다. 더 나아가 외계 대상 없이 발생하는 인식에서 파생되는 문제들도 다각도로 논한다. 결국 『이십론』이 지향하는 궁극 목적은 외계 대상 없이 성립하는 인식(vijñapti)[16]의 가능성을 규명함으로써 '이 세계는 오직 인식일 뿐

---

16 강형철 외 2인(2025), 66-67 참조. 유식학파는 우리가 인식하는 외계 대상을 전적으로 부정한다. 이를테면 인식이 대상과 무관하다는 것이다. 그렇다면 이 의미는 무엇인가? 우선 우리는 대상을 있는 그대로 우리 눈에 보이는 것으로 생각하지만, 조금만 생각해 보면 그것은 착각이다. 우리는 자외선과 적외선을 보지 못하고 가시광선의 범위 안에 있는 것만을 인식할 수 있다. 또, 새들이 보는 하늘은 우리가 보는 하늘과 전혀 다르다. 최근에 밝혀진 연구에 따르면, 철새들은 전자기장을 시각적으로 인식할 수 있기에 먼 길을 착오 없이 이동할 수 있다. 꿀벌과 인간은 같은 꽃을 보면서도 서로 전혀 다른 계열의 색깔로 인식한다. 우리에게 보이는 세계의 모습은 있는 그대로의 대상을 본 결과가 아니라 그냥 말로 '우리에게 그렇게 보일 뿐인' 모습이다. 더욱이 인간의 인식에는 '마음의 보정'이 들어간다. 시각의 경우만 보더라도, 대표적으로 인간이 사물을 눈으로 볼 때, 실제 사물의 모습은 망막에 거꾸로 뒤집힌 형태로 맺힌다. 하지만 우리가 세상을 볼 때는 사물의 모습을 똑바로 서 있는 것처럼 인식한다. 이는 우리의 뇌가 '있을 법한' 형태로 시야를 보정하기 때문이다. 그와 유사한 사례가 맹점이다. 우리가 두 눈의 시야를 종합하여 세상을 볼 때 각도상 눈이 보지 못하는 사각을 '맹점'이라고 하는데, 본대대로라면 맹점에 해당하는 부분은 시야가 닿지 않으므로 시커멓게 보여야 한다. 그런데 그 맹점은 실제로 우리 눈에 시커멓게 인지되지 않는다. 우리 마음이 이 시야의 공백 부분을 마치 빈자리가 없는 것처럼 주변과 유사한 색상으로 채워 넣기 때문이다. 이처럼 우리 눈은 애초에 사물을 있는 그대로 보지 못하며, 심지어 그런 불완전한 인식조차도 실시간으로 뇌가 포토샵 작업을 하듯이 보정을 한 결과물만을 볼 수 있다. 그런 결과

(vijñaptimātra)'이라는 것을 성립시키는 것이다.

2.『관소연론』

1) 개관

『관소연론』[17]은 디그나가의 저서이다. 제목에서도 나타나듯이, 소연(ālambana, 所緣, 인식대상)을 관(parīkṣā, 觀, 고찰)하는 논서이다. 유식학파의 인식대상의 문제만을 단지 8게송으로 규명한다. 짧은 게송만큼이나 『관소연론』은 애매하고 난해한 논서로 정평이 나 있기도 하지만, 유식학파의 인식대상의 본질을 심층적으로 분석한다.

디그나가[18]는 유식학파의 이론을 체계적으로 완비했다고 평가받는 『삼

물, 즉 마음의 보정을 거친 눈앞에 사물이 보이는 모습을 '인식'(vijñapti)이라고 한다.

17 현장역의 제목은 『觀所緣緣論』이고 진제역의 제목은 『無相思塵論』이다. 의정이 번역한 다르마빨라의 주석서 제목은 『觀所緣論釋』이다. 현장이 무슨 의도로 所緣이 아니라 所緣緣이라고 적은 것인지는 알 수 없다. 주지하듯이 所緣緣은 네 가지 緣의 중의 하나이다. 현장의 번역에서 所緣緣이란 용어는 단독으로 사용된 것이 아니라 '소연(所緣)에 대한 연(緣)'으로 사용되었다. 게다가 『觀所緣論』이 번역된 시기는 657년이고 『成唯識論』은 2년 뒤인 659년, 『唯識二十論』은 4년 뒤인 661년에 번역되었다. 『內原錄』 이후 거의 모든 경록(經錄)은 『觀所緣緣論』으로 되어 있지만, 『成唯識論』, 『佛地經論』, 『成唯識論述記』, 『唯識二十論述記』 등에는 연(緣)이라는 한 글자는 없다. 그러나 산스크리트 제목이나 티베트 제목을 참조하면 『觀所緣論』으로 사용하는 것이 적절하다. 宇井伯壽는 현장역의 제목에 대해서 緣이라는 글자가 없는 것으로 해석하면서도 그는 『관소연론』과 『관소연연론』 두 제목을 모두 사용하고 있다(宇井伯壽 1958, 12-13). 진제가 번역한 『無相思塵論』의 경우 『開原錄』에는 '무상'(無相)이란 글자가 첨가된 『無相思塵論』이란 제목으로 있지만 『開原錄』 이전의 『內原錄』, 『仁壽錄』, 『靜泰錄』, 『釋經圖記』에는 '無相'이란 두 글자가 없다. 본 글은 산스크리트 제목에 맞추어 『관소연론』이란 제목을 사용한다.

18 義淨의 『남해기귀내법전』 권4 (T54, 230a6-230a7)에 디그나가의 인명(因明) 위주의 8개 저서가 나열되어 있다. 因明著功 鏡徹陳那之八論. (一觀三世論 二觀總相論 三觀境

십송』의 저자 바수반두의 제자이면서 불교인식논리학을 완성한 다르마끼르티의 스승이다.[19] 그의 사상적 친소 관계를 따져 보면, 그는 유식가[20]이면서도 불교인식논리학자이다. 그는 6식(六識)의 영역을 중심으로 구구인(九句因), 인(因)의 삼상(三相) 등을 기반으로 한 새로운 불교인식논리학[新因明]을 주창했다. 하지만 유식사상가로서의 그의 면모는 아직 확실하게 밝혀진 바가 없다. 梶山雄一 에 의하면, 디그나가는 『관소연론』을 통해서 유식학파의 인식론을 완성했다고 주장하지만,[21] 일부의 학자들은 디그나가를 다르마빨라 계열의 유상유식파(Sākāra-vijñānavādin)라고 소개하고 또 스띠라마티 계열의 무상유식파(Nirākāra-vijñānavādin)라고도 규정한다.[22] 더 나아가 그가 아뢰야식을 주장하지 않는다고도 한다. 이처럼 그의 유식 사상에 대한 다양한 이설을 차치하고서라도 중국 법상유식의 『성유식론』에 그의 『집량론』 현량 장에 나오는 10송의 사용 맥락을 보면, 그는 마음과 마음 작용을 세 가지 상태로 분석한다는 것을 확인할 수 있다.[23] 주지하듯이, 다르마빨라 계열의 중국 법상 유식 주석

論 四因門論 五似因門論 六理門論 七取事施設論 八集量論也.) 여기에서 언급한 세 번째 논서인 『觀境論』이 『관소연론』이다.

19 유식 논사들의 사제 관계에 대해서는 佐久間秀範(2012) 참조.

20 디그나가의 유식 사상을 언급한 논문들은 다음과 같다. 管原泰典(1987), 高木訷元(1965), 原田和宗 (1989), 宇野惠教(1984, 1985).

21 梶山雄一(1983), xvi.

22 얀 웨스터호프(2024), 351-351, 각주 66 참조. 유상유식파를 형상진실론, 무상유식파를 형상허위론이라고도 한다. 하지만 이 용어들을 단순히 하나로 합칠 수 없음에도 불고하고 일부 저자들은 이 용어들을 동의어로 취급한다. 유상유식파와 무상유식파와는 달리, 형상진실론과 형상허위론이라는 용어는 티베트어로부터 재구성된 것으로 현존하는 산스크리트 자료에는 찾아볼 수 없다. 물론 이러한 용어들이 나타내는 구별이 인도 자료에 없다는 것을 의미하지 않고, 단순히 (적어도 우리에게 전해진 텍스트에서는) 이러한 구별이 특정 이론이나 '-론'(vāda)을 나타내는 용어로 사용되지 않는다는 것을 의미한다.

23 『성유식론』(T31, 10b11-10b16) 然心心所一一生時 以理推徵各有三分. 所量能量量果別

서 『성유식론』은 마음과 마음 작용을 그들의 법상 용어인 견분(見分), 상분(相分), 자증분(自證分), 증자증분(證自證分)을 사용하여 분석한다. 이에 법상 논사들은 디그나가는 삼분설(三分說), 즉 견분, 상분, 자증분이라는 세 요소로 마음과 마음 작용을 분석한다고 주장한다.

『관소연론』에 대한 현대 견해들을 보면 다음과 같다. 세르바츠키(Stcherbatsky)는 '디그나가의 『관소연론』은 세친의 유식 사상을 요약한 것'이라고 주장하며,[24] 토라 등(Tola & Dragonetti)은 '『관소연론』은 디그나가의 가장 중요한 텍스트 중 하나로 이 작품과 세친의 『이십론』, 『삼십송』은 유식학파의 기본 텍스트이다. 이 세 작품에서 우리는 의식이 유일한 존재라는 주제를 중심으로 유식학파의 주요 철학적 교리가 설명되어 있는 것을 확인할 수 있다'라고 주장한다.[25] 또한 와이만(Wayman)은 '『관소연론』은 디그나가 작품 중에서 유식학파의 교리를 설명한 것이다. 그러나 그는 의식만이 존재한다는 주장은 단호히 거부한다'고 주장한다.[26] 월더(Warder)는 '디그나가의 『관소연론』은 외계 대상을 부정하는 것이 아니라고 해석하면서 유식학파의 교리가 아니고 경량부의 교리'라고 주장한다.[27] 하야스(Hayes)는 '디그나가가 외계 대상을 부정하는

故. 相見必有所依體故. 如集量論伽他中說. 似境相所量. 能取相自證 卽能量及果. 此三體無別. "마음과 마음 작용이 찰나찰나 생길 때를 논리적으로 분석하면 각 세 가지 상태가 있다고 추정된다. 소량, 능량, 능과가 개별적으로 [존재하기] 때문이다. 상분[에 속하는 소량]과 견분[에 속하는 능량]은 반드시 의지처를 가지기 때문이다. [다음은 디그나가의] 『집량론』[현량장 10]송이다. 대상과 유사하게 [나타난] 형상은 소량(=인식대상)이다. 능히 형상을 취하는 것이[야말로] 자[신을 드러내어 자신을] 증[명]하는 것으로 곧 능량(=인식주체)과 능과(=인식결과)이다. 이 셋(=소량, 능량, 능과)의 본질은 다르지 않[고 다만 마음의 다른 세 측면일 뿐이]다."

24 Stcherbatsky(1962), xiv.

25 Tola & Dragonetti(1982), 105.

26 Wayman(1979), 70.

27 Warder(1980), 452.

유가행파인지, 외계 대상을 인정하는 유가행파인지, 아니면 경량부인지에 대한 입장은 그의 『집량론』의 일부 구절을 해석하는 방법을 결정하는 데 매우 중요한 역할을 한다'라고 주장한다.[28] 프라우왈러(Frauwallner)는 '디그나가는 『관소연론』에서 세친의 유식학파의 교학을 요약하고 있으며 세친의 논리적 텍스트를 기반으로 삼아 그의 초기 논리적 글쓰기의 출발점으로 삼았다'고 주장한다.[29] 조은별은 '유식의 입장에서 독자적으로 제시된 것이 아니라 아비달마 교학 체계에서도 긍정되었던 인식론적 전제를 통해서 유식성을 해명함으로써 그의 입장이 뒷받침된 것'이라고 주장한다.[30]

이처럼 불교철학에서 디그나가의 『관소연론』에 대한 사상사적 위치와 그 역할에 대한 해석은 다양하다. 하지만 필자는 경량부의 학설이라든가, 소승에도 적용되는 학설이라든가 아비달마 교학의 인식론적 전제를 통해서 유식성을 해명한다는 입장에는 동의하지 않는다. 왜냐하면 『관소연론』은 전적으로 외계 대상을 부정하는 가운데 성립하는 인식대상 문제를 다루고 있는 유식학파의 교리를 해명하는 논서이기 때문이다. 그러한 이론적 근거는 『관소연론』의 티베트역 6게송을 통해서 확인할 수 있다. 즉 인식대상을 외계에서 구하지 않고 내부 식에서 구한다는 것이 그것이다. 이런 인식론적 과정을 설명하기 위하여 7게송과 8게송에서는 마음씨앗(종자)과 인식대상, 감각기관 등의 관계를 다루고 있다. 특히 마음씨앗의 인식론적 역할을 발굴해서 드러냈다는 것이 경량부 학파와 유식학파의 큰 차이라고 볼 수 있다. 경량부 학파는 마음씨앗(bīja)

---

28 Hayes(1988), 648.

29 Frauwallner(1982), 858.

30 조은별(2018), 12-13, 각주 27.

이라는 개념을 최초로 인식론적 영역으로 끌어들여 사용했음에도 그 역할에 대해서 아직 선명하게 해명하지 못했다. 하지만 유식학파는 마음씨앗 개념의 인식론적 역할을 분명하게 제시한다. 즉 아뢰야식에 저장된 마음씨앗은 뭇 인연을 만나 외계 대상이나 7가지 현행식으로 나타난다는 것이다. 이에 『이십론』 9게송에 의하면, 인식(vijñapti)은 감각기관과 대상으로부터 생기는 것이 아니라, 마음씨앗과 현현으로부터 생긴다고 한다. 이로써 유식학파의 인식은 대상을 아는 인식이 아니라 내부 마음씨앗이 외계 대상과 유사한 형상으로 나타나는 것이다. 따라서 디그나가는 『관소연론』에서 외계 대상을 부정하는 유식학파의 인식대상의 문제만을 집중적으로 고찰한다.

다음은 『관소연론』의 서지 정보이다.

① 다음은 티베트 대장경 땐귤(Tanjur)에 있는 문헌이다.
㉠ sDe dge 4206, tshad ma, ce $86a^5$- $87b^2$
㉡ Peking 5704, tshad ma, ce $177b^5$-$179a^4$
㉢ sDar thang 4471, tshad ma, ce $180b^1$-$182a^2$

② 다음은 『관소연론』의 두 한역이다.
㉠ 『無相思塵論』, 진제 번역, T. 31, No. 1619.
㉡ 『觀所緣緣論』, 현장 번역, T. 31, No. 1624.

진제(499-569)는 558년에서 569년 사이에 최초로 『무상사진론』을 고전 중국어로 번역하였고, 현장(602-664, 인도 체재 627-645)은 『관소연연론』을 657년에 번역하였다. 의정(635-713)은 710년에 다르마빨라의 주석서

『관소연론석』을 번역하였는데, 원문 내용을 충실히 따르는 비니타데바와는 달리 원본에 매달리지 않고 자유롭게 게송 사이를 오가면서 번역하고 있으며 마지막 두 송(7, 8게송)은 소실되고 없다.[31]

③『관소연론』에 대한 현대 번역은 다음과 같다.

㉠ Sastri, Aiyaswami, 1942, *Ālambanaparīkṣā and Vṛtti by Dignāga: With the Commentary of Dharmapāla*, Adyar-Madras: The Adyar Library. ―이 저서는『관소연론』의 티베트역과 현장역을 영어로 번역하고 다르마빨라의『관소연론석』과 비니타데바 티베트역 주석서를 영어로 번역하였다. 그리고 현장역, 티베트역과 더불어 주석서들을 모두 산스크리트로 복원하였다.

㉡ 山口益[Yamaguchi, Susumu] & 野澤靜證[Nozawa, Josho], 1953,『世親唯識の原典解明』, Kyoto: 法藏館. ―이 저서는『이십론』과 비니타데바의 티베트역 주석서,『삼십송』에 대한 스티라마띠의 주석서와 그것에 대한 비니타데바의 티베트역 복주 그리고『관소연론』과 비니타데바의 티베트역 주석서를 일어로 번역하였다. 마지막에는 현존하지 않는『관소연론』의 산스크리트본을 티베트 문헌을 참고하여 환범한 것이 수록되어 있다.

㉢ 宇井伯壽[Ui, Hakuju], 1990(c1958),『陳那著作の硏究』, 東京: 岩波書店. ―디그나가의 저술인『관소연연론』,『취인가설론』,『해권론』,『관총상론』등을 일본어로 번역하였다.

㉣ Douglas Duckworth, Malcolm david Eckel et al., 2016, Ālambanaparīkṣāṭīkā: Dignāga's Investigation of the Percept.

31 Dougas Duckworth et al.(2016), xviii.

Oxford University Press. —Douglas Duckworth, Malcolm David Eckel 외에도 Jay L. Garfield, John Powers, Yeshes Thabkhas, Sonam Thakchoe 등이 함께 4년여 동안 디그나가의 사상을 연구한 결과물이다. 그 작업 결과는 전체적으로 두 장으로 이루어졌는데 하나는 디그나가의 사상을 소개하고 『관소연론』과 그 주석서를 영어로 번역하였고, 다른 하나는 『관소연론』에 대한 티베트역과 비니타데바의 티베트역 주석서에 대한 비판적 교정이 수록되어 있다.

④ 다음은 『관소연론』 한역 주석서이다.

㉠ 다르마빨라의 『觀所緣論釋』, 의정 번역, T. 31, No. 1625.

⑤ 다음은 비니타데바의 티베트역 주석서이다.

㉠ sDe dge 4241, tshad ma, zhe $175a^{3}$-$187b^{5}$

㉡ Peking 5739, tshad ma, ze $183a^{7}$-$197b^{7}$

㉢ sDar thang 4506, tshad ma, ze $186b^{1}$-$200b^{6}$

⑥ 『관소연론』 주석서에 대한 번역이다.

㉠ 山口益[Yamaguchi, Susumu] & 野澤靜證[Nozawa, Josho], 1953, 『世親唯識の原典解明』, Kyoto: 法藏館. —이 저서는 『이십론』과 『관소연론』의 티베트역과 비니따데바의 티베트역 주석서가 일본어로 번역되어 있다. 더불어 현존하지 않는 『관소연론』의 산스크리트본을 복원하였다.

㉡ 宇井伯壽[Ui, Hakuju], 1990(c1958), 『陳那著作の研究』, 東京: 岩波書店. —디그나가의 저술들을 일본어로 번역하였으며, 특히 다르

마빨라의 한역 주석서 『관소연론석』을 일본어로 번역하였다.

2) 전체 구성

1송 — 다수의 원자로 구성된 인식대상 비판

2송 — 원자의 모임으로 구성된 인식대상 비판

3송 — 원자 모임의 형상으로 구성된 인식대상 비판 (1)

4송 — 원자 모임의 형상으로 구성된 인식대상 비판 (2)

5송 — 원자 모임의 형상으로 구성된 인식대상 비판 (3)

6송 — 인식대상이 갖추어야 할 두 가지 조건

7송 — 인식과 인식대상의 발생론적 인과관계

8송 — 외계 대상과 내부 공능의 관계

長澤實導[32]는 『무상사진론』을 형태론적으로 검토하는데 게송과 자주를 기술하는 방식을 언급함에 있어서 티베트역과 현장역은 같고 진제역은 게송과 자주가 따로 열거되어 있다고 한다. 宇井伯壽[33]는 진제 게송을 9게송으로 편집하였으며 진제와 현장, 그리고 의정 번역을 비교하기 쉽도록 그 상응하는 내용에 숫자를 매겨서 표시하여 번역하였다. 그러나 그는 게송을 4구 기준으로 하여 총 11게송으로 나누었다. 이 편집 방식은 내용적인 맥락은 전혀 고려하지 않은 채 단지 4구로만 나누었다는 맹점이 있다. 사스트리[34]는 『관소연론』에 대한 진제와 현장 한역을 산스크리트본으로 환범[35]하는데 여기에서 진제의 『무상사진론』을 8게송

32 長澤實導(1956), 425-427.

33 宇井伯壽(1958), 12-69.

34 Sastri(1942), 11-19.

35 『관소연론』의 산스크리트본은 현존하지 않는다. 山口益 등(1965)은 책 말미에 13쪽 가

으로 나눈다.

본 번역은 내용적인 맥락을 기반으로 삼아서 진제의 『무상사진론』을 8게송으로 구분한다. 그리고 구분한 게송 뒤에 그 내용에 맞는 자주를 덧붙여서 티베트역과 현장 한역과 그 형식을 같게 편집하였다. 『무상사진론』의 이러한 편집 방식은 게송에 따른 저자 자주를 분명하게 드러내기 위해서이고, 더불어 다른 번역과의 비교를 보다 쉽게 하기 위해서이다.

3) 『관소연론』과 인식대상의 문제

우리의 인식대상은 우리 앞에 있는 외계 대상이다. 유부의 경우 인식은 감각기관을 통해서 외계 대상을 파악한다. 유부의 인식대상은 식과 별도로 객관적 실체로 존재하는 외계 대상이다. 경량부의 인식대상은 전찰나로 멸한 외계 대상(=소연연)이 식상에 부여한 그것의 형상(=소연경)이다. 전찰나로 이미 멸해 버린, 즉 존재하지 않는 대상을 어떻게 인식하는가라는 것이 경량부 인식론의 핵심적인 문제의식이다. 그래서 더 이상 존재하지 않는 대상을 대신할 수 있는 시뮬라크르 같은 것(가령 표상)을 상정해야 한다.[36] 그것이 바로 형상(ākāra) 개념이다. 이런 인식구조는 대상의 존재적 시간차로 인하여 전찰나로 멸한 대상(=소연연)과 멸

량 티베트역과 그것을 환범(산스크리트어 복원)한 산스크리트 문장을 나란히 배치하고 있다. 사스트리(1942, xxvi-xxxiii)도 환범을 시도하였다. 그 외에 후대 논서들의 저서에 『관소연론』에 대한 단편적인 산스크리트 문장이 나타난다. 산타락쉬타(Śāntaraksita, 寂護, 725-784)의 Tattvasaṃgraha와 그의 제자 까말라실라(Kamalasila, 蓮華戒, 740-795)의 주석서, Tattvasaṃgrahapañjikā(TSP II)의 23장 '외계 대상의 고찰'(Bahirarthaparīkṣā)에 『관소연론』 6게송과 7게송 전반구, 그리고 1게송이 수록되어 있다(神子上惠生, 1996, 1997). 『관소연론』의 환범에 대한 보다 자세한 정보는 宇井伯壽(1979, 73-74), 木村誠司(2020) 참조. 431, 각주 9.

36 강병화 외 역(2024), 151.

하면서 식상에 부여한 대상의 형상(=소연경)이라는 두 가지 인식대상이 상정되지만, 실질적인 인식대상은 식상에 나타난 외계 대상의 형상(=소연경)이다. 이에 따라 경량부의 인식에 있어서 대상은 파악되는 것이 아니라, 대상과 유사한 형상(ākāra)이 식상에 나타나는 것이다. 형상의 나타남이 곧 대상의 파악이다. 형상 개념은 찰나멸하여 비실재하는 외계 대상에 대한 파악을 가능케하는 인식론적 장치인 셈이다. 이처럼 인식상에 외계 대상의 형상이 나타나는 것 자체가 바로 인식의 성립을 의미한다. 불교학파 중에서 경량부는 인식의 문제를 정치하게 다루면서 인식론을 제시한 최초의 학파라고 할 수 있다.

실질적으로 불교 내부에서 형상의 인식론을 처음 시도한 경량부의 인식 체계를 유식학파는 보다 더 확장하여 체계적으로 안착시키기에 이른다. 그렇다면 외계 대상을 부정하는 유식학파의 인식대상은 어떠한가?

인식대상을 외계에서 구하는 것이 아니라, 내부 식 자체에서 구한다. 내부 식에서 구한다는 것은 전적으로 외계 대상을 부정하는 가운데 성립하는 인식대상이 바로 내부 식이기 때문이다. 이에 디그나가는 『관소연론』에서 1-5게송에서는 원자로 구성된 외계 대상을 인식대상으로 삼는 유부, 경량부의 논리를 비판한다. 6게송은 유식학파의 인식대상이 구비해야 할 두 조건을 제시한다.[37] 하나는 식을 발생시키는 원인이어야 하고 다른 하나는 식상에 형상이 나타나야 한다. 이 경우 식상의 형상의 제공자는 외계 대상이 아니라 내부 식이어야 한다. 인식대상은 이런 두 가지 능력을 가져야만 하는데 그것은 바로 내부 식 자신이다. 이런 인식은 주체가 대상을 아는 것이 아니라, 내부 식이 외계에 형상으로 나타나는 것이다. 대상을 아는 인식이 아니라, 대상의 형상으로 나타남의 인식

37 『관소연론』에서 언급하는 인식대상과 두 조건의 관계에 대해서는 伊藤康裕(2012) 참조.

이다. 대상 인식(viṣayādhigama)이 아니라 자기 인식(svasaṁvitti)이다. 푸른색을 안다는 것은 푸른색이 실제로 존재하여 그것을 파악하는 것이 아니라, 푸른색의 형상이 마음에 나타나는 것이다. 나타나는 것이 곧 대상을 파악한다는 의미이다. 이어 7-8게송은 내부 식이 인식대상인 경우에 파생되는 문제들을 다각도로 다룬다.

이처럼 디그나가는『관소연론』에서 인식대상을 어떤 물리적 대상으로 보는 관점에서 내부 식으로 방향 전환하는, 즉 일대 인식론적 전환을 시도한다. 이런 인식론적 전환이 가져다주는 의미는 인식대상이란 우리의 바깥에 있는 외계 대상이 아니라 내부 식, 즉 자신이라는 것을 놓치지 않게 해 준다는 점이다. 이처럼『관소연론』은 유식학파의 인식대상의 본질을 밝히면서 유식을 성립시킨다.

3. vijñapti와 ākāra의 번역어에 대하여

vijñapti라는 용어는『이십론』전체를 관통하는 핵심 용어이고, ākāra라는 용어는『관소연론』전체를 관통하는 핵심 용어이다. 그동안 불교사상사에서 이 두 용어는 그 의미 변천만큼이나 그 번역어도 다양하다. 본 글은 vijñapti를 '인식'으로, ākāra를 '형상', 또는 '행상'(行相)으로 번역한다.

1) vijñapti의 번역어

유식학파 교리의 궁극목적은 '오직 인식일 뿐'(vijñaptimātra, 唯識)임을 논증하는 것으로 여기에서 vijñapti는 식(識)이라는 중국 고전어로 널리 알려져 있다. 고래로 vijñapti에 대한 어의 분석은 宇井伯壽(1953)의 견해가 정설로 취급되어져 왔다. 이 분석에 의하면, vijñapti는 vijñāna[38]에서 파생된 것으로, 사역형을 강조한 그 의미는 '나타난 것', '알려진 것'이다. 勝呂信靜(1982, 88-92)도 '알려진 것'이라는 사역형을 강조한다. 반면 이종철(2003)은 사역적 의미와 더불어 인식 작용의 기능도 가지고 있다고 vijñapti를 해석한다.

불교 문헌들에 나타난 vijñapti의 역어를 보면, 아비달마 교학의 경우 vijñapti는 '밖으로 드러난 것'이란 의미를 지닌 '표'(表)로 번역한다. 예컨대 표색(vijñaptirūpa), 표업(vijñaptikarma), 무표색(avijñaptirūpa), 무표업(avijñaptikarma) 등의 용어가 그러하다. 현장은 『구사론』에서 vijñapti를 表라고 번역하고 『대승성업론』[39]에서도 表로 번역한다. 또 그는 『이십론』에서 vijñaptimātra로 사용할 때, vijñapti를 識으로 번역하고[40] vijñapti를 마음(citta, 心), 사유기능(manas, 意), 식(vijñāna, 識)과 동의어로 사용할 때는, 요별(了)이라고 번역하고[41] 외계 대상(外境)과 함께 사용할

38 vijñāna의 어원 분석은 vi+✓jñā로, 이것은 이것이고 저것은 저것이라고 정확하게 아는 것, 즉 구분하여 아는 것이라는 의미를 지니고 있는 용어이다. 한역에서는 vijñāna나 vijñapti를 모두 식(識)으로 번역하고 있다. 본 역서는 vijñāna를 맥락에 따라 식(識)이나 의식(意識)으로 번역하며, 예컨대 cakṣur-vijñāna를 '시각적 식'(眼識)으로 번역한다.

39 Lamotte(1987), 42. "그것은 무엇 때문에 vijñapti라고 하는가? 그것은 다른 사람들이 지각하는 것과 같은 방식으로 그것을 발생시키는 마음에 대해 '알게 하기'(*vijñāpayati) 때문이다." 『대승성업론』(T31, 781b12-781b13) 何故名表. 此能表示自發業心令他知故. "무엇 때문에 표(表)라고 하는가? 이것은 자신이 지은 행위(業)의 마음을 나타내어 다른 이들로부터 '알게 하기'(*vijñāpayati) 때문이다."

40 『유식이십론』(T31, 74b27) 安立大乘三界唯識.

41 『유식이십론』(T31, 74b27-74b28) 心意識了名之差別. "마음(心) · 사유기능(意) · 식(識) · 인식(了)은 [의미는 같고] 이름은 구별[된 동의어이다.]" 마음, 사유기능, 식과 인식(vijñapti, 了)을 동의어라고 규정하는 것은 『이십론』이 처음이다. 『섭대승론』「소지상분」과 『심십송』에서는 마음 · 사유기능 · 식과 인식(vijñapti)은 동일한 것이 아니라고 한다. 즉 마음(心)은 6식이고 사유기능(意)은 [제7식인] 말나식이고 식(識)은 [제8식인] 아뢰야식이라고 한다.

때는 내식(內識)으로 번역한다. 『섭대승론』「소지상분」에는 12가지 vijñapti가 제시되는데 여기에서 현장은 vijñapti를 識으로 번역하고[42] 『성유식론』에서는 了, 了別로 번역한다.[43] 이처럼 한역 불교 문헌들에서 vijñapti는 識, 了, 了別, 表 등으로 번역된다. 한편 『한역대조범화대사전』에서 vijñapti는 現, 示現, 顯現, 顯示, 了, 了別, 表, 示, 表色, 表義, 識, 意識, 諸識, 唯識, 知, 悟入, 相, 相貌, 取, 所取 등[44]의 번역어로 제시된다. 제세케(1972)는 vijñapti에 해당하는 rig pa(릭빠)를 knowing, understanding 등으로 번역한다.[45]

다음은 『이십론』에 나타나는 vijñapti의 번역어에 대한 최신 연구이다. 슈미트하우젠(2007:213. n.2)은 'vijñaptimātra'에서 vijñapti를 '표상'(representation)이라고 번역할 것을 제안하였다. 그는 이에 대해 두 가지 이유를 제시하였는데 '재현'(representation)이라는 표현은 인식의 작용과 인식의 내용 중 어느 한쪽의 의미에 치우치지 않으며, 또한 잠재의식의 정신 작용이나 그 내용을 나타낼 우려를 피할 수 있다는 것이다. 힐

42 『섭대승론석』(T31, 338a3-338a4) 此中若身 身者 受者識 彼所受識 彼能受識 世識 數識 處識 言說識.

여기에서 vijñapti는 아뢰야식의 마음씨앗이 허망분별로서 나타난 것이다. 長尾雅人(1992)은 『섭대승론』에 대한 역주에서 vijñapti를 '表象'으로 번역한다. 또 山口益(1956)은 '記識'으로 兵藏一夫(2011)는 '認識作用'으로 芳村博實(1987)은 '認識作用 自體'로 vijñapti를 번역한다.

43 『성유식론』(T31, 10a11-10a12) 此識行相所緣云何. 謂不可知執受處了. 了謂了別. "이 식의 행상과 소연은 무엇인가? 말하자면 알 수 없는 집수와 기세간과 요(了)이다. 요는 요별이다."

44 『한역대조범화대사전』(1987), 1209.

45 『A TIBETAN-ENGLISH DICTIONARY』(1972), 525-526.

『チベット語字典』(1985)에 의하면, vijñapti는 rnam rig, vijñāna는 rnam shes이고, 『Chandra Das』(1969)에 의하면, rnam rig(vijñapti)은 idea, notion으로, rnam shes (vijñāna)는 consciousness로 번역한다.

(1986: 14)은 슈미트하우젠의 표상이라는 번역어에 대해서 검토하면서 vijñaptimātra에서 vijñapti가 외계 대상뿐만 아니라 다른 어떤 것의 표상을 의미하는 것은 불가능하다는 이유로 이 번역어를 거부하면서 '인식'(perception)이라는 번역어를 채택하고 또한 그는 '현상'(phenomenon)이라는 번역어를 제시한다. 하야스(1988: 99)는 외계 대상으로부터 직접 무언가를 경험한다는 가정이 암시되는 것을 회피하기 위하여 철학적 견지에서 상대적으로 중립적인 '현상'이라는 번역어를 선택한다. 그 외에 시더리트(2007: 148)는 vijñaptimātra의 vijñapti를 표상주의자, 혹은 외계 대상을 긍정하는 실재론자들이 사용하는 '재현'(representation)과 유사한 의미로서 impression(인상)을 사용하며, 캐너와 타버(2014: 735, n.90)는 cognition(인식/인지)을 사용한다. 한편 대부분의 일본 학자들은 vijñaptimātra의 vijñapti를 대개 識으로 번역해서 사용하지만, 山辺信義(1998) 등은 '재현'(representation)을 사용하고 原田和宗(1999, 2003)은 표상(表象)을 사용한다. 이에 그는 '현상'이라는 번역어는 불교의 철학적 입장을 현상주의로 보는 견해에 대해서 결코 중립적이지 못하다고 여기면서 vijñapti의 다의적이지만 입장 표명이 강요되지 않는다는 점에서 『이십론』에서의 vijñapti를 '인식'이라는 번역어를 사용한다고 주장한다.[46]

『이십론』에서 vijñapti라는 용어는 단독으로 사용되기도 하고 vijñaptimātra라는 용어로 사용되기도 한다. vijñapti의 사용 맥락은 대개 대상과의 긴밀한 관계 속에서 이루어지는데, 결국은 대상이 없는 vijñapti의 발생은 어떻게 가능한가이다. 즉 인식(vijñapti)의 발생 가능성을 확보하기 위한 일환으로 대상이 없다는 문제에 집중적으로 몰두하고 있는 것이다. 이와 더불어 유식 문헌에서 보기 드문 vijñapti의 발생 조

46 강형철(2021), 64-65, 각주 5.

건과 과정이 제시된다. 즉 vijñāna가 감각기관(根)과 대상(境)으로부터 생긴다면, vijñapti는 자신의 마음씨앗(svabīja)과 현현(pratibhāsa)으로부터 생긴다는 것이다. 이처럼 『이십론』에서 vijñapti는 인식의 주요 조건인 외계 대상을 부정하는 인식론적 지평에서 그 쓰임새가 활용되기에 본 글은 vijñapti를 '인식'이라고 번역한다.

2) ākāra의 번역어

아비달마 이전 산스크리트(sanskrit)나 빨리(pāli)어 원전에서 ākāra는 '형상', '모양' 등의 사전적 의미 그대로 사용되었다.[47] 산스크리트 ākāra는 ā +✓kṛ에서 파생된[48] 단어이다. '접근(接近)'이란 의미를 지닌 접두사 ā와 '하다(do)·만들다(make)'라는 뜻을 지닌 어근 ✓kṛ의 합성명사형이다.[49] 티베트어는 ākāra를 rnam pa(남빠, 종류라는 의미)라고 하며, 한자어는 行, 行識, 相, 行相, 取相, 妙相, 有相, 事, 根性, 性, 形體, 具形相, 相貌, 種, 種類, 面目, 規矩[50]로 번역되어 사용되었다. 영어는 forms, shape, appearance, image, expression, figure 등[51]으로 번역된다. 구역

---

47 Fei Zhao(2016), 1.

48 ākāra의 파생 기원에 대해서 언급한 것을 보면 다음과 같다. 櫻部建 外 2人(2004, 65)은 "칭우에 의하면 行相 즉 ākāra는 어원적으로 소연을 파악하는 품류/방식에서 소연(ālambana)의 첫 글자 ā와 품류/방식(prakāra)의 마지막 음절 kāra를 취한 것이라고(다시 말해 ākāra란 ālambanagrahaṇaprakāra를 포괄하는 개념이라고) 해석한다"라고 주장한다. 横山紘一(1973, 112)은 ākāra의 역어에 行이라는 용어를 사용하는 것은 行의 의미는 '가다'와 '행하다' 두 가지가 있다. 가설이지만 ākāra - ā-✓kṛ - ✓kṛ로 거슬러 올라가 ✓kṛ가 갖는 to do, to make 즉 행하다(심심소가 활동한다)라는 의미를 토대로 ākāra를 行이라고 번역한 중국적 이해를 들고 있다."

49 『Monier Williams』(1899), 127. 『한역대조범화대사전』(1987), 178, 179, 366.

50 『한역대조범화대사전』(1987), 179.

51 『A.A. MACDONEL』(2003), 36. Monier 사전에서도 form, figure, shape, stature로 번역한다.

자인 진제는 取相, 解相으로 신역자인 현장은 行相, 能行, 相 등으로 번역한다. 현장이 行相으로 번역한 이후 제 논서상에서는 이 용어로 통일되어 사용되는 경향을 보인다.[52]

橫山紘一(1973)은 불교에서 주객에 해당하는 용어를 다음과 같이 정리한다. 識-境 · 能緣-所緣 · 能分別-所分別 · 行相-所緣 · 能取-所取이다. 여기에서 行相-所緣은 아비달마 이후 主客을 나타내는 대표적인 개념으로 사용된다고도 한다.[53] 또한 그는 아비달마, 유식 문헌을 중심으로 ākāra의 한역을 네 종류로 분류한다. 그것은 ① 行, ② 相, 相貌, ③ 取相, 解相, ④ 行相이다. 이 중에서 ①, ②는 발마, 제바, 혜원, 나련제야사, 급다공행거, 불타성다 등의 번역어이고, ③은 진제의 번역어이고, ④는 현장의 역어이다. 이에 따라 橫山紘一은 아비달마 교학에서 ākāra의 용례는 ① 대상(境), ② 식상에 나타난 대상의 영상(相貌, 像貌)으로 사용되는 行相, ③ 行相 중에 行은 行解로 파악하는 작용이고 相은 影像으로 파악되는 대상을 의미한다는 것이다. 더 나아가 그는 유식학파에서 ākāra의 용례는 ① 대상(境), ② 行相 –行相에서 行은 能緣(인식주체)의 역할을 담당하고 相은 所緣(인식대상)의 역할을 담당, ③ 行相 –능연이 대상에 대해서 행하는(파악하는) 相貌로 분류된다[54]고 주장한다. 이처럼

52 이런 현상은 신수대장경에 나타나는 ākāra에 대한 한역어들의 시대별 사용 분포도를 살펴보면 알 수가 있다. 현장이 ākāra를 行相으로 번역한 이후 行相의 사용이 거의 대다수를 차지한다.

53 橫山紘一(1973), 87. 인식주체와 인식대상의 관계를 行相과 所緣이란 용어로 설정한 곳을 예로 들면, 『성유식론』의 아뢰야식의 행상과 소연은 무엇인가? 말나식의 행상과 소연은 무엇인가? 6식의 행상과 소연은 무엇인가?이다. 여기에서 행상은 인식주체(능연)의 역할을 담당하고 소연은 인식대상(소연)의 역할을 담당하고 있다. 191, 각주 32, 286, 각주 49, 328, 각주 33, 347, 각주 17.

54 橫山紘一(1973), 112.

行相(ākāra)이라는 한 용어는 파악 작용(行)과 파악대상(相)이라는 두 가지 의미를 함축하고 있다.

이 외에도 沖和史는 ākāra의 번역어에 따른 그 의미를 대략 5가지로 분류하고 있는데 ① 形象 —외계의 물질적 존재가 지각되는 모양을 가진다고 하는 이론과 관계가 있는 경우와 유식학파 공동의 술어로 사용된 경우, ② 知覺像 —지각 영역 중에 나타난 모양을 가리키는 경우, ③ 直觀像 —특히 지각상이 관념을 수반하지 않는 경우, ④ 觀念 —비판 영역 중에 나타나는 모양(예를 들면, 火 일반을 가리키는 경우), ⑤ 相 —유식 2학파의 명칭(유상유식/무상유식)과 그 2학파의 이론의 명칭으로 사용되는 경우가 그것이다.[55] 氏家昭夫(1969)는 『삼십송』에서 ākāra의 용례를 세 가지로 분류하는데 ① 병이나 벽 등의 形象을 말할 때처럼 단지 사물의 모습이나 형태를 의미하는 경우, ② 識이 외계 대상(外境)의 형상을 지니고 생겨난다고 할 때, 識상에 현현하는 表象을 의미하는 경우, ③ ākāra가 取(upādāna) 또는 認知(pratisaṁvedana) 따위의 인식 작용을 의미하는 경우이다. 더불어 그는 『구사론』과 『대승장엄경론』에서의 ākāra의 예로 如實知見인 '순수한 인식'을 들고 있다.[56] 陳一標(2007)는 아비달마 교학의 『구사론』과 유식 문헌에서 ākāra의 용례를 세 가지로 분류하는데 ① 形相 —외계 대상의 모양을 의미, ② 影像 —식상에 나타난 외계 대상의 형상, ③ 行相 —심심소가 대상에 대해서 파악하는 작용이 있다고 하면서 ①, ②는 객관으로, ③은 주관으로 보고 있다.[57] 또한 유리(2020)는 『성유식론』에 나타나는 현장 역어인 行相(ākāra)이 인식(vijñapti)이라

55 沖和史(1982), 206.

56 氏家昭夫(1969), 234-236.

57 陳一標(2007), 8.

고 정의되는 것에 대해서 검토한다.[58]

『이십론』에 이 ākāra라는 용어는 단 한 번도 나오지 않는다. 하지만 비니타데바는 이 ākāra라는 용어를 이용하여 해석한다. 예컨대, 인식(vijñapti)은 대상의 형상(ākāra)으로 생긴다라는 것이다. 더 나아가 『관소연론』에서 이 용어는 인식대상의 본질을 해명하는 핵심어로 사용된다. 결국 외계 대상을 부정하는 가운데 성립하는 인식의 특징과 인식대상의 본질을 해명하는 데에 있어서 이 ākāra라는 용어는 매우 주요한 역할을 한다. 이런 맥락에서 본 글은 ākāra를 '인식(vijñapti)은 대상과 유사한 형상(ākāra)으로 생긴다'라는 맥락을 강조하기 위하여 '형상' 혹은 '행상'(行相, 현장 신조어)으로 번역한다.

---

58 이 외에도 福田琢(1993)은 『구사론』의 ākāra 개념을 자세하게 다루고, 伊藤康裕(2012)는 세친, 안혜, 진나가 주장하는 대상의 ākāra에 대한 연구를 통해서 각 논사들의 유식 이해에 대한 차이를 드러내고 있다. Zhao Fei(2016)는 아비달마의 문헌에 나타나는 ākāra의 역할에 대해서 자세하게 논하고 있는 반면 Kellner & Sara(2014)는 불교 교리에서 사용되는 ākāra에 대해서 광범위하게 언급하고 있다. 양용선(2010)은 그의 석사 논문에서 『구사론』에 나타나는 ākāra를 다루고 있다. 박인성(2015)은 법상 유식 논사들의 사분설에 대한 견해를 고찰함으로써 유식무경의 깨달음을 밝히고자 하는데 여기에서 행상(ākāra)을 후설현상학의 지향성으로 간주하면서 행상(ākāra)과 견분, 상분과의 관계에 대해서 유식 문헌을 중심으로 고찰한다. 박기열(2019)은 유식학파의 일체는 형상(ākāra)으로 존재한다고 규정하면서 형상과 존재, 실재에 대한 관계를 디그나가의 『관소연론』, 『집량론』 그리고 다르마끼르티의 문헌을 중심으로 고찰한다. 이태승(1998)은 『중관장엄론』에 나타나는 산타락쉬타의 형상(ākāra)설 고찰과 아울러 불교사상사에서의 그의 사상적 역할과 후대에 끼친 사상적 영향력에 대해서 고찰하고 있다. 北野新太郎(2018)은 『대승장엄경론』에 나타나는 '형상(ākāra)은 없고 존재(bhāva)는 있다'라는 게송에 주목하면서 ākāra와 bhāva와의 관계를 유식삼성설(唯識三性說)의 선상에서 다루고 있다.

4. 비니타데바에 대하여

1) 비니타데바의 생애

비니타데바의 생몰연대에 대한 정보는 현재까지 정확하게 알려진 것이 없다. 차토파드야야(Chattopadhyaya)에 의하면 비니타데바는 불교인식논리학에 대한 7가지 주석서를 서술했다고 전하며, 부톤(Bu ston)에 의하면 비니타데바는 산카라난다(śaṅkarānanda)와 동시대에 살았다고 하지만, 정작 우리는 산카라난다의 생몰연대를 정확하게 알지 못한다고 한다. 현대 학자 중에서 비니타데바의 생애를 가장 먼저 언급한 사람은 세르바츠키(Stcherbatsky)이다. 세르바츠키는 다르모따라(Dharmottara, 750-810)가 비니타데바의 『니야야빈두띠카』(Nyāyabindutika) 주석서를 강력하게 비판했다고 주장한다. 한편 비드야부사나(Vidyabhusana)에 의하면 비니타데바는 AD700 즈음에 활동했다고 한다.[59] 라모뜨(Lamotte)에 의하면 비니타데바는 9세기에 살았고 설일체유부에 속했다고 한다.[60] 렐히(Roerich) 역시 비니타데바를 설일체유부라고 한다.[61] 나우두(Naudou)에 의하면 비니타데바는 디그나가와 다르마끼르티의 주석서를 적었으며 특히 다르모따라는 비니타데바의 다르마끼르티 주석서를 강하게 비판했다고 한다. 또한 다르마끼르티가 죽었을 때 비니타데바의 나이는 15세였다고 한다. 이와 같이 세 논사들과의 관계를 토대로 삼아 짐작건대 비니타데바의 생몰연대를 645-715라고 추정한다. 또한 티베트의 경우 잠양(1648-1722)도 그의 『둡타』[62]에서 비니타데바의 생애를 언급하하

---

59 Vidhyabhusana(1921), 320.

60 Lamotte(1958), 606.

61 Roerich(1949), 346.

62 유리 외 2인(2020)은 잠양의 제자인 꼰촉 직메 왕뽀(dKon mchog 'jigs med dbang po,

고 있다. 이처럼 여기저기 흩어져 있는 비니타데바에 대한 정보를 정리하면 다음과 같다.

비니타데바는 7-8세기에 활동한 나란다 대학의 스승으로 주로 계율 논서의 마스터이다. 그는 설일체유부로 출가하였으며 경량부, 유식학, 중관학, 불교인식논리학 등 소승과 대승의 교학을 두루 수학하였다. 그의 남겨진 저서는 유식 문헌인 『이십론』과 『삼십송』, 『관소연론』의 주석서와 더불어 다르마끼르티의 불교인식논리학 주석서가 대부분이다. 후대 학자들은 비니타데바를 불교 주석가로 부른다.

2) 비니타데바의 저서

다음은 티베트 전통에서 확인되는 저서이다.

① rab tu byed pa nyi shu pa'i 'grel bshad. Vol. 113, No. 5516.

② sum cu pa'i 'grel bshad. Vol. 114, No. 5571.

③ 'dul ba 'la stod pa'i tshig gi rnam par bshad pa. Vol. 122, No. 5613. This text is the same as No. 5638, Vol. 127, which is a commentary on the 'dul ba stod pa. Vol. 127, No. 5637.

④ 'dul ba rnam par 'byed pa'i tshig rnam par bshad pa. Vol. 122-123, No. 5616. This text is a commentary on the 'dul ba rnam par byed pa. Vol. 42-3, No. 1032.

⑤ thigs le'ur byas pa sum brgya pa'i rnam par bshad pa. Vol. 127, No. 5628.

1728-1791) 『둡타』를 우리말로 번역하고 자세한 설명을 추가한 역서이다. 인도불교를 대표하는 4대 학파인 설일체유부, 경량부, 유식학파, 중관학파의 교리 체계를 전체적으로 조망할 수 있다.

⑥ Vol. 127, No. 5638, same as No. 5613, Vol. 122.

⑦ gzhung tha dad pa rim par klag pa'i 'khor 'lo 'las sde pa tha dad pa bstan pa bshad pa. Vol. 127, No. 5641. This text has been translated in parts by Rockhill in The Life of the Buddha London, 1884 (pp.181-193); by Lin Li-kouang, Journal Asiatique Paris, 1949 (p.185); and by André Bareau, Journal Asiatique, Paris, 1954 (pp.192-200)

⑧ rgyud gzhan grub pa 'grel bshad. Vol. 136 II, No. 5724. This is a commentary on Dharmakirti's srgyud gzhan grub pa zhes bya ba'i Tab tu byed pa. Vol. 130 I, No. 5716. Complete text translated in Papers of Th, Stcherbatsky.

⑨ rigs pa'i tshigs pa'i rgya cher 'grel pa. Vol. 137 f, No. 5729. This is a commentary on Dharmakirti's rigs pa'i tshigs pa zhes bya ba'i rab tu byed pa. Vol. 130, No. 5711. It has been rendered into Sanskrit and into English by M. Gangopadhyaya (op. ait~) Portions of it has been rendered into English by Th. Stcherbatsky (Buddhist Logia II" pp.349-52)

⑩ gtan tshigs kyi thigs pa'i rgya cher 'grel pa. Vol. 137, No. 5733. This is a commentary on Dharmakirti's gtan tshigs kyi thigs pa zhes bya ba'i rab tu byed pa. Vol. 130, No. 5712.

⑪ 'brel pa brtag pa'i rgya cher bshad pa. Vol. 137, No. 5735. This is a commentary on Dharmakirti's 'brel pa brtag pa'i rab tu byed pa.

⑫ rtsod pa'i rigs pa'i 'grel pa. Vol. 137, No. 5737. This is a commentary on Dharmakirti's rtsod pa'i rigs zhes bya ba'i rab tu byed pa 2. Vol. 130, No. 5715.

⑬ dmigs pa'i brtag pa'i 'grel bshad. Vol. 138, No. 5739. This is a commentary on Dignāga's dmigs pa'i brtag pa. Vol. 130, No. 5703.

간고파드야야(Gangopadhyaya)는 비니타데바의 저술은 대개 다르마끼르티의 주석서이며 그의 주저는 현존하지 않는다고 주장한다. 하지만 바레우(Bareau)[63]와 마수다(Masuda)[64]는 ⑦번 텍스트의 경우 비니타데바가 초기 불교를 다룬 저서라고 평가한다. 또한 ⑤번 텍스트 제목은 중국이나 티베트 전통에 없으므로 비니타데바의 단독 저서로 추정하고 있다. 따라서 13가지 문헌 중에서 11가지는 바수반두, 스띠라마티, 디그나가, 다르마끼르티의 주석서이고 2가지는 그의 주저로 간주하기도 한다.

3) 비니타데바의 주석서 특징

비니타데바 저서에 대한 현대 학자들의 평가는 다음과 같다. 세르바츠키(Stcherbatsky)[65]는 비니타데바 주석의 스타일은 단순함과 분자주의의 방법을 따른다고 한다. 블룸(Bloom)[66]은 바수반두는 강한 비평가, 강한 시인이고 비니타데바는 약한 비평가, 약한 시인으로 비유한다. 강한 자인 바수반두는 선대 논사의 자료를 적절히 활용하여 자신만의 사상을 새롭게 창출하는 반면에 약한 자인 비니타데바는 단지 바수반두와 다르마끼르티의 입장을 노예처럼 다시 언급하는 데에 그치고 있다고 주장한

63 A. Bareau(1959), 66, 229.

64 J. Masuda(1925), 72.

65 Stcherbatsky(1962), 40.

66 Bloom(1973), 5.

다. 라모뜨(Lamotte)[67]는 비니타데바의 저서는 종파적 교리에 제목을 붙일 수 있는 문학적 스타일이라고 한다. 힐리스(Hillis)[68]는 기본적으로 비니타데바의 설명은 세친이 자신의 주장에 대한 가설적 반대와 그러한 반대에 대한 반응을 분명히 표현하는 20송의 변증법적 형식을 정교화한 것으로 비니타데바가 제공하는 해석은 특별히 창의적이거나 혁신적이지는 않지만, 세친의 주장을 문자 그대로 충실하게 읽은 것으로 보인다고 한다. 바수반두와 비니타데바의 차이점은 바수반두는 특정 텍스트에서 새롭고 창의적인 교리적 작업을 수행했지만, 비니타데바의 저서를 차지하는 주석서들은 단지 의역적 역할을 하는 것처럼 보인다는 것이다. 또한 비니타데바의 저술의 특징인 단순함은 초보 학생들에게는 명확하게 인식될 수 있고 또 그의 저서는 사원의 교과서 역할을 하는 의도로 저술되었으며 이런 의도는 그의 문장에서 독창적인 사유가 없다는 것에서 드러난다고 한다. 비니타데바의 주석서에 나타나는 설명 방식은 바수반두 주장에 대해서 이의를 제기하는 반대론자의 입장을 식별하는 데 매우 유용하며 그런데도 그의 불교사상 발전에 이바지한 점은 무시된 경향이 있다고 평가한다.

결론적으로 비니타데바 주석서의 특징은 원문을 있는 그대로 충실하게 해석한다는 점이다. 그의 주석서는 용어나 개념, 문장을 하나하나 명확히 정의 규정하려는 해석적 경향을 보인다. 하지만 그 자신의 새로운 사상이나 독특한 개념 정의는 보이지 않는다. 그러므로 그의 주석이 제시하는 교리적 분석은 원문의 논리적 체계를 충실히 따르고 있어, 난해한 원문을 이해하는 데 큰 도움이 된다.

---

67 Lamotte(1988), 522.

68 Hillis(1993), 4-7.

II

『유식이십론』 티베트역과 비니타데바 티베트역 주석서 원문과 한글 번역

1
송

세계는 '오직 인식일 뿐'이다

⌘ 티베트역 1송

[D.136, 4a3]

제목: nyi shu pa'i 'grel pa[1]
저자: dbyig nyen (Vasubandhu)

rgya gar skad du | bingshi ka brītti | bod skad du | nyi shu pa'i 'grel pa | 'jam dpal gzhon nur gyur pa la phyag 'tshal lo |

theg pa chen po la khams gsum pa rnam par rig pa tsam du rnam par gzhag[2] ste | mdo las kye[3] rgyal ba'i sras dag 'di lta ste | khams gsum pa 'di ni sems tsam mo zhes 'byung ba'i phyir ro | sems dang yid dang rnam par shes pa dang | rnam par rig pa zhes bya ba ni rnam grangs su gtogs pa'o | sems de yang 'dir mtshungs par ldan padang bcas par dgongs pa'o | tsam zhes bya ba smos pa ni don dgag pa'i phyir ro ||

1 P: nyi shu pa'i 'grel pa bzhugs so

2 P.N: bzhag

3 Poussin and P: Kye, D: Kyi

제목: 이십론을 설한다

저자: 바수반두

인도말은 Viṃśikāvṛtti[4]이고 티베트말은 Nyi shu pa'i grel pa라고 한다.
문수보살께 절 올립니다.[5]

대승에서 삼계에 속한 것(khams gsum pa, traidhātuka)은 '오직 인식일 뿐(rnam par rig pa tsam, vijñapti-mātra, 唯識)'[이라는 가르침]을 확립한다. 왜냐하면, 경전(=『십지경』)에서 "오! 승리자의 아들(rgyal ba'i sras, jina-putra)들이여! 이 삼계에 속한 것은 오직 마음일 뿐(sems tsam, citta-mātra, 唯心)이다"라고 설하기 때문이다. 마음(sems, citta, 心)과 사유기능(yid, manas, 意)과 식(rnam par shes pa, vijñāna, 識)과 인식(rnam par rig pa, vijñapti, 識)은 동의어이다. 또한, 여기(=『십지경』)에서 저 마음(sems)[이라는 표현]도 [마음과] 연관되는 것(mtshungs par ldan pa, sasamprayoga, =마음 작용, 心所)을 포함하는 것으로 의도되었다. '오직(tsam, mātra, 唯)'이라는 말은 [인식과 별도로 외계] 대상[이 존재함]을 부정하기 위한 목적으로 사용되었다.[6]

---

4 『유식이십론술기』(T43, 978c29-979a2) 梵云毘若底(此云識)摩咀喇多(此云唯)憑始迦(此云二十) 奢薩咀羅(此云論) 順此方言 名唯識二十論. "산스크리트로 비야저(毘若底, vijñapti, 識), 마달라다(摩咀喇多, mātrata, 唯), 빙시가(憑始迦, viṃśatikā, 二十), 사살저라(奢薩咀羅, śāstra, 論) 이것을 순서에 따라 말하면, 『유식이십론』이라고 부른다." Silk(2018, 147)는 "『이십론』의 정식 산스크리트 제목은 Viṃśikāvijñaptimātratāsiddhiḥ로, 즉 '20송으로 유식의 진리를 성립시키는 논서'라는 뜻이다"라고 주장한다.

5 Polliot tibétain 125(이하 P.K.125)에는 이 귀경구가 없다. 티베트 초기 번역 형태를 보이고 있는 P.K.125가 티베트 대장경보다 이전에 제작되었기에 이 귀경구는 후대에 첨가되었을 것으로 추정된다. Polliot tibétain 125는 Silk(2018)의 영어 번역 참조.

6 본 역서에 첨가된 『이십론』 델게판 티베트역은 강형철 · 유리 · 구미숙 역주(2025, 씨아이알)에 번역된 티베트역을 전체 인용한 것이다. 비니타데바의 『이십론』 주석서는 원문의 송과 자주에 대한 용어 하나, 문장 하나에 대응하는 해석 방식을 취한다는 것이 특징이다. 이에 따라 주석서 내용을 보다 잘 이해하기 위하여 『이십론』 티베트역 번역을

'di dag rnam par rig tsam nyid |
yod pa ma yin don snang phyir |
dper na rab rib can dag gis |
skra zla la sogs med mthong bzhin || 1abcd ||[7]

rnam par shes pa 'di nyid don du snang ba 'byung ste | dper na rab rib can rnams kyis skra zla la sogs pa med par mthong ba bzhin te | don gang yang med do ||

[주장] 이것들(=삼계에 속한 것)은 '오직 인식(rnam rig tsam, vijñapti-mātra)

전체 인용하여 원문과 그 원문에 따른 비니타데바의 해설을 같이 배치한다.

7 P.K.125. 1송.
rnam rig tsam ste shes bya ba |
myed pa'i don snang ba'i phyiro |
ji ltar rab cin gyisu |
skra zla la stsogs pa myed myhong bas so || 1abcd ||

P.K.125 1송은 티베트 대장경처럼 주장-이유-예증과 같이 정비된 논증식의 형태는 아니다. 게다가 myed, gyisu처럼 현대 티베트에서는 사용하지 않는 오래된 형태의 티베트어가 보인다. 여기에서 myed는 산스크리트본 asad에 해당하는 부분으로 티베트 대장경에는 yod pa ma yin으로 되어 있다. 따라서 myed는 mi yod로 추정된다.

티베트역은 송만이 있는 대장경과 송과 자주가 함께 있는 대장경 두 종류가 있다. 두 판본의 차이는 송만 있는 판본에는 소실된 1송이 있고 송과 자주가 있는 판본은 1송이 없다. 본 번역은 송과 자주가 있는 델게(sDe dge) 판본을 저본으로 삼기 때문에 1송이 없다. 하지만 편의상 다른 번역과의 비교를 위하여 송만 있는 대장경의 1송을 그대로 첨가하였다.

레비는 산스크리트본에는 없는 1송을 티베트역을 참고하여 환범하였다. L.Viṃ. 3.4-5: vijñaptimātram evedam asadarthāvabhāsanāt | yadvat taimirikasyāsatkeśoṇḍukādidarśanam || 1abcd || "이것(=삼계에 속한 것)은 오직 인식(vijñapti)일 뿐이다. 존재하지 않는 대상이 [대상처럼] 현현하기 때문이다. 예컨대, 비문증이 있는 사람이 존재하지 않는 머리카락 등을 보는 것과 같다."

규기는 『유식이십론술기』에서 다음과 같이 말한다. (T43, 982b21-982b22) 勘三梵本並無此頌. 但譯家增. "세 가지 산스크리트본을 살펴보니 이 [1]게송은 [세 산스크리트본] 모두에는 없다. 번역가가 마음대로 덧붙인 것이다."

일 뿐'이다.

[이유] [삼계에 속한 것은 모두] 존재하지 않는 대상이 [존재하는 것처럼 마음에] 나타나기 때문이다.

[예증] 예를 들면, 비문증이 있는 사람(rab rib can, taimirika)이 존재하지 않는 머리카락, [두 번째] 달 등을 보는 것과 같다. [1abcd]

이 식(vijñāna)이 대상처럼 [마음에] 나타나서(pratibhāsa)[8] 발생한다. 예를 들면, 비문증이 있는 사람들이 존재하지 않는 머리카락, [두 번째] 달 등을 보는 것과 같다. [따라서] 어떠한 대상도 [전혀] 존재하지 않는다.[9]

---

8 横山紘一(1949), 105. "현현이란 개념은 미륵의 제 논서상에서부터 중요시된 용어로 동사 ✓bhās와 ✓khyā에서 유래하는 말로, 즉 pratibhāsate, ābhāsa, nirbhāsa, prabhāsa, pratibhāsa: khyāti, prakhyāti, saṁprakhyāti, khyāna로 사용된다. 현장에 의해서 번역된 『유가사지론』, 『변중변론』, 『유식이십론』, 『섭대승론본』에서 전술한 현현에 해당하는 범어와 티베트역(『섭대승론석』의 경우)의 snang ba에 대한 번역을 표현적으로 정리하면, 다음의 7종류로 나뉜다. ① 닮다, ② 變似, ③ 似~現, ④ 似~顯現, ⑤ 現似~, ⑥ 顯現似~, ⑦ 顯現. 이 중에 ⑦의 현현의 번역은 많지 않고, 거의 ①의 '닮다' 라고 하는 번역이 많다." 『이십론』에서 현현(pratibhāsa)은 인식(vijñapti)과 결합하여 사용된다. 즉 존재하지 않는데 마치 존재하는 것처럼 현현한다는 내용을 『이십론』은 지니고 있다. 이 현현 개념은 바로 대상의 비실재를 드러내는 대표 용어로서의 역할을 한다.

9 이 마지막 문구는 산스크리트본에 없다. 티베트역에 있는 1송의 자주에 해당하는 이 구문은 저자 바수반두의 자주인지 아니면 티베트어로 번역하면서 첨가된 것인지는 확인할 수 없다. 이 구문에 해당하는 세 한역은 순서대로 현장역, 진제역, 반야류지역이다. 『유식이십론』(T31, 74b29-74c1) 內識生時似外境現. 如有眩瞖見髮蠅等. "내부의 식이 생길 때는 [존재하지 않는] 외계 대상과 유사하게 나타난다. 마치 비문증이 있는 사람이 머리카락이나 파리 등을 보는 것과 같다." 『대승유식론』(T31, 70c29-71a6) 大乘中立義外塵實無所有. 若爾云何見有外塵. 爲證此義故言 似塵識生故. 由識似塵現故 衆生於無塵中見塵. 爲顯此識故立斯譬. 如眼有病及眼根亂 於無物中識似二月及鹿渴等而現 唯識義亦如是. 是故三界實無外塵 識轉似塵顯. 三性二諦同無性性 名非安立. "대승 가운데에서 '외계 대상은 실로 있는 것이 아니다'라는 뜻을 세운다. 만약 그렇다면 왜 외계 대상이 있다고 보는가? 이 뜻을 증명하기 위하여 '대상과 유사하게 식이 생기기 때문이다'라고 한다. 식이 대상과 유사하게 나타나기 때문에 중생은 대상이 없는데도 대상을 [있는

⌘ 비니타데바 1송 해석

[D.136, 171b7]

제목: Rab tu byed pa nyi shu pa'i 'grel bshad
저자: Dul ba'i lha (Vinītadeva)

rgya gar skad du | pra ka ra ṇa bingsha[10] ka ṭī kā | bod skad du | rab tu byed pa nyi shu pa'i 'grel bshad | 'jam dpal gzhon nur gyur pa la[11] phyag 'tshal lo | gang thugs thugs rje rag las phyir | gzhan gyi don la rtag dgyes pa | mi shes bcom la phyag 'tshal lo[12] | nyi shu pa ni rnam par dbye |

theg pa chen po la khams gsum pa rnam par rig pa tsam du rnam par gzhag ces bya ba[13] tshig dang po 'dis ni rab tu byed pa 'di'i dgos pa dang | brjod par bya ba'i rang gi ngo bo dang | dgos pa'i

---

것처럼] 본다. 이 식이 [외계 대상과 유사하게] 나타나는 것에 대한 비유는 다음과 같다. '마치 비문증이 있는 사람이거나 눈에 이상이 생겨서 사물이 없어[도] 식(識)이 두 번째 달, 목마른 사슴에게 보이는 신기루 등이 나타나는 것과 같다.' 오직 인식일 뿐이라는 의미 또한 이와 같다. 그러므로 삼계에 속한 것에는 실로 외계 대상은 없고 식이 대상과 유사하게 나타나서 발생한다. 삼성과 이제도 [외계 대상과] 마찬가지로 자성이 없어서 성립하지 않는다." 『유식론』(T31, 64c1-64c5) 問曰. 以何事驗得知色等外境界無 但有內心能虛妄見前境界也. 答曰. 偈言以無塵妄見故. 無塵妄見者 明畢竟無色等境界 但有內心妄生分別 能見色等外諸境界. "묻는다. 무엇 때문에 색깔/형태 등의 외계 경계가 없는데, 다만 내부의 마음(心)이 능히 허망하게 눈앞의 외계 경계를 볼 수 있다는 것을 아는가? 답한다. 송에서 대상이 없어도 허망하게 [대상을] 보기 때문이다. 송에서 대상이 없어도 허망하게 보는 것이란 반드시 색깔/형태 등의 대상이 없는데도 다만 내부의 마음에 허망한 분별이 생겨서 능히 색깔/형태 등의 모든 외계 경계를 본다."

10 P.N: ni bingisha

11 N: -la

12 P.N: te

13 P.N: ba'i

yang dgos pa dngos su ston to | 'brel pa ni don gyis brtag par bya'o | rab tu byed pa'i 'brel pa dang | brjod par bya ba dang | dgos pa rnams nges par brjod par bya'o | gzhan du na 'brel pa med pa dang | brjod par bya ba med pa dang | dgos pa med pa dang | dgos pa'i yang dgos pa med pa'i rab tu byed pa ni rtog pa sngon du gtong ba'i nyan pa po dag khas mi len to ||

제목: 이십론을 해설한다.

저자: 비니타데바

인도말은 Prakaraṇaviṃśakaṭīkā이고 티베트말은 rab tu byed pa nyi shu pa'i 'grel bshad라고 한다. 문수보살께 절 올립니다. [나 비니타데바는] 어떤 사람이 [어려움에] 처해 있[다면 그것에 대하여] 연민하고, 다른 사람의 이익을 영원히 기뻐하고 어리석음을 멸하시는 [부처님을 위해] 절 올리며 『이십론』을 해설한다.

'대승에서는 삼계(三界)에 속한 것은 '오직 인식일 뿐'(vijñapti-mātra, 唯識)[이라는 가르침]을 확립한다'라는 이 첫 말은 이 논의 목적(abhidheya)과 설할 내용(prayojana)과 목적의 목적(=최종 목적, prayojanasya)을 나타낸다.[14] [따라서 주석서는 이 세 가지의] 관계(sambandha)의 의미에 대하여 고찰할 것이다. [이 주석서는] 논서의 관계와 설할 내용과 목적들을 확실하게

14 비니타데바의 주석서는 서두에 이 네 가지 문제를 제시한다. 네 가지란 논의 목적과 설할 내용과 최종 목적과 앞에서 언급한 셋의 관계에 대한 것이다. 이 형식이 언제 누구로부터 시작되었는지는 확인할 수 없다. 다만 8세기 하리바드라(Haridbadra, 8세기 후반의 『반야경』 주석가)가 그의 저작에서 주석서에는 이 네 가지가 필요하다고 언급하고 있는 것이 확인되기에 7세기 말부터 인도 논서에서 이 같은 형식이 확립된 것으로 추정된다. 349-350 참조. 350, 각주 26.

언급할 것이다. 이와 달리 주의 깊게 새겨듣는 자는 관계가 없고 설할 내용이 없고 목적이 없고 목적의 목적이 없는 논서를 인정하지 않는다.

de la theg pa chen po zhes bya ba 'dis ni dgos pa'i yang dgos pa bstan to | khams gsum pa rnam par rig pa tsam du rnam par gzhag ces bya ba 'dis ni brjod par bya ba dang | dgos pa bstan to | 'dir khams gsum pa rnam par rig pa tsam nyid lung dang rigs pa gnyis kyis bstan to | 'di ni brjod par bya'o | khams gsum pa rnam par rig pa tsam nyid du bstan pa ni dgos pa'o | bstan pa de yang rab tu dbye bas[15] byed pa'i phyir te | rab tu byed pa ni dgos pa 'di'i thabs yin no | de bas na rab tu byed pa dang dgos pa gnyis ni thabs dang thabs las byung ba'i mtshan nyid kyis 'brel bar gnas so | de ltar gnas pa la brgya la 'ga' zhig khams gsum pa rnam par rig pa tsam du bstan pa 'dis ni[16] ci zhig bya zhes rgol du 'ong bas de'i phyir | theg pa chen po zhes bya ba 'di smos so | de las ni khams gsum pa rnam par rig pa tsam nyid du bstan pa ni theg pa chen po thob par bya ba'i phyir ro zhes bya ba'i tshig gi don 'di 'byung ste | 'di ni re zhig spyi'i don no[17] ||

이 문장에서 '대승'(mahāyāna)이라는 것은 목적의 목적을 설한 것이다. '삼계에 속한 것은 오직 인식일 뿐'이라고 설정한 것은 설할 내용과 목적을 설한 것이다. 이 '삼계에 속한 것은 오직 인식일 뿐'이라는 것은 경증(敎證)과 이증(理證)[18]이라는 두 가지 [논증 방식]으로 밝혀질 것이며

15 P.N: -dbye bas

16 P.N: -ni

17 P.N: to

18 경증(敎證)은 경전적 근거이고 이증(理證)은 논리적 근거이다. 경전적 근거는 대개 경전을 논거로 제시하고 논리적 근거는 논리적 논거를 제시한다. 『성유식보생론』(T31, 78a19-78a21) 凡有諍 事欲求決定 須藉二門. 一順阿笈摩 二符正理. "무릇 다투는 일이

이것은 설할 내용이다. [그러므로] '삼계에 속한 것은 오직 인식일 뿐'이라는 것을 드러내는 것이 [『이십론』의 최종] 목적이다.[19] 그 목적 역시 논서에 의해서 이루어지기 때문에 논서는 목적의 방편이 된다. 그러므로 논서와 목적, 이 두 가지는 방편과 방편으로부터 밝혀진 특성으로 관계한다. 이 경우에 대부분의 사람들이 '삼계에 속한 것은 오직 인식일 뿐'이라는 것은 어떤 의미인가? 라고 반박하기에 이같이 대승[경전]을 [경증으로] 설했다. 그래서 '삼계에 속한 것은 오직 인식일 뿐'이라고 말한 것은 대승의 가르침을 성취하기 위한 것이다. 이것이 이 논서의 총체적인 의미(samudāārtha)이다.[20]

yan lag gi don brjod par bya ste | theg pa chen po zhes bya ba[21] 'dis 'dong bas na theg pa'o | yang na 'dir 'dong bas na[22] theg pa'o |

있기에 결정을 하려면 반드시 두 가지 문(門)에 의지해야 한다. 첫째는 아함(阿笈摩)을 따르는 것이고 둘째는 바른 논리에 부합하는 것이다." 『이십론』의 경우 경증은 『화엄경』「십지경」에 나오는 "아! 승리자의 아들들이여, 이것(=삼계에 속한 것)은 오직 인식일 뿐이다"라는 구절을 논거로 삼고 있다. 이증은 시간 · 장소의 한정 등 네 가지 주제, 12처설, 원자의 실재, 지각, 기억, 타심지, 꿈꿀 때와 깨어 있을 때 등이다.

19 비니타데바에 의하면, 『이십론』의 논의 목적은 '삼계에 속한 것이 오직 인식일 뿐이라는 것을 드러내는 것'이고 『관소연론』의 논의 목적은 '외계 대상을 부정하고 내부 대상을 정립하기 위한 것'이라고 서두에 명시되어 있다. 352, 각주 40.

20 『유식이십론술기』(T43, 979a9-979a11) 將釋本文以三門辨. 一顯教時機教攝分齊 二明論宗體造論所由 三依論所明判文別釋. "장차 본문을 세 갈래로 나누어 해석한다. 첫째는 가르침의 시기와 근기, 가르침이 포섭하는 범위를 구분하여 가지런히 드러내고, 둘째는 논의 종지와 교체와 논을 지은 이유를 밝히고, 셋째는 논에서 밝힌 것을 토대로 문장을 나누고 해석을 구별하는 것이다."

규기는 『이십론』의 전체적 구성을 총 세 부분으로 나누는 반면, 비니타데바는 총 두 부분으로 나눈다. 즉 총체적인 의미와 개별적인 의미이다.

21 P.N: +ni

22 P.N: -na

de'i theg pa yang yin la chen po yang yin pas theg pa chen po'o | de'i phyir byang chub sems dpa'i lam 'bras bu dang bcas pa la theg pa chen po zhes bstan pa yin no | chen po ni de ma yin pa'i theg pa gzhan pas mchog tu gyur par rig par bya'o | 'di ltar der ni gang zag la bdag med par shes pas nyon mongs pa'i sgrib pa tsam spong ba'o | 'dir ni gang zag dang chos la bdag med par shes pas nyon mongs pa dang shes bya'i sgrib pa spong ba'o | yang na chen po rnam pa bdun dang ldan pa'i phyir chen po ste | chen po rnam pa bdun ni dmigs pa dang | sgrub pa dang | ye shes dang | brtson 'grus dang | thabs la mkhas pa dang | yang dag par 'grub pa dang | las zhes bya ba'o | la ni 'dir rgyu'i don du blta bar bya ste | theg pa chen po'i rgyu theg pa chen po thob par byed pa'i don zhes bya ba'i tha tshig go ||

이 '탈것'은 물론 '큰 것'이기에 '큰 탈것'이라고 한다. 그런 까닭에 보살도의 과보(果報)를 지닌 것으로 대승(Mahāyāna, 大乘)을 나타낸다. '크다'라는 말은 그것이 다른 탈것(Hīnayāna, 小乘)보다 '뛰어나다'라는 것을 의미한다. 왜냐하면 저기(=소승)는 '인격적 주체가 없는 상태' (pudgala-nairātmya, 人無我)를 알아 번뇌로 생긴 장애(煩惱障)을 제거하고, 다른 한편 [대승에서는] '인격적 주체가 없는 상태'(人無我)와 '존재의 요소가 없는 상태'(dharma-nairātmya, 法無我)를 알아 '번뇌로 생긴 장애'(kleśa- āvaraṇa, 煩惱障)와 '지식으로 생긴 장애'(jñeya-āvaraṇa, 所知障)[23]를 제거하기 때문

23 불교에서 무아(anātman, 無我)란 나라고 할 것이 실제로 없다는 것을 말한다. 이것은 번뇌(kleśa)를 일으키는 주체인 '나'가 없다는 것을 통찰하는 것으로 연결된다. 무아는 인무아(人無我)와 법무아(法無我)로 분류된다. 인무아란 실체하는 자아가 없다고 보는 견해이고 법무아란 실체하는 존재가 없다고 보는 견해이다. 실체하는 자아가 있다고 하는 것으로부터 생긴 것이 '번뇌로 생긴 장애'(煩惱障)이고 실체하는 존재가 있다고 하는 것으로부터 생긴 것이 '지식으로 생긴 장애'(所知障)이다. 번뇌로 생긴 장애는 자아에 대한 집착(我執)으로 생긴 장애이고 지식으로 생긴 장애는 존재에 대한 집착(法執)

이다. 또 '크다'라는 의미에는 7가지가 있는데 인식대상 · 행 · 혜 · 정진 · 선교방편 · 성취 · 행위[24]이다. 대승에서 '-에서'라는 말은 여기에서는 '원인(因)'을 가리킨다.[25] '대승의 원인'이란 '대승을 획득한다'라는 말이다.

'di ltar 'dul ba ni rnam pa gnyis te | gang zag la bdag med par bstan pas 'dul ba dag dang | chos la bdag med par bstan pas 'dul ba dag go | de la gang zag la bdag med par bstan pas 'dul ba dag

---

으로 생긴 장애이다. 결국 번뇌로 생긴 장애는 성도(聖道)를 방해하여 열반을 얻지 못하게 하는 번뇌이고, 지식으로 생긴 장애는 지(智)를 방해하여 생기지 않게 하는 번뇌이다. 이처럼 장애는 깨달음을 방해하는 번뇌로 두 개로 나누기도 하고 세 개로 나누기도 한다. 세 가지는 번뇌로 생긴 장애(kleśa-āvaraṇa, 煩惱障), 행위로 생긴 장애(karma-āvaraṇa, 業障), 자신이 행한 행위의 결과로 생긴 장애(vipāka- āvaraṇa, 異熟障)이다.

24 『유식이십론술기』(T43, 980b9-980b16) 雜集論第十一說 七大性相 應是名大乘義. 一境・二行・三智・四精進・五方便善巧・六證得・七業大性. 境大者 以廣大教爲所緣故. 行大者 自利利他故. 智大者 二無我智故. 精進大者 三大劫中 修無量種難行行故. 方便善巧大者 得不住道故. 證得大者 證十力等諸功德故. 業大者窮生死際 建佛事故. "『대승아비달마잡집론』 제11장에서 설하기를 7가지가 크다(大)라는 성품(性)에 대응하기에 대승이라고 한다. 첫 번째는 대상(境)이 크다는 것이고, 두 번째는 행(行)이 크다는 것이고, 세 번째는 지(智)가 크다는 것이고, 네 번째는 정진(精進)이 크다는 것이고, 다섯 번째는 방편선교(方便善巧)가 크다는 것이고, 여섯 번째는 증득(證得)이 크다는 것이고, 일곱 번째는 행위(業)가 크다는 것이다. 대상(境)이 크다는 것은 광대한 가르침을 대상으로 삼기 때문이다. 행(行)이 크다는 것은 자리와 이타이기 때문이다. 지(智)가 크다는 것은 인무아와 법무아의 지(智)이기 때문이다. 정진(精進)이 크다는 것은 3대겁 동안 헤아릴 수 없는 어려운 수행을 하기 때문이다. 방편선교(方便善巧)가 크다는 것은 머무름이 없는 도(道)를 얻기 때문이다. 증득(證得)이 크다는 것은 10력 등의 모든 공덕을 증득하기 때문이다. 행위(業)가 크다라는 것은 생사가 다할 때까지 불사(佛事)를 건립하기 때문이다."

25 『성유식보생론』(T31, 77b22) 謂依大乘成立三界但唯是識. "대승에서 삼계는 오직 인식일 뿐으로 성립한다[라고 말한다]." 여기에서 '대승에서'의 '에서'는 依에 대한 번역으로 '원인'을 나타낸다. 즉 '대승에서'라는 것은 '대승을 위하여'라는 의미이다.

gi[26] ni de bstan pa la brten nas 'byung ba dang 'jig pa'i chos can bdag dang bdag gi dang bral ba phung po tsam du shes nas thos pa dang sems pa la sogs pa'i rim gyis[27] gang zag la bdag med pa la 'jug go | bdag med pa la 'jug pa des nyon mongs pa'i sgrib pa dang bral nas mthar phyin pa'i gnas 'thob ste | de dag gi de'i thabs bstan pa ni gzhan nas brjod pa nyid do | gang dag chos la bdag med par bstan pas 'dul ba de dag ni de bstan pa la brten nas chos kyi dbyings rab tu rtogs pa dang mthun pa'i bstan bcos nyan pa dang sems pa la sogs pa'i rim gyis gzung ba dang 'dzin pa rnam par gzhig pa'i phyir[28] ro |

rab tu byed pa 'dis ni gzung ba dang 'dzin pa rnam par gzhig pa'i thabs nyid ston to | rnam par bshig nas gzung ba dang 'dzin pa dang bral ba'i rnam par rig pa tsam nyid la 'jug go | de nas sa dang pha rol tu phyin pa bsgrubs[29] pas gzung ba dang 'dzin pa ma lus par bsal nas chos kyi dbyings rtogs te | de bzhin gshegs pa'i go 'phang bla na med pa 'thob pas de la bsams nas theg pa chen po thob par bya ba'i phyir zhes bshad do ||

이 교화할 중생에는 두 종류가 있다. '인격적 주체가 없는 상태'(人無我)의 가르침에 의해 교화되는 사람들과 '존재의 요소가 없는 상태'(法無我)의 가르침에 의해 교화되는 사람들이다. 여기서 인무아의 가르침에 의해서 교화되는 사람들은 그 가르침에 근거해서 생멸의 [성질이 있는] 법인 나와 나의 것을 떠나 오직 [물질(rūpa, 色) · 느낌(vedanā, 受) · 표상 작용(saṃjñā, 想) · 의지 작용(saṃskāra, 行) · 의식(vijñāna, 識)이라는 다섯 가지] 무더

26 P.N: -gi
27 P.N: gyi
28 P.N: +sbyor ro
29 P.N: bsgrub

기(skandha, 蘊)만 [있다는] 것을 알아서 들음(聞, śravaṇa) · 생각함(思, vicāra) · 수행함(修, śikṣā)의 순서를 거쳐 인식대상(grāhya)과 인식주체(grāhaka)를 제거할 수 있기 때문이다.

이 논은 인식대상과 인식주체를 제거하는 방편을 가르친다. [인식대상과 인식주체를] 제거해서 인식대상과 인식주체를 여읜 유식[의 깨달음을 아는 경지에] 들어간다. 즉 바라밀의 성취에 의해서 인식대상과 인식주체를 남김없이 제거하여 법계(法界)를 통달한다. 인식대상과 인식주체를 소멸한 최상의 지위를 획득함으로써 '대승을 성취하기 위해서'라고 말한 것이다.

khams gsum pa zhes bya ba ni 'dod pa dang gzugs dang gzugs med pa zhes bya ba dag ste | gsum po nyid khams yin pas khams gsum pa'o | de la sems dang sems las[30] byung ba gang dag 'dod pa las 'dod chags dang ma bral ba de dag ni 'dod pa'i khams so[31] | gang dag[32] 'dod pa las 'dod chags dang bral la | gzugs las 'dod chags dang ma bral ba de dag ni gzugs kyi khams so | gang dag gzugs las 'dod chags dang bral la[33] gzugs med pa las 'dod chags dang ma bral ba de dag ni gzugs med pa'i khams so |

rnam par rig pa tsam zhes bya ba ni dmigs pa dang bral ba ste[34] | 'ba' zhig pas rnam par rig pa tsam ste | gzung ba dang 'dzin pa dang bral ba'i sems dang sems las byung ba zhes bya ba'i tha tshig go ||

---

30 P.N: -las

31 P.N: -so

32 N: +dag

33 N: ba

34 P.N: te

[다음은 삼계를 설명한다.]

삼계(traidhātu, 三界)는 욕망의 세계(kamā-dhātu, 欲界)와 물질의 세계(rūpa-dhātu, 色界)와 물질이 없는 세계(ārūpa-dhātu, 無色界)이다. 세계(dhātu, 界)가 세 가지이기에 삼계(三界)라고 한다. '욕망의 세계'란 마음(心)과 마음 작용(心所)이 욕망의 세계에서 탐욕(kāmac-chanda, 貪慾)을 여의지 않는 것이다. '물질의 세계'란 욕망의 세계에서 탐욕을 여의고 물질의 세계에서는 탐욕을 여의지 않는 것이다. '물질이 없는 세계'란 물질의 세계에서 탐욕을 여의고 물질이 없는 세계에서는 탐욕을 여의지 않는 것이다.

[다음은 '오직 인식일 뿐'을 설명한다.]

'오직 인식일 뿐'(vijñapti-mātra, 唯識)이라는 것은 대상(artha)을 여의고 오직 '인식'만이 [삼계에 존재한다는] 것으로 인식대상과 인식주체[35]를 여읜 마음(citta, 心)과 마음 작용(caitta, 心所)을 가리킨다.[36]

---

35 불교철학에서 인식의 주요한 성립 요건인 인식주체와 인식대상에 해당하는 용어는 다음과 같다. 능연(能緣)-소연(所緣), 능취(能取)-소취(所取), 식(識)-경(境), 능분별(能分別)-소분별(所分別), 견(見)-상(相), 행상(行相)-소연(所緣) 등이다. 특히 행상-소연은 바수반두의 『유식삼십론송』에 대한 중국 법상유식 주석서 『성유식론』에 나타난다. 여기에서 제8아뢰야식의 행상과 소연은 무엇인가? 제7말나식의 행상과 소연은 무엇인가? 제6의식과 전5식의 행상과 소연은 무엇인가를 다룬다. 여기에서 행상은 각 식들이 행하는 인식주체적 역할을 말하고 소연은 그 인식주체에 대응하는 인식대상을 의미한다.

36 『성유식론』(39c20-39c25) 唯識言有深意趣. 識言總顯一切有情各有八識 六位 心所 所變相見分位差別及 彼空理所顯眞如. 識自相故 識相應故 二所變故 三分位故 四實性故. 如是諸法皆不離識 總立識名. 唯言但遮愚夫所執定 離諸識實有色等 若如是知唯識敎意. "오직 인식일 뿐(唯識)이라는 말에는 깊은 의미가 있다. 인식(vijñapti)이란 말은 전체적으로 모든 유정에 각기 팔식, 육위, 심소, 식이 변한 상분과 견분의 분위의 차별과 그것의 공한 이치에서 드러나는 진여가 있다는 것을 나타낸다. 식의 자상이기 때문이고 식과 상응하기 때문이고 두 가지로 변화하기 때문이고 세 가지 분위 때문이고 네 가지의 참다운 성품이기 때문이다. 이처럼 일체법은 모두 식에서 떠나지 않으므로 총체적으로 인식(vijñapti)이라고 부른다. 유(唯)라는 말은 다만 어리석은 범부가 주장하길 결정코

rnam par gzhag pa zhes[37] bya ba ni bstan pa'o | de ni 'di skad du sems dang sems las byung ba dag nyid la khams gsum rnam par gzhag go zhes ston te | dper na | gzugs med kyang nam mkha' mtha' yas skye mched la sogs pa tha dad par rnam par gzhag pa bzhin no zhes bstan par 'gyur ro | yang na theg pa chen po la zhes bya ba ni[38] yul gyi la ste | des theg pa chen po zhes bya ba'i gsung rab la rnam par rig pa tsam zhes bya bar bstan par 'gyur ro | lhag ma'i bshad pa ni snga ma bzhin no | de las ni theg pa chen po zhes bya ba'i gsung rab la khams gsum pa rnam par gzhag pa[39] rig pa tsam nyid du dam 'cha'o zhe'am[40] 'dogs so zhes bya ba'i tha tshig gi don 'di 'byung ngo | bshad pa 'di la ni gzung ba dang 'dzin pa rnam par gzhig pa la sogs pa dgos pa'i yang dgos pa yin par rig par bya'o |

theg pa chen po thob par bya ba'i phyir lung dang rigs pa gnyis kyis khams gsum pa rnam par rig pa tsam nyid du de bstan zhes[41] gang smras pa de la ||

[다음은 '확립한다'를 설명한다.]

'확립한다'라는 것은 마음과 마음 작용에서 '삼계(三界)를 확립한다'라는 말이다.[42] 예를 들면,[43] 무색계(無色界)도 역시 별도로 공무변처(空無邊

모든 식을 떠나 진실로 색깔/형태 등이 있다는 것을 부정한다는 것이다."

37 P.N: ces

38 P.N: 'di

39 P.N: -gzhag pa

40 P.N: zhes ma

41 P.N: ces

42 『유식이십론술기』(T43, 980a22-980a28) 安立者 成立義. 謂此論 成立大乘三界唯識. 卽以因喩 成立宗義 名爲安立. 又安立者 施設義. 以廣道理 施設唯識 略理趣故. 或安立者開演義. 未說之義 今說名立 已說之義 今廣名安. 又安者可也 敎理相稱 立者建也 法性離言. "안립은 성립이라는 의미이다. 이 논에서 '대승에서 삼계는 오직 인식일 뿐이다'를

處) 등을 확립한다고 말하는 것과 같다. 또는 대승(大乘)에서 '~에서'[44]라는 말은 장소의 '~에서'[라는 의미로] 대승 경전에서 유식이 설해졌다는 것을 뜻한다. 나머지 말은 앞의 것과 같다. 대승 [경전]에서 대승의 가르침에 따라 삼계를 유식으로 확립하거나 또는 [임의로] 가설한다는 의미이다. 이 말은 인식대상과 인식주체의 소멸이 [이 논의] 목적의 목적(=최종 목적)이라는 것을 나타낸다.

'대승을 성취하기 위하여' 경전적 근거(經證)와 논리적 근거(理證)라는 이 두 가지로 '삼계가 유식'이라는 본질을 설한다.

re zhig lung gis bstan pa'i phyir |

성립시킨다. 즉 이유와 예시로써 종(宗)의 뜻을 성립시키는 것을 안립이라고 한다. 또한 안립은 시설이라는 뜻이다. 넓은 도리로 유식의 이론적 취지를 간략하게 시설하기 때문이다. 또는 안립은 확장시킨다는 뜻이다. 아직 말하지 않은 뜻을 지금 말하는 것을 립(立)이라고 하고, 이미 말한 뜻을 지금 확장하는 것을 안(安)이라고 한다. 또 안(安)이란 옳다는 뜻으로 경증과 이증에 부합하고, 립(立)이란 세우다는 뜻으로 법의 성질은 말을 떠나 있다는 것이다."

43 『성유식보생론』(T31, 78b16-78b19) 非由於色有別異故 依識差別而爲建立. "색깔/형태(色)에 별도의 다름이 있기 때문이 아니라, 식(識)의 차별에 의지하여 색깔/형태가 건립된다."

44 앞에서 언급했듯이, 대승에서 '~에서'에 대한 해석은 두 가지가 있다. 하나는 원인이고 다른 하나는 장소를 가리킨다. 『성유식보생론』(T31, 78b2-78b5) 又若唯據言說大乘 猶如於義 假名乘者 依第七聲所說聲也. 謂卽依託大乘言敎聚集之處 眞實句義而成立之. 但唯是識爲欲明其所立宗義. "또 만약 오직 언설(言說)로서 대승(大乘)에만 의지한다면, 마치 뜻에서 임시로 탄다[乘]라고 이름한 것과 같이, 제7격(처격)이라고 말한 소리에 따른 것이다. 말하자면, 대승의 말과 가르침이 모여 있는 곳의 진실한 구절과 내용에 의지하여 이것을 성립시킨 것이다. 단지 '오직 인식일 뿐(唯識)이다'라고 하는 것은 그 세운 종(宗)의 뜻을 대승교(大乘敎)에서 밝히려고 한 것으로 한 부분만을 이끌어서 세운 종(宗)이 자신의 교리에 위배되는 일이 없다는 것을 나타낸다."

kye rgyal ba'i sras dag khams gsum pa 'di ni zhes bya ba la sogs pa smos so |

yang na bshad pa gnyis pa'i dbang du byas nas theg pa chen po la rnam[45] par rig pa tsam du bstan zhes bya ba de ji ltar nges zhes rgol ba de'i phyir |

kye rgyal ba'i sras dag khams gsum pa 'di ni zhes bya ba la sogs pa smos so |

mdo sde las ni[46] khams gsum pa mtha' dag sems tsam mo[47] zhes gsungs te | gzugs dang mi ldan pa dang | 'dus ma byas ni rnam par shes pa las[48] logs shig na med la | gzung ba dang 'dzin pa yang med do zhes dgongs pa'o ||

한편 경전적 근거를 밝히기 위하여,

'[『십지경』[49]에서] "오! 승리자의 아들들이여! 이 삼계에 [속한 것은 오직 마음(citta)일 뿐이다]"'라고 [『유식이십론』에서] 설한다.

또는 두 번째 해석을 통해서, 대승에서 '오직 인식일 뿐'이라고 설한 것을 어떻게 확신할 수 있는가?라고 [외계실재론자가] 논박하기 때문에,

45 P.N: gnas

46 P.N: +de

47 P.N: -mo

48 P.N: la

49 『십지경』은 『화엄경』의 「십지품」이 단독 경전으로 된 것으로 『화엄경』에서 「입법계품」과 함께 산스크리트본으로 현존한다.

'오! 승리자의 아들들이여! 삼계[에 속한 것은 오직 마음(citta)일 뿐이다]'[50] 라고 [『유식이십론』에서] 설한다.[51]

[대승] 경전(sūtra)에서 삼계는 모두 '오직 마음일 뿐'이라고 설했다. 색깔/형태(rūpa)와 불상응(āsasaṃprayoga)과 무위(asaṃskṛta, 無爲)[52][라는 법들]은 식(vijñāna)과는 별도로 존재하지 않기에 인식주체와 인식대상도 물론 존재하지 않는다.

rang gi sde pa dag la re zhig lung 'di'o | gang dag gzhung gzhan la gnas pa de dag la ni rigs pa brjod do | lung ni mchod pa dang |

---

50 『유식이십론술기』(T43, 981a29-981b7) 問唯有爾所經爲證耶. 答更有餘. 解深密說唯識所現 又說諸法皆不離心 又說有情 隨心垢淨 又說成就四智 菩薩能隨 悟入唯識無境. 乃至廣說. 如攝大乘第四卷中 及成唯識第七卷說 又花嚴經第九卷云 心如工畫師 畫種種五陰 一切世界中 無法. 而不造 如心佛亦爾 如佛衆生然. 心佛及衆生 是三無差別. "묻는다. 오직 이 경전(=『십지경)에 의해서만 증명되는가? 답한다. 또 다른 것도 있다. 『해심밀경』은 '오직 식이 나타난 것'이라고 설하고 또한 '일체법은 모두 마음을 여의지 않는다'라고 설하고 또한 '유정은 마음에 따라 더러워지고 청정해진다'라고 설하고, 또한 '네 가지 지혜를 성취한 보살은 능히 유식무경을 깨달아 들어갈 수 있다'라고 설하였다. 그 외 많은 것이 있다. 예를 들어 『섭대승론』 제4권과 『성유식론』 제7권이 있으며 『화엄경』 제9권은 '마음은 화가와 같아서 다섯 가지 무더기(五陰)로 일체 세계를 그린다. 이 가운데 [마음이] 짓지 않는 법이 없다. 마치 마음과 같이 부처도 그러하다. 마치 부처와 같이 중생도 그러하다. 마음과 부처와 중생, 이 셋은 차별이 없다'라고 하였다."

51 『유식이십론술기』(T43, 981b7-981b8) 問何故此論唯說一經 答且擧經 以成教成理 何要多經其 理方顯. "왜 이 논(=『이십론)에서는 하나의 경전만을 설하는가?라고 묻기에, 하나의 경전에서 가르침(教)과 논리(理)를 성사시켰는데 여러 경전에서 그 이치를 두루 밝힐 필요가 있는가?라고 답한다."

52 불교의 세계관 분류는 다음과 같다. 먼저 세계를 조건과 인연으로 만들어진 유위법(有爲法)과 그 자체 존재하는 무위법(無爲法)으로 나눈다. 여기에서 유위법은 다시 마음과 마음 작용, 불상응행법, 색으로 나누어진다. 따라서 세계는 색, 마음, 마음 작용, 불상응행법, 무위법 총 5가지로 이루어져 있다. 여기에 유부는 마음 작용을 75법으로 유식학파는 100법으로 세분화한다.

brjod pa nyung ba'i phyir thog ma nyid du gzhag par rigs so | rnam par rig pa tsam nyid kyi phyogs la sgra'am ming gi tshogs la sogs pa med du zin kyang tshig[53] la sogs pa'i rnam par shes pa nyid lung ste | 'di ltar don ji lta ba bzhin du gzigs pa la sogs pa'i yon tan dang ldan pa 'gro ba'i bla ma'i dbang las byung ste | de lta[54] bas na gzhan las 'ongs pa'i phyir lung zhes bya'o | gzhan gyis kyang 'di nges par khas blang bar bya ste | 'di ltar sgra'i spyi nyid tshig yin gyi sgra'i bye brag ni ma yin no |

sgra'i spyi de yang shes pa'i gzung ba'i cha yin te | gud na dngos por gyur pa med do | de bas na sgra'i spyi'i rnam pa'i shes pa nyid lung zhes bstan par 'gyur ro ||

한편 자신들의 종파(svayūthyāḥ)에 대해서는 경전적 근거를 빌려 설하고 다른 경전을 지닌 사람들에 대해서는 논리적 근거를 빌려 설한다. 경전적 근거를 먼저 언급한 이유는 경전을 존경하기 때문이고 [또한] 다소 적은 말로 [삼계가 유식이라고 설명하는 데] 적절하기 때문이다. 유식성의 근본 입장(宗)에서는 소리 또는 명칭의 집합(名身, nāmakāya) 등이 없을지라도 말을 아는 것을 경전이라고 한다. 왜냐하면 진실한 뜻을 관하는 등의 공덕(guṇa, 功德)을 지닌 중생(sattva)의 최상의 힘으로부터 생긴 즉, 전승된 까닭에 경전(āgama)[55]이라고 하기 때문이다. 다른 이들도 이것을 확실하게 인정한다.

이같이 소리의 총상(總相)[56]은 말이고, 소리의 별상(別相)은 [말이] 아니

53 P.N: tshigs

54 P.N: -lta

55 『성유식보생론』(T31, 78b12) 從他來故名阿笈摩. "그것(=경전)으로부터 나왔기 때문에 아함(阿笈摩)이라고 이름한다."

다. 저 소리의 총상도 또한 앎의 인식대상이며 따로 사물이 되는 것은 아니다. 그러므로 소리의 총상에 대해 아는 것을 경전이라고 한다.

'dir ni rnam par rig pa tsam du dam bca'[57] la | mdo sde las ni sems tsam zhes 'byung na de ni[58] ji ltar khungs su rung[59] snyam du dogs pa de la |

sems dang yid ces bya ba la sogs pa smos so |

'di ni phan tshun du don 'brel ba med pa ma yin te | 'di ltar sems zhes bya ba dang | yid ces bya ba dang | rnam par shes pa zhes bya ba dang | rnam par rig pa zhes bya ba 'di dag ni rnam grangs su gtogs so | rgyu tha dad pa med pa'i sgra ni rnam grangs su gtogs pa zhes bya ba[60] ste | [61]'di ltar rim zhes bya ba rnam grangs kyi don de ston to | rnam grangs su gtogs pa bzhi brjod pa ni gsung rab kyi tha snyad la mgo rmongs pa med par bya ba'i phyir ro | gang rab tu byed pa 'di las rnam par rig pa zhes bya ba'i sgra smos pa dang | gang yang mdo sde las sems zhes bya ba 'di gnyis kyis ni rnam par shes pa'i tshogs brgyad bsdus so | rnam par shes pa 'di nyid don du snang bar 'byung ste zhes 'og nas 'byung ba yang de dang 'gal ba med do | 'di ltar rnam par shes pa'i tshogs de dag don du snang bar 'dod do ||

---

56 山口益(1975), 483-486. 유식에서 언설은 소지각성인 분별 중에 나타난 것이고 그것이 총상이 된다는 주장은 중관학파 청변의 『중관심론』에 나타난다. 중관학파는 그것에 대해서 사물(物, bhāva vastu, dravya)의 위에 총상을 세운다.

57 P.N: 'cha'

58 P.N: -ni

59 P.N: +ngo

60 P.N: -ba

61 N: +'di ltar rim zhes bya ste

[다음은 마음 · 사유기능 · 식 · 인식은 동의어라는 것을 설명한다.]

여기(=『이십론』)에서는 '오직 인식일 뿐'(vijñapti-mātra, 唯識)[62]이라 하고 경전(=『십지경』)에서는 '오직 마음일 뿐'(citta-mātra, 唯心)이라고 하는 것을 깊이 의심하는 사람들을 위하여,

'마음과 사유기능[· 식 · 인식은 동의어이다]'라고 [『유식이십론』에서] 설한다.

이들(=마음 · 사유기능 · 식 · 인식)은 의미가 서로 연결된 것이 아니고, 마음(citta, 心)이라고도, 사유기능(manas, 意)이라고도, 식(vijñāna, 識)이라고도, 인식(vijñapti, 了別)이라고도 하는데 [같은 뜻의 다른 이름으로 존재하는] 동의어이다. 근거(kāraṇa)가 따로 없는 소리는 동의어에 속하는 것으로 차례로 나열되어 있는 것은 동의어의 뜻을 나타낸다. 동의어에 속한 이 네 [단어]를 언급한 것은 경전의 용어를 분명하게 하기 위해서이다. 이 논서에서는 인식(vijñapti)이라고 하고, 어떤 경전에서는 마음(citta)이라고 하는데 이 두 가지(=인식과 마음)는 [유식학파에서 주장하는] 8가지 식(aṣṭa-vijñāna, 八識)을 가리킨다. 이 식은 대상으로 나타나서 생기는 것과 다르지 않다. 이같이 식(vijñāna, 識)이라는 것은 대상[과 유사한 형상으로 마음에] 나타난다고 인정하는 것이다.

gal te khams gsum pa sems 'ba' zhig tsam yin na | 'o na ni sems las

---

62 『성유식보생론』(T31, 78b22-78b23) 豈不詮教言唯有心 今此立宗言唯有識. 說違本教諒在憑虛. "어째서 교리에서 밝힌 '오직 마음(唯心)만이 있다'라고 하지 않고 지금 그것의 종지를 세우면서 '오직 인식(唯識)만이 있다'라고 하는가? 본래 교리(本敎)와 어긋나게 말하니 참으로 허공을 잡는 듯하다."

byung ba rnams kyang med par thal bar 'gyur du dogs pa la |

sems de yang zhes[63] bya ba la sogs pa smos te |

khams gsum pa gdags pa'i rgyu sems gang yin pa de mdo sde las mtshungs par ldan pa dang bcas par[64] dgongs pa'o | yang na mdo sde las sems zhes smos pa gang yin pa de rab tu byed pa 'dir mtshungs par ldan pa dang bcas par lta'o | sems de yang zhes bya ba ni khams gsum pa gdags pa'i rgyu'am mdo sde las 'byung ba'o | 'dir zhes bya ba ni mdo sde 'am rab tu byed pa'o | mtshungs par ldan pa dang bcas pa zhes bya ba ni 'di dag dang sems su mtshungs par ldan pas mtshungs par ldan pa dag ste | tshor ba la sogs pa la bya'o | mtshungs par ldan pa rnams la sogs pa[65] dang lhan cig 'jug pas na mtshungs par ldan pa dang[66] bcas pa'o | dgongs zhes bya ba ni khas len to | 'dod do zhes bya ba'i tha tshig go | de ni 'di skad du khams gsum pa 'di ni sems dang sems las byung ba tsam yin gyi | sems 'ba' zhig tsam ni ma yin no zhes bstan par 'gyur ro | sems zhes bya ba ni gsung rab las sems las byung ba dag la yang bya ste | 'di ltar sems btul na legs zhes byung[67] ste | sems las byung ba yang mi btul ba ma yin no | de skad du | 'jig rten 'di ni sems kyis khrid | ces gsungs te | tshor ba dang sred pa la sogs pa[68] sems las byung ba rnams kyis khrid pa yang yin no | gal te sems las byung ba dag kyang khas len na ci'i phyir tsam zhes bya ba smos snyam du dogs pa de la |

tsam zhes bya ba smos pa ni zhes bya ba la sogs pa smos te |

---

63 P.N: -zhes

64 P.N: pa

65 P.N: -la sogs pa

66 P.N: -dang

67 P.N: 'byung

68 P.N: +la

tsam zhes bya ba smos pa gang yin pa de ni rnam par shes pa las ma gtogs pa'i don dgag pa'i phyir smos kyi | sems las[69] byung ba rnams kyang dgag pa ma yin no | don dgag pa'i phyir ro zhes bya ba ni rnam par shes pa las ma gtogs pa gzung ba dang 'dzin pa'i mtshan nyid kyi don dgag pa'i phyir ro zhes bya ba'i tha tshig go | de ni 'di skad du rnam par shes pa las ma gtogs pa gzung ba gang yang med la | gang gis rnam par shes pa de la 'dzin pa'i 'dzin pa yang med do zhes bstan par 'gyur ro ||

[다음은 '오직 인식일 뿐'에 '마음 작용'도 포함된다는 것을 설명한다.]

만약 '삼계에 속한 것은 오직 인식일 뿐'이라고 한다면, 그렇다면 역시 마음 작용도 [외계 대상과 마찬가지로] 존재하지 않는다고 착각하는 사람들을 위하여,

'저 마음(citta)[이라는 표현도 마음과 연관되는 것(caitta, 心所, 마음 작용)을 포함하는 것으로 의도되었다]'라고 [『유식이십론』에서] 설한다.

삼계를 임시로 설정하는 원인인 저 마음을 또한 경전에서는 상응하는 것을 포함하고 있는 [것]이라고 해석한다. 또는 경전에서 마음이라고 말하는 것을 이 논(=『이십론』)은 '연관되는 것을 갖는다'라고 한다. 저 마음이라는 것은 삼계를 임시로 설정하는 원인이라고 경전에서 드러났다. '여기에서'라는 것은 경전 혹은 논서를 말한다. '연관되는 것을 포함하고 있다'라는 것은 이것들(=마음 작용, 心所)과 마음은 연관되어 있다는 것을 말하는 것으로 느낌(受, 마음 작용) 등을 말한다. [마음과] 연관되는 것을 포

69 P.N: -las

함하는 것(=마음 작용)과 함께 발생할 때, '상응을 포함한다'라고 말한다. '해석한다'라는 것은 '승인한다'는 말이다. 그것은 다음과 같이 이 삼계는 마음과 마음 작용만으로 [이루어져 있고] 오직 마음만으로 [구성되어 있다는 것이] 아니라는 것이다. '마음'이라는 것은 경전에서 마음에서 생긴 것들(=마음 작용)로 [마음을] 잘 다스려야 마음 작용 또한 잘 다스릴 수 있다는 것이다. 이처럼 이 세상이 마음에 의해서 인도된다고 말할 때, 느낌과 애호하는 것 등의 마음 작용에 의해서 인도된다. 만약 마음 작용을 또한 인정한다면, 왜 '오직' [마음만] 이라고 설하는가?라는 것에 대해서,

'오직'(mātra)이라고 [『유식이십론』에서] 설한다.

그 '오직'이라는 말은 식과는 별도로 [존재하는] 외계 대상을 부정하기 위한 목적으로 사용된 것이지, 마음 작용들(=심소들)을 부정하기 위한 목적으로 사용된 것은 아니다. '대상을 부정하기 위한 목적으로'라는 것은 식과는 별도로 [존재하는] 인식대상과 인식주체라는 특성을 지닌 외계 대상(artha)을 부정하기 위한 목적으로 사용되었다. 그것은 다음과 같이 식(vijñāna)과 별도로 [존재하는] 인식대상도 없고 또 그 식으로 간주되는 인식주체도 없다는 것이다.

gal te gzung ba dang 'dzin pa'i mtshan nyid kyi don med na 'o na sngon po la sogs par snang ba 'di ci zhig[70] | gang gis snang snyam du dogs pa |

de la rnam par shes pa 'di nyid du snang zhes bya ba la sogs pa

70 P.N: yin

smos so |

spros pa'i bag chags yongs su smin pa'i dbang gis rnam par shes pa nyid sngon po la sogs pa'i don gyi rnam par 'byung ngo | de lta bur gyur pa byung ba de la srog chags logs shig na yod pa'i don zhig mthong ngo snyam du mngon pa'i nga rgyal du gyur to | 'di ltar sngon po la sogs pa'i rnam pa de snang ba na[71] nam mkha'i khams[72] dang lhan cig tu snang ngo | nam mkha'i khams de snang ba na sngon po la sogs pa'i rnam pa de rnam par shes pa dang de las ris su chad pa lta bur snang bar byed do |

dper na me long gi ngos la zla ba'i gzugs brnyan 'byung ba na nam mkha'i khams gzugs brnyan dang lhan cig tu 'byung ngo | nam mkha'i khams de der gzugs brnyan du gyur pa na zla ba'i dkyil 'khor de me long gi ngos de las ris su chad de khron pa'i nang du lhung ba bzhin du snang bar byed do | de bzhin du rnam par shes pa la nam mkha'i khams snang ba na yang ris su chad pa lta bur sngon po la sogs pa'i rnam par snang bar byed do | sngon po la sogs pa'i rnam pa ris su chad pa lta bu de la brten nas srog chags rnams phyi rol gyi don zhig mthong ba snyam du mngon pa'i nga rgyal byed do ||

만약 인식대상과 인식주체의 특성을 가진 것들이 없다면, 푸른색 등 [처럼 마음에] 나타나는 이것(=푸른색 등의 형상)은 무엇인가? [푸른색의 형상이라는] 어떤 것이 [마음에] 나타난다고 하는 것을 의심하는 사람들을 위하여,

71 P: -na

72 P.N: +kyi

'바로 식(vijñāna) 자체가 [대상의 형상처럼 마음에] 나타나서 [발생한다]'라고 [『유식이십론』에서] 설한다.

[내부의 식에] 훈습된 잠재력의 성숙된 힘(śakti)[73]에 의해서 인식(vijñapti)이 푸른색 등의 대상으로 [마음에 나타나서] 발생한다. 이같이 발생하는 그것(=푸른색 등의 형상)을 중생은 [실제로] 존재하는 대상으로 보고 있다고 여기기에 없는 것을 있다고 한다는 것이다. 이같이 푸른색 등이라는 저 형상(ākāra)이 [마음에] 나타날 때, 허공계(ākāṣa-dhātu, 虛空界)[74]도 함께 나타난다. 저 허공계가 나타날 때, 저 푸른색 등의 형상은 인식(vijñapti)으로 [나타나는데, 즉] 식에 [푸른색 등과 유사한 대상의] 형상(ākāra)으로 나타난다는 것이다.

예를 들면, 거울 속에 있는 달의 영상이 생길 때 공계의 영상(pratibimba, 影像)도 함께 생긴다. 저 허공계가 거기(=거울)에서 영상으로 [생기게] 될 때, 달의 부근에는 거울의 달과 다른 [달이] 우물 속에 빠진 것처럼 나타난다는 것이다. 푸른색 등의 형상이 없는 것처럼, 그것에 따라 중생들은 외계 대상[이 없는데도 있는 것처럼] 본다고 여기고 없는 것을 있다고 [간주하는] 것이다.

---

73 마음씨앗(bīja, 종자)이라고도 한다.

74 『아비달마구사론』(T29, 1c13-1c15) 於略所說三無爲中虛空但以無礙爲性. 由無障故色於中行. "대략 설한 세 가지 무위(無爲) 중에서 허공은 공간적 연장성(礙)이 없는 것을 본질로 삼는다. [어떠한 것도] 거리낌(障)이 없는 것으로 인해서 물질적 대상(色)이 그 [허공] 가운데에서 작용하게 된다." 허공(ākāśa)은 절대공간으로 그 자신은 공간적 연장성을 가지지 않는다. 또한 어떠한 거리낌도 없어서 물질적 대상(色)이 작용하는 토대이며 그 자체 불생불멸하기에 무위법(無爲法)에 속한다. 440, 각주 33.

'dir dpe bstan pa'i phyir |

dper na rab rib can rnams kyis zhes bya ba la sogs pa smos te |

dper na rab rib kyis nyams pa'i mig can rnams kyis shes pa skra dang sha sbrang dang sbrang bu la sogs pa'i[75] rnam par 'byung ste | skra la sogs pa med par yang skra la sogs pa mthong ngo snyam du mngon pa'i nga rgyal byed pa de bzhin du gzhan du yang rnam par shes pa nyid sngon po la sogs pa'i rnam par 'byung ngo | don sngon po la sogs pa gud na gang yang med do zhes bya ba ni mjug bsdu ba'o | rab rib dang ldan pa ni rab rib can no | de ltar re zhig gzung ba bkag go | gzung ba bkag na 'dzin pa yang bkag par de nyid kyis grub ste | 'di ltar gzung ba med na 'dzin pa yang med do ||

이것에 대한 예시[76]를 드러내기 위하여,

'예를 들면, 비문증이 있는 사람들[이 존재하지 않는 머리카락, 두 번째 달 등을 보는 것과 같다]'라고 [『유식이십론』 1d송에서] 설한다.

예를 들면, 비문증으로 인해 손상된 눈이 인식하는 머리카락, 파리, 벌 등의 형상이 생겨 머리카락 등이 없어도 머리카락 등이 [있다고] 보는데, [즉] 없는 것을 있다고 하는 것이다. 다른 경우에서도 식이 푸른색 등

75 P.N: pa

76 저자 바수반두는 『이십론』에서 외계실재론자들의 논박을 다양한 예시를 들어서 논증하고 있다. 거기에 사용된 예시는 비문증이 있는 사람이 보는 머리카락, 꿈, 두 번째 달, 아귀의 고름 강, 기 버터의 병, 지옥의 파수꾼, 꿈속의 남녀 교합, 개, 까마귀, 가시나무, 양, 불에 달구어진 철판 등이다.

[과 유사한] 형상(ākāra)으로 생긴다. [따라서] 푸른색 등[과 유사한] 대상은 [식과] 별도로 존재하지 않는다는 것이 결론이다. '비문증이 있는 사람'[77]은 '눈병을 가진 사람들'을 말한다. 이같이 [식과 별도로 존재하는] 인식대상을 부정하였다. 인식대상이 부정되면 인식주체도 또한 부정되며 이로써 [인식대상과 인식주체의 부정이] 성립된다. 그러므로 인식대상이 없으면 인식주체도 또한 존재하지 않는다.

---

77 강형철 외 2인(2025), 71. 눈앞에 아지랑이 같은 것이 떠다니는 것처럼 보이는 현상을 현대 의학에서 비문증(飛蚊症, Floaters)이라고 한다. 안구 속의 유리체가 혼탁해지는 것이 그 원인이다. 이 비문증을 인도 정통에서는 Timira라고 하고 한역에서는 예안(瞖眼)이라고 한다. 그런 증상이 있는 사람은 Taimirika라고 하는데, 심할 경우 마치 항상 눈앞에 파리나 머리카락 뭉치가 보인다. 당연히 이 파리나 머리카락 뭉치는 실제로 존재하는 것이 아니고 비문증이 있는 사람에게만 눈앞 —즉, 몸 외계— 에서 공중에 떠다니는 것처럼 보일 뿐이다. 바수반두는 우리가 이 세계 안에 존재한다고 생각하는 모든 사물이 비문증이 있는 사람의 눈에 보이는 머리카락 뭉치처럼 착각의 산물이며 실제로 존재하지 않는다고 말하는 것이다. 440, 각주 35.

2송 외계실재론자는 외계 대상이 없어도 우리의 인식은 장소와 시간에 한정되는가? 마음은 한정되지 않는가? 외계 대상은 실제 작용을 하는가? 라는 네 가지 주제를 묻는다

⌘ 티베트역 2송

[D.136, 4a5]

'dir 'di skad ces brgal te |

gal te rnam rig don min[1] na |
yul dang dus la nges med cing |
sems kyang nges med ma yin la |
bya ba byed pa'ang mi rigs 'gyur || 2abcd ||[2]

---

1 D.V: man

2 P.K.125. 2송.
yul dang dus la chad pa myed |
rgud kyang ma chad ma yin zhing |
bya ba byed pa yang rigs pa myed |
rnam shes 'on te don myed na'o || 2abcd ||
myed는 min으로 수정할 수 있다.
rgud는 rgyus의 오기로 보인다.
rnam shes의 경우 sDe dge, Peking판에는 rnam rig으로 되어 있다.
don myed na'o는 don min na로 수정할 수 있다.

ji skad du bstan par 'gyur zhe na |

gal te gzugs la sogs pa'i don med par gzugs la sogs pa'i rnam par rig pa 'byung ste gzugs la sogs pa'i don las ma yin na |
ci'i phyir yul lar 'byung la thams cad na ma yin |
yul de nyid na yang res 'ga' 'byung la[3] thams cad du ma yin | yul dang dus de na 'khod[4] pa thams cad kyi sems la nges pa med pa 'byung la[5] 'ga' tsam la ma yin | ji ltar rab rib can nyid kyi sems la skra la sogs pa snang gi | gzhan dag la ni ma yin ||

[외계실재론자가] 여기에서 다음과 같이 반론한다.

만약 대상 없는 인식이 [발생한다]면,

[인식이 특정한] ① 장소(yul, deśa)와, ② 시간(dus, kāla)에 한정되지 않게 [발생할 것이고],

③ [특정한 개인의] 마음[의 흐름(sems, santāna)[6]]에도 한정되지 않는 것이 아니게 [되어 여러 사람이 함께 같은 대상을 인식하지 않게] 될 것이고,

④ [인식된 대상이] 실제 작용(bya ba byed pa, kṛtya-kriyā[7])[을 일으키는 것]도

---

3 P.N: ba7

4 N: 'bod

5 P.N: ba

6 산스크리트 santāna는 '개인 의식의 흐름'을 말한다. 티베트어는 마음(sems) 혹은 흐름(rgyud), 진제와 현장은 상속(相續), 반야류지는 사람(人)으로 번역한다.

7 강형철 외 2인(2025), 102-103 참조. kṛtya-kriyā에서 kṛtya는 '일어나야 할 일'을 의미하고 kriyā는 그런 일이 '일어남'을 의미한다. 일어나야 할 일이란 어떤 상황에서 당연히 일어날 것으로 기대되는 일을 말한다. 예를 들어, 물을 마시면 분명 갈증이 해소될 것이고, 불을 만지면 반드시 뜨거움을 느낄 것이다. 2송에서는 인과적 효력으로 번역하고 자주에서는 '효용(kṛtya)을 일으킨다(✓kṛ)'라고 풀이한다. 이런 풀이는 『아비달마구사론』에서도 드물지만 완전히 동일한 표현들이 몇 번 나온다. 『이십론』에 대한 한역에서 진제는 作事, 현장은 作用, 반야류지는 用 혹은 所作事로 번역한다. kṛtya-kriyā에 대

이치에 맞지 않[을 것이]다. [2abcd]

이것은 무엇을 말하고 있는 것인가?

① 만약 형색(gzugs, rūpa, 색깔과 형태) 등의 대상 없이 형색 등의 인식(rnam par rig pa, vijñapti)이 발생하고, 형색 등의 대상으로부터 [형색 등에 대한 인식이 발생하는 것이] 아니라면, [어떤 것에 대한 인식은] 왜 특정한 장소에서[만] 일어나고 아무 장소에서는 [일어나지] 않는 것인가?

② [또한, 어떤 것에 대한 인식은 왜] 바로 그 [특정한] 장소(yul, deśa)에서조차 특정한 때에[만] 일어나고 항상 [일어나지] 않는 것인가?

③ [또한, 어떤 것에 대한 인식은 왜] 그 시간, 그 장소에 있는 모든 사람의 마음(sems, citta)에 한정 없이 일어나고 특정한 개인[의 마음]에서[만] 일어나지 않는 것인가? 예를 들면, 비문증이 있는 사람의 마음에는 머리카락 등이 나타나지만, [비문증이 없는] 다른 사람들[의 마음]에는 [나타나지] 않는 것처럼.

ci'i phyir gang rab rib can gyis mthong ba'i skra dang ǀ sbrang bu la sogs pas skra la sogs pa'i bya ba mi byed la ǀ de ma yin pa gzhan dag gis ni byed ǀ rmi lam na mthong ba'i bza' ba dang btung ba dang bgo ba dang dug dang mtshon la sogs pas zas dang skom la sogs pa'i bya ba mi byed la ǀ de ma yin pa gzhan dag gis ni byed ǀ

한 현대 번역어로 Silk(2018)는 '인과적 효과'(causal efficacy), 山口益 등(1965)은 '사용의 작용'(事用の作), 이길산(2021)은 '기대효과의 발휘', 이규완(2022)은 '행위의 작용'으로 번역하고 강형철 · 유리 · 구미숙 역주(2025)는 '인과적 효력'으로 번역하는데, 본 역서는 '실제 작용'으로 번역한다.

dri za'i grong khyer yod pa ma yin pas grong khyer gyi bya ba mi byed la | de ma yin pa gzhan dag gis ni byed | 'di dag don med par med du 'dra na yul dang dus nges pa dang | sems nges pa med pa dang | bya ba byed pa 'di dag kyang mi rung ngo zhe na ||

④ 어찌하여 비문증이 있는 사람이 보는 머리카락 [뭉치], 벌 등[의 환영]은 머리카락 [뭉치] 등[이 지닌 보온 등]의 실제 작용을 일으킬 수 없는 반면에, 그것이 아닌 다른 것들(=현실의 머리카락, 벌 등)은 [그런 대상이 지닌 실제 작용을] 일으킬 수 있는 것인가?

[또한, 어찌하여] 꿈속에서 보게 되는 음식, 음료, 옷, 독약, 무기 등은 섭취와 갈증 [해소] 등의 실제 작용을 일으킬 수 없는 반면에, 그것이 아닌 다른 것들(=현실의 음식 등)은 [그런 실제 작용을] 일으킬 수 있는 것인가?

[또한, 어찌하여] 간다르바의 성은 실제로 존재하는 것이 아니라서 간다르바의 성[이 갖추고 있어야 할 방어 능력 등]의 실제 작용을 일으킬 수 없는 반면에, 그것이 아닌 다른 것들(=현실에 존재하는 성들)은 [성이 지닌 방어 능력 등의 실제 작용을] 일으킬 수 있는 것인가?

[당신들 유식론자의 주장이 함의하는 것처럼,] 이것들(=색깔/형태 등에 대한 인식들)은 대상 없이 [발생하여] 존재하지 않는 것과 마찬가지라면, [대상의 인식이 특정한] 장소와 시간에 한정되[어 일어나]는 것이나, [특정한] 마음[의 흐름]에 한정되지 않고 [여러 사람들이 공통적으로 같은 대상을 인식하는 것이나], [대상이] 실제 작용[을 일으키는 것]은 이치에 맞지 않는다.

⌘ 비니타데바 2송 해석

[D.136, 175a1]

de ltar gzung ba bkag pa yang[8] | phyi rol gyi don du smra bas grags pa'i gnod pa bstan pa'i phyir ro |

'dir 'di skad ces brgal te zhes bya ba la sogs pa smos so |

gal te rnam par rig pa phyi rol gyi don las ma byung na de'i tshe[9] rnam par rig pa rnams kyi[10] yul nges pa mi 'grub | dus nges pa dang | sems nges pa med pa dang | bya ba med pa yang mi 'grub bo zhes mdor byas pa'i don bsdus pa'o |

'dir zhes bya ba ni snga ma'i phyogs 'dir ro | 'di skad brgal zhes bya ba ni 'og nas 'byung ba'i yul la sog sa pa nges pa blo la rnam par bzhag[11] nas 'di ltar rtog pa'o |

yul dang dus la nges med cing | zhes bya ba la nges pa ni rnam par gnas pa'o | yul la lar snang la thams cad na ma yin zhes bya ba ni yul nges pa'o | res 'ga' snang la thams cad du ma yin zhes bya ba ni dus nges pa'o | yul dang dus de na 'khod pa thams cad la bye brag med par snang gi gcig 'ga' la ma yin zhes bya ba ni sems nges pa med pa'o | bya ba byed pa ni bya ba byed pa'o ||

[유식학파는] 인식대상(ālambana, 所緣)도 부정한다. [그러나] 외계 대상[이

8 P.N: dang

9 P.N: -tshe

10 P.N: par gyi

11 N: gzhag

존재한다고] 주장하는 사람(=bāhyārthavādin, 외계실재론자)은 [인식대상을 부정하는 것이] 세간의 상식(*loka-prasiddhi)에 어긋난다는 것을 드러내기 위하여,

'여기에서 다음과 같이 반론한다'라고 [『유식이십론』에서 설한다.]

만약 인식(vijñapti)이 외계 대상으로부터 생기지 않는다면, 인식들은 장소(yul, deśa)에 한정 없이 [발생하는 것이] 성립하지 않고, 시간(dus, kāla)에 한정되고 [특정한 개인의] 마음[의 흐름](santāna)에 한정되지 않는 것이 아니고, [대상이] 실제 작용(kṛtya-kriyā, bya ba byed pa)을 하는 것도 성립하지 않는다는 것이 [제2송의] 요약이다.

'여기에서'라는 것은 앞에서 [언급한 외계실재론자의] 주장이다. '다음과 같이 반론한다'라는 것은 아래에서 서술하는 장소의 한정 등을 고려해서 여기에서 논한다는 것을 말한다.

'장소와 시간에 한정되지 않게 [발생할 것이고]'에서 '한정'(nges pa, niyama)이라는 것은 '확실하게 규정한다'는 것을 말한다. 특정한 장소에 나타나고 장소에 상관없이 나타나지 않는 것이 장소의 한정이다. 어떤 특정한 때에 나타나고 항상 나타나지 않는다는 것이 시간의 한정이다. 그 장소와 시간에 머무는 모든 사람에게 차별 없이 나타나고 어떤 한 사람에게만 나타나지 않는 것이 마음의 비한정이다. 대상이 실제 작용을 한다는 것은 [대상이 실제로 존재하여] 작용한다는 말이다.

bstan bcos byed pas mdo'i don cis gsal[12] bar bstan pa'i phyir ro[13] |

ji skad du bstan par 'gyur zhe na zhes bya ba la sogs pa smos so |

gal te gzugs la sogs pa'i don med par gzugs la sogs par[14] snang ba'i rnam par rig pa 'byung ste | gzugs la sogs pa'i don dang 'brel ba ma yin na de'i tshe 'dir ci'i phyir 'di ltar yul la lar gzugs la sogs pa'i don du snang ba'i rnam par rig pa 'byung la yul thams cad na ma yin | de bzhin du gang na phyi rol gyi don mthong ba mngon pa'i nga rgyal 'byung ba'i yul de nyid na res 'ga' 'byung gi dus thams cad du ma yin pa 'di la rgyu ci yod ||

논주는 이 송의 의미를 선명하게 설명하기 위하여,

'이것은 무엇을 말하고 있는 것인가?'라고 [『유식이십론』에서] 설한다.

만약 색깔/형태(rūpa, 色) 등의 대상 없이 색깔/형태 등으로 [마음에] 나타나는 인식이 발생하는데, [그 인식이] 색깔/형태 등의 대상과 관계하는 것이 아닐 때, 왜 특정한 장소에서 색깔/형태 등의 대상으로 나타나는 인식이 생기고 모든 장소에서는 생기지 않는가? 이처럼 어떤 [특정한] 외계 대상을 보는 뛰어난 힘이 일어나는 [바로] 그 장소에서[만] 어느 특정한 시간에 [인식이] 생기고 항상 생기지 않는다는 것은 어떤 이유인가?

de ni 'di skad du gang gi ltar na rnam par rig pa phyi rol gyi don la rag las pa de[15] ltar na gang na gang gi tshe phyi rol gyi don yod pa

---

12 P: bsal

13 P.N: -ro

14 P.N: -par

15 P.N: de'i

de nyid na de'i tshe rnam par rig pa 'byung ste | yul dang dus nges par rigs so | gang gi ltar na rnam par rig pa phyi rol gyi don la rag las pa ma yin pa de'i ltar na[16] nges par byed pa don med pas yang na thams cad nas thams cad du 'byung ngo | yang na gang du yang mi 'byung ste nam yang ma yin no | gang du yang la lar 'byung la la lar ma yin pa dang | de bzhin du res 'ga' ni[17] 'byung la res 'ga' mi 'byung ba der mi 'gyur ro | de ltar re zhig yul dang dus nges pa mi 'thad par bstan to ||

그것은 다음과 같다. 인식(vijñapti)이 외계 대상에 근거하여 [생긴다고] 생각하는 사람들에게 외계 대상이 있는 그 장소, 그 시간에 인식이 생기므로 장소와 시간에 한정된다는 것은 이치에 맞는 것이다. 이같이 인식(vijñapti)이 외계 대상에 근거하지 않[고 생긴]다면, [장소와 시간에] 한정되는 대상은 없기에 일체에서 일체가 생긴다. 혹은 어느 장소에서도 생기지 않고 또는 어떤 시간에서도 생기지 않는다. 특정한 장소에서 생기고 특정한 장소에서 생기지 않거나, 마찬가지로 특정한 [시간에] 생기고 특정한 [시간에] 생기지 않는 그것(=장소와 시간의 한정)은 성립하지 않는다. 따라서 [우리의 인식이] 특정한 장소와 시간에 한정되어 [발생한다는 것은] 타당하지 않다.

sems nges pa med pa mi 'thad par bstan pa'i phyir |

yul dang dus de na 'khod pa thams cad kyi zhes bya ba[18] la sogs pa smos so |

16 P: -na

17 P.N: -'ga' ni

18 P.N: -kyi zhes bya ba

gal te phyi rol gyi don yod par mi 'dod na de'i tshe ci'i phyir yul dang dus de na[19] 'khod pa'i srog chags thams cad kyi sems rnams la rnam par rig pa nges pa med par 'gyur la 'ga' tsam la ma yin | 'dir dpe bstan pa'i phyir |

ji ltar rab rib can zhes bya ba la sogs pa smos so |

dper na rab rib can la snang ba'i skra la sogs pa mthong ba rab rib can nyid kyi sems nyid la 'byung gi | rab rib med pa gzhan dag la ma yin pa de bzhin du | gal te phyi rol gyi don med par rnam par rig pa 'byung na de'i tshe gang la sngon po la sogs pa'i don snang ba'i rnam par rig pa de 'byung ba de nyid la sngon po la sogs pa'i don mthong ngo snyam pa'i mngon pa'i nga rgyal 'byung gi gzhan la ni ma yin no ||

[특정한 개인의] 마음은 한정되지 않는다는 것이 타당하지 않다는 것을 드러내기 위하여,

'그 장소와 그 시간에 있는 모든 사람의 [마음에 한정 없이 일어나고 특정한 개인의 마음에서만 일어나지 않는 것인가?]'라고 [『유식이십론』에서] 설한다.

만약 외계 대상이 없다면, 왜 그 장소와 그 시간에 있는 모든 사람의 마음에 식은 한정 없이 일어나고, 어떤 [특정한 한] 사람에게는 [일어나지] 않는가? 이것에 대한 예시를 나타내기 위하여,

'이처럼 비문증이 있는 [사람의 마음에는 머리카락 등이 나타나지만, 비문증

19 N: ni

이 없는 다른 사람들의 마음에는 나타나지 않는 것처럼]'이라고 [『유식이십론』에서] 설한다.

예를 들면, 비문증이 있는 사람에게 나타나는 머리카락 등을 보는 것이 비문증이 있는 사람의 마음에 생기고, 비문증이 없는 다른 사람에게는 생기지 않는 것과 같다. 만약 외계 대상 없이 인식(vijñapti)이 생길 때, 푸른색[과 유사한 형상] 등으로 [마음에] 나타나는 인식이 발생하는 사람에게만 푸른색 등의 대상이 보인다고 여기는 뛰어난 힘이 생기고 다른 곳에는 생기지 않는다.

de ni 'di skad du gzung ba'i cha la don du mthong ba'i nga rgyal 'byung ba gang yin pa[20] ni gang la bzung[21] ba'i cha yod pa de nyid kyi yin gyi gzhan[22] ni ma yin no zhes bstan par 'gyur te | 'di ltar gzhan gyi bzung[23] ba'i cha ni gzhan gyis mi myong ngo |

bya ba byed pa yang mi 'thad par bstan pa'i phyir |

ci'i phyir zhes bya ba la sogs pa smos so |

gal te rnam par rig pa don la rag las pa ma yin na de'i tshe ci'i phyir rab rib can gyis mthong ba'i skra dang sbrang bu dang sha sbrang la sogs pas bcing ba dang za ba dang skyug pa'i bya ba mi byed la | de ma yin pa'i mig ma nyams pas dmigs pa'i skra la sogs pa | gzhan dag gis ni ji skad du bstan pa de thams cad byed ||

---

20 N: +de

21 P.N: gzung

22 P.N: +gyis

23 P.N: gzung

그래서 다음과 같이 말한다. 파악된 대상에 있어서 대상을 보는 뛰어난 힘이 어디에나 생기는 것은 파악된 대상을 가지고 있는 그 사람의 마음에 [존재하는 것이지], 다른 사람[의 마음에 존재하는 것은] 아니다. 왜냐하면 이같이 [어떤 특정한] 사람이 파악한 대상은 다른 사람에게는 경험되지 않기 때문이다.

대상이 실제 작용을 하는 것도 이치에 맞지 않다는 것을 나타내기 위하여,

'어찌하여 [비문증이 있는 사람이 보는 머리카락 뭉치, 벌 등은 머리카락 뭉치 등이 지닌 보온 등의 실제 작용을 일으킬 수 없는 반면에, 그것이 아닌 다른 것들[24] (=현실의 머리카락, 벌 등)은 그런 대상이 지닌 실제 작용을 일으킬 수 있는 것인가?]'라고 [『유식이십론』에서] 설한다.

만약 인식이 대상에 근거[하여 생기지] 않는다면, 왜 비문증이 있는 사람이 보는 머리카락과 벌과 파리 등은 [머리카락을] 묶는 것과 먹는 것과 구토하는 것 등의 대상은 실제로 작용하지 않는데도 [불구하고 존재하며], 그렇지 않고 장애가 없는 [정상적인] 사람의 눈이 알아채는 머리카락 등은 설한 바와 같이 [머리카락 등] 모든 대상은 실제로 작용하는가?

de bzhin du ci'i phyir gang dag rmi lam[25] na mthong ba'i bza' ba

24 山口益(1965), 40, 각주 8. 레비(Lévi)는 'na ca tadanyair na kriyate'로 山口益은 'atadanyais tu kriyate'로 환범한다.

25 N: las

dang btung ba la sogs pa de dag gi[26] zas skom la sogs pa'i bya ba 'grangs[27] pa dang ngoms[28] pa la sogs pa mi byed la | de ma yin pa gnyid kyis ma log pa'i dus na mthong ba gzhan dag gis ni byed | 'di la yang ci'i phyir dri za'i grong khyer med pas grong khyer gyi bya ba kun du srung ba la sogs pa mi byed la de ma yin pa rgyal po dang blon po dang bram ze dang grong gi[29] skye bo gnas pa gzhan dag gis ni byed | thams cad med du 'dra na de'i phyir yang thams cad skra la sogs pa'i don gyi bya ba byed pa'am | yang na gang yang mi byed par 'gyur ro | de ni 'di skad du gal te skra la sogs pa'i don gyi bya ba bzung[30] ba'i cha tsam dang 'brel pa yin na de'i tshe thams cad la bzung[31] ba'i cha yod du mtshungs pas thams cad kyang don byed par 'gyur ro zhes bstan par 'gyur ro ||

그와 같이 왜 꿈에 보이는 음식물과 음료수 등 그것들은 음식과 음료 등에 대한 [실제 작용인] 배부름과 갈증 해소 등의 대상의 실제 작용이 없는데도, 그것이 아닌 [다른 것들에 의해서는], 즉 잠을 자는 동안 꿈에서 보는 것이 아닐 때 보이는 대상은 실제 작용을 하는가? 또한 여기에 왜 존재하지 않는 간다르바의 성(Gandharva nagara)[32]이 수호한다[라는 성의 실제 작용을 지닌] 등의 성이라는 대상은 실제로 작용을 하지 않지만, 이와는 반대로 왕과 대신과 바라문과 백성이 거주하는 다른 [성]은 실제 작용

26 P.N: gis
27 P.N: 'drangs
28 N: ngom
29 P.N: khyer gyi
30 P.N: gzung
31 P.N: gzung
32 건달바성, 심향성, 간달바성이라고도 번역한다. 간다르바는 제석천에서 음악을 담당하는 신의 이름이고, 또한 중유의 다른 이름이기도 하다. 여기에서는 실재하지 않는 환영을 나타내는 예시로 사용되었다.

을 하는가? 일체가 존재하지 않는다면, 그것으로 인하여 일체가 머리카락 등의 대상 역시 실제 작용을 하는가? 또는 어떤 실제 작용을 하지 않는가? 다음과 같이 설한다. 만약 머리카락 등의 실제 작용이 오직 파악된 대상과 관계한다면, 그때 일체에 파악된 대상이 있다고 하는 것과 같이 일체도 역시 [대상이] 실제 작용을 하게 될 것이라고 설한다.

gang gi ltar na phyi rol gyi don yod pa de'i ltar na skra la sogs pa dang | bza' ba dang btung ba la sogs pa dang | grong khyer la sogs pa yang yod de | de dag rang rang dang mthun pa'i don gyi bya ba yang byed do | gang dag phyi rol na med pa[33] rab rib can gyi skra la sogs pa dang | rmi lam gyi zas skom la sogs pa dang | dri za'i grong khyer la sogs pa[34] de dag ni don gyi bya ba gang yang mi byed do zhes bya ba de 'thad do |

dpe gsum po 'di dag ni 'khrul pa rnam pa gsum du bstan pa yin te | dang po ni rab rib kyi 'khrul pa'o | gnyis pa ni gnyid do | gsum pa ni thag ring ba'o | de'i phyir de ltar yul la sogs pa nges pa med par bstan nas mjug bsdu ba'i phyir |

'di dag don med par med du 'dra na zhes bya ba la sogs pa smos te[35] |

de skad bstan pa'i rnam pa'i phyi rol gyi don med na yul la sogs pa bzhi[36] mi rung ngo | de bas na gdon mi za bar phyi rol gyi don khas blang bar bya'o zhes phyogs snga ma'o ||

---

33 P.N: par

34 P.N: +dang

35 P.N: so

36 P.N: bzhin

이같이 외계 대상이 있다고 여기는 사람에게는 머리카락과 음식, 음료, 성 역시 존재하여 그것들은 자연스럽게 [그것들에] 상응하는 [현실에서] 실제 작용을 한다. 그러나 외계에 [그런 것들이] 존재하지 않는데[도 불구하고] 비문증이 있는 사람[에게 보이는] 머리카락과 꿈속에서의 음식물과 간다르바의 성[과 같은] 그런 것들은 역시 실제 작용을 하지 않는 것은 이치에 맞다.

이 세 가지 예시는 세 가지 착각을 설한 것이다. 첫 번째는 비문증이 있는 사람의 착각이고, 두 번째는 잠잘 때[에 발생하는 꿈의 착각이고], 세 번째는 멀리 [존재하는 것처럼] 있는 [신기루, 간다르바의 성 등을 보는] 착각이다. 이같이 장소 등의 한정은 발생하지 않는다고 설하여 마친다. 그것을 요약하면 다음과 같다.

'이것들(=색깔/형태 등에 대한 인식)은 대상 없이 [발생하여] 존재하지 않는 것과 마찬가지라면, [대상의 인식이 특정한 장소와 시간에 한정되어 일어나는 것이나, 특정한 마음의 흐름에 한정되지 않고 여러 사람들이 공통적으로 같은 대상을 인식하는 것이나 대상이 실제 작용을 일으키는 것은 이치에 맞지 않는다]'라고 [『유식이십론』에서] 설한다.

이와 같은 언급에 따라 외계 대상이 없다면, [장소 등 이 네 가지 주제는] 있을 수 없다. 그러므로 [외계실재론자들은] 외계 대상이 반드시 [존재한다는 것을] 허용해야 한다는 것이 이 [2]송의 의미이다.

3
송

바수반두는 네 가지 주제에 답한다

⌘ 티베트역 3송

[D.136, 4b3]

mi rung ba ma yin te | 'di ltar |

yul la sogs pa nges 'grub ste[1] |
rmi 'dra'o || 3ab' ||[2]

rmi lam du rmis pa dang mtshungs pas na rmi 'dra'o |

ji lta[3] zhe na | rmi lam na yang don med par yul la la na grong

---

1 P.N: 'gyur te

2 P.K.125. 3송.
yul la stsogs pa chad grub ste rmi 'dra'o |
yi dags bzhin du yang |
ma chad rgyud do thams chad dag |
rnag chu la stsogs mthong baso || 3abcd ||
chad grub - nges 'grub(티베트 대장경)
rnag chu - klung la rnag(티베트 대장경)

dang | kun dga' ra ba dang | skyes pa dang bud med la sogs pa ji dag snang la thams cad na ma yin yul de nyid na yang res 'ga' snang la dus thams cad du ma yin pas don med par yang yul la sogs pa nges par 'grub po |

sems kyang nges pa med |
yi dwags[4] bzhin te || 3b'c ||

grub ces bya bar bsnyegs so | yi dwags rnams kyi dang mtshungs pas na yi dwags bzhin no ||

[바수반두: 그 네 가지 즉, 외계 대상이 존재하지 않아도 인식은 ① 장소에 한정됨, ② 시간에 한정됨, ③ 개인의 마음에 한정되지 않음, ④ 대상의 실제 작용은] 결코 이치에 어긋나지 않는다. 왜냐하면,

[외계 대상이 없어도 인식은] 장소[와 시간] 등에 한정되는 것[이 이치에 어긋나지 않는다는 것]을 증명하기 때문이다. 마치 꿈처럼 [이라는 예시를 통해서 성립한다]. [3ab']

'마치 꿈처럼'(svapna-vat)이란 '꿈을 꾸는 자와 같이' 라는 의미이다.

어떻게 그렇게 [증명되는가]?

① 꿈속에서 [외계] 대상이 없더라도 마을, 정원, 남자, 여자 등 그것들이 특정한 장소에서만 나타나고, 모든 장소에서 [나타나지] 않는다.

---

3 P.N: ltar

4 Silk(2018), -dags.

② 바로 그 장소에서도 특정한 시간에 [대상들이] 나타나고 항상 [그것들이] 나타나지 않기 때문에 대상이 없더라도 장소 등에 한정되는 것은 증명된다.

또한, [외계 대상이 존재하지 않아도 특정한 개인의] 마음에 한정되지 않는 것은 마치 아귀(yi dwags, preta, **餓鬼**)[5]**처럼[이라는 예시를 통해서 성립한다는 것이 이치에 어긋나지 않는다는 것은 증명된다]**. [3b'c]

[이 게송 뒤에] '증명된다'는 말이 이어진다. '아귀의 경우처럼'이란 '[같은 장소에 있는] 아귀들[모두]의 [마음에 같은 대상의 인식이 일어나는] 경우처럼'이라는 의미이다.

ji ltar 'grub[6] |

thams cad kyis |
klung la rnag la sogs mthong bzhin || 3d ||

rnag gis gang ba'i klung ni rnag gi klung ste | mar gyi bum pa bzhin

---

5 森章司(2005), 63-64. 귀(鬼)라고도 한다. 오도(五道), 육도(六道) 가운데 하나이다. 인색하고 탐욕이 많은 자가 행한 악업으로 태어난다. 여러 가지 불전에서 다양한 아귀가 설해져 있지만, 보통은 굶주림과 목마름의 고통을 받고 전혀 아무것도 먹을 수가 없든가, 조금 먹는다고 하더라도 그것은 똥, 오줌 등의 더러운 것이든가, 피고름이라고 한다. 또 그 본래 사는 곳은 연마왕이 지배하는 세계로 그것은 사바세계의 지하 500유순(1유순이 약 10㎞)에 있다고 한다. 그러나 여러 가지 아귀 가운데에도 천상에 살면서 부귀와 안락을 즐기는 아귀(복덕귀)도 있다고도 한다. 가장 일반적인 아귀의 모습은 언제나 굶주림과 목마름으로 괴로워하며, 바늘처럼 좁은 목구멍과 산처럼 부풀어 오른 배를 가지고 있는 형상으로 묘사된다.

6 P.N: grub

no |

las kyi rnam par smin pa mtshungs pa la gnas pa'i yi dwags rnams ni kun gyis kyang mtshungs par klung rnag gis[7] gang bar mthong ste | gcig 'gas ni ma yin no | rnag gis[8] gang ba ji lta ba bzhin du gcin dang | ngan skyugs dang | me ma[9] mur dang | mchil ma dang | snabs kyis gang ba dang | dbyig pa dang ral gri thogs pa'i mi dag gis srung ba[10] yang de bzhin te | sogs pa zhes bya bar bsdu'o | de ltar na don med par yang rnam par rig pa rnams kyi sems nges pa med par 'grub bo ||

[그것은] 어떻게 증명되는가?

[같은 장소에 있는 아귀들이] 모두 고름 강 등(rnag gi klung, pūya-nadī)을 보는 것처럼 [이라는 예시를 통해서 증명된다]. [3d]

고름으로 가득 찬 강을 '고름 강'(rnag gi klung)이[라고 하]고 [기 버터(mar, ghṛta, ghee butter)가 채워진 항아리를] '기 버터 항아리'(mar gyi bum pa, ghṛta-ghaṭa)라고 하는 것과 같다.

③ [이전에 각자 서로 유사하게 저질렀던] 행위(las, karman, 業)로 인해 결과(rnam par smin pa, vipāka, 異熟)를 똑같이 받는 상태에 있는 아귀들이 모두 똑같이 고름으로 가득 찬 [강을] 보고, 어떤 하나[의 아귀만이 고름 강을

7 P.N: gi
8 P.N: gi
9 P.N: mal
10 P.N: bsrungs pa

보는 것]은 아니다. [이렇게 아귀들이 모두 함께] 고름으로 이루어진 [강을 보는] 것과 유사하게 [지옥에서 지옥 중생이] 소변과 오물, 불구덩이, 침, 콧물로 가득 찬 것과 몽둥이와 칼을 든 사람들이 감시하는 [강을 보는 것도 이와 같은 예시에 해당된다는] 그 같은 것이 '등'(ādi, 等)이라는 말이 [나타내는 의미이다.] 이런 식으로 [외계] 대상이 없더라도 여러 인식이 [개인의] 마음에 한정되지 않는 것은 증명되었다.

⌘ 비니타데바 3송 해석

[D.136, 176a6]

'di la slob dpon lan gdab par ci la ma rag par chags[11] nas |

mi rung ba ma yin te zhes bya ba la sogs pa smos so |

yul la sogs pa nges pa rnam pa 'di bzhi ni phyi rol gyi don med par mi rung ba ma yin te rung ba nyid do zhes dgongs pa'o | dgag pa gnyis kyis[12] ni 'dir skabs yin par ston to | ji ltar rung zhe na de'i phyir | 'di ltar |

yul la sogs pa nges 'grub ste | zhes bya ba la sogs pa smos so |

'di ltar yul dang dus nges te |

---

11 P.N: chas

12 P.N: kyi

rmi lam dang 'dra bar 'grub bo | 'dra[13] zhes bya ba'i don bstan pa'i phyir |

rmi lam du rmis pa dang mtshungs pas na zhes bya ba la sogs pa smos te[14] |

de'i phyir rmi lam du rmis pa dang mtshungs so[15] zhes bstan pa gang yin pa[16] de nyid rmi lam dang 'dra'o zhes bstan pa'o ||

이것에 대한 논주의 답은 다음과 같다.

'[외계 대상이 존재하지 않아도 인식은 ① 장소에 한정됨, ② 시간에 한정됨, ③ 개인의 마음에 한정되지 않음, ④ 대상의 실제 작용은] 결코 이치에 어긋나지 않는다'라고 [『유식이십론』에서] 설한다.

1) 장소와 시간에 한정된다

장소의 한정 등 이 네 가지 주제는 외계 대상이 없어도 가능하다는 의미이다. [없는 것이 아니라는] 이중 부정으로 참뜻을 드러낸다. 어떻게 가능한가라고 [외계실재론자가 묻는다].

'[외계 대상이 없어도 인식은] 장소[와 시간] 등에 한정되는 것[은 이치에 어긋나지 않는다는 것을] 증명한다'라고 [『유식이십론』 3a송에서] 설한다.

---

13 N: sgra

14 P.N: so

15 P.N: -so

16 N: -pa

이처럼 [외계 대상이 없어도 인식은] 장소와 시간에 한정되는 것은 [이치에 맞다].

① 꿈 예시

'마치 꿈처럼'[이라는 예시를 통해 외계 대상이 없어도 인식이 일어난다는 것이] 증명된다. '~처럼'(vat)이라는 것을 설명하기 위하여,

'[마치 꿈처럼 이란] 꿈을 꾸는 자와 같이[라는 의미이다]'라고 [『유식이십론』 3b'송에서] 설한다.

그런 까닭에 '꿈을 꾸는 자와 같다'[라는 것이] 나타내는 것은 바로 '마치 꿈처럼'(svapna-vat)이라는 의미이다.

dpe'i don rnam par dgrol ba'i phyir ro |

ji lta zhe na zhes bya ba la sogs pa smos so |

gal te don med par rnam par rig pa rnams kyi yul dang dus nges par mi 'grub na | rmi lam na yang phyi rol gyi don med par yul la la na grong dang kun dga' ra ba la sogs pa snang la thams cad na ni ma yin par ji ltar 'gyur | de bzhin du yul[17] de nyid na yang grong dang kun dga' ra ba la sogs pa de res 'ga' snang la dus[18] thams cad du ma yin par ji ltar 'gyur | don med par yang yul la sogs pa nges par bstan nas mjug[19] bsdu ba'i phyir |

17 P.N: -yul

18 P.N: -dun

19 N: 'jug

don med par yang zhes bya ba la sogs pa smos so |

ji skad bstan pa'i rnam pas phyi rol gyi don med par yang yul dang dus nges par 'grub[20] bo ||

예시의 의미를 해석하기 위하여,

'어떻게 그렇게 [증명되는가]?'라고 [『유식이십론』에서] 설한다.

만약 외계 대상 없이 모든 식이 장소와 시간에 한정되지 않는다면, 꿈속에서 외계 대상이 없더라도 특정한 장소에서는 마을과 정원 등이 나타나고 장소에 상관없이 [나타나지] 않는 것은 왜 그런가? 그와 같이 바로 그 장소에서도 마을과 정원 등이 특정한 시간에 나타나고 항상 [그것들이 나타나는 것이] 아닌 것은 왜 그런가? 대상이 없어도 장소 등에 한정된다는 것이 이치에 어긋나지 않는다는 것이 증명된다]라는 것을 설해서 마친다. 이것을 요약하면 다음과 같다.

'[꿈속에서 외계] 대상이 없더라도 [마을, 정원, 남자. 여자 등 그것들이 특정한 장소에서만 나타나고, 모든 장소에서 나타나지 않는다]'라고 [『유식이십론』에서] 설한다.

설한 대로 [우리의 인식은] 외계 대상이 없어도 장소와 시간의 한정은 성립한다.

---

20 N: grub

sems nges pa med par grub pa dang dpe gzhan gyis bstan pa'i phyir |

sems kyang nges pa med ces bya ba la sogs pa smos so |

dper na don med par yi dwags rnams sems nges pa med par grub pa de bzhin du gzhan du yang 'gyur ro zhes mdor byas pa'i don to | mdo las ma smos te bya ba'i tshig khong nas dbyung ba'i phyir | grub ces bya bar snyegs[21] so zhes bya ba smos te | mdor zhes bya ba[22] snga ma las grub pa smos pa'i rjes su bsnyag[23] go zhes dgongs pa'o ||

2) 마음은 한정되지 않는다

마음은 한정되지 않는다는 것이 증명된다는 것을 다른 예시로 설명하기 위하여,

'[외계 대상이 존재하지 않아도 특정한 개인의] 마음에 한정되지 않는 것은 [마치 아귀처럼이라는 예시를 통해서 성립한다는 것이 이치에 어긋나지 않는다는 것은 증명된다]'라고 [『유식이십론』 3b'c송에서] 설한다.

예를 들면, 대상이 없어도 아귀들 [각각]의 마음이 한정되지 않는다는 것이 증명되는 것처럼, 다른 경우에도 그렇다고 하는 것이 이 송의 의미이다. 송에서 말해져 있지 않은 동사 [증명된다]라는 것을 보충하기 위하여 [송 끝에] '증명된다'라는 말이 이어진다. 앞의 송과 '증명된다'라는 말이 '연결된다'라는 의미이다.

21 P.N: bsnyegs
22 P.N: byas pa
23 P.N: brnyag

'dir yang bzhin zhes bya ba'i don bstan pa'i phyir[24] |

yi dwags rnams kyi dang mtshungs pas zhes bya ba la sogs pa smos te |

'dir ni kye zhes bya ba la bzhin zhes bya ba bstan par 'gyur ro | yi dwags rnams kyi sems nges pa med pa ma bstan pa'i phyir | ji ltar grub ces dris pa dang | bstan bcos byed pas grub pa'i thabs bstan pa'i phyir |

thams cad kyi zhes bya ba la sogs pa smos so |

'di ltar yul dang dus[25] de na 'khod pa'i yi dwags thams cad kyis klung la rnag la sogs par mthong ste | de bas na don med par yang sems nges pa med par grub bo[26] | tshig gi[27] don khong du chud pa ni ngag gi don khong du chud pa'i sngon du 'gro bas tshig gi don[28] rnam par dgrol ba'i phyir ||

① 아귀의 고름 강 예시
여기에 또한 '~처럼'이라는 의미를 설명하기 위하여,

'아귀들처럼[이라는 예시를 통해서 성립한다는 것이 이치에 어긋나지 않는다는 것은] 증명된다'라고 [『유식이십론』에서] 설한다.

---

24 P.N: -phyir
25 P.N: des
26 N: 'o
27 N: +don
28 P.N: +thog mar

여기에서 '~처럼'은 [8격인] 호격(呼格)에 속한다고 설한다. 아귀들의 마음이 한정되지 않는다는 것이 제시되어 있지 않기 때문에 [그것은] 어떻게 증명되는가?라고 묻고, 논주는 증명의 방편을 설명하기 위하여,

'[같은 장소에 있는 아귀들이] 모두 [고름 강 등을 보는 것처럼 이라는 예시를 통해서 증명된다]'라고 [『유식이십론』 3d송에서] 설한다.

이처럼 그 장소와 그 시간에 있는 모든 아귀가 고름 강 등을 본다. 그러므로 외계 대상이 없어도 마음이 [대상에] 한정되지 않는다는 것은 증명된다. 단어의 뜻을 아는 것은 문장의 뜻을 아는 것보다 선행하기에 [먼저] 단어의 뜻을 해석하기 위한 것이다.

rnag gis gang ba'i klung ni zhes bya ba la sogs pa smos so |

rnag gi klung zhes bya ba 'di la | gang ba zhes bya ba'i sgra ma smos so zhes ston to | 'dir dpe bstan pa'i phyir | mar gyi bum pa bzhin no zhes bya ba smos te | dper na mar gyis[29] gang ba'i bum pa la mar gyi bum pa zhes bya ba de bzhin du | 'di la yang rnag gis gang ba'i klung la rnag gi klung zhes bya'o | rnag med pa la thams cad kyis rnag tu ji ltar mthong zhe na |

las kyi rnam par smin pa mtshungs pa la[30] gnas pa zhes bya ba la sogs pa smos te |

'di ltar rnam par smin pa mtshungs pa la gnas pa'i yi dwags ji snyed

29 P.N: gyi

30 P.N: las

pa de dag kun gyis kyang 'dra bar klung rnag gis[31] gang bar mthong ste gcig 'gas ni ma yin no | de la rnag thigs[32] pa 'ga' yang med na rnag gis[33] gang ba'i klung lta ga la yod de[34] | las kyi rnam par smin pa'i dbang gis na de dag gis de mthong ngo ||

'고름으로 가득 찬 강을 [고름 강이라고 하고 기 버터가 채워진 항아리를 기 버터 항아리라고 하는 것과 같다]'라고 [『유식이십론』에서] 설한다.

'고름 강'이라는 것은 [실제로 고름으로 강이] 이루어졌다는 소리가 아니라, 이것(=마음의 비한정)에 대한 예시를 설명하기 위한 것으로 [기 버터로 채워진 병을] '기 버터의 병'이라고 하는 것과 같다. 예를 들면, '기 버터로 가득 찬 병'을 '기 버터의 병'이라고 하는 것처럼, 여기에서도 또한 '고름으로 가득 찬 강'을 '고름 강'이라고 하는 것이다. 고름이 없는데도 모든 [아귀가] 어떻게 고름[으로 가득 찬 강]을 보는가?라고 [사람들이] 말한다면,

'행위로 인해 결과를 똑같이 받는 상태에 있는 [모든 아귀가 함께 고름 강을 본다]'라고 [『유식이십론』]에서 설한다.

이처럼 [행위의] 결과가 같은 아귀들이 모두 똑같이 고름으로 가득 찬 강을 보고, 어떤 한 명의 [아귀만이 보는 것은] 아니다. 거기에 한 방울의 고름도 없는데 [어디에] 고름으로 가득 찬 강이 있는가?라고 [사람들이] 말한

---

31 P.N: gi
32 P.N: thig
33 P.N: gi
34 N: do

다면, 행위의 결과의 힘으로 인하여 그들(=아귀들)이 그것(고름으로 가득 찬 강)을 본다고 한다.

sogs pa zhes bya ba'i sgras bsdus pa'i don bstan pa'i phyir |

rnag gis[35] gang ba ji lta ba bzhin du zhes bya ba la sogs pa smos te |

dper na kha cig gis rnag gis[36] gang bar mthong ba de bzhin du | kha cig gis gcin gyis gang ba dang | kha cig gis ngan skyugs kyis gang ba dang | kha cig gis dbyig[37] pa thogs pa'i mi dag gis bsrungs pa dang | kha cig gis klung la ral gri thogs pa dag gis bsrungs par mthong ngo | yi dwags rnams kyis las kyi dbang gis dbyig[38] pa dang ral gri thogs pa'i mi 'byung bar ni mi rigs te | gzhan gyi las kyis gzhan dag byung[39] bar gyur ta re | de'i phyir de ltar sems nges pa med par bstan nas mjug bsdu ba'i phyir |

de ltar na zhes bya ba la sogs pa smos so |

de skad du bstan pa'i rnam pas don med par yang rnam par rig pa rnams kyis sems nges pa med par grub bo ||

'등'(ādi)이라는 말에 포함되어 있는 것을 설명하기 위하여,

'[이렇게 아귀들이 모두 함께] 고름으로 이루어진 [강을 보는] 것과 유사하게 [지옥에서 지옥 중생이 소변과 오물, 불구덩이, 침, 콧물로 가득 찬 것과 몽둥이

35 P.N: gi
36 P.N: gi
37 P.N: dbyug
38 P.N: gis dbyug, C: gi dbyug
39 P.N: 'byung

와 칼을 든 사람들이 감시하는 강을 보는 것도 이와 같은 예시에 해당된다는 그 같은 것이 '등'이라는 말이 나타내는 의미이다]'라고 [『유식이십론』에서] 설한다.

예를 들면 어떤 자는 고름으로 가득 찬 강을 보는 것처럼, 어떤 자는 오줌으로 가득 찬 강을 [보는 것처럼], 어떤 자는 똥물로 가득 찬 강을 [보는 것처럼], 어떤 자는 몽둥이를 가진 남자(=지옥의 파수꾼)가 [성 등을] 지키는 것을 [보는 것처럼], 어떤 사람은 칼을 가진 자가 강을 지키는 것을 보는 [것과 같다]. [그러나] 모든 아귀의 행위의 힘(業力)에 의해서 몽둥이와 칼을 가진 남자가 생겼다고 하는 것은 이치에 맞지 않는다.[40] 다른 자(=아귀)의 행위의 힘에 의해서 다른 자(=지옥의 파수꾼)가 생겼기 때문이다. 이같이 마음은 한정되지 않고 [생긴다는 것을] 설해서 마친다. 이것을 정리하면 다음과 같다.

'이런 식으로 [외계 대상이 없더라도 여러 인식이 개인의 마음에 한정되지 않는 것은 증명되었다]'라고 [『유식이십론』에서] 설한다.

설한 바의 순서에 따라 대상이 없어도 모든 인식(vijñapti)이 [개인의] 마음에 한정되지 않고 [발생한다는] 것은 성립한다.

---

40 이 내용은 6송과 7송에서 논의한다.

대상은 실제 작용을 하는가?

4
송

⌘ 티베트역 4송

[D.136, 4b7]

bya byed rmi lam gnod pa 'dra || 4a ||[1]

grub ces bya bar rig par bya'o |

dper na rmi lam na gnyis kyis gnyis phrad pa med par yang khu ba 'byung ba'i mtshan nyid ni rmi lam gyi gnod pa'o | de ltar re zhig dpe gzhan dang gzhan dag gis yul dang dus nges pa la sogs pa bzhin[2] 'grub bo |

thams cad sems can dmyal ba bzhin || 4bc ||

---

1 P.K.125. 4송.
rmi lam gnod pa +dra bya ba dang |
bya+o sems dmyal bzhin du yang |
kun de sems dmyal srung la stsogs |
mthong zhing de+is bda+ baso | | 4abcd | |

2 P.N: bzhi

grub[3] ces bya bar rig par bya'o |

sems can dmyal ba dag na yod pa dang mtshungs pas sems can dmyal ba bzhin no | ji ltar 'grub ce na ||

[바수반두: 또한, 외계 대상 없이 인식된 것도] 실제 작용[을 일으킨다는 것]은 마치 몽정의 경우처럼[이라는 예시를 통해서 성립한다]. [4a]

[라는 것이] 증명된다는 것을 알아야 한다.

④ 예를 들면, 몽정은 꿈속에서 [남녀] 두 사람이 [실제로] 만나지 않아도 [현실에서] 정액을 방출하는 특징을 지니는 것과 같다. 이같이 각각의 다른 비유를 통해서 [인식이 외계 대상 없이 발생한다고 하더라도] 장소와 시간의 한정 등 네 가지가 [이치에 어긋나지 않는다는 것이] 증명되었다.

[대상 없는 인식에서 이 네 가지는] 모두 지옥처럼(naraka-vat)
[이라는 예시를 통해서 성립한다]. [4bc]

[라는 것이] 증명된다는 것을 알아야 한다.

'지옥처럼'(sems can dmyal ba bzhin, naraka-vat)이란 '[여러] 지옥들에 있는 존재와 유사한'이라는 의미이다. [그것은] 어떻게 증명되는가?

---

3 P.N: 'grub

dmyal ba'i srung ma sogs mthong dang |
de dag gis ni gnod[4] phyir ro || 4d ||

dper na sems can dmyal ba dag na sems can dmyal ba'i sems can rnams kyis[5] sems can dmyal ba'i srung ma la sogs pa mthong ste | yul dang dus nges par 'grub po | khyi dang bya rog dang lcags kyi ri la sogs pa 'ong ba dang 'gro bar yang mthong ba ni sogs pa zhes bya bar bsdu ste |
thams cad kyis mthong gi[6] | gcig 'gas ni[7] ma yin no |
de dag gis de dag la gnod pa yang 'grub ste | dngos po la sems can dmyal ba'i srung ma la sogs pa med par yang rang gi las kyi rnam par smin pa mtshungs pa'i dbang gi phyir ro |

de bzhin du gzhan yang yul dang dus nges pa la sogs pa bzhi po 'di dag thams cad grub par rig par bya'o ||

[지옥 중생들이] 지옥의 파수꾼(naraka-pāla) 등을 보고
또 그들(=지옥의 파수꾼 등)이 [지옥 중생들에게] 고통을 주기 때문이다. [4d]

①·② 예를 들면, 지옥들에서 지옥 중생(sems can dmyal ba'i sems can, nāraka)들이 지옥의 파수꾼(sems can dmyal ba'i srung ma, naraka-pāla) 등을 보는 것이 장소와 시간에 한정되는 것을 통해서 [외계 대상이 없어도 장소와 시간에 한정되어 인식이 일어날 수 있다는 것이] 증명되는 것과 같다. [또한, 그 외에 지옥에서 불꽃으로 된 이빨을 가진] 개, [죄인의 살을 파먹는] 까마귀, 철

---

4 P.K.125: bda'
5 P.N: kyi
6 P.N: gis
7 P.N: na

산 등이 오가[면서 양쪽에서 압착하]는 것을 보는 것[과 같은 경우도 이와 같은 예시에 해당한다는 것]이 '등'(ādi)이라는 말로 요약된다.

③ [또한, 그 지옥의 파수꾼 등을 지옥 중생] 모두가 보는 것이지, 오직 한 명[의 지옥 중생]만이 [보는 것은] 아니[라는 것을 통해서 특정한 마음에 한정되지 않을 수 있다는 것이 증명된]다.

④ 그들(=지옥의 파수꾼)이 그들(=지옥 중생들)에게 고통을 주는 것[을 통해 외계 대상 없이도 실제 작용을 일으킬 수 있다는 것]이 증명된다. 실제로 지옥의 파수꾼 등이 [외계 대상으로서] 존재하지 않음에도 불구하고, [지옥 중생이 고통을 받는 것은 이전에] 자신이 저지른 행위(rang gi las, sva-karman)로 인해 [다른 지옥 중생들과] 똑같이 받은(mtshungs pa, samāna) 결과(rnam par smin pa, vipāka)와 연관되는 영향력(dbang, ādhipatya) 때문이다.

이[런 지옥의 예시]처럼 다른 방식으로도 [외계 대상이 존재하지 않더라도 인식이] 장소와 시간에 한정된다는 것 등의 이 네 가지가 모두 [이치에 어긋나지 않는다는 것이] 증명된다고 알아야 한다.

⌘ 비니타데바 4송 해석

[D.136, 177a7]

don med pa la bya ba byed pa bstan pa'i phyir |

bya byed rmi lam gnod pa 'dra zhes bya ba smos so |

dper na rmi lam gyi gnod pa don med par yang grub pa de bzhin du don byed pa de[8] gzhan yang don med par grub bo zhes mdor byas pa'i don to | bya ba'i tshig khong nas dbyung ba'i phyir | grub ces bya bar rig par bya'o zhes bya ba smos te | mdor byas pa gong ma las grub ces bya ba'i sgra la snyegs pa 'dir yang sbyar ro zhes bya ba'i tha tshig go ||

1) 대상의 실제 작용의 예시

대상이 없어도 실제 작용을 한다는 것을 나타내기 위하여,

'[외계 대상 없이 인식된 것도] 실제 작용[을 일으킨다는 것은 마치 몽정의 경우처럼이라는 예시를 통해서 성립한다]'라고 [『유식이십론』 4a송에서] 설한다.

예를 들면, 꿈에서 대상이 없어도 손실이 있다는 것이 성립하는 것처럼, 나머지 [간다르바성 등이라는 대상의] 실제 작용은 대상 없이도 성립한다는 것이 이 [4]송의 의미이다. [그런데 자주에서는 송에서 빠진] 동사를 따로 보충하는데 [송 뒤에] 증명된다는 것[이 이어진다는 것을] 알아야 한다고 덧붙인다. 선행하는 송 [다음에] '증명된다'[라는 말이] 뒤따라온다는 것이 여기에서도 적용된다.

dpe rnam par dgrol[9] ba'i phyir |

dper na rmi lam na zhes bya ba la sogs pa smos so |

dper na rmi lam na skyes pa dang bud med gnyis ma phrad par

---

8 P: byed pa, N: med pa

9 P.N: grol

khu ba byung[10] ba de bzhin du rmi lam gyi gnod pa 'byung ba de bzhin du skra dang sha sbrang dang bza' ba dang btung ba dang | grong khyer dang grong rdal dang dug dang mtshon dang lce 'bab pas bsgrib[11] par bya ba'i don[12] skra la sogs pa med par yang 'byung ngo | gnyis kyis[13] gnyis phrad pa med par yang zhes[14] bya ba ni skyes pa dang bud med gnyis kyis[15] gnyis phrad pa med pa zhes bya ba'i tha tshig go ||

① 꿈속 예시

예시를 해석하기 위하여,

'예를 들면, 몽정은 [꿈속에서 남녀 두 사람이 실제로 만나지 않아도 현실에서 정액을 방출하는 특징을 지니는 것과 같다]'라고 [『유식이십론』에서] 설한다.

예를 들면, 몽정은 [꿈속에서] 여자와 남자가 [실제로] 교합하지 않아도 [현실에서] 정액을 방출하여 꿈속[이 아니라 실제로 정액이 방출되는] 손실이 생긴다는 의미이다. 그와 똑같이 [꿈속에서] 머리카락과 파리와 음식과 성, 독약, 화살, 불빛은 물질적 특성을 가진 대상으로 머리카락 등이 없어도 [그 대상이 실제 작용을] 한다는 것이다. '[꿈속에서] 두 사람이 실제로 만나지 않아도'라는 것은 '남녀의 교합이 [현실에는] 없다'라는 말이다.

---

10 P.N: 'byung
11 P.N: bsgrub
12 P.N: +bya ba
13 P.N: kyi
14 P.N: -zhes
15 P.N: kyi

de'i phyir de ltar gong du smos pa'i brgal ba rnam pa bzhi char gyi lan btab nas mjug bsdu ba'i phyir |

de ltar[16] re zhig ces bya ba la sogs pa smos so[17] |

de skad bstan pa'i rnam pas re zhig dpe gzhan dang gzhan dag gis[18] yul dang dus nges pa la sogs pa bzhi grub bo | re zhig ces bya ba'i sgra ni yang 'grub bo zhes 'og nas 'byung ba bstan to ||

2) 네 가지 주제 모두에 적용되는 예시

이상 설한 네 가지 주제에 대한 비판을 답해서 마친다. 이것을 정리하면 다음과 같다.

'이같이 각각[의 다른 비유를 통해서 인식이 외계 대상 없이 발생한다고 하더라도 장소와 시간의 한정 등 네 가지가 이치에 어긋나지 않는다는 것이 증명되었다]' 라고 [『유식이십론』에서] 설한다.

이상 설한 것은 각각 다른 예시를 통해서 장소와 시간의 한정, [마음의 비한정, 대상의 실제 작용] 등 네 가지 주제는 성립한다는 것을 설명한 것이다. '각각[의 다른 비유]'라는 말은 다시 [네 가지 주제의] 성립에 대하여 아래에서 설한다는 의미이다.

yang dpe gcig gis brgal ba bzhi char gyi lan gdab pa'i phyir |

---

16 P.N: lta

17 P.N: te

18 P.N: gi

thams cad sems can dmyal ba bzhin zhes bya ba smos so |

dper na sems can dmyal ba dag na[19] don med par yang yul nges pa la sogs pa rnam pa bzhi yod pa de bzhin du gzhan du yang don med par rnam pa bzhi po yang[20] thams cad grub bo zhes mdor byas pa'i don to[21] | bya ba'i tshig kho[22] nas dbyung ba'i phyir |

grub ces bya bar rig par bya'o zhes bya ba smos te |

don de brda phrad par zad do | 'dra ba'i don bstan pa'i phyir |

sems can dmyal ba dag na zhes bya ba la sogs pa smos te |

don de brda phrad par zad do | sems can dmyal ba dag na yul la sogs pa nges pa bzhi ma bstan pa'i phyir ji ltar grub ces dris pa dang | bstan bcos byed pas grub pa nyid du bstan pa'i phyir |

dmyal ba'i srung ma zhes bya ba la sogs pa smos te |

'di ltar sems can dmyal ba'i srung[23] ma dang | rdza ma dang | zangs po che la sogs pa med par yang sems can dmyal ba rnams kyis[24] yul dang dus nges par mthong ngo ||

① 지옥 예시

네 가지 주제의 비판에 답하기 위한 또 하나의 예시를 위하여,

19 N: -na
20 P.N: +de dag
21 P.N: no
22 P.N: khong
23 P.N: srungs
24 P.N: pa rnams kyi

'[대상 없는 인식에서 이 네 가지는] 모두 지옥처럼[이라는 예시를 통해서 성립한다]'라고 [『유식이십론』 4bc송에서] 설한다.

예를 들면, 지옥에서는 대상이 없어도 장소의 한정 등의 네 가지 주제가 증명되는 것처럼, 다른 경우[인 지옥의 비유] 역시 대상이 없어도 네 가지 주제는 모두 증명된다는 것이 송의 의미이다. [송 뒤에 뒤따르는] 동사를 보충하기 위하여,

'증명된다는 것을 알아야 한다'라고 [『유식이십론』에서] 설한다.

그 의미는 앞에서 말했다.[25] '처럼'이라는 뜻을 설명하기 위하여,

'['지옥처럼'이란 '여러] 지옥들에 [있는 존재와 유사한'이라는 의미이다]'라고 [『유식이십론』에서] 설한다.

그 의미는 앞에서 말했다.[26] 지옥 중생[의 비유에서] 장소의 한정 등 네 가지 주제를 아직 설명하지 않았기 때문에, [외계실재론자가] 그것은 어떻게 증명되는가?라고 묻는다. 논주는 그것이 성립한다는 것을 설한다.

'[지옥 중생들이] 지옥의 파수꾼 등[을 보고 또 그들(=지옥의 파수꾼 등)이 지옥 중생들에게 고통을 주기 때문이다]'라고 [『유식이십론』 4d송에서] 설한다.

25 4송 ab구 자주를 말한다.

26 3송의 '꿈처럼'이라는 예시와 '모든 아귀처럼'이라는 예시를 통해서 해석한다.

즉 지옥의 파수꾼과 병과 불가마 등이 없어도 지옥 중생들은 장소와 시간의 한정에 따라 [그것들을] 본다.

yul dang dus de na 'khod pa thams cad kyis bye brag med par mthong ste | med par yang de dag gnod pa rnam pa sna tshogs byed do zhes mdor bya ba'i[27] don to | bstan bcos byed pas mdor byas pa'i don de rgya cher bstan pa'i phyir |

dper na sems can dmyal ba pa dag na zhes bya ba la sogs pa smos so |

dper na sems can dmyal ba'i[28] sems can rnams kyi sems can dmyal ba dag na sems can dmyal ba'i srung ma la sogs pa yul nges pa dang dus nges par grub pa bzhin no | sogs pa'i sgras bsdus pa'i don bstan pa'i phyir |

khyi dang bya rog ces bya ba la sogs pa smos te |

khyi dang bya rog dang lcags kyi ri la sogs pa'o zhes tshig rnam par sbyar ro | 'dir yang sogs pa smos pa ni rdza ma dang zangs po che la sogs pa bsdu'o ||

② 지옥의 파수꾼 예시

또한 저 장소와 시간에 머무는 일체[중생]에 의해 차별 없이 [지옥의 파수꾼과 병과 불가마를] 본다. 비록 [지옥의 파수꾼이] 존재하지 않아도 그들(=지옥 중생)에게 고통을 준다는 것이 이 송의 의미이다. 논주는 그 송의

27 P.N: byas pa'i

28 P.N: ba pa'i

의미를 널리 설명하기 위하여,

'예를 들면, 지옥[들에서 지옥 중생들이 지옥의 파수꾼 등을 보는 것이 장소와 시간에 한정되는 것을 통해서 외계 대상이 없어도 장소와 시간에 한정되어 인식이 일어날 수 있다는 것이 증명되는 것과 같다]'라고 [『유식이십론』에서] 설한다.

예를 들면, 지옥 중생들이 지옥에서 지옥의 파수꾼 등을 [봄으로써] 장소와 시간의 한정이 증명되는 것과 같다. '등'이라는 말에 포함된 의미를 설명하기 위하여,

'개와 까마귀, [철산 등과 같은 경우도 이와 같은 비유에 해당된다는 것이 '등'이라는 말로 요약된다]'라고 [『유식이십론』에서] 설한다.

[지옥에서 불꽃으로 된 이빨을 가진] 개와 [죄인의 살을 파먹는] 까마귀와 [위에서 떨어져 죄인을 깔아뭉개는] 철산 등이라는 말이다. 또 여기 '등'이라는 말에는 불가마[의 비유] 등이 포함된다.

sems nges pa med pa bstan pa'i phyir |

thams cad kyis zhes bya ba la sogs pa smos te |

don de yang brda phrad par zad do | bya ba byed pa bstan pa'i phyir |

de dag gis de dag la gnod pa yang grub ste zhes bya ba ste | gnod pa'i bye brag rnam pa sna tshogs byed par grub bo ||

마음의 비한정을 설명하기 위하여,

'[그 지옥의 파수꾼 등을 지옥 중생] 모두가 [보는 것이지, 오직 한 명의 지옥 중생만이 보는 것은 아니라는 것을 통해서 특정한 마음에 한정되지 않을 수 있다는 것이 증명된다]'라고 [『유식이십론』에서] 설한다.

그 의미는 앞에서 말했다.[29] [대상이] 실제 작용을 한다는 것을 설명하기 위하여,

그들(=지옥의 파수꾼)에 의해서 그들(=지옥 중생들)이 고통받는 것[과 같이 외계 대상 없이도 대상이 실제 작용을 하는 것이 이치에 어긋나지 않는다는 것]은 증명된다. [지옥의 파수꾼에 의해서 지옥의 중생들이] 고통을 받는다는 실제 작용에는 다양한 종류의 실제 작용이 있다는 것이 증명된다.

'di la 'dir 'gyur te | gal te sems can dmyal ba'i srung ma la sogs pa dag med na yul la sogs pa nges pa rnam pa bzhi po ji ltar 'byung snyam pa la |

med par yang zhes bya ba la sogs pa smos te |

de dag med[30] kyang rnam pa bzhi po de grub bo | med pa de ji ltar grub snyam pa la |

rang gi las kyi rnam par smin pa mtshungs pa zhes bya ba la sogs pa smos te |

---

29 3송의 '아귀들 모두가 고름 강 등을 볼 때'라는 것을 가리킨다.

30 P.N: -med

gang de dag gis[31] sdug bsngal myong bar 'gyur ba'i las sngon byas pa las | de'i rnam par smin pa gang gi tshe mngon du gyur pa de'i tshe sems can dmyal ba'i srung ma dang | khyi dang bya rog dang | lcags kyi ri dang | rdza ma dang zangs po che la sogs pa'i rnam par shes pa nyid byung nas[32] sems can dmyal ba'i srung ma la sogs pa'i sgyu thabs kyis[33] sems can dmyal ba pa de dag sdug bsngal gyi tshor ba skyed de | ji snyed kyi sdug bsngal myong bar 'gyur ba'i las de byas par gyur pa de dag thams cad kyi rnam par shes pa nyid sems can dmyal ba'i srung ma la sogs pa'i rnam pa byung nas sdug bsngal gyi tshor ba bskyed[34] kyi gcig 'ga' la ni ma yin no[35] ||

그 경우는 다음과 같다. 만약 지옥의 파수꾼 등이 없을 때, 장소 등 한정이라는 네 가지 주제는 어떻게 생기는가?라는 것에 대하여,

'[실제로 지옥의 파수꾼 등이 외계 대상으로써] 존재하지 않음에도 불구하고'라고 [『유식이십론』에서] 설한다.

그것(=지옥의 파수꾼)이 없어도 그 네 가지 주제는 성립한다. 그것이 없어도 어떻게 증명되는가?라고 여기는 것에 대해서,

'[지옥 중생이 고통을 받는 것은 이전에] 자신이 저지른 행위[로 인해 다른 지옥 중생들과] 똑같이 [받은 결과와 연관되는 영향력 때문이다]'라고 [『유식이십론』

---

31 P.N: gi

32 P.N: na

33 P.N: rgyu thams kyi

34 P: skyed

35 P.N: te

에서] 설한다.

그들(=지옥 중생들)이 이전에 경험한 고통의 행위에서 과보가 생길 때, 지옥의 파수꾼과 개와 까마귀와 철산과 불가마 등의 식(vijñāna)이 생기고, 지옥의 파수꾼 등의 형상(ākāra)으로부터 지옥 중생 그들은 괴로움을 받는다. 이전에 저지른 고통의 행위[에서 결과가] 생긴 사람 모두의 그 식(vijñāna)이 지옥의 파수꾼 등의 형상을 발생시키기 때문에 괴로운 느낌을 받는(苦受) 것이지 [이전에 경험한 고통의 행위에서 과보가 생기지 않고] 어떤 자에게만 [고통이 생기지] 않는다.

de yang mi srid pa ma yin te | rmi lam gyi gnas na yang mthong ba'i phyir ro | dper na sdig pa can gyi rmi lam na las kyi dbang gis[36] rnam par shes pa nyid seng ge dang stag dang chom rkun la sogs pa'i rnam par byung na sdug bsngal dang skrag pa dang 'dar ba la sogs pa skyed[37] pa de bzhin du sems can dmyal ba dag na yang[38] de srid do | de'i phyir da ltar dpe la yul la sogs pa nges pa rnam pa bzhi bstan nas dngos la bstan pa'i phyir |

de bzhin du gzhan na yang zhes bya ba la sogs pa smos te |

de'i don yang bshad zin to ||

그것 역시 이치에 어긋난다. 꿈속에서도 [지옥의 파수꾼, 개, 까마귀, 철산 등을] 보기 때문이다. 예를 들면, 죄를 지은 사람의 행위[가 초래한 똑같은

---

36 P.N: gi

37 N: bskyed

38 P.N: -yang

과보의] 힘으로 인해서 식 자체[에서] 사자와 호랑이, 도둑 등의 형상이 생기며, 그러한 [식에서 생긴 대상의 형상에서] 고통과 두려움과 전율 등이 생기는 것처럼, 지옥 중생에게도 [그것들이 생긴다는 것은] 이치에 맞다. 그 때문에 이러한 [지옥의] 비유를 통해서 장소 등의 한정이라는 네 가지 주제가 [성립한다고] 설한다.

'이[런 지옥의 예시]처럼 다른 방식으로도 [외계 대상이 존재하지 않더라도 인식이 장소와 시간에 한정된다는 것 등의 이 네 가지가 모두 이치에 어긋나지 않는다는 것이 증명된다고 알아야 한다]'라고 [『유식이십론』에서] 설한다.

그 의미 역시 앞에서 말했다.

5
송

지옥의 파수꾼은 지옥 중생인가?

⌘ 티베트역 5송

[D.136, 5a4]

ci'i[1] phyir sems can dmyal ba'i srung ma dang bya rog dang khyi la sogs pa de dag sems can du mi 'dod ce na ǀ

mi rigs pa'i phyir ro ǀ de dag ni sems can dmyal bar mi rigs te ǀ de bzhin du sdug bsngal des mi myong ba'i phyir ro ǀ

gcig la gcig gnod pa byed na ni 'di dag ni sems can dmyal ba pa dag go ǀ 'di dag ni sems can dmyal ba'i srung ma dag go zhes rnam par gzhag pa[2] med par 'gyur ro ǀ byad gzugs dang bong tshod dang stobs mtshungs pa dag ni gcig la gcig gnod pa byed kyang ji lta bur 'jigs[3] par mi 'gyur ro ǀ lcags rab tu 'bar ba'i sa gzhi la tsha ba'i sdug bsngal yang mi bzod na ni ji ltar de na gzhan la gnod pa byed par

---

1 N: ci

2 P.N: gzhag

3 P.N: 'jig

'gyur | sems can dmyal ba pa ma yin pa dag sems can dmyal bar 'byung bar gzugs la 'gyur ||

[외계실재론자:] 그러면 무슨 이유로 [그대는] 그 지옥의 파수꾼과 까마귀, 개 등을 [지옥] 중생으로 인정하지 않는가?

[바수반두:] 이치(kāraṇa)에 어긋나기 때문이다. 그것들(=파수꾼, 까마귀, 개 등)을 지옥 중생(nāraka)이라고 하는 것은 이치에 맞지 않는다. 왜냐하면 [지옥의 파수꾼 등은] 그들(=지옥 중생들)처럼 [지옥에서 겪는] 그런 고통(sdug bsngal, duḥkha)을 경험(myong ba, pratisaṃvedana)하지 않기 때문이다.

[지옥 중생들과 지옥의 파수꾼 등이] 서로 고통을 준다면, "이들은 지옥 중생들이고, 이들은 지옥의 파수꾼들이다"라는 구분(rnam par gzhag pa, vyavasthā)은 없어질 것이다. [그렇다면] 같은 모양(byad gzugs, ākṛti), 크기(bong tshod, pramāṇa), 힘(stobs, bala)을 가진 자들이 서로 고통을 준다고 하더라도, [지옥 중생들은 파수꾼들에 대해] 그 정도로 두려워하지는 않을 것이다. [만약 파수꾼들이 지옥에서] 불타오르는 철(鐵)의 대지에서 뜨거운 [고통을 받는다면, 그런] 고통을 견딜 수 없는 자들이 어떻게 거기(=지옥)에서 다른 자들(=지옥 중생)에게 고통을 줄 수 있을 것인가? [한편] 지옥 중생이 아닌 자들[인 지옥의 파수꾼, 까마귀, 개 등]이 어떻게 지옥에 태어날 수 있는가?

'o na dud 'gro[4] dag kyang ji ltar mtho ris su 'byung ste | de bzhin

4 P.K.125: byol songs

du sems can dmyal bar yang dud 'gro dang yi dwags[5] kyi bye brag sems can dmyal ba'i srung ma la sogs pa 'byung bar 'gyur ro zhe na |

ji ltar dud 'gro mtho ris su |
'byung ba de ltar dmyal ba min |
yi dwags min te de lta bur |
de yod sdug bsngal des mi myong || 5abcd ||[6]

dud 'gro gang dag mtho ris su 'byung ba de dag ni snod kyi 'jig rten na de'i bde ba myong bar 'gyur ba'i las kyis der 'byung ba dag ste | de na yod pa'i bde ba so sor myong ngo | sems can dmyal ba'i srung ma la sogs pa dag ni de bzhin du sems can dmyal ba'i sdug bsngal mi myong ngo | de'i phyir dud 'gro dag der 'byung bar mi rigs so | yi dwags kyi bye brag dag kyang ma yin no ||

[외계실재론자:] 그렇다면 [당신의 주장처럼 지옥의 동물들이 지옥에 태어날 수 없다면,] 어떻게 천상(mtho ris, svarga)에서 [동물들이] 태어나는 것인가? [만약 동물들이 천상에서 태어날 수 있다는 것이 인정된다면,] 그것과 마찬가지로 지옥에서도 동물(dud 'gro, tiryañc)과 특수한 아귀가 지옥의 파수꾼 등으로 태어날 것이다.

[바수반두:] 동물이 천상에 태어난다[고 하더라도 그것]과
같은 방식으로 [동물이] 지옥에서 [파수꾼 등으로 태어나지] 않고,

---

5 P.K.125: 'dre

6 P.K.125. 5송.
byol songs mtho ris 'byung ba dag |
ji bzhin sems dmyal myed de bzhin |
myi 'dre gang las der skyes gyi |
sdug bsngal myi myong de de dago || 5abcd ||

[특수한] 아귀가 [그런 것도] 아니다.

왜냐하면, 거기(=지옥)에 있는 고통을 그것(=파수꾼 등)은

경험하지 않기 때문이다. [5abcd]

천상에서 태어나는 동물은 그 [천상] 세계(snod kyi 'jig rten, bhājanaloka, 器世間)의 즐거움(bde ba, sukha)을 누리게 될 [과거의 선한] 행위에 의해 그곳(=천상)에 태어나서 거기(=천상)에 있는 다양한 즐거움을 누린다. [반면] 지옥의 파수꾼 등은 그런 방식으로 지옥에 속한 고통을 [결코] 겪지 않는다. 그러므로 동물들이 거기(=지옥)에 태어나는 것은 이치에 맞지 않는다. 특수한 아귀들[이 지옥에서 태어나는 것]도 [이치에 맞지] 않는다.

⌘ 비니타데바 5송 해석

[D.136, 178b3]

bye brag tu smra ba sems can dmyal ba'i srung ma la sogs pa sems can rnams su 'dod de | 'dir de ltar brgal ba'i phyir |

ci'i phyir zhes bya ba la sogs pa smos so |

khyed ci'i rgyus sems can dmyal ba'i srung ma dang | khyi dang bya rog de dag sems can[7] rnams su mi 'dod | 'di ltar de dag la ni sems can gyi tshul yang snang | sems can bzhin du gyo ba yang yod | 'di ltar de dag la blo'i bya ba spyod pa dang rjod pa yang

7 P.N: -can

snang ste de gnyis kyis gzhan la sems yod par rjes su dpag tu rung ngo | gal te de dag la sems yod par dpag pa de gnyis med na de'i tshe srog chags[8] gzhan la sems yod par rjes su dpag pa med par 'gyur te | de gnyis 'khrul pa yod pa'i phyir ro ||

설일체유부[9]는 지옥의 파수꾼 등을 [지옥] 중생들이라고 주장한다. 이것을 비판하기 위하여,

'그러면 무슨 이유로 [그대는 그 지옥의 파수꾼과 까마귀, 개 등을 지옥 중생으로 인정하지 않는가?]'라고 [『유식이십론』에서] 설한다.

그대는 왜 지옥의 파수꾼과 개, 까마귀 그들이 [지옥에 존재하는] 중생들이라고 인정하지 않는가? [왜냐하면] 그들과 [같은] 중생이라는 형상도 나타나고, 중생처럼 행동하기도 하고, 그들은 깨달음에 대한 수행을 위하여 말도 사용하는데, 그 두 가지(=행위와 말)에 의해서 각각 마음이 있다고 추측할 수 있다. 만약 그들에게 마음의 존재를 추측할 수 있는 그 두 가지가 없다면, 다른 중생에게도 마음이 있다고 추정할 수 없을 것이다.

---

8 P: -chags

9 『유식이십론술기』(T43, 994c2-994c7) 迦濕彌羅 北印度境毘婆沙論. 在此國造 因以爲名顯此論因. 如餘處說 毘婆沙者 婆沙說也 毘有三義. 一勝義 此論決定勝餘論故 二異義 於一部中諸師異說故. 三廣義 於一一義中 諸師廣說故. "카슈미라는 북인도 지역으로 『비바사론』은 이 나라에서 지어졌다. 원인(因)을 명칭으로 삼기에 여기에서 이 논서의 원인을 드러내고자 한다. 다른 곳에서 설한 것과 같이, 비바사(vibhāṣā)에서 바사(bhāṣā)는 '설명'을 의미하고 비(vi)는 세 가지 의미를 지닌다. 첫째는 '뛰어남'의 의미로 이 논서가 확실히 다른 논서보다 뛰어나다는 것을 나타내고, 둘째는 '다름'의 의미로 한 부파 중에서 여러 논사가 [교리를] 다르게 설한다는 의미이다. 셋째는 '자세하다'라는 의미로 하나하나의 뜻에 대해서 여러 논사가 상세하게 설한다는 의미이다."

왜냐하면 그 두 가지는 잘못된 것이기 때문이다.

srog chags su mi rigs par bstan pa'i phyir |

mi rigs pa'i phyir ro zhes bya ba smos so |

mi rigs pa de nyid bstan pa'i phyir |

de dag ni zhes bya ba la sogs pa smos te |

'di ltar sems can dmyal ba'i srung ma dag ni sems can[10] dmyal ba pa rnams su mi rigs so | ci'i phyir mi rigs she na |

de bzhin du zhes bya ba la sogs pa smos te |

ji ltar sems can dmyal ba pa'i sems can gzhan dag sems can dmyal ba'i[11] sdug bsngal so sor myong ba de bzhin du de dag de ltar mi myong ba'i phyir ro | gang gnod pa[12] byed pa de gnod par byed pa[13] bzhin du sdug bsngal mi myong ste | gang sems can dmyal ba'i srung ma de dag la gnod pa byed pa ni gang yang yod skad mi grag go | gang sems can bzhin du gyo ba de yang rang dga' ste[14] ma yin gyi | sems can dmyal ba[15] rnams kyi las kyi dbang gis so | sems can gyi tshul ni gzugs kyi lus dang ri mo'i lus la yang yod de[16] ||

---

10 P: -can
11 P.N: ba pa'i
12 P.N: par
13 P.N: +de
14 P.N: +ni
15 P.N: pa
16 P.N: do

1) 지옥의 파수꾼은 지옥 중생이 아니다

[지옥의 파수꾼이 지옥에 존재하는] 중생[이라는 것이] 이치에 어긋난다는 것을 나타내기 위하여,

'[그것은] 이치에 어긋나기 때문이다'라고 [『유식이십론』에서] 설한다.

[그것이] 이치에 어긋나지 않는다는 것을 설명하기 위하여,

'그것들(=파수꾼, 까마귀, 개 등)을 [지옥 중생이라고 하는 것은 이치에 맞지 않는다]'라고 [『유식이십론』에서] 설한다.

즉, 지옥의 파수꾼을 지옥 중생이라고 하는 것은 이치에 어긋난다. 왜 이치에 어긋나는가?

'[왜냐하면, 지옥의 파수꾼 등은] 그들(=지옥 중생들)처럼 [지옥에서 겪는 그런 고통을 경험하지 않기 때문이다]'라고 [『유식이십론』에서] 설한다.

지옥 중생 [가운데]에서 다른 [지옥] 중생들은 지옥 중생[이 겪어야 할] 각각의 고통을 받는 것처럼, 그들(=지옥의 파수꾼)은 [지옥에 있지만, 지옥에서 겪는 고통을] 받지 않기 때문이다. [지옥 중생들을] 괴롭히는 행위를 하는 자는 그 박해하는 행위를 하는 것과 같은 고통을 받지 않는다. 지옥의 파수꾼이 그들(=지옥 중생)을 박해하는 것은 어떠한 것도 인정되지 않는다. [지옥의 파수꾼이 지옥] 중생처럼 행동하는 것도 자신의 의도가 아니고, 지옥 중생의 행위의 힘(業力)에 의한 것이다. [지옥] 중생의 형상은 색신(色身)과 문신(文身)[17]에도 있다.

de la 'dir 'gyur te | gcig la gcig gnod pa byed do snyam pa la |

gcig la gcig ces[18] bya ba la sogs pa smos so |

gal te sems can dmyal ba pa dang sems can dmyal ba pa'i srung ma dag gcig la gcig[19] gnod pa byed na ni 'di dag ni sems can dmyal ba pa dag go | 'di dag ni sems can dmyal ba'i srung ma dag go zhes ma 'dres par rnam par gzhag pa med par 'gyur ro | 'di ltar gang dag gnod par[20] bya ba de dag ni sems can dmyal ba pa rnams su 'dod | gang dag gnod par[21] byed pa de dag ni sems can dmyal ba'i srung[22] ma dag tu 'dod na gnyis[23] mtshungs par gnod par bya ba'am | gnod pa byed pa de nyid yin na ni gang dag ni sems can dmyal ba pa | gang dag ni sems can dmyal ba pa'i srung ma zhes brjod par bya ||

이런 경우에 서로를 박해한다고 여기는 자가,

'[지옥 중생들과 지옥의 파수꾼 등이] 서로 [고통을 준다면, "이들은 지옥 중생들이고 이들은 지옥의 파수꾼들이다"라는 구분은 없어질 것이다]'라고 [『유식이십론』에서] 설한다.

만약 지옥의 파수꾼과 지옥의 중생이 서로를 박해한다면, 이것은 지옥 중생이고 이것은 지옥의 파수꾼이라는 것을 혼동 없이 구분할 수 없

17 여기서 신(身)이란 '몸'이란 뜻이 아니고 '무리'라는 뜻이다.
18 N: -ces
19 P.N: -gcig
20 P.N: pa
21 N: pa
22 N: bsrung
23 P.N: +ka

게 될 것이다. 왜냐하면, 그 박해받는 자들은 지옥 중생들이라고 인정되고 그 박해하는 자들은 지옥의 파수꾼들이라고 인정되는데, 둘 다 똑같이 박해받는 자이거나 또는 박해하는 자이기도 한다면, 어느 쪽이 지옥 중생이고 어느 쪽이 지옥의 파수꾼이라고 말할 수 있겠는가?

'dir gtan tshigs lhag par |

byad gzugs dang bong tshod dang stobs mtshungs pa dag ni zhes bya ba la sogs pa smos so |

gal te sems can dmyal ba'i srung ma dag kyang sems can dmyal ba par gyur pa[24] na ni de'i tshe gnyi ga yang byad gzugs mtshungs pa dang | bong tshod mtshungs pa dang | stobs mtshungs par 'gyur ro | de'i phyir sems can dmyal ba'i srung ma dang sems can dmyal ba pa byad gzugs dang bong tshod dang stobs mtshungs pa dag ni gcig la gcig gnod pa byed kyang ji ltar grag pa rnam pa de lta bur 'jig par mi 'gyur ro | grag pa ni 'di skad du grag ste | sems can dmyal ba pa dag sems can dmyal ba'i srung ma ma rung pa'i tshul can lus bong che ba shin tu stobs dang ldan pa rnams mthong nas phyogs mtha' dag mun par gyur te | de dag gi lus kyang bag 'khums mgo yang rmongs so | byad gzugs ni[25] rkang lag gnas pa'i khyad par ro | bong tshod ni zheng gi khyad par ro | stobs ni lus kyi mthu'o ||

여기에 다른 이유로서,

'[그렇다면] 같은 모양, 크기, 힘을 가진 자들이 [서로 고통을 준다고 하더라

24 P.N: -pa

25 P.N: kyi

도, 지옥 중생들은 지옥의 파수꾼에 대해 그 정도로 두려워하지는 않을 것이다]'라고 [『유식이십론』에서] 설한다.

만약 지옥의 파수꾼이 또한 지옥 중생이라고 한다면, 둘 다 모두 모양도 같고 크기도 같고 힘도 같게 될 것이다. 그래서 모양과 크기와 힘이 같은 지옥의 파수꾼과 지옥 중생이 서로를 박해한다고 세상에 알려진다면, [서로를] 두려워하지 않게 될 것이다. '세상에 알려진다'란 지옥 중생은 지옥의 파수꾼이 상상할 수 없을 정도의 [신체의] 큰 형상에 지니고 강한 체력을 지닌 것을 보고 공포에 떤다는 것이 '세상에 알려졌다는 것'을 말한다. [지옥의 파수꾼은] 얼굴과 몸의 손발이 특이하고 [신체의] 크기가 거대하고 [가공할 만한] 힘을 [지녔다는 점에서] 신체의 특이성을 지닌 능력[자]이다.

'dir yang rigs pa gzhan bstan pa'i phyir |

lcags rab tu 'bar ba'i sa gzhi zhes bya ba la sogs pa smos so |

gal te sems can dmyal ba'i srung ma dag kyang sems can dmyal ba pa bzhin du sdug bsngal myong ba ni de'i tshe tsha ba'i sdug bsngal yang mi bzad na ji ltar de na sems can dmyal ba pa rnams la gnod pa byed par 'gyur | de dag rab tu 'bar ba'i sa gzhi de la 'gre[26] ldog ste rang gi lus kyang 'dzin par[27] mi nus na gzhan la gnod pa byed pa lta ci smos | gal te sems can dmyal ba par ma gyur du zin kyang yi dwags sam dud 'gro zhig ni yin no snyam pa la | de'i phyir |

---

26 P.N: 'dre

27 P.N: -par

sems can dmyal ba pa ma yin pa dag ces bya ba la sogs pa smos so |

gal te sems can dmyal ba pa'i srung ma dag kyang khyi dang bya rog rnams sems can dmyal ba par mi 'dod na | de'i tshe dud 'gro dang yi dwags kyi bye brag yi dwags dang dud 'gro'i 'gro bas bsdus pa de dag sems can dmyal ba'i 'gro bar 'byung bar ga la 'gyur ||

이것도 이치에 맞는다는 것을 제시하기 위하여,

'[만약 파수꾼들이 지옥에서] 불타오르는 철의 대지[에서 뜨거운 고통을 받는다면, 그런 고통을 견딜 수 없는 자들이 어떻게 거기(=지옥)에서 다른 자들(=지옥 중생)에게 고통을 줄 수 있을 것인가?]'라고 [『유식이십론』에서] 설한다.

만약 지옥의 파수꾼도 지옥 중생처럼 고통을 받는다면, [불타오르는 철의 대지에서] 뜨거운 고통을 참을 수 없는데, 어떻게 저기(=지옥에)서 지옥 중생을 괴롭힐 것인가? 그들(=지옥의 파수꾼)이 그 불타오르는 철의 대지에서 [뜨거운 고통을 참지 못해] 몸부림치면서 자기의 몸을 가눌 수 없는데, 어떻게 다른 사람을 박해할 수 있겠는가? 만약 [지옥의 파수꾼이] 지옥 중생이 아니라면, 아귀 또는 동물이라고 여기는 사람이 [있을지도 모른다]. 그렇기 때문에,

'지옥 중생이 아닌 자들[인 지옥의 파수꾼, 까마귀, 개 등이 어떻게 지옥에 태어날 수 있는가?]'라고 [『유식이십론』에서] 설한다.

만약 지옥의 파수꾼과 개와 까마귀를 지옥 중생이라고 인정하지 않는다면, 동물과 아귀는 각각 아귀와 동물의 세계에 속하는데, 어떻게 그들

(=지옥 중생이 아닌 자들인 파수꾼, 까마귀, 개 등)은 지옥의 세계에 태어날 수 있는가?

bye brag tu smra bas de'i lan gdab pa'i phyir |

'o na dud 'gro dag kyang zhes bya ba la sogs pa smos so |

gal te 'gro ba gzhan gyis bsdus pa dag 'gro ba gzhan du mi 'byung na mtho ris su glang po che sa srung[28] gi bu dang | ngang mo dang khrung khrung dang ne tsho dang ri skegs la sogs[29] pa ji ltar 'byung ste | [30]der ji ltar 'byung ba de bzhin du sems can dmyal bar yang dud 'gro'i bye brag khyi dang bya rog la sogs pa dang | yi dwags kyi bye brag dmyal ba'i srung ma 'byung bar 'gyur zhe na | de bsal ba'i phyir |

ji ltar dud 'gro mtho ris su[31] zhes bya ba la sogs pa smos so |

ji ltar dud 'gro mtho ris su byung[32] ba de ltar sems can dmyal ba par 'byung bar mi rigs so | yi dwags rnams kyang ma yin te | 'di ltar dud 'gro dang yi dwags de dag gis[33] sems can dmyal ba na yod pa'i sdug bsngal mi myong ngo zhes mdor byas pa'i don to ||

설일체유부는 그것을 비판하기 위하여,

28 N: spung

29 P.N: -la sogs

30 P.N: +der ji ltar 'byung ste

31 P.N: so

32 P.N: 'byung

33 P.N: gi

'[당신의 주장처럼 동물들이 지옥에 태어날 수 없다면, 어떻게] 동물들도 [천상에서 태어나는 것인가? 만약 동물들이 천상에서 태어날 수 있다는 것이 인정된다면, 그것과 마찬가지로 지옥에서도 동물과 특수한 아귀가 지옥의 파수꾼 등으로 태어날 것이다]'라고 [『유식이십론』에서] 설한다.

만약 다른 세계에 속한 자가 [또] 다른 세계에 태어나지 않는다면, 천상에 [있는] 코끼리, 오리, 학, 앵무새, 구관조 등은 어떻게 [다른 세계에] 태어나는가? 거기(=천상)에 그들(=동물)이 태어나는 것과 같이, 지옥에도 동물의 종류인 개와 새 등과 아귀가 지옥의 파수꾼으로 태어날 것이라고 한다. 그것을 부정하기 위하여,

'동물이 천상에 [태어난다고 하더라도 그것과 같은 방식으로 동물이 지옥에서 파수꾼 등으로 태어나지 않고 특수한 아귀가 그런 것도 아니다. 왜냐하면 거기(=지옥)에 있는 고통을 그것(=파수꾼 등)은 경험하지 않기 때문이다]'라고 [『유식이십론』 5d송에서] 설한다.[34]

---

34 『유식이십론술기』(T43, 987c29-988a10) 大衆正量 旣見破非捺落迦攝. 更不能救. 見破非餘趣 第三救言. 如上天處處雖是勝 猶有惡趣傍生等生 其下地獄雖惡者處 何妨得有傍生鬼生 爲獄卒等. 其人處等 諸趣通生 理極成立. 非上勝趣 且擧天中. 量云. 其地獄中 應有餘趣生 許善惡趣隨一攝故. 如上天中有傍生等 鬼處有傍生 理無疑難 無不定失 彼師意說. 獄卒是鬼 狗烏等是傍生. 故論說言有傍生鬼 爲獄卒等. 舊論無等字. 乃云畜生餓鬼別類等 生地獄中 名爲獄卒者 不然. "대중부와 정량부는 [지옥의 파수꾼이] 이미 지옥 [중생]이 아니라는 것을 논파당했다. 다시 능히 [그것을] 주장하지 않는다. 다른 세계[도] 아니라고 논파당해서 [그들은] 세 번째 [견해를] 주장한다. 위에 있는 하늘의 장소가 비록 뛰어나지만, 오히려 나쁜 행위를 지어서 태어나는 동물 등이 있는 것처럼, 그 아래에 있는 지옥[이라는 장소]은 비록 나쁜 자들의 거처이지만, 동물과 아귀가 생겨서 지옥의 파수꾼 등이 될 수 있다는 것은 왜 거리낌이 있는 일인가? 사람이 [있는] 장소 등은 모든 중생이 [생길 수 있기에 누구든 행위에 따라] 태어날 수 있다는 것은 이치에 극히 부합한다. 위[에 있는] 뛰어난 세계뿐만 아니라 또 하늘나라를 포함해서 [누구나 그곳에 태

동물이 천상에 태어나는 것처럼 지옥 중생이 [지옥에] 태어나는 것은 타당하지 않다. 아귀들도 [지옥에 지옥 중생으로 태어나는 것은 타당하지] 않다. 동물과 아귀 그들은 지옥에 있는 고통을 받지 않는다는 것이 이 송의 의미이다.

bstan bcos byed pas dpe dang mi 'dra bar bstan pa'i thabs kyis[35] mdor byas pa'i don bstan pa'i phyir |

dud 'gro gang dag ces bya ba la sogs pa[36] smos so |

de ni dud 'gro mtho ris su skye ba dag dang mi mtshungs te | 'di ltar dud 'gro gang dag mtho ris su 'byung ba de dag ni mtho ris kyi snod kyi 'jig rten na bde ba gang dag yod pa[37] de las gang gis grub pa des mtho ris der 'byung ba dag mtho ris kyi snod kyi 'jig rten na yod pa'i bde ba so sor myong ngo |

gal te dud 'gro de dag ji ltar lha'i bde ba myong zhe na | smras pa | ngang tshul ngan pas ni de dag dud 'gro'i 'gro ba 'thob ba bo | sbyin pas ni lha'i longs spyod 'thob ste 'gal ba med do | 'di ltar 'dod pa na spyod pa'i las 'gro ba gzhan la[38] yang de las gzhan pa'i

---

어날 수 있다]. 논증식으로 말한다. [주장] 그 지옥에 다른 세계의 유정이 태어날 수 있다. [이유] 왜냐하면 선악의 중생이 한결같이 포함된다고 인정하기 때문이다. [예증] 마치 천상에 동물 등이 태어나는 것과 같다. 아귀[가 있는] 장소에 동물이 태어나는 것은 이치상 의심할 만한 오류가 있다는 것이 논사들의 견해이다. 지옥의 파수꾼은 아귀이고 개와 까마귀 등은 동물이다. 따라서 논서에서 '동물과 아귀가 있어서 지옥의 파수꾼 등으로 된다'라고 설한다. 구역(=진제역)의 논서에서는 '등'이 없다. 이에 동물과 아귀의 개별적인 부류 등이 지옥에 태어난 것을 이름하여 지옥의 파수꾼이라고 부르는 것은 그렇지 않다."

35 P.N: kyi

36 P.N: -la sogs pa

37 P.N: +de

rkyen gyi dbang gis 'gro ba gzhan du rnam par smin te[39] | snod kyi 'jig rten na bde ba myong bar 'gyur ba'i zhes bya ba ni snod[40] kyi 'jig rten du bde ba zhes bya bar tshig rnam par sbyar ro | las gang gis snod kyi 'jig rten na[41] bde ba grub pa de snod kyi 'jig rten na bde ba myong bar 'gyur ba zhes bya'o ||

논주는 [지옥에 아귀, 동물이 생기는 것과 천상에 아귀, 동물이 생기는 것의 예시가 같지 않다고 설한] 송의 뜻을 설명하기 위하여,

'[천상에서 태어나는] 어떤 동물들은 [그 천상 세계의 즐거움을 누리게 될 과거의 선한 행위에 의해 그곳(=천상)에 태어나서 거기(=천상)에 있는 다양한 즐거움을 누린다]'라고 [『유식이십론』에서] 설한다.

그것(=동물이 지옥에 태어나는 것)은 동물이 천상에 태어나는 것과는 같지 않다. 동물이 천상에 태어날 때, 그 동물들은 [천상] 세계에 있는 즐거움을 누릴 그 어떤 행위의 [결과에] 의해 그곳(=천상)에 태어나고 [이에 따라] 동물[들]은 [천상] 세계에 있는 다양한 즐거움을 누린다.

만약 그 동물들은 어떻게 천인의 즐거움을 경험하는가?라고 [묻는다면, 그것에 대해] 답한다. 악한 본성에 의해 그들은 동물이라는 세계를 얻는다. [선한 본성인] 보시[를 함으로써] 천인의 결과를 얻어 [태어난] 과실은 없다. 그처럼 욕망의 세계(欲界)에 구속된 행위가 다른 세계와 [관계하더라

---

38 P.N: pa

39 P.N: to

40 P: gnod

41 P.N: du

되] 그것(=행위)으로부터 나머지 원인의 힘[이 다른 결과에] 의해서 다른 세계로 [태어나는] 결과를 얻는다. 세계에서 즐거움(sukham, 樂)을 경험하게 된다는 것은 세계에서 즐거움이라는 말을 복합사로 분석한 것이다. 세계에서 즐거움이 성숙한 행위는 세계에서 즐거움을 받아야 할 행위라는 것이다.

de na yod pa'i bde ba zhes bya ba la | de zhes bya ba ni mtho ris kyi snod kyi 'jig rten dang sbyar te | de'i phyir mtho ris[42] kyi snod kyi 'jig rten na yod pa zhes bstan par 'gyur ro | de la 'dir 'gyur te |

sems can dmyal bar yang de ltar 'gyur ro snyam pa la[43] de'i phyir sems can dmyal ba'i srung ma la sogs pa dag ni zhes bya ba la sogs pa smos so |

ji ltar glang po che sa srung gi bu la sogs pa mtho ris na bde ba myong ba de bzhin du[44] sems can dmyal ba pa'i srung ma la sogs pas sems can dmyal ba'i snod kyi 'jig rten na yod pa'i sdug bsngal mi myong ngo | de'i phyir de ltar[45] dpe dang mi 'dra bar bstan nas mjug bsdu ba'i phyir |

de'i phyir dud 'gro[46] dag der zhes bya ba la sogs pa smos so |

gang gi phyir sems can dmyal ba'i srung ma la sogs pa sems can dmyal ba'i sdug bsngal mi myong ba de'i phyir sems can dmyal ba der dud 'gro 'byung bar mi rigs te | yi dwags rnams kyang ma yin

---

42 N: rig
43 P.N: -la
44 N: -du
45 N: +brtan
46 N: 'grod

na[47] zhes bya bar gnas so ||

'거기에 있는 [다양한] 즐거움'이라는 말에서 '거기'라는 것은 '천상의 세계'라는 말과 결합하기 때문에 '천상의 세계'를 가리킨다. 거기에서 그 경우에 [외계실재론자들이] 지옥에서도 그처럼 [천상의 경우]일 것이라고 여기기 때문에,

'지옥의 파수꾼 등은 [그런 방식으로 지옥에 속한 고통을 결코 겪지 않는다]'라고 [『유식이십론』에서] 설한다.

코끼리 등이 천상 [세계의] 즐거움을 경험하는 것처럼, 지옥의 파수꾼 등은 지옥의 세계에 있는 고통을 경험하지 않는다. 이같이 [지옥의 예시와 천상의 동물과 같은] 예시는 같지 않다고 설해서 마친다. 이것을 정리하면 다음과 같다.

'그러므로 동물들이 거기(=지옥)에 [태어나는 것은 이치에 맞지 않는다]'라고 [『유식이십론』에서] 설한다.

지옥의 파수꾼 등은 지옥의 고통을 경험하지 않기 때문에 그 지옥에 동물이 태어나는 것은 타당하지 않다. [그러므로] 아귀들도 [지옥에 태어나지] 않는다.

47 P.N: -na

6
송

지옥의 파수꾼은 물질적 요소가 변한 것인가? 식이 변한 것인가?

⌘ 티베트역 6송

[D.136, 5b3]

sems can dmyal ba de dag gi las rnams kyis der 'byung ba'i bye brag dag 'di lta bur 'byung ste | mdog dang byad gzugs dang bong tshod dang stobs kyi bye brag gang gis sems can dmyal ba'i srung ma la sogs pa'i ming thob pa'o |

gang lag pa brkyang pa la sogs pa bya ba sna tshogs byed par snang ba de lta bur yang 'grub ste | de dag 'jigs pa bskyed pa'i phyir ro | dper na lug lta bu'i ri dwags 'ong ba dang | 'gro ba dang | lcags kyi shal ma li'i nags tshal tsher ma kha thur du lta ba dang gyen du lta bar 'gyur ba lta bu ste | de dag ni med pa yang ma yin no zhe na ||

[외계실재론자:] 그 지옥 중생들의 행위들로 인해 거기(=지옥)에 그런 특수한 물질적 요소('byung ba, mahābhūta, 大種)[1]들이 생기고, [그중에] 색깔 · 모양 · 크기 · 힘이 특별한 자가 지옥의 파수꾼 등의 이름을 얻는다.

그들(=지옥의 파수꾼)에 대한 두려움을 일으키기 위하여 [지옥의 파수꾼 등이] 손을 뻗는 등의 여러 가지 동작을 하는 것을 보이는 것과 같은 방식으로 성립한다. 예를 들면, 양(lug, meṣa)과 같은 [모습을 한] 산들이 오가[면서 양쪽에서 압착하]거나, 철[로 된] 샬말리(śālmalī) [가시]나무 숲에서 [줄기에 달린 철] 가시가 [지옥 중생이 타고 올라갈 때는] 아래로 향하도록 [방향을 바꾸고, 내려오고자 하면] 위로 향하도록 방향을 바꾸는 것과 같다. [그러므로] 그들(=지옥의 파수꾼 등)이 [지옥에] 존재하지 않는 것은 전혀 아니다.

gal te de'i las kyis der |
'byung ba dag ni byung ba dang |
de bzhin 'gyur bar 'dug na go |
rnam par shes par cis mi 'dod || 6abcd ||[2]

de'i las rnams kyis der rnam par shes pa nyid der de lta bur 'gyur ba ci'i phyir mi 'dod la | ci'i phyir 'byung ba rnams su rtog ||

[바수반두:] 만약 그(=지옥 중생)가 [과거에 저지른]
행위로 인해 거기(=지옥)에서 [지옥의 파수꾼 등의
이름을 가진] 물질적 요소('byung ba, mahābhūta)들이 생기고,

---

1 대종(mahābhūta, 大種)은 '물질적 요소'로 4가지 물질적 요소(四大種)가 있다. 4가지 물질적 요소는 땅(地, 견고성), 물(水, 습윤성), 불(火, 온난성), 바람(風, 운동성)이다. 이 4가지 물질적 요소로부터 만들어진 것이 2차 물질적 요소(upādānarūpa, 四大所造色)이다. 2차 물질적 요소는 5가지 대상(색성향미촉) 중에 '촉의 일부'를 제외한 것이다.

2 P.K.125. 6송.
de ste de+ï las gyis der |
+byung ba dag de bzhïn du |
+dod ching +gyur ba rnams kyang na |
rnam par shes pa jir myi +dod || 6abcd ||

[지옥 중생들에게 두려움을 일으키기 위하여] 그런 방식으로 변화(gyur pa, pariṇāma)[3]**한다는 것을 인정한다면, 왜 [그대는 행위들로 인해] 의식**(rnam par shes pa, vijñāna)**[이 파수꾼 등으로 변화한다는 것]은 인정하지 않는 것인가?** [6abcd]

그들(=지옥 중생)의 행위로 인해 거기(=지옥)에서 식(vijñāna) 자체가 ['지옥의 파수꾼' 등의 이름을 얻은 물질적 요소라는] 그런 방식으로 변화하는 것을 왜 인정하지 않는 것인가? [애초에 그대는] 왜 물질적 요소들이 [있어야 한다고] 상정하는 것인가?

⌘ 비니타데바 6송 해석

[D.136, 180a7]

1) 지옥의 파수꾼은 행위에 의해서 물질적 요소가 변한 것이다

de ltar bye brag tu smra ba lan med par byas pa dang mdo sde pas lan gdab pa'i phyir |

sems can dmyal ba de dag gi zhes bya ba la sogs pa smos so |

gal te sems can dmyal ba'i srung ma la sogs pa de dag sems can gyi grangs su mi rung na yang | sems can dmyal ba de dag gi las kyi[4]

---

3 진제는 변이(變異), 현장과 반야류지는 전변(轉變)으로 번역한다.

4 P.N: kyi

rnam par smin pa'i dbang gis[5] sems can dmyal ba der sa la sogs pa 'byung ba'i bye brag dag 'byung ste | sems can dmyal ba pa dag pas mdog gnag pa dang | ser ba la sogs pa dang | lag pa dang | rkang pa la sogs pa 'jigs su rung ba'i byad gzugs dang | lus kyi khru la sogs pa'i bong tshod dang | sems can dmyal ba zil gyis gnon pa'i stobs kyi bye brag gang gis sems can dmyal ba'i srung ma la sogs pa'i ming thob bo ||

설일체유부가 비판하지 않고 경량부가 비판하기를,[6]

'그 지옥 중생들의 [행위들로 인해 거기(=지옥)에 그런 특수한 물질적 요소들이 생기고 그중에 색깔 · 모양 · 크기 · 힘이 특별한 자가 지옥의 파수꾼 등의 이름을 얻는다]'라고 [『유식이십론』에서] 설한다.

만약 그들 지옥의 파수꾼 등을 살아 있는 생명체(有情數)[7]라고 하는 것

---

5 P.N: gi

6 비니타데바는 경량부라고 하고, 규기는 유부 등이라고 한다.
『유식이십론술기』(T43, 989a16-989a21) 上來已破薩婆多訖. 自下經部爲伏救義. 我宗說彼亦是非情. 然造業時 熏習種子 在內識故 可不離識. 令得果時 其獄卒等 識外大種 轉變差別 不在識中 與餘宗異. 或重抑薩婆多 令有熏習 然前解勝. 以薩婆多無熏習故. "앞에서 이미 설일체유부를 논파해 마쳤다. 아래는 경량부에 내재된 주장이다. 우리 종파는 저들 또한 실정이 아니라는 것을 말한다. 그러나 행위(業)를 지을 때 훈습되는 마음 씨앗은 내식(內識)에 있으므로 식을 떠날 수 없다. 과보를 얻을 때, 그 지옥의 파수꾼 등은 식 외부의 네 가지 물질적 요소(四大)가 특별하게 변하여 발생하는 것이지 식에 있는 것이 [변하여 발생하는 것이] 아니라는 것이 다른 주장들과의 차이이다. 혹은 설일체유부를 거듭 걱정하면서 훈습이 존재한다고 하지만, 앞의 해석이 더 뛰어나다. 설일체유부는 훈습이 없기 때문이다."

7 유정수(有情數)는 생멸하고 윤회하는 생명체를 가리킨다. 반대로 무정수(無情數)는 생멸과 윤회를 거치지 않는 생명체를 가리킨다. 행위를 기준으로 보면 유정수는 각자의 개별적인 행위로 생기고 무정수는 공통적인 행위로 생긴다.

이 이치에 맞지 않는다면, [지옥의 파수꾼들이] 지옥 중생의 행위의 결과에 따라서 저 지옥에서 땅(地) 등의 물질적 요소로 각각 생겨서, 지옥 중생은 검정색과 황색의 [색깔을 가지고] 무서운 모양을 한 손과 발 등[을 가지고] 있어서 [이러한] 몸길이 등의 크기와 지옥을 제압하는 힘의 특별함으로 인해 지옥의 파수꾼 등이라는 이름을 얻는다.

gal te sems med na ji ltar sems can bzhin du gyo zhe na |

de'i phyir gang lag pa brkyang ba la sogs pa smos so |

sems med du zin kyang sems can dmyal ba pa'i sems can rnams kyi dbang gis[8] de dag gang[9] gi phyir mtshon cha 'debs par gzas pa dang | so gtsigs[10] pa dang | mig bgrad[11] pa dang | smin ma khro gnyer du bsdus pa dang | gtum pa'i bya ba sna tshogs byed par snang ba de lta de lta bur yang 'gyur ro | ci'i phyir de dag snang zhe na |

'jigs pa bskyed pa'i phyir zhes bya ba smos so |

sems can dmyal ba pa rnams 'jigs pa'i sdug bsngal bskyed pa'i phyir de dag de lta bur 'gyur te | sems can dmyal ba pa[12] dag gis 'jigs pa sdug bsngal ba[13] myong bar 'gyur ba'i las gang sngon byas pa nyid kyi rnam par smin pa yin no ||

8 P.N: gi

9 P.N: -gang

10 P.N: gtsig

11 P.N: dgrad

12 P.N: -pa

13 P.N: -ba

만약 지옥 중생은 마음이 없는데도 어째서 중생처럼 행동하는가?라고 한다면,

'[지옥의 파수꾼에 대한 두려움을 일으키기 위하여 지옥의 파수꾼 등이] 손이 뻗는 등의 [여러 가지 동작을 하는 것을 보이는 것과 같은 방식으로 성립한다]'라고 [『유식이십론』에서] 설한다.

[지옥 중생에게] 마음이 없더라도, 지옥 중생들의 [행위의] 힘으로 그들에게 화살을 던지고 칼을 휘두르고 이빨을 내보이고 눈을 부릅뜨고 화난 듯이 눈썹을 모으고, 흉악하고 다양한 행동을 보이는 것처럼 변화한다는 것이다. 그런 것들은 왜 나타나는가?

'[지옥의 파수꾼에 대한] 두려움을 일으키기 위하여'라고 [『유식이십론』에서] 설한다.

지옥 중생들에게 두려움의 고통을 주기 위하여 그러한 것으로 변한다. [그러므로] 지옥 중생이 두려움이라는 고통을 받는 것은 이전에 만들어진 [자신의] 행위(業)의 결과 때문이다.

ji ltar 'byung ba'i bye brag rnams de ltar gyur nas sems can dmyal ba pa dag la de ltar 'jigs par byed pa dang | gnod pa byed pa'i dpe 'dir |

dper na lug lta bu'i ri dag ces bya ba la sogs pa[14] smos so |

---

14 P.N: -la sogs pa

dper na sems can gyi grangs su ma gtogs kyang las kyi dbang gis lug lta bu'i ri dag 'ong ba dang 'gro bas sems can dmyal ba pa dag la 'jigs par byed pa[15] dang | gnod par[16] byed pa lta bu'o | yang dper na lcags kyi shal ma li'i nags tshal la sems can dmyal ba[17] dag yar 'dzegs[18] pa'i tshe ni tsher ma kha thur du lta | slar 'bab pa'i tshe ni gyen du lta ste | de la gnod par byed kyang de dag la sems yod pa ma yin la | sems yod pa lta bur bya ba byed pa dag snang ba lta bu'o | de la 'dir 'gyur te | lug lta bu'i ri la sogs pa yod pa ma yin no snyam pa la |

de dag ni med pa ma yin no zhes bya ba[19] smos te |

gang lug lta bu'i ri la sogs pa de dag ni med pa ma yin par shes par bya ste | 'di ltar de dag ni mig la sogs pa mnyam pa'i gzung ba'o zhes phyogs snga ma'o ||

[지옥의 파수꾼이] 각각 물질적 요소(大種)로 변하여 지옥 중생들을 두렵게 하고 박해하는 것에 대해서,

'예를 들면, 양과 같은 [모습을 한] 산들이 [오가거나, 철로 된 샬말리 가시나무 숲에서 줄기에 달린 철 가시가 지옥 중생이 타고 올라갈 때는 아래로 향하도록 방향을 바꾸고 내려오고자 하면 위로 향하도록 방향을 바꾸는 것과 같다]'라고 [『유식이십론』에서] 설한다.

---

15 P.N: -pa dag la 'jigs par byed pa
16 P.N: pa
17 P.N: +pa
18 P.N: 'dzeg
19 P.N: +la

예를 들면, 살아 있는 생명체에 속하지 않지만, 행위의 결과로 양[의 모습]같이 생긴 산이 왔다 갔다 함으로써 지옥 중생들을 두려움에 떨게 하고 괴롭히는 것과 같다. 또 예를 들면, 철로 된 [샬말리 가시]나무가 있는 숲에서 지옥 중생들이 올라갈 때는 철 가시가 아래로 향하고 아래로 떨어질 때는 [철 가시가] 위로 향하여 거기에 박해의 행위가 있을 때, 그것들(=지옥 중생)의 마음에 있는 것은 아니지만, 마음이 있는 것처럼 행위가 나타나는 것과 비슷하다. 그 경우에 양처럼 생긴 산 등이 있는 것은 아니라고 생각하는 것에 대하여,

'그들(=지옥의 파수꾼 등)이 [지옥에] 존재하지 않는 것은 전혀 아니다'라고 [『유식이십론』에서] 설한다.

그 양처럼 생긴 산은 존재하지 않는다는 것이 아니라는 것을 알아야 한다. 왜냐하면 그들의 눈 등이 [그것들을] 똑같이 파악한다는 것이 앞 송[의 주장]이다.

bstan bcos byed pas 'dir |

gal te de'i las kyis der zhes bya ba la sogs pa smos so |

gal te sems can dmyal ba'i sems can de[20] dag gi las kyi dbang gis sems can dmyal ba der 'byung ba dag mdog dang byad gzugs dang bong tshod dang stobs dang ldan pa de lta bu dag 'byung bar 'dod na[21] lag pa 'degs[22] pa la sogs pa'i bya ba byed pa por 'gyur ba dag

---

20 P.N: -de

21 P.N: la

tu yang 'dod na | de'i tshe rnam par shes pa nyid sems can dmyal ba'i srung ma la sogs pa'i rnam pa dag[23] dang | lag pa la sogs pa 'degs[24] pa'i bya ba byed par 'byung ba dang 'gyur bar cis mi 'dod ces mdor byas pa'i don to | rnam par shes pa gyur pas khong du chud par dka' bas de nyid rnam par grol[25] ba'i phyir |

de'i las rnams kyis[26] rnam par shes pa nyid ces bya ba la sogs pa smos so ||

2) 지옥의 파수꾼은 행위에 의해서 식이 변한 것이다

논주는 이것에 대하여,

'만약 그(=지옥 중생)가 [과거에 저지른] 행위로 인해 거기(=지옥)에서 [지옥의 파수꾼 등의 칭호를 획득하는 물질적 요소들이 발생하고 지옥 중생들에게 두려움을 일으키기 위하여 그런 방식으로 변화한다고 인정한다면,]'라고 [『유식이십론』 6a송에서] 설한다.

만약 저 지옥 중생들이 [과거에 저지른] 행위의 힘(業力)에 의해 저 지옥에 여러 물질적 요소가 색깔과 형태와 크기와 힘[27]을 지니는 것과 같이 생기는 것을 인정하고, 손을 뻗치는 등의 행위로 변하는 것도 허용한다

---

22 P.N: 'deg, C: 'debs

23 P.N: -dag

24 P.N: 'deg

25 P.N: dgrol

26 P.N: kyi

27 산스크리트본에서는 '색, 형태, 크기, 힘'으로 티베트역은 '색, 형태, 크기, 힘'으로, 반야류지는 '형태, 색깔, 힘 등'으로, 진제는 '색깔, 형태, 크기'로 현장은 '형상, 색깔, 크기 힘'으로 번역한다.

면, 그렇다면 식 자체가 지옥의 파수꾼 등의 모양과 손 등이 뻗치는 행위로 생기고 변한다는 것은 왜 인정하지 않는가? 이것이 이 송의 의미이다. [지옥의 파수꾼은] 식이 변화한 것임을 이해하기 어려운 자를 위하여 [그것을] 풀이하면,

'그들(=지옥 중생)의 행위들로 인해 [지옥에서 식 자체가 지옥의 파수꾼 등처럼 변화하는 것을 왜 인정하지 않는가? 애초에 그대는 왜 물질적 요소들이 있어야 한다고 상정하는 것인가?]'라고 [『유식이십론』에서] 설한다.

dper na sems can dmyal ba'i sems can gyi las kyi dbang gis 'byung ba rnams[28] 'byung ba dang 'gyur bar yang 'dod na | de bzhin du rnam par shes pa nyid du ci'i phyir mi 'dod la | khyod ci'i phyir 'byung ba rnams su rtog | de dag la ni mthu lhag ma[29] ci yang mi snang ngo | 'di ltar de dag yod pa tsam gyis 'jigs pa la sogs pa mi skyed kyi dmigs nas 'jigs pa skyed kyi[30] | dmigs pa ni de dag gi de'i rnam par shes pa 'byung ba'o | de bas na gnyi ga la grub pa'i rnam par shes pa 'gyur bar brtag[31] pa ni rigs kyi 'byung ba rnams ni ma yin te | gnyi ga[32] la ma grub pa'i phyir rmi lam la sogs pa'i gnas na yang rnam par shes pa nyid tshig dang lus dang gyo ba la sogs pa rnam pa sna tshogs kyi rnam par gyur par grags kyi | 'byung ba rnams[33] ni gang du yang ma grags te | las rnams kyi rnam par shes pa nyid gyur par rigs so ||

28 P.N: gi
29 P.N: pa
30 P.N: de
31 N: brtags
32 N: gnyis
33 N: rnam

예를 들면, 지옥 중생의 행위의 힘(業力)으로 인해 여러 물질적 요소들이 생기는 것을 인정한다면, 그와 같이 식(vijñāna)에서 [생긴다는 것은] 왜 인정하지 않는가? 그대는 왜 여러 물질적 요소[가 존재한다고] 분별하는가? 그것(=물질적 요소)들에는 어떠한 다른 힘도 나타나지 않는다. 이처럼 그것들(=물질적 요소)이 단지 있는 것만으로 두려움 등이 생기는 것이 아니고, [인식]대상으로부터 두려움이 생긴다. 인식대상이라는 것은 그것(=물질적 요소)을 [파악하는] 식이 생긴다는 것을 [의미한다]. 그런 까닭에 양자가 성립하는 식전변(vijñāna-pariṇāma, 識轉變)을 아는 것은 이치에 맞다. 물질적 요소들을 [주장하는 것은] 이치에 맞지 않다. 양자에 있어서 성립하지 않기 때문이다. [3송에서 서술된] 꿈 등[에 대한 비유의] 경우 식(vijñāna) 자체가 언어(vāc, 口/語)와 신체(kāya, 身)와 동작 등의 다양한 모습으로 변하는 것은 인정하지만. 물질적 요소가 [변하는 것은] 어떠한 것도 인정하지 않는다. [따라서] 행위(業)들로 인해 식(vijñāna) 자체가 [지옥의 파수꾼으로] 변하는 것은 이치에 맞다.

7
송

지옥 중생은 마음이 만든 것이다

⌘ 티베트역 7송

[D.136, 5b6]

gzhan na las kyi bag chags la |
'bras bu dag ni gzhan du rtog[1] |
gang na bag chags yod pa der |
ci'i phyir na 'dod mi bya || 7abcd ||[2]

sems can dmyal ba pa rnams kyi[3] las gang gis der 'byung ba dag de lta bur 'byung ba dang | 'gyur bar yang rtog pa'i las de'i bag chags de dag nyid kyi rnam par shes pa'i rgyud la gnas te | gzhan ma yin na bag chags de gang na yod pa de dag nyid la de'i 'bras bu rnam

---

1 P: rtogs

2 P.K.125. 7송.
las kyï bag chags gzhan du la |
+bras bu dag nï gzhan du rtog |
gang na ba der myi +dod na |
bag chags ji+i phyir zhig du | | 7abcd | |

3 N: kyis

par shes par gyur ba[4] de 'dra bar ci'i phyir mi 'dod la | gang na bag chags med pa der de'i 'bras bu rtog pa 'di la gtan tshigs ci yod ||

[그대는] 어떤 곳에 행위의 [결과를 일으킬]

잠재력(bag chags, vāsanā, 熏習)[5]이 있고 [행위의]

결과('bras bu, phala)들은 다른 곳에 있다고 상정하는데,

왜 [행위의 결과를 일으킬] 잠재력이 [머물러] 있는 곳과

같은 장소[인 식 내부]에 [결과가 있다고] 인정하지 않는가? [7abcd]

[그대가] 지옥 중생들의 [과거에 저지른] 어떤 행위로 인해 그곳(=지옥)에 [파수꾼 등의 이름을 얻은] 물질적 요소들이 그런 방식으로 [식 외계의 공간인 지옥에서] 발생하고, 또 변화하였다고 상정하는 그런 행위의 [결과를 일으킬] 잠재력은 그들(=지옥 중생)의 [개인] 식(vijñāna)의 흐름(rgyud, santāna)에 머물고 다른 [장소에는 머물지] 않는다. [그런데 행위의 결과를 일으키는] 그 잠재력이 있는 곳과 같은 장소[인 식 내부]에 그것(=행위의 잠재력)의 결과[가 있는] 그런 식의 변화(rnam par shes par gyur ba, vijñāna-pariṇāma, 識轉變)를

4 P.N: 'gyur pa

5 강형철 외 2인(2025), 234. '잠재력'으로 번역한 vāsanā라는 말은 본래 옷이나 천에 향기가 배는 것을 나타내며, 한역으로는 훈습(熏習) 혹은 습기(習氣)라고 한다. 연기를 피우는 곳 근처에 오래 있으면 옷에 냄새가 배고, 주변을 돌아다니면서 그 냄새를 풍기게 된다. 그래서 이 vāsanā는 마음에 새겨진 행위나 지각에 대한 인상, 과거의 인식에서 형성된 현재의 의식, 과거의 행위가 현재에 영향을 미친 행동, 경향 등을 말한다. 그래서 '습관', '경향성' 등으로 번역되기도 한다. 6 · 7송의 맥락에서는 과거의 행위가 각인되어 그것이 향후 결과를 일으킬 잠재력이라는 형태로 보존된 상태를 나타낸다. 이렇게 결과를 일으키기 전까지 잠재력은 식의 흐름(vijñāna-santāna) 안에 머물러 찰나생멸하면서 흘러간다. 그런 점에서 내가 지은 행위의 결과는 잠재력이 머물러 있던 곳, 즉 나의 의식이 있는 바로 그 자리에서 일어나야 한다. 즉, 내가 이 자리에 있는데 그 결과는 나와 멀리 떨어진 곳에서 일어날 수는 없다는 것이다.

[그대는] 왜 인정하지 않는 것인가? [행위의 결과를 일으킬] 잠재력이 존재하지[도] 않는 장소에 그것(=잠재력)의 결과가 있다고 [그대가] 여기서 상정하는 이유는 무엇인가?

⌘ 비니타데바 7송 해석

[D.136, 181b1]

'dir yang gtan tshigs lhag par yang |

gzhan na las kyi bag chags la zhes bya ba la sogs pa smos so |

las kyis skyed[6] pa'i bag chags ni rnam par shes pa'i rgyud gzhan la gnas la de'i 'bras bu ni gzhan du phyi rol gyi 'byung ba gyur par rtog na rnam par shes pa'i rgyud gang la bag chags de gnas pa de nyid la de'i 'bras bu mi 'dod pa'i rgyu 'dir[7] brjod dgos so zhes mdor byas pa'i don to ||

다시 여기에 다른 이유로,

'[그대는] 어떤 곳에 [행위의 결과를 일으킬] 잠재력[이 있고 행위의 결과들은 다른 곳에 있다고 상정하는데, 왜 행위의 결과를 일으킬 잠재력이 머물러 있는 곳과 같은 장소인 식 내부에 결과가 있다고 인정하지 않는가?]'라고 [『유식이십론』

6 P.N: bskyed

7 N: 'don

7abcd송에서] 설한다.

행위[의 결과를] 일으킬 잠재력(vāsanā)이 심상속(vijñāna-santāna, rnam par shes pa rgyud, 心相續)[이 아닌] 다른 곳에 머물고, 그것의 결과인 외계의 물질적 요소가 변화한 다른 곳에 [머문다고] 분별한다면, 그 잠재력이 존재하는 마음이라는 그곳에 그것의 결과[가 있다고] 허용하지 않는 이유를 여기에서 설하는 것이 이 송의 의미이다.

bstan bcos byed pas mdor byas pa'i don de rgya cher bstan pa'i phyir |

sems can dmyal ba rnams kyi las gang gis zhes bya ba la sogs pa smos so |

sems can dmyal ba'i sems can rnams kyi las gang gis mdog dang byad gzugs la sogs pa'i khyad par 'byung ba rnams las byung ba dang | lag pa la sogs pa 'degs[8] pa bya ba'i mtshan nyid du gyur pa yang rtog pa'i las de'i bag chags gang yin pa de sems can de dag gi rnam par shes pa'i rgyu[9] de la gnas kyi 'byung ba la sogs pa gzhan la ni ma yin te | las kyi dus na sems can dmyal ba rnams kyi 'byung ba dag med pa'i phyir ro |

gang gi tshe rnam par shes pa'i rgyud la bag chags gnas pa de'i tshe gang la de gnas pa de nyid la de'i de 'dra bar rnam par shes pa gyur par rigs na | de yang der khyod[10] mi 'dod de | 'byung ba la sogs pa gang na bag chags med pa der de'i 'bras bur[11] rtogs pa 'di

8 P: 'deg

9 P.N: rgyud

10 P.N: khong

la gtan tshigs ci yod | 'jig rten ni gang du sa bon btab pa der 'bras bu 'byung ste | zhing la sa bon btab la ri'i rtse mor 'bras bu 'byung ba ni med do ||

논주는 이 송의 의미를 설명하기 위하여,

'[그대가] 지옥 중생들의 [과거에 저지른] 어떤 행위로 인해 [지옥에 파수꾼 등의 이름을 얻은 물질적 요소들이 그런 방식으로 식 외부의 공간인 지옥에서 발생하고 또 변화하였다고 상정하는 그런 행위의 결과를 일으킬 잠재력은 그들의 개인의 마음의 흐름에 머물고 다른 장소에는 머물지 않는다]'라고 [『유식이십론』에서] 설한다.

지옥 중생들의 행위(業)로 인해 특수한 색깔과 모양 등의 물질적 요소들이 생기고, 손 등을 뻗는 [그런] 행위로 변했다고도 분별하는데, 그 행위의 [결과를 일으킬 원인인] 잠재력 그것은 그들 중생의 그 심상속에 존재하는 것이지, 다른 물질적 요소 등에 [존재하는 것은] 아니다. 행위가 [생길] 때에 지옥 중생들[이라는] 물질적 요소들은 존재하지 않기 때문이다.

이같이 그 심상속에 잠재력이 존재할 때, 그곳에 존재하는 그 자체가 그와 같이 식(vijñāna)이 변화한 것이지만, 그 또한 그것들을 그대들은 인정하지 않는다. 잠재력이 없는 물질적 요소에 그것(=물질적 요소)의 결과가 [있다고] 분별하는데, 왜 그러한가? 세상[의 상식]은 종자가 심어진 그곳에 [열매라는] 결과가 생기는 것이지, 땅에 종자를 심었는데 산꼭대기에 [열매라는] 결과가 생기는 것은 아니라고 한다.

---

11 P.N: bu

8
송

경전에 색깔/형태 등의 인식영역이 존재한다고 설했지만, 그것은 붓다의 숨은 의도이다

⌘ 티베트역 8송

[D.136, 6a1]

smras pa | lung gi gtan tshigs yod de |
gal te rnam par shes pa nyid gzugs la sogs par snang gi | gzugs la sogs pa'i don ni med na gzugs la sogs pa'i skye mched[1] yod par ni bcom ldan 'das kyis gsung bar[2] mi 'gyur ro zhe na |

'di ni gtan tshigs ma yin te | 'di ltar |

gzugs sogs skye mched yod par ni |
des 'dul ba yi skye bo la |
dgongs pa'i dbang gis gsungs pa ste |
brdzus[3] te byung ba'i sems can bzhin || 8abcd ||[4]

---

1 P.K.125: 'du mched

2 P: gsungs par

3 P.N: rdzus

4 P.K.125. 8송.
gzugs stsogs +du mched yod par nï |

dper na bcom ldan 'das kyis brdzus[5] te byung ba'i sems can bzhin yod do | zhes gsungs pa yang phyi ma la sems kyi rgyud rgyun mi 'chad pa la dgongs nas dgongs pa'i dbang gis gsungs pa ste | 'di na bdag gam sems can med | chos 'di rgyu dang bcas las byung | zhes gsungs pa'i phyir ro | de bzhin du bcom ldan 'das kyis gsugs la sogs pa'i skye mched yod par gsungs pa yang de bstan pas 'dul ba'i skye bo'i ched du ste | bka' de ni dgongs pa can no ||

[외계실재론자:] 경전(āgama)이 그것(=물질적 요소의 존재를 상정하는 것)의 근거이다.

만약 식(vijñāna) 자체가 색깔/형태 등[의 대상]처럼 [마음에] 나타나고 색깔/형태 등의 대상이 존재하지 않는다면, 색깔/형태 등의 인식영역(skye mched, āyatana)들[6]이 존재한다고 세존은 설명하지 않으셨을 것이다.

[바수반두:] 이것(=경전)은 근거가 되지 않는다. 왜냐하면,

색깔/형태 등의 인식영역(skye mched, āyatana)이 존재한다는 것은 그것(=열두 인식영역의 가르침)에 의해서 인도되어야 할 사람을 위하여 숨은 의도(dgongs

---

des gdul +gro ba dag la +o |
dgongs pa+ï dbang gis gsungs pa ste |
rdzu ba+ï sems chan bzhin || 8abcd ||

5 P.N: rdzus

6 『유식론』(T31, 66b21-66b24) 若但心識虛妄分別見外境界 不從色等外境界生眼識等者 以何義故 如來經中說眼色等十二種入. 以如來說十二入故明知應有色香味等外境界也. "만약 다만 마음(心識)이 허망하게 분별하여 외계 경계를 보는데 색깔/형태 등의 외계 경계로부터 시각적 식(眼識) 등이 생기는 것이 아니라면, 왜 여래는 경전에서 눈이라는 시각기관(眼)과 색깔/형태(色) 등의 12가지 인식영역을 설명하셨는가? 여래가 12가지 인식영역을 설명하셨기 때문에 색깔/형태 · 향기 · 맛 등의 외계 경계가 있다는 것을 명백하게 당연히 알 수 있다."

pa, abhiprāya, 密意趣)[7]를 가지고 설명하셨다.

마치 홀연히 태어나는 중생(brdzus te byung ba, upapāduka, 化生)

[이 존재한다고 교육용 목적으로 설명하셨던 것]처럼. [8abcd]

예를 들면, 세존이 '홀연히 태어나는 중생이 존재한다'라고 설명하신 것도 [죽으면 모든 것이 끝난다고 믿는 자들에게 죽은 후에도] 내생까지 마음의 흐름(sem kyi rgyud, citta-santati)이 끊어지지 않는다는 것을 [나타내기 위하여] 숨은 의도로 세존이 설하셨다. [다른 경전에서 세존은] '여기(=세계)에는 자아(bdag, ātman)도 중생(sems can, sattva)도 존재하지 않으며, 원인으로부터 발생하는(rgyu dang bcas, sahetuka) 이 현상(chos, dharma)[들만] 일어난다'[8]라고 [이와 정반대로] 설명하셨기 때문이다.[9] 이와 마찬가지로 세존이 색깔/형태 등의 인식영역이 존재한다고 말씀하신 것 또한 그 가르침에 의해 인도되어야 할 사람을 위하여 [설하신 것이다]. 그 설명(=인식영역의 가르침)은 숨은 의도를 지닌 것이다.

---

7 진제는 별의(別義), 현장은 밀의취(密意趣)로 번역한다.

8 이종철(1997), 198. 이 송은 『구사론』에도 인용된다. 『구사론』을 보면 이 송은 바다리 바라문(Bādari Brāhmaṇa)을 위하여 설한 것으로 『소아함』(Kṣudraka-Āgama)에 수록되어 있다. 찬드라끼르티(Candrakīrti, 月稱 530-600/600-670)의 『Prasannapadā』에도 인용되고 있는 것을 보면, 이 구절은 중관학파나 유식학파를 막론하고 무아론을 천명하는 경증(經證)으로 널리 인용되고 있는 것 같다.

9 『아비달마구사론』「파아품」 참조. 「파아품」은 자아나 중생이 실재한다고 주장하는 독자부 등과 저자 바수반두가 묻고 답하는 대론 형식으로 되어 있다.

⌘ 비니타데바 8송 해석

[D.136, 181b6]

'dir mdo sde pas lung gi gtan tshigs yod de zhes bya ba la sogs pa smras pa ni bag chags gzhan na yod[10] la 'bras bu gzhan na med na zhes[11] bya ba'i gtan tshigs ni lung ste | 'di ltar gal te rnam par shes pa nyid gzugs la sogs pa'i don du snang gi gzugs la sogs pa'i don gud[12] na med na ni | de'i tshe gzugs la sogs pa skye mched bcu po dag yod par bcom ldan 'das kyis gsungs par mi 'gyur ro | de bas na kha cig[13] gis ji ltar 'dir bcom ldan 'das kyi bka' tshad mar byas te | gzugs la sogs pa'i rgyu[14] rnam par shes pa las gud na yod par khong du chud pa de bzhin du | sems can dmyal ba dag na yang sems can dmyal ba pa'i sems can rnams kyi mig la sogs pa'i rnam par shes pa'i rgyu 'byung ba'i khyad par dag logs shig na yod par rtogs te | 'di ni dbang gi 'bras bu yin gyi rnam par smin pa dang rgyu mthun pa'i 'bras bu ni ma yin no |

rnam par smin pa dang rgyu mthun pa'i 'bras bu ni sa bon dang yul mtshungs par 'dod do | dbang gi 'bras bu ni sa bon dang yul mtshungs mi mtshungs 'gal ba med de | dper na rgyud gzhan gyi rnam par rig pa'i dbang gis[15] rgyud gzhan la rnam par rig pa[16] dag 'byung ste | de dag ni dbang gi 'bras bu yang yin la yul tha dad pa yang yin pa de bzhin du 'byung ba gyur pa[17] tha dad pa yang

10 P.N: +pa

11 P.N: -na zhes

12 P: gun

13 P.N: kho bo cag

14 N: rgyus

15 P.N: gi

16 N: -pa

'byung ste | dbang gi 'bras bu yin pa'i phyir ro ||

이것에 관해서 경량부[18]는 '경전(āgama)이 그것(=외계 대상의 존재)을 [증명하는] 근거이다'라고 [설하신 것은] 훈습은 다른 곳에 있고 결과는 [훈습한 곳과는 또] 다른 곳에 없다는 근거를 경전이라고 한 것이다. 왜냐하면 만약 식(vijñāna)이 색깔/형태 등의 대상으로 [마음에] 나타나고, 색깔/형태 등의 대상이 따로 없을 때, 색깔/형태 등의 10가지 인식영역[19]이 존재한다는 것을 세존은 설하신 것이 아니게 될 것이기 때문이다. 그런 까닭에 어떤 사람은 이것에 대해 세존의 가르침을 바른 인식수단(pramāṇa, 量)으로 여기고, 색깔/형태 등의 원인이 식과는 따로 존재한다고 이해한다. 마찬가지로 지옥에서도 지옥 중생들의 시각적 식(眼識)의 원인이 되는

---

17 P.N: +yul

18 『유식이십론술기』(T43, 989b28-989c1) 經部等答. 有教爲因 證知識外 有實色等. 此總答也. 舊論云 阿含是因. 正云阿笈摩 此翻爲傳 義當爲教. "경량부 등이 답한다. 가르침(=아함)에 있는 것을 근거로 들어서 식의 외부에 실제로 존재하는 색깔/형태 등을 명백하게 안다. 이것이 총체적인 답이다. 구역에서는 아함이 근거라고 말한다. 상세하게 말하면, 아가마(āgama)인데, 이것을 번역하면 전승(傳)이고 의미는 당연히 가르침(教)이다." 경량부(Sautrāntika, 經量部)는 학파의 명칭에서도 나타나듯이, 경(經)을 바른 인식수단(量)으로 삼고 있는 학파이다. 따라서 『술기』에서 언급한 가르침(教)은 바로 경전(아함)이다.

19 불교에 있어 인식을 발생시키는 문(門)인 인식영역(āyatana, 處, 入)은 소위 6가지 감각기관(所依, 根)과 6가지 대상(所緣, 境)으로 모두 12(dvādaśa)가지이다. 『이십론』의 경우 산스크리트, 티베트역, 현장역, 진제역에는 인식영역의 숫자에 대한 언급은 없고, 다만 '색깔/형태(rūpa) 등의 인식영역'이라고만 되어 있다. 비니타데바의 주석서에는 '10가지 인식영역'으로 되어 있으며 반야류지역과 다르마빨라와 규기의 주석서에는 '12가지 인식영역'으로 되어 있다. 더욱이 그렇게 번역한 이유에 대한 앞뒤 맥락은 제시되어 있지는 않다. 이와 유사한 문제는 『관소연론』 1송에서도 보인다. 1송에 의하면 현장과 다르마빨라 주석서는 6가지 식으로 번역하고 진제는 5가지 식으로 번역하고 있다. 355, 각주 49, 364, 각주 84.

물질적 요소의 차별이 [식과는] 별도로 있다고 분별한다. 이것(=물질적 요소의 차별)은 증상과이며 이숙과와 등류과는 아니다.

이숙과와 등류과에서는 마음씨앗(종자)과 대상이 상응된다고 인정한다. 증상과에서는 마음씨앗과 대상이 상응하지 않는 것은 모순이 되지 않는다. 예를 들면, 다르게 상속하는 분별력으로 인해 다르게 상속하는 분별이 생기고, 거기에서 [모든 식은] 증상과이고 [식의] 대상도 다르다고 하는 것과 같다는 것이다. 물질적 요소의 변화는 [대상과] 다르게 생긴다. [물질적 요소의 변화는] 증상과이기 때문이다.

'di ltar[20] bstan bcos byed pas |

'di ni gtan tshigs ma yin te zhes bya ba la sogs pa smos so |

lung 'di ni gzugs la sogs pa[21] phyi rol yod par rab tu bsgrub pa'i gtan tshigs ma yin te | 'di ltar gzugs la sogs pa bstan pas 'dul ba'i skye bo'i ched du gzugs la sogs pa'i skye mched rnams yod pa skad du dgongs pa'i dbang gis gsungs te | dper na rdzus te byung ba'i sems can yod do zhes bya ba bzhin no zhas mdor byas pa'i[22] don to | bstan bcos byed pas dpe rnam par dgrol ba'i phyir |

dper na bcom ldan 'das kyis zhes bya ba la sogs pa smos te |

bcom ldan 'das kyis rdzus te byung ba'i sems can yod do zhes gsungs pa de yang dgongs pa'i dbang gis gsungs pa'o |

---

20 N: lta

21 P.N: pa'i

22 P.N: bya ba'i

dgongs pa de nyid bstan pa'i phyir |

phyi ma la sems kyi rgyud rgyun mi 'chad pa zhes bya ba la sogs pa smos te |

sems can kha cig 'di skad du bdag 'di ni 'di nyid du rgyun chad de 'jig rten pha rol med do zhes 'dzer te | de dag chad par lta ba des dge ba dang mi dge ba'i las dang de'i[23] 'bras bu la skur pa 'debs shing ci dga' dgur byed do | de bas na lta ba ngan pa'i dri ma de bkru[24] ba'i phyir shi ba'i 'og tu bar ma do'i[25] srid pa zhes bya ba sems kyi rgyud[26] rgyun mi 'chad pa la dgongs te | bcom ldan 'das kyis rdzus te byung ba'i sems can yod do zhes gsungs so ||

이처럼 논주는,

'이것(=경전)은 근거가 되지 않는다'라고 [『유식이십론』에서] 설한다.

그 경전은 색깔/형태 등 외계의 존재를 성립시키는 근거가 아니다. [왜냐하면] 이같이 색깔/형태 등의 가르침을 듣고 교화되는 사람을 위하여 색깔/형태 등의 인식영역이 있다고 [세존이] 숨은 의도로써 설하셨[기 때문이다.] 예를 들면, 홀연히 태어나는 중생[27]이 존재[한다고 설하신 숨은

23 N: dang

24 P: dkru

25 P.N: de'i

26 P.N: -rgyud

27 중생이 태어나는 방식은 네 가지이다. 배에서 태어나는 중생(胎生, jarāyuja), 알에서 태어나는 중생(卵生, aṇḍaja), 한기와 열기가 화합하여 태어나는 중생(濕生, saṃsvedaja), 그리고 홀연히 태어나는 중생(化生, upapāduka)이다. 홀연히 태어나는 중생인 화생은 본래 없는데 갑자기 태어나서 갑자기 사라진다. 또 의지하는 바 없이 단지 행위의 힘을 통

의도]처럼 경전[에서 설한 숨은 의도가 같다는] 의미이다. 논주는 예시를 드러내기 위하여, 예를 들면,

'세존이 [홀연히 태어나는 중생이 존재한다라고 설명하신 것도]'라고 [『유식이십론』에서] 설한다.

세존께서 홀연히 태어나는 중생이 있다고 설한 것도 역시 숨은 의도로 설하신 것이다.

그 숨은 의도를 설하기 위하여,

'[죽으면 모든 것이 끝난다고 믿는 자들에게 죽은] 후에도 [내생까지] 마음의 흐름이 끊어지지 않는다는 것을 [나타내기 위하여 숨은 의도로 세존이 설하였다]'라고 [『유식이십론』에서] 설한다.

어떤 중생(=단견론자)이 말했듯이, 이 자아는 상속이 단절되어 [죽은] 이후가 없다고 하고 그들은 이 단견(斷見)으로 인하여 선과 불선의 행위와 그 결과를 부정하여 오로지 욕망의 쾌락(欲樂)에 빠져 마음대로 한다. 그런 까닭에 그 악견(惡見)의 결점을 제거하기 위하여 죽은 다음에도 [내생

해서만 태어난다. 『아비달마구사론』(T29, 44a1-44a3) 云何化生. 謂有情類生無所託 是名化生. 如那落迦 天中有等. 具根無缺支分頓生 無而欻有故名爲化. "홀연히 태어나는 중생(化生)이란 무엇인가? 말하자면 어떤 곳(앞에서 언급한 알 · 태 · 습기 등)에도 의존하지 않고 생기는 유정의 종류를 홀연히 태어나는 중생(化生)이라 이름한다. 예컨대, 나락가나 천(天), 중유 등과 같은 것이다. 감각기관을 모두 갖추어 결함이 없으면서 손이나 다리의 마디마디[支分]가 단박에 생기지 않고 갑자기 생기기 때문에 홀연히 태어나는 [중생]이라고 이름한다."

까지] 마음의 흐름이 끊어지지 않는 중간 존재(antarābhava, bar do, 中有)라는 것을 설함으로써 세존은 홀연히 태어나는 중생이 있다는 것을 설했다.

phyi ma la zhes bya ba ni 'jig rten pha rol du'o[28] | dgongs nas zhes bya ba ni ldem por dgongs pa'o | bcom ldan 'das kyis dgongs pa 'dis rdzus te byung ba'i sems can yod do zhes gsungs kyi | yang dag pa'i don du na bdag ni med do zhes bya bar 'di ci mngon snyam pa la |

de'i phyir 'di ni[29] bdag gam sems can med ces bya ba la sogs pa smos te |

bcom ldan 'das kyis de ma yin pa gzhan nas chos yod pa 'di dag ni rgyu dang bcas pa dag ste | 'di la bdag gam sems can ni med do zhes gsungs pa'i mdo sde de tshad mar byas nas rdzus te byung ba'i sems can yod pa skad du bstan pa ni dgongs pa yin par nges so ||

'[죽은] 후'란 '다음 세계'[라는 의미]이다. '숨은 의도'란 '은밀한 의도'라는 뜻이다. 세존이 이런 숨은 의도로 홀연히 태어나는 중생이 있다고 설했지만 실제 뜻은 자아가 없다는 것[을 설명하기 위한 것이다] 이것은 무엇인가?

'[다른 경전에서 세존은] 여기(=세계)에는 자아(ātman)[도] 중생(sattva)[도] 존재하지 않으며,[30] [원인으로부터 발생하는 이 현상들만 일어난다라고 설명하셨

28 P.N: +tu'o

29 P.N: na

30 강형철 외 2인(2025), 259-261. 어떤 경전에서 붓다가 "이 세계에는 중생도 자아도 존재하지 않는다"라고 말했다고 바수반두는 전한다. 『금강경』 등에서 붓다가 언급하는 아

기 때문이다]'라고 [『유식이십론』에서] 설한다.

세존은 그 [경전]이 아닌 다른 [경전]에서 존재하는 일체 현상(諸法)은 원인을 가지며 [발생한다고 하였다]. 여기에 자아나 중생은 없다고 설하신 그 경전을 바른 인식수단(pramāṇa)으로 [삼았기에] 그 홀연히 태어나는 중생이 존재한다는 가르침은 [세존의] '숨은 의도'로 성립한다.

ci'i phyir mdo sde snga ma ni dgongs pa yin la phyi ma ni ma yin

---

상(我相, ātma-saṃjñā), 인상(人相, pudgala-saṃjñā), 중생상(衆生相, sattva-saṃjñā), 수자상(壽者相, jīva-saṃjñā)이라는 네 가지 그릇된 고정관념(四相)은 이 구절의 확장된 형태로 보인다. 반야류지역에서 이 부분의 설명에 '수자'(壽者)를 추가한 것도 그것을 감안한 첨가일 것이다. 이것들은 '나'의 동일성을 유지한다고 여기는 네 가지 유형의 주장들을 나타낸다. 아상이란 아트만(ātman)이라는 관념을 말하고 인상이란 독자부가 윤회의 주체로 상정하는 개별적 자아(pudgala)라는 관념을 말한다. 중생상이란 중생(sattva)이라는 보편적 존재들이 있고 열반(nirvaṇa)이 따로 있다고 생각하는 관념을 의미하며, 수자상은 자이나교에서 주장하는 개별적 영혼(jīva)을 말한다. 여기서 논점이 되는 것은 경전들 사이의 모순에 관한 부분이다. 경전에서 붓다가 "중생이 없다"라고 언급했으니, 당연히 자발적으로 '홀연히 태어나는 중생'이라는 것도 존재하지 않는 셈이 된다. 그런데 이는 붓다가 다른 경전에서 "홀연히 태어나는 중생이 존재한다"라고 언급했던 것과 모순된다. 바수반두가 여기에서 주장하고 싶은 것은 이런 경전들 사이의 불일치와 모순 속에서 붓다의 '숨은 의도'를 찾아야 한다는 것이다. 수많은 경전의 내용을 살펴보면, 모든 경전의 내용이 일치하는 것이 아니라 경전에 따라 —심지어는 한 경전 안에서도— 붓다가 서로 일치하지 않는 이야기를 하는 경우가 있다. 그럴 때는 어느 한쪽은 붓다의 진정한 뜻일 수 있지만, 다른 한쪽은 진정한 뜻에서 벗어남에도 불구하고 붓다가 방편으로서 '숨은 의도'를 따로 두고 설했다고 보아야 한다. 이 숨은 의도는 붓다의 참뜻이라고 봐도 좋다. 그래서 불교도라면 모든 경전의 내용을 있는 그대로 받아들이지 말고 거기에 붓다가 어떤 숨은 의도를 지니고 있었는지를 탐색해 보아야 한다는 것이다. 우선은 일치하지 않는 진술 중에서 어느 쪽이 붓다의 진정한 뜻인지부터 결정하는 것으로 시작해야 한다. 여기서 바수반두는 "중생도 자아도 존재하지 않는다"라는 것이 붓다의 진정한 뜻이며, "홀연히 태어나는 중생이 존재한다"라는 쪽이 숨은 의도를 따로 두고 교육적 목적을 가지고 설명한 것이라고 판정한다.

zhe na | smras pa | 'di ltar bdag ni rtag pa'i phyir rdzus te byung ba ma yin te | 'di ltar gang skye bar 'os pa de rdzus te byung ba zhes bya na | bdag ni rtag pa'i phyir ma yin na de las[31] 'os pa zhes bya ba de la ga la yod | de dag gis na 'di rdzus te byung bar 'gyur | de ltar dpe bshad nas dngos dang sbyar ba'i phyir |

de bzhin du bcom ldan 'das kyis gzugs la sogs pa'i skye mched yod par zhes bya ba la sogs pa smos te |

dper na chad par smra ba'i skye bo'i ched du rdzus te byung ba'i sems can yod do zhes gsungs pa de bzhin du gzugs la sogs pa bstan pas 'dul ba'i skye bo'i ched du gzugs la sogs pa'i skye mched rnams yod do zhes gsungs te | bka' de ni dgongs pa can no | de ni 'di skad du bka' de ni drang ba'i don yin[32] gyi nges pa'i don[33] ma yin no zhes bstan par[34] 'gyur ro | ched du zhes bya ba ni don no[35] ||

왜 앞의 가르침은 숨은 의도이고 뒤의 가르침[36]은 [숨은 의도가] 아닌가? 왜냐하면 자아는 항상하기 때문에 홀연히 태어나는 중생(upapāduka)이 아니고, 태어나는 것이 홀연히 태어나는 중생이라고 하지만, 자아는 항상하지 않기 때문이다. 그것(=홀연히 태어나는 중생)에 적합하다는 것이 거기에 어떻게 있을 수 있는가? 자아가 이 홀연히 태어나는 중생으로 될 수 있는가? 이와 같은 예시의 해석과 법이 연결되어 있기

31 P.N: de la

32 P: -yin

33 P.N: +ni

34 P: pa

35 P.N: du'o

36 일체 현상(諸法)은 원인을 가지고 생긴다는 가르침이다.

때문이다.

‘이와 마찬가지로 세존이 색깔/형태 등의 인식영역이 존재한다[라고 말씀하신 것 또한 그 가르침에 의해 인도되어야 할 사람을 위하여 설하신 것이다]’라고 [『유식이십론』에서] 설한다.

예를 들면, 단견론자(uccheda-dṛṣṭika, chad par smra ba'i skye bo, 斷見論者)를 위해서 홀연히 태어나는 중생이 있다고 설한 것처럼 색깔/형태 등의 가르침에 의해 인도되어야 할 사람을 위하여 색깔/형태 등의 인식영역이 있다고 설하셨다. 그 가르침이 ‘숨은 의도’(abhiprāya)이다. 그와 같은 그 가르침은 미요의(neya-artha, 不了義, 해석 가능한 가르침)이고 요의(nīta-artha, 了義, 확정적 가르침)는 아니다. ‘위하여’(abhikṛitya)라는 것은 ‘위해서’(artham)라는 뜻이다.

9
송

인식(vijñapti)은 자신의 마음씨앗과 나타나는 것에서 생긴다

⌘ 티베트역 9송

[D.136, 6a4]

'dir ci las dgongs she na |

rang gi sa bon gang las su |
rnam rig snang ba gang byung ba |
de dag de yi skye mched[1] ni |
rnam pa gnyis su thub pas gsungs || 9abcd ||[2]

'di skad du bstan par 'gyur zhe na |

gzugs su snang ba'i rnam par rig pa rang gi sa bon 'gyur ba'i bye

---

1 P.K.125: 'du mched

2 P.K.125. 9송.
gang bdag sa bon las rnaṁ shes |
gang snang rab du +jug pa nï |
+du mched rnam pa gnyis pasna |
de dag de+ir thub pas gsungs | | 9abcd | |

brag tu gyur pa gang las byung ba'i sa bon de dang snang ba gang yin pa de dang de dag ni de'i mig dang | gzugs kyi skye mched du bcom ldan 'das kyis[3] go rims bzhin du gsungs so | de bzhin du reg byar snang ba'i rnam par rig pa'i bar du rang rang gi sa bon 'gyur ba'i bye brag tu gyur pa'i byung ba'i sa bon de dang[4] | snang ba gang yin pa de dang de dag ni bcom ldan 'das kyis de'i lus dang reg bya'i skye mched du go rims bzhin du gsungs te | 'di ni 'dir dgongs pa'o ||

[외계실재론자:] 여기에서 [붓다가 인식영역을 설명하신] 숨은 의도는 무엇인가?

[바수반두:] 어떤 것(=대상)처럼 [마음에] 나타나는 인식은 자신의 마음씨앗(sa bon, bīja, 種子)으로부터 발생하는데, 성자(thub pa, muni =붓다)는 그것들(=자신의 마음씨앗과 나타나는 것)[5]이 그것(=인식)에 있어서 두 가지 인식영역[인 감각기관과 외계 대상]이라고 [숨은 의도를 가지고] 설명하셨다. [9abcd]

[외계실재론자:] 이것은 무엇을 말하는가?

---

3 P.N: kyid

4 본래 문장은 sa bon gang las byung ba'i sa bon de dang || 이지만 산스크리트 원문에 따라 본문과 같이 수정하여 번역하였다.

5 9송은 인식(vijñapti)의 발생론적 조건을 다루고 있다. 식(vijñāna)은 감각기관(根)과 대상(境)을 조건 삼아 발생하고, 인식(vijñapti)은 자신의 마음씨앗(自種子)과 나타나는 것(顯現)을 조건 삼아 발생한다. 이 중에서 자신의 마음씨앗은 인식의 직접적인 원인(因緣)이고, 나타나는 것은 그 결과이다. 나타나는 것에 속하는 것은 7가지 현행식과 마음과 연관되어 있는 100가지 마음 작용(心所), 그리고 견분과 상분, 세 가지 성분, 세계와 지위이다. 이 부분은『삼십송』17송과 18송에 대한『성유식론』해설 참조.

[바수반두: 예를 들면,] 색깔/형태처럼 [마음에] 나타나는 [시각적] 인식(vijñapti)은 자신(=그 인식)의 마음씨앗이 [식의 흐름에서] 특수한 변화('gyur ba'i bye brag, pariṇāma-viśeṣa)[를 맞이하는 순간이] 되면 발생하는데, 그 마음씨앗과 [그것이 변화하여] 어떤 것(=형색)처럼 [마음에] 나타나는 것(snang ba, ābhāsa), 그것들을 각각(rims bzhin du, yathākramam) [마음씨앗은] 그 인식의 시각기관[의 인식영역(眼處)]으로, [나타나는 것은] 색깔/형태의 인식영역(色處)으로 세존(bhagavat)은 [숨은 의도를 가지고] 설명하셨다. 이와 마찬가지로 [청각 · 후각 · 미각적 인식과 더불어] 촉감처럼 [마음에] 나타나는 [촉각적] 인식에 이르기까지 자신의 마음씨앗이 [식의 흐름에서] 특수한 변화[를 맞이하는 순간이] 되면 발생하는데, 그 [특수한 변화에 도달하기 직전 순간의] 마음씨앗[에서 변화하여] 어떤 것(=촉감)처럼 [마음에] 나타나는 것(=촉각적 인식), 그 둘(=마음씨앗과 나타나는 것)에 대해서 각각(go rims, yathākramam) [마음씨앗은] 그것(=인식)에 있어서 촉각기관[의 인식영역(身處)이고], [나타나는 것은] 촉감(reg bya, spraṣṭavya)의 인식영역(觸處)이라고 세존은 [숨은 의도를 가지고] 설명하셨다. 이것이 여기에서 [말하는] '숨은 의도'[의 의미]이다.[6]

6 '12가지 [인식]영역이 있다'라는 붓다의 교설을 재해석하는 것은 『이십론』에서만 기술되어 있다. 12가지 [인식]영역에 대한 『이십론』의 재해석에 대해 이종철(1997, 197)은 다음과 같이 말한다. "『구사론』과 『석궤론』 단계에서 바수반두는 기본적으로 '12가지 [인식]영역이 실체로 존재한다'라는 것에 따른다고 할 수 있다. 하지만 『이십론』에서 바수반두는 유식무경의 견해를 따른다고 할 수 있다. 하지만 『이십론』에서 바수반두는 유식무경의 입장이며 12가지 [인식]영역이 실체로서 존재한다는 사고방식을 부정한다. 바수반두에 따르면 '12가지 [인식]영역은 있다'라고 하는 것은 경전에서 말한 밀의(abhiprāya, 숨은 의도)에 입각한 가르침이며, 따라서 말 그대로 이해해야 할 요의경은 아니라는 것이다. 12가지 [인식]영역에 관한 이 같은 견해의 차이는 『석궤론』의 저자 바수반두가 『이십론』의 단계에 이르러서는 이미 상당히 사상적 변모를 보이고 있다는 사실을 단적으로 보여 준다."

⌘ 비니타데바 9송 해석

[D.136, 182b5]

mdo sde pas mdo sde 'di'i dgongs pa 'dri ba'i phyir |

'dir ci las[7] dgongs zhes bya bar smos so |

ji ltar sems kyi rgyud rgyun mi 'chad pa la dgongs nas rdzus te byung ba'i sems can yod do zhes gsungs pa de bzhin du 'dir gzugs la sogs pa'i skye mched yod par yang ci las[8] dgongs te gsungs pa brjod dgos so | bstan bcos byed pa'i dgongs pa bstan pa'i phyir |

rang gi sa bon gang las su zhes bya ba la sogs pa smos so |

rnam par rig[9] pa'i bag chags zhes bya ba rang gi sa bon gang las mig gi rnam par shes pa la sogs pa'i rnam par rig pa byung[10] ba dang snang ba 'byung ba gang yin pa sa bon dang snang ba de dag ni rnam par rig pa de'i nang dang phyi'i skye mched du bcom ldan 'das kyis gsungs so zhes mdor byas pa'i don to | de ltar re[11] zhig skye mched bcu rnam par gzhag pa'i phyir[12] bstan to ||

경량부[13]가 이 경전의 숨은 의도를 물었기 때문에,

---

7 P.N: la

8 P.N: la

9 P.N: smin

10 P.N: 'byung

11 P.N: -re

12 P.N: pa spyir

13 『유식이십론술기』(T43, 990a28-990a29) 外人復問. 言佛密意說有色等依何密意. "외도

'여기에서 [붓다가 인식영역을 설명하신] 숨은 의도는 무엇인가?' 라고 [『유식이십론』에서] 설한다.

즉 심상속이 끊어지지 않는 것에 대한 숨은 의도로써 홀연히 태어나는 중생이 있다고 설한 것처럼, 여기에서 또한 어떤 숨은 의도로써 색깔/형태 등의 인식영역이 있다고 설하는지 말해야 한다. 논주는 숨은 의도를 설명하기 위하여,

'자신의 마음씨앗으로부터 [어떤 것처럼 마음에 나타나는 인식이 발생하는데, 성자는 그것들(=자신의 마음씨앗과 나타나는 것)이 그것(=인식)에 있어서 두 가지 인식영역인 감각기관과 외계 대상이라고 숨은 의도를 가지고 설명하셨다]'라고 [『유식이십론』에서] 설한다.

요별습기라고 하는 자신의 마음씨앗으로부터 시각적 식(眼識) 등의 인식(vijñapti)이 생겨서 [마음에] 나타날 때, 그 마음씨앗과 나타나는 것을 식 [발생의] 내부와 외부의 [두 가지] 인식영역이라고 세존이 설하셨다는 것이 이 송의 의미이다. 이같이 [실재하지 않는 색깔/형태 등의] 10가지 인식영역을 확립하기 위하여 설했다.

da ni so sor bstan pa'i phyir |

ji skad bstan par 'gyur zhe na zhes bya ba la sogs pa smos so |

가 또 묻는다. 붓다가 숨은 의도로써 색깔/형태 등이 존재한다고 설하셨는데 어떤 숨은 의도를 위하여 [그렇게] 말씀하셨는가?"

gzugs su snang ba'i mig gi rnam par rig pa rnam par smin pa'i bag chags zhes bya ba rang gi sa bon yongs su smin par gyur pa gang las byung ba'i sa bon de ni bcom ldan 'das kyis rnam par rig pa de'i mig gi[14] skye mched du gsungs so | snang ba 'byung ba gang yin pa de ni de'i gzugs kyi[15] skye mched du gsungs so | de bzhin du rna ba dang | sna dang | lce dang | lus kyi rnam par rig pa rnams ni rang rang gi sa bon dang | snang ba yang phyi'i skye mched du brjod par bya'o | rnam par shes pa las snang ba bzhin[16] ma yin na tha dad par skye mched du ji ltar rnam par gzhag | smras pa | dper na rnam par shes pa drug gi tshogs las yid[17] kyi khams gud na med kyang 'bras bu la ltos[18] nas logs shig[19] tu rnam par gzhag pa ltar 'dir yang de bzhin no | de'i phyir de ltar dgongs pa dang bcas pa bstan nas mjug bsdu ba'i phyir |

'di ni 'dir dgongs pa'o zhes bya ba smos so |

sa bon dang snang ba la dgongs nas ga zugs la sogs pa'i skye mched yod pa skad du gsungs kyi | de dag rnam par shes pa las[20] gud na yod par ni ma gsungs so ||

지금 각각 [개별적으로] 설명하기 위하여,

'이것은 무엇을 말하는가?'라고 [『유식이십론』에서] 설한다.

---

14 P.N: gis
15 N: gzung gyi
16 P.N: gzhan
17 P.N: -yid
18 P.N: bltos
19 N: shib
20 P.N: la

대상처럼 [마음에] 나타난 시각적 식(眼識)이 이숙습기라고 하는 자신의 마음씨앗이 성숙하여 [뭇 조건들을 만나] 생길 때, 그 마음씨앗을 세존은 요별하는 [기능을 가진] 눈(眼)이라는 [내부] 영역이라고 설하였다. [또한] 그 나타나는 것을 [색깔/형태라는 외부 영역]이라고 설하였다. 이같이 귀(耳), 코(鼻), 입(舌), 몸(身)[과 소리, 냄새, 맛, 촉감으로부터 발생하는] 여러 식(=전5식)은 각자의 '마음씨앗'(bīja)과 '나타나는 것'(pratibhāsa)을 [내부와] 외부의 영역[이라고 하고, 인식은 이 두 가지로 발생한다고 붓다는] 설한다.[21] [색깔/형태 · 소리 · 냄새 · 맛 · 촉감이] 식에서 나타나는 것이 아니라면, 어떻게 다른 영역으로 정립되는가?[라는 것에 대하여] 말한다. 예를 들면, 여섯 가지 식의 무리로부터 의계(意界)는 별도로 존재하지 않지만, 결과와 관계해서는 별도로 성립하는 것처럼 여기에서도 그와 같다. 그 때문에 이런 숨은 의도가 존재한다고 설해서 마친다. 이것을 정리하면 다음과 같다.

---

21 아함에 의하면 불교 인식의 기본틀은 '감각기관(根)과 대상(境)을 조건 삼아 식(識)이 생긴다'이다. 『잡아함경』 권3, 제68경(T2, 18a10-18a11) 緣眼及色眼識生. 권3, 제213경(54a), 권8 제214경(T2, 54a26), 제213경(T2, 54a8), 제214경(T2, 54a26), 제228경(T2, 55c28) 등도 같은 문구가 있다. '감각기관(根, 소의)을 통하여 대상(境, 소연)을 아는 식(識)이 생긴다'라는 것이다. 인도불교를 대표하는 4대 학파의 인식론적 교리 차이는 이 문구를 통해서도 확인된다. 유부의 경우 감각기관(根)과 대상(境)은 원자와 네 가지 물질적 원소로 구성된 실체적 존재이다. 경량부의 경우 감각기관과 대상은 원자가 모여 임의로 구성된 존재(假有)이다. 유식학파의 경우 감각기관과 대상은 전적으로 존재하지 않는다. 이 9송은 감각기관과 대상에 대한 유식학파의 태도를 보인 것이다. 유식학파에 의하면 부처님이 감각기관과 대상을 설한 것은 숨은 의도를 가지고서 설하신 것이다. 그 숨은 의도란 감각기관과 대상이 실제로 존재해서 설하신 것이 아니다. 실제로 식은 자신의 마음씨앗(종자)과 현현으로부터 생긴다. 즉 아뢰야식에 저장된 자신의 마음씨앗이 익어 조건을 만나면 외계 대상의 형상(ākāra)으로 현현하는 것이 바로 식의 발생을 의미한다. 이에 마음씨앗은 감각기관에 현현은 대상에 대치된다. 이처럼 식은 감각기관과 대상으로부터 생기는 것이 아니라 마음씨앗과 현현으로부터 생긴다는 것이 9송의 의미이다.

'이것이 여기에서 [말하는] 숨은 의도[의 의미]이다'[22]라고 [『유식이십론』에서] 설한다.

[세존은] 마음씨앗과 나타나는 것에 대하여 [마음씨앗을 내부의 인식영역인 감각기관이라고 하고, 나타나는 것을 외부의 인식영역인 대상이라고 하여] 대상 등의 인식영역이 있다고 숨은 의도로써 설했지만, 그것(=감각기관과 대상)들이 식과는 별도로 존재한다고 설하신 것은 아니다.[23]

---

22 레비(Lévi)는 ayam abhiprāyaḥ । 라고 하며 山口益은 ayam ihābhiprāyaḥ । 라고 한다.

23 『성유식론』(T31, 20a28-20b3) 然伽他說種子功能名五根者. 爲破離識實有色根. 於識所變似眼根等. 以有發生五識用故. 假名種子及色功能. 非謂色根卽識業種. "그런데 송에서 마음씨앗(종자)과 공능을 다섯 가지 감각기관이라고 이름한다고 말한 것은 식을 떠나 참으로 물질적 감각기관(色根)이 존재한다고 말하는 것을 논파하기 위해서이다. 식이 변하여 나타난 눈이라는 감각기관(眼根) 등에 대해서 5식을 발생시키는 작용이 있다고 말함으로써 가설적으로 마음씨앗과 물질적 현상(色法)의 공능이라고 이름한 것이지, 물질적 감각기관을 곧 식과 업의 마음씨앗이라고 한 것이 아니다."

『이십론』 9송과 『관소연론』 7·8송은 감각기관에 대한 새로운 접근 방식을 제시한다. 감각기관은 원자와 4가지 물질적 요소로 구성된 객관적 실체가 아니라, 마음씨앗(종자)이라는 것이다. 즉 감각기관은 마음씨앗이다. 이 견해에 대해서 『성유식론』의 여러 논사들은 다양한 이설들을 주장하고 있다. 특히 주목할 논사는 난타(Nanda, 難陀, 450?- 550?)이다. 그는 2분설, 신훈종자설, 이시인과(異時因果), "감각기관은 마음씨앗이다" 등을 주장한다. 유식학파는 동시인과(同時因果)를 주장하고 경량부는 이시인과(異時因果)를 주장하는데, 난타는 유식 논사이지만 이시인과를 주장한다는 것이 특이하다. 465, 각주 70, 468, 각주 17, 471, 각주 20, 474, 각주 25.

10
송

붓다의 숨은 의도로 인무아와 법무아를 아는 경지에 들어간다

⌘ 티베트역 10송

[D.136, 6a7]

de ltar dgongs pa'i dbang gis bstan pa la yon tan ci yod ce na |

de ltar gang zag la bdag med par |
'jug par 'gyur ro || 10ab ||[1]

de ltar bshad na gang zag la bdag med par 'jug par 'gyur te | drug po gnyis las rnam par shes pa drug 'byung gi | lta ba po gcig pu[2] nas reg pa po'i bar du gang yang med par rig nas gang dag gang zag la bdag med par bstan pas 'dul ba de dag gang zag la bdag med par 'jug go |

---

1 P.K.125. 10송.
de ltar gang zag bdag myed par |
'jug pa'o gang phyir gzhan phyir yang |
bshad pa chos la bdag med(=myed) par |
'jug pa brtags pa bdagis so || 10abcd ||

2 P.N: po

gzhan du yang |
bstan pa[3] chos la bdag med par |
'jug 'gyur || 10c ||

gzhan du yang zhes bya ba ni rnam par rig pa tsam[4] du bstan pa'o ||

[외계실재론자: 그런데] '이런 방식으로 숨은 의도를 가지고 [열두 인식영역을] 가르치면 어떤 이점이 있는가?'

[바수반두:] 이런 방법(=인식영역의 가르침)으로

'인격적 주체가 없는 상태(gang zag la bdag med pa,

pudgala-nairātmya, 人無我)'[를 아는 경지]에 들어간다. [10ab]

이런 방식으로 설명을 하면, [제자들은] '인격적 주체가 없는 상태'[를 아는 경지]에 들어간다. 여섯 가지 식은 [단지] 여섯 쌍[의 인식영역]으로부터 발생하는 것으로서, [예를 들면, 시각적 식(眼識)이 일어날 때 시각기관의 인식영역(眼處) 및 색깔/형태의 인식영역(色處)과는 별도로] 하나의 [불변하는 인격적 주체인] 보는 자(lta ba po, draṣṭṛ)로부터 촉감을 느끼는 자(reg pa po, spraṣṭṛ)[5]에 이르기까지 어떤 것도 존재하지 않는다는 것을 알고 나면, '인격적 주체가 없는 상태'의 가르침으로 인도되어야 할 사람들은 '인격적 주체가 없는 상태'[를 아는 경지]에 들어간다.

---

3 P.N: pa'i, P.K.125: bshad pa

4 P.N: tsam nyid

5 산스크리트와 현장역은 '생각하는 자'(mantṛ)로 되어 있고, 티베트역과 진제역은 '느끼는 자'(spraṣṭṛ)로 되어 있다.

더욱이 '다른 방식'[6]으로 [전하는 다음 단계의] 가르침은 '존재의 요소가 없는 상태'(chos la bdag med pa, dharma-nairātmya, **法無我**) **[를 아는 경지]에 들어간다.** [10c]

'더욱이 다른 방식으로 [전하는 다음 단계의 가르침]'이라는 것은 '유식(唯識)의 가르침'을 의미한다.

rnam par rig pa tsam 'di nyid gzugs la sogs pa'i chos su snang bar 'byung ste |

gzugs la sogs pa'i mtshan nyid kyi chos gang yang med par rig nas 'jug go |

gal te chos rnam pa thams cad du med na rnam par rig pa tsam zhes bya ba de yang med pas de ji ltar rnam par gzhag ce na |

chos ni rnam pa thams cad du med pa ma yin pas de ltar chos la bdag med par 'jug par 'gyur te ||

brtags pa'i bdag nyid kyis || 10d ||

[외계실재론자:] 어떻게 존재의 요소가 없는 상태[를 깨닫는 경지]에 들어가는가?

[바수반두:] "이 '오직 인식일 뿐'은 색깔/형태 등 존재의 요소처럼 [마음에] 나타나는 이 인식만이 발생하고 색깔/형태 등의 특징적 본질(mtshan

6 진제는 이(異), 현장은 별(別), 반야류지는 여(餘)로 번역한다.

nyid, lakṣaṇa)을 지닌 어떤 존재의 요소도 실제로 존재하지 않는다"라는 것을 알고 나면, [존재의 요소가 없는 상태를 아는 경지에] 들어간다.

[외계실재론자: 그렇다면] 만약 어떤 측면으로도 존재의 요소가 실재하지 않는다고 한다면, 그런 '오직 인식일 뿐'이라는 것도 존재하지 않을 것이다. 그와 같이 [존재의 요소가] 실재하지 않는데 어떻게 ['오직 인식일 뿐'이라는 당신의 주장이] 확립될 수 있겠는가?

[바수반두: 결코 그처럼] 존재의 요소는 어떤 측면으로도 실재하지 않는 것이 아니기에, 그런 방식으로(=유식의 가르침을 통해서) 존재의 요소에 내재적 본질이 없는 상태[를 아는 경지]에 들어간다.

[그것은] 망상된 본질(bdag nyid, ātman)과 관련하여 [존재의 요소가 실재하지 않는다는 것을 아는 경지에 들어간다고 한 것이다]. [10d]

gang byis pa rnams kyis chos rnams kyi rang bzhin kun brtags pa'i bdag nyid des de dag bdag med kyi sangs rgyas kyi yul[7] gang yin pa brjod du med pa'i bdag nyid kyis ni med pa[8] ma yin no |

de ltar rnam par rig pa tsam yang rnam par rig[9] pa gzhan gyis kun brtags pa'i bdag nyid kyis bdag med par rtogs[10] pa'i phyir rnam par rig pa tsam du rnam par gzhag[11] pas chos thams cad la chos la

7 P.N: kyi spyod yul

8 C: par

9 rigs을 rig로 교정하여 번역하였다.

10 P.N: rtog

11 P.N: bzhag

bdag med par 'jug pa yin gyi | yod pa de la yang rnam pa thams cad du skur pas ni ma yin no | gzhan du na ni rnam par rig pa gzhan yang rnam par rig pa gzhan gyi don du 'gyur bas rnam par rig pa tsam nyid du mi 'grub ste | rnam par rig pa rnams don dang ldan pa'i phyir ro ||

어리석은 자들은 존재의 요소들이 지니는 [인식대상과 인식주체 등의] 본성(rang bzhin, svabhāva)을 망상분별 하는데, 그렇게 [망상된] 본질과 관련하여 그것들(=존재의 요소들)이 실재하지 않는다[고 한 것이다]. [반면] 붓다의 [인식대상과 인식주체 등의 본성이 없는] 영역(yul, viṣaya, 境界)은 언어로 표현할 수 없는 본질[을 지니는데 그것]과 관련해서[도 존재의 요소들에 내재적 본질이] 없다고 한 것은 아니다.

이처럼 '오직 인식일 뿐'[이라는 가르침] 또한 다른 인식에 의해 망상분별된 본질과 관련하여 내재적 본질이 없다고 이해하기 때문에, '오직 인식일 뿐'[이라는 가르침]을 확립함으로써 모든 존재의 요소에 내재적 본질이 없는 상태[를 아는 경지]에 들어간다. 하지만 그것(=존재의 요소)이 없는 상태[를 아는 경지]에 들어간다. 하지만 그것(=존재의 요소)이 존재한다는 것을 모든 면에서 부정함으로써 [존재의 요소가 없는 상태를 아는 경지에 들어가는 것은] 아니다. 그렇지 않으면(=존재의 요소들이 존재한다는 것을 모든 면에서 부정하는 입장에서 보면,) 인식도 다른 인식을 대상으로 삼[아야만 발생하]게 되어, 인식들이 대상을 가지게 되기 때문에 [삼계에 속한 것은 모두] '오직 인식일 뿐'[이라는 주장]은 증명될 수 없을 것이다.

⌘ 비니타데바 10송 해석

[D.136, 183a5]

mdo sde pas dgongs te[12] bstan pa'i dgongs pa dri ba'i phyir |

de ltar zhes bya ba smos so |

ji ltar rdzus te byung ba'i sems can dgongs te bstan pa'i 'bras bu bshad pa de[13] de bzhin du | gzugs la sogs pa'i skye mched yod par dgongs te bstan pa'i 'bras bu ci yin pa yang brjod dgos so | bstan bcos byed pas 'bras bu bstan pa'i phyir |

de ltar gang zag bdag med par 'jug par 'gyur ro zhes bya ba smos so |

de nyid rnam par dgrol ba'i phyir |

de ltar bshad na zhes bya ba la sogs pa smos te |

gang gi phyir de ltar skye mched bcu gnyis po dag bshad na gang zag dngos po med par rtogs par 'gyur te | dngos po med pa ni bdag med pa'o ||

경량부는 [세존이] 숨은 의도로 설하신 뜻을 묻기 위하여,

'이런 방식으로 [숨은 의도를 가지고 열두 인식영역을 가르치면 어떤 이점이

---

12 N: +bstan pa'i dgongs te

13 P.N: -de

있는가?'라고 [『유식이십론』에서] 설한다.

즉 [세존이] 홀연히 태어나는 중생을 숨은 의도로써 설하여 [얻는] 결과의 [이점에 대해] 말씀하신 것처럼, 색깔/형태 등의 인식영역이 있다고 숨은 의도로써 설하여 [얻는] 이점이 무엇인지도 말씀하셔야 한다는 것이다. 논주는 [숨은 의도로써 설하여 얻는] 이점을 설명하기 위하여,

'이런 방법(=인식영역의 가르침)으로 인격적 주체가 없는 상태[를 아는 경지]에 들어간다'라고 [『유식이십론』 10ab송에서] 설한다.

그것을 해석하기 위하여,

'이런 방식으로 설명을 하면, [제자들은 인격적 주체가 없는 상태를 아는 경지에 들어간다]'라고 [『유식이십론』에서] 설한다.

왜냐하면 이같이 열두 가지 인식영역을 설하는 것은 인격적 주체가 없다는 것을 깨닫기 위해서이다. [인격적 주체라는] 실체가 없다는 것은 무아(anātman)를 가리킨다.

ji ltar zhig gu snyam pa la |

drug po[14] gnyis las zhes bya ba la sogs pa smos te |

'di ltar mig la sogs pa nang gi drug po dang gzugs la sogs pa phyi

14 N: go

rol gyi drug po las mig gi rnam par shes pa la sogs pa rnam par shes pa drug 'byung gi lta ba po bdag gcig pu ni yang dag pa'i don du gang yang med de | bdag reg pa po'i bar du yang med do | 'di ltar gang dag lta ba la sogs pa byed pa bdag go zhes bdag tu smra ba rnams kyis khas blangs pa'i lta ba la sogs pa de dag kyang nang dang phyi'i skye mched rnams kyis[15] byed do zhes gang gi tshe bstan par gyur pa de'i tshe gang zag la dngos po med par rtogs so | de ni 'di skad du[16] skye mched bcu gnyis bstan par 'du byed rnams mig la sogs pa las gzhan pa'i bdag gis bdag med par rtogs so | 'du byed rnams bdag med par rtogs nas de dag las sems skyo ste | mthar phyin pa'i gnas thob bo zhes bstan par 'gyur ro ||

이같이 여기는 것에 대하여,

'여섯 가지 [식은 단지 여섯] 쌍[의 인식영역으로부터 발생한다]'라고 [『유식이십론』에서] 설한다.

즉 시각기관(眼) 등의 여섯 가지 내부 영역과 색깔/형태 등의 여섯 가지 외부 영역에서 시각적 식(眼識) 등의 여섯 가지 식(六識)이 생기지만, 오직 보는 자(dṛṣṭṛ)의 실체는 여실하게 어떤 것도 존재하지 않고 느끼는 자(spraṣṭṛ)의 실체 또한 존재하지 않는다. 즉 보는 것 등을 하는 자가 실체라는 [그것에 대하여] 실체를 말하는 자들이 인정하는 그 보는 것 등이 모두 내부 영역과 외부 영역에 의해서 이루어진다고 말할 때, [사람들은] 원인이 존재하지 않는다는 것을 깨달아 얻는다(證得). 거기에서 말한 바와 같이, 열두 가지 인식영역으로부터 설해지는 시각기관 등의 제행(諸

15 P.N: kyi

16 P.N: -du

行)으로부터 구별되는 실체를 무아(anātman, 無我)로부터 깨달아 얻는다. 제행(諸行)에 실체가 없다고 깨달아 얻은 후에 그것으로부터 염리(厭離)가 생겨 구경위(究竟位)를 획득한다고 설한다.

de la 'dir 'gyur te | gang zag la bdag med par khong du chud pa nyid kyis mya ngan las 'das pa thob par grub na sems tsam du bstan pa ci dgos snyam pa la |

de'i phyir gzhan du yang bstan pas chos la bdag med par zhes bya ba la sogs pa smos so |

gang yang sems tsam du bstan pas des chos la bdag med par 'jug ste | de'i phyir chos la bdag med pa la gzhug[17] pa'i don du sems tsam du bstan to zhes bshad pa yin no | 'dir 'jug par byed pas 'jug pa ste | khong du chud ces bya ba'i tha tshig go | gzhan du zhes bya ba'i sgra'i don bstan pa'i phyir[18] |

gzhan du yang zhes bya ba ni zhes bya ba la sogs pa smos te |

de ni go sla bas ma bshad do | sems tsam du bstan pas chos la bdag med par 'jug pa yid ma[19] ches nas ji ltar chos la bdag med par 'jug ces dris te | bstan pa 'dis ji ltar chos la bdag med par 'jug ce na | bstan bcos byed pas 'jug pa'i thabs bstan pa'i phyir |

rnam par rig pa tsam 'di nyid ces bya ba la sogs pa smos so ||

거기에서 그 경우에, '인격적 주체가 없는 상태'를 깨달아서 열반을 얻

---

17 P: bzhugs

18 P.N: +ro

19 P.N: mi

는 것이 성취된다면, '오직 마음일 뿐'이라는 가르침은 무슨 소용이 있는가?

'[더욱이] 다른 방식으로 [전하는 다음 단계의] 가르침은 '존재의 요소가 없는 상태'를 아는 경지에 [들어간다]'라고 [『유식이십론』 10c송에서] 설한다.

그 유식이라는 가르침에 의해 존재의 요소가 없는 상태(法無我)를 아는 경지에 들어가기 때문에 법무아에 들어가기 위하여 유식을 설한다고 해석한다. 여기에서 '들어간다'라는 것은 '깨닫는다'(praveṣa)라는 의미이다. '다른'이라는 말의 뜻을 설명하기 위하여,

'[더욱이] 다른 방식으로(gzhan, anyathā)[전하는 다음 단계의 가르침이라는 것은 유식의 가르침을 의미한다]'라고 [『유식이십론』에서] 설한다.

그것은 쉬우므로 언급하지 않는다. 유식이라는 가르침에 의해 법무아를 깨달을 수 있다는 것을 믿지 않고 어떻게 법무아에 들어가는가?라고 묻는다. 이 가르침에 의해 어떻게 법무아에 들어가는가? 논주는 [법무아에] 들어가는 방편을 제시하기 위하여,

'오직 인식일 뿐 자체는 [색깔/형태 등 존재의 요소처럼 마음에 나타나는 이 인식만이 발생하고 색깔/형태 등의 특징적 본질을 지닌 어떤 존재의 요소도 실제로 존재하지 않는다라는 것을 알고 나면, 존재의 요소가 없는 상태를 아는 경지에 들어간다]'라고 [『유식이십론』에서] 설한다.

rnam par rig pa tsam 'di nyid la gzugs la sogs pa'i rnam par gyur nas byung[20] ste | sems las logs shig na gzugs la sogs pa'i rang bzhin chos gang yang med par[21] gang gi tshe | de ltar rtogs par gyur pa de'i tshe[22] chos la bdag med pa la zhugs pa yin no | chos la bdag med par zhugs na[23] byang chub sems dpa' rnams rim gyis de bzhin gshegs pa'i go 'phang 'thob bo | de bas na don 'di ni gtso bo zhes bya'o zhes de lta bu'i don du bcom ldan 'das kyis sems tsam du bstan[24] to |

ji ltar gang zag la bdag med pa rnams thams cad du gang zag dngos po med pa de bzhin du chos la bdag med pa yang rnam pa thams cad du chos med pa lta bur rigs[25] nas gzhan gyis brgal ba'i phyir |

gal te chos zhes bya ba la sogs pa smos so |

gal te chos med pa chos la bdag med pa yin na ni rnam pa thams cad du chos gang yang med do | de lta na ni sems tsam de yang med de | de'i phyir ji ltar rnam par gzhag[26] ce na ||

'오직 인식일 뿐' 자체는 색깔/형태 등의 방식으로 변한 후에 생기고, 마음과는 달리 색깔/형태 등의 특성을 지닌 어떤 법도 존재하지 않다는 것을 깨달아 얻어서 법무아에 들어가는 것이다. 법무아에 들어가면, 보살들은 순서대로 여래처(如來處)를 얻는다. 그러므로 이러한 뜻이 '제일 중요하다'라는 그러한 뜻으로 세존은 '오직 인식일 뿐'을 설했다.

20 P.N: 'byung
21 N: pa
22 N: de tshe'i
23 P.N: nas
24 N: ston
25 P.N: rig
26 P.N: bzhag

이처럼 '인격적 주체가 없는 상태'(人無我)를 아는 경지란 모든 곳에서 인격적 주체(人)가 존재하지 않는 것처럼 '존재의 요소가 없는 상태'(法無我)도 또한 일체에서 존재(法)가 존재하지 않는 것과 같다고 다른 사람이 논리적으로 비판하기 때문에,

'만약 어떤 측면으로도 존재의 요소[가 실재하지 않는다고 한다면, 그런 오직 인식일 뿐이라는 것도 존재하지 않을 것이다]'라고 [『유식이십론』에서] 설한다.

만약 법이 없는 것이 법무아라면, 일체 종류[의 측면]에서 어떠한 법도 존재하지 않는다. 그렇다면 '오직 인식일 뿐'(唯識)이라는 그러한 [법도] 없는데 어떻게 [유식이라는 법을] 설정할 수 있는가?

'dir slob dpon gyis |

chos ni zhes bya ba la sogs pa smos te |

thams cad du thams cad chos gang yang med pa de[27] lta bu ni chos la bdag med pa la 'jug pa ma yin gyi kun brtags pa'i chos med pas chos la bdag med pa la 'jug go |

brtags pa'i ngo bo de la yang[28] ji lta bu snyam pa la gang byis pa rnams kyis zhes bya ba la sogs pa smos so ||

이것에 관해서 논주는

27 P.N: -de

28 P.N: -yang

'존재의 요소는 [어떤 측면으로도 실재하지 않는 것이 아니기에, 그런 방식으로(=유식의 가르침을 통해서) 존재의 요소에 내재적 본질이 없는 상태를 아는 경지에 들어간다]'라고 [『유식이십론』에서] 설한다.

모든 곳에서 어떤 일체법(sarvadharma)도 존재하지 않는다는 것에 의해서 법무아에 들어가는 것이 아니라, '두루 분별된 법'[29](遍計所執性, parikalpita-svabhāva)이 없는 것에 의해서 법무아에 들어가는 것이다. 그러면 그 분별된 본성은 무엇인가?

'어리석은 자들은 [존재의 요소들이 지니는 인식대상과 인식주체 등의 본성을 망상분별 하는데, 그 인식대상과 인식주체 등으로 망상된 본질과 관련하여 그것들이 실재하지 않는다고 한 것이다]'라고 [『유식이십론』에서] 설한다.

gang so so'i skye bo rnams kyis chos rnams la gzung ba dang[30] 'dzin pa'i mtshan nyid kyi ngo bo nyid du sgro btags pa ni gzung ba dang 'dzin pa'i mtshan nyid du sgro btags pa'i bdag nyid des de dag bdag med kyi | sangs rgyas rnams kyi yul brjod du med pa gang yin pa yang med pa ni ma yin no |

de ni 'di skad du de kho na ma[31] mthong ba rnams kyi gang chos

---

29 유리(2013), 170-177 참조. 유식학파는 마음의 구조를 세 가지로 분류하는데 변계소집성, 원성실성, 의타기성이다. 의타기성(依他起性, paratantra-svabhāva)은 다른 것에 의해서 발생하는 것을 말한다. 변계소집성(遍計所執性, parikalpita-svabhāva)은 두루 분별된 것을 말한다. 원성실성(圓成實性, pariniṣpanna-svabhāva)은 완성의 뜻으로 진실한 것을 가리킨다.

30 N: +mi

31 P.N: -ma

rnams la gzung ba dang 'dzin pa'i dngos por sgro btags pa de dag gi de med kyi | de dag gi gzhan gyi dbang dang yongs su grub pa'i ngo bo gang yin pa de bzhin gshegs pa'i ye shes kyi yul ni med pa ma yin no zhes bstan par 'gyur ro | 'di ltar chos la bdag med pa zhes bya ba'i sgra ni med pa tsam la mi bya'i gnas kyi khyad par la bya'o ||

각각의 보통 사람들이 일체 현상에 대하여 인식대상과 인식주체라는 형상(ākāra)[32]의 자성을 임의로 설정할 때, 인식대상과 인식주체의 특성으로 임의 설정된(*prajñapti)[33] 그 본성은 그들에게는 실체로 존재하지 않는다. [하지만] 말로 표현할 수 없는 부처의 경계는 존재한다.

그것은 실로 다음과 같다. 인식대상과 인식주체라는 것으로 임의로

---

32 『성유식론』(T31, 10a21-10a24) 有漏識自體生時 皆似所緣能緣相現 彼相應法應知亦爾. 似所緣相說名相分 似能緣相說名見分. "[아뢰야식에서] 유루식(=현행식)의 자체가 생겨날 때, 모두 소연과 능연과 유사한 형상(ākāra)으로 나타나는데, 그 상응법(마음 작용)도 역시 그러하다는 것을 응당 알아야 한다. 인식대상(所緣)과 유사한 형상(ākāra)을 상분(相分)이라 하고 인식주체(能緣)와 유사한 형상(ākāra)을 견분(見分)이라고 이름한다." 44, 각주 53, 286, 각주 49, 328, 각주 33, 347, 각주 17.

유식학파에서 인식주체와 인식대상은 실재하지 않는다. 그것들은 다만 인식주체의 형상(ākāra)과 인식대상의 형상(ākāra)으로서만 존재한다. 이 해석은 『삼십송』의 중국 법상 유식 주석서 『성유식론』에 나타나는 해석 방식과도 그 결을 같이한다. 하지만 법상 유식은 그들 특유의 법상 용어를 사용한다. 예컨대, 인식주체를 견분(見分), 인식대상을 상분(相分)이라고 한다. 즉 인식주체를 견분 형상(ākāra), 인식대상을 상분 형상(ākāra)이라는 것이다. 이런 해석에서 나타나는 것처럼 유식학파에 있어서 인식주체와 인식대상은 실재하는 것이 아니라 실재하지 않는 형상(ākāra)의 나타남이다. 인식주체와 인식대상은 같지도 다르지도 않은 내부식의 두 측면이라는 것이다. 뒤에 나오는 21 게송에 의하면 이 두 가지의 발생원인을 해명한다.

33 prajñapti는 임의로 설정된, 가설, 가립, 언어적 존재(假名) 등의 의미를 지닌다. 여기에서는 맥락상 임의로, 설정된(*prajñapti) 용어로 번역하였다. 381, 각주 18, 415, 각주 21, 418, 각주 9.

설정된 [일체 현상을] 보지 못하는 자들에게 그것(=유식성)은 없지만, 그것(=일체 현상)의 의타기성과 원성실성인 여래처의 경계가 없는 것은 아니다. 즉 법무아라는 것은 단지 없다는 것을 말하는 것이 아니라 [소의의] 차별을 말하는 것이다.

'di ltar de nyid la tshig 'di ltar rnam par sbyar te | gzhan gyi dbang dang yongs su grub pa'i dngos po gzung ba dang 'dzin pa'i mtshan nyid kyi bdag dang bral ba de bdag med pa'o[34] | de'i dngos po ni bdag med pa'o | chos rnams la bdag med pa ni gzhan gyi dbang yang yongs su grub pa'i chos rnams[35] la gzung ba dang 'dzin pa med ces[36] bya ba'i tha tshig go | de bas na gzung ba dang 'dzin pa[37] dang bral ba'i sems dang sems las byung ba rnams la bdag med pa zhes bstan pa yin gyi[38] | med pa can[39] ni ma yin no | gang zag la bdag med pa yang gang zag med pa tsam 'ba' zhig ma yin gyi | 'du byed rnams la gzhan gyis yongs su brtags pa'i gang zag med do | brjod du med pa'i bdag nyid kyis[40] zhes bya ba ni brjod par mi nus par rang gi ngo bos zhes bya ba'i tha tshig go |

chos la bdag med pa rnam pa de lta bu yongs su 'dzin pa'i yon tan bstan pa'i phyir |

de ltar rnam par rig pa tsam yang zhes bya ba la sogs pa smos so ||

---

34 P.N: de

35 P.N: -rnams

36 N: ches

37 P.N: 'dzin pa dang … gzung ba

38 P: gyis

39 P.N: tsam

40 P.N: gis

그 말의 [의미는] 이와 같다. 의타기성과 원성실성에 인식대상과 인식주체라는 실체가 없는 것이 '무아'(anātman)이다. 그런 본성이 '무아'이다. 일체 현상에 실체가 없다는 것은 의타기와 원성실이라는 현상(法)에 인식대상과 인식주체가 없다는 말이다. 그런 까닭에 인식대상과 인식주체를 여읜 마음과 마음 작용을 '무아'라고 설하는 것이지, 단지 없다는 것에 대해서 [무아라고 설하는 것은] 아니다. 인무아도 오직 인격적 주체(人, pudgla)가 없다는 것이 아니라, 다른 제행을 분별하는 인격적 주체가 없다는 것이다. 말로 표현할 수 없다는 것(不可言說)[41]에 의해서라는 것은 말할 수 없는 [즉 말로 표현할 수 없는] 본성이라는 말이다.

이 같은 방식으로 파악된 법무아의 이점을 설하기 위하여,

'이처럼 오직 인식일 뿐[이라는 가르침] 또한 [다른 인식에 의해 망상분별된 본질과 관련하여 내재적 본질이 없다고 이해하기 때문에 오직 인식일 뿐이라는 가르침을 확립함으로써 모든 존재의 요소에 내재적 본질이 없는 상태를 아는 경지에 들어간다]'라고 [『유식이십론』에서] 설한다.

gal te gzung ba dang 'dzin pa med pa la chos la bdag med par yongs su 'dzin na | de'i tshe sems dang sems las byung ba rnams kyang de ma yin pa sems dang sems las byung ba gzhan gyis kun

41 山口益(1965), 69, 각주 11. 불가언설(anbhilāpya, 不可言說)이란 희론적멸(戱論寂滅)을 말한다. 희론적멸은 원성실성의 지평이지만 거기에는 앞에서 논했듯이 원성실성이 있고 없고의 전개에 따라 원성실성의 현증(現證)을 거쳐 후득청정세간지의 대상인 의타기, 즉 공성(空性)이 있는 앎(智)의 형태로 나타난다. 일체법이 인연으로 생기기 때문에 환영이라고 보는 의타기의 현증에 있어서는 사상, 언설로 말하는 세간적인 모습은 희론적멸하고 세간을 초월해서 나아가기 때문이다.

brtags pa'i gzung ba dang 'dzin pa'i mtshan nyid kyi[42] bdag nyid dang bral bar khong du chud pas gzung ba dang 'dzin pa dang bral ba sems dang sems las byung ba tsam du rnam par gzhag pa med pa[43] yin no | sems dang sems las byung ba gzung ba dang 'dzin pa dang bral bar rnam par gzhag pas chos thams cad la bdag med par 'jug pa yin gyi chos yod pa rnams la yang rnam pa thams cad du[44] skur pas ma yin no |

ji ste de ltar mi 'dod na ci nyes snyam pa la |

de'i phyir gzhan du na[45] ni zhes bya ba la sogs pa smos so |

gal te sems dang sems las byung ba gzhan gyis[46] kun brtags pa'i gzung ba dang 'dzin pa'i mtshan nyid kyis[47] bdag bral ba ma yin na ni | de'i tshe rnam par rig pa gzhan gyi don du khas blangs par 'gyur te | de bas na rnam par rig pa tsam du mi 'grub bo ||

만약 인식대상과 인식주체가 없는 상태가 법무아로 파악될 때, 마음과 마음 작용도 또한 그것이 아니며, 다른 마음과 마음 작용에 의해 망상분별된 인식대상과 인식주체의 특성을 여읜 깨달음이기 때문에, 오직 인식대상과 인식주체를 여읜 마음과 마음 작용으로부터 [법무아가] 생길 뿐으로 [비로소] 유식이 확립된다. 마음과 마음 작용이 인식대상과 인식주체를 여의고 [유식으로] 확립되기 때문에, 일체법에 실체가 없다는 것

42 P: gyis, N: nyid kyis

43 P.N: -med pa

44 P.N: -du

45 P.N: -na

46 P.N: de ma yin pa sems dang sems las byung gis

47 P.N: kyi

을 안다. 실로 일체 존재도 일체 종류로 부정되기 때문에 [법무아에 들어가는 것은] 아니다.

만약 그처럼 [인식대상과 인식주체를 여읜 마음과 마음 작용에서 유식이 확립되는 것이] 허용되지 않는다면, [거기에] 무슨 의도가 있는가?

'다른 어떤 [인식도 또 다른 인식을 대상으로 삼아야만 발생하게 되어 인식들이 대상을 가지게 되기 때문에 오직 인식일 뿐이라는 진리는 증명될 수 없을 것이다]'[48]라고 [『유식이십론』에서] 설한다.

---

48 L. Viṃ. 6, 21-22: itarathā hi vijñapter api vijñaptyantaram arthaḥ syād itivijñaptimātratvaṃ na sidhyetārthavatītvād vijñaptīnāṃ || "그렇지 않으면, [어떤 다른] 인식도 또 다른 인식을 대상으로 삼기 때문에 유식은 증명될 수 없을 것이다. 왜냐하면 인식들이 대상을 가지기 때문이다." 다음은 반야류지역이다. 『유식론』(T31, 67a20-67a27) 問曰. 如汝向言唯有內識無外境界 若爾內識爲可取爲不可取 若可取者 同色香等外諸境界. 若不可取者 則是無法 云何說言 唯有內識無外境界. 答曰. 如來方便漸令衆生得入我空及法空故說有內識 而實無有內識可取. 若不如是 則不得說我空法空. 以是義故虛妄分別 此心知彼心 彼心知此心. "[외계실재론자가] 묻는다. 그대가 조금 전에 말한 것처럼 오직 내부의 식만 있고 외계 대상이 없다고 한다면, 그렇다면 내부의 식은 [대상을] 취할 수 있는가, 취할 수 없는가? 만약 취할 수 있다면, 색깔/형태와 향기 등의 모든 외계 대상은 차이가 없을 것이고, 만약 취할 수 없다면, 존재(法)는 없는데 어떻게 오직 내식만이 있고 외계 대상은 없다고 말하는가? [세친이] 답한다. 여래께서 방편으로 점진적으로 중생들에게 아공과 법공으로 들어갈 수 있도록 하였기 때문에 내부 식이 있다고 했지만, 실제로는 [대상을] 취할 수 있는 내부 식은 없다. 만약 이와 같지 않다면 아공, 법공을 말할 수 없다. 이 때문에 허망하게 분별하여 이 마음이 저 마음을 알고 저 마음이 이 마음을 안다고 한다." 다음은 진제의 번역이다. 『대승유식론』(T31, 72a12-72a13) 若不如此別識應 成別識境 唯識義則 不成. 識塵實有故. "만약 이와 같지 않다면(=모든 존재가 없다면), 그 다른 인식은 마땅히 다른 인식의 대상이 되어, 오직 인식일 뿐이라는 의미는 성립될 수 없다. 왜냐하면 [그렇게 된다면,] 인식이 대상을 실재로 가지기 때문이다." 다음은 현장의 번역이다. 『유식이십론』(T31, 75c10-75c11) 不爾餘識所執境有 則唯識理應不得成. "그렇지 않고 다른 식이 대상을 파악한다면, '오직 인식일 뿐'이라는 이치는 마땅히 성립할 수 없을 것이다."

만약 마음과 마음 작용이 [인식대상과 인식주체를 여읜 것이] 아니고 마음과 마음 작용으로 분별된 인식대상과 인식주체의 실체를 여읜 것이 아닐 때는 다른 식의 대상으로 인정되기 때문에 유식은 성립하지 않는다.

ci'i phyir snyam pa la |

rnam par rig pa rnams don dang ldan pa'i phyir ro zhes bya ba[49] smos so |

'di ltar don dang ldan pa ni de'i tshe rnam par rig par mi 'gyur te | de lta[50] na yang rnam par rig pa tsam du 'grub par ga la 'gyur | 'di ltar rnam par rig pa tsam gyi sgra ni gzung ba dang 'dzin pa dang bral ba'i sems dang sems las byung ba dag[51] la bya na | gal te 'ga' zhig de dag 'dzin tam | gal te gzhan dag la[52] yang 'dzin na de'i tshe rnam par rig pa tsam du ga la 'grub |

'di ltar gzugs kyi phung po 'ba' zhig la gzung ba dang 'dzin pa dgag pa ni ma yin gyi chos thams cad la'o | de'i phyir sems dang sems las byung ba rnams kyang gzung ba dang 'dzin pa dang bral bar 'gyur ro | de ltar na chos thams cad la bdag med par grub pa yin no ||

[사람들이] 왜?라고 여기기 때문에,

'[왜냐하면] 인식들은 대상을 가지게 되기 [때문이다]'라고 [『유식이십론』에

49 P.N: bar
50 P.N: ltar
51 P.N: ga
52 P.N: -la

서] 설한다.

즉 대상을 가지는 식은 성립될 수 없다. 만약 그렇다면 유식은 어떻게 성립되는가? 이른바 유식이라는 소리는 인식대상과 인식주체를 벗어난 마음과 마음 작용(심소)을 가리키는데, 만약 한편으로 그것(=인식대상과 인식주체)을 취하거나 [또는] 만약 다른 것을 취할 때 유식은 어떻게 성립되는가?

이처럼 '물질 덩어리'(rūpa-skandha, 色蘊)에 대하여 인식대상과 인식주체가 부정되는 것이 아니라, 일체법에 대하여 [인식대상과 인식주체가 부정되는 것이다]. 그러므로 마음과 마음 작용도 역시 인식대상과 인식주체를 여의게 된다. 이로써 일체 '존재의 요소가 없는 상태'(法無我)를 아는 경지[에 들어가는 것이] 성립된다.[53]

53 강형철 외 2인(2025), 323. 법무아를 깨달아야만 이 세계의 진짜 모습을 알게 되고 중생들에게 자비심을 가지고 그들을 구원하고자 하는 보살이 되는 길에 들어서게 되는 것이다. 법무아에는 그런 실천적인 의미가 담겨 있다. 반야류지가 『유식론』(T31, 66c24-67a27)에서 인무아와 법무아를 각각 성문과 보살로 분류하여 설명하는 이유도 거기에 있다. 그러면 어떻게 '유식의 가르침'을 통해서 법무아에 들어가게 되는 것일까? 삼계가 모두 '인식일 뿐'이라는 것을 이해하고 나면, 이 세계에서 내 눈에 보이는 모든 것은 마음이 지어낸 것일 뿐이라고 이해하게 된다. 이렇게 철저하게 이해하고 나면, 그동안 존재한다고 생각했던 것들이 내재적 본질을 지니지 않은 허깨비 같은 것이라고 알게 된다. 이처럼 바수반두는 유식의 가르침을 통해서 모든 존재의 요소에 내재적 본질이 없는 상태를 이해하는 경지에 들어가는 원리를 나타내고자 하였다.

11 송 원자는 실재하는가?

⌘ 티베트역 11송[1]

[D.136, 6b6]

bcom ldan 'das kyis dgongs pa 'dis gzugs la sogs pa'i skye mched yod par gsungs kyi | gzugs la sogs pa[2] gang dag yod bzhin du de

---

1 『이십론』 11-15송이나 『관소연론』의 1-5송에서 다루는 원자 문제는 우리의 감각기관을 통해 지각 가능한 인식대상의 존재론적 성격이 아니라, 인식론적 성격에 대한 것이다. 즉 원자라는 최소입자로 구성된 외부 대상이 인식대상이 되는가 되지 않는가의 문제를 다루고 있다. 『유식이십론』의 경우에는 원자의 존재를 인정하는 견해를 세 가지로 간주한다. ① 단일한 원자로 구성된 외부 대상, ② 다수의 원자로 구성된 외부 대상, ③ 원자의 모임으로 구성된 외부 대상이 그것이다. 규기는 『유식이십론술기』에서 ①을 외도인 바이세시카의 견해로 보고, ②를 설일체유부의 견해로 보는 반면, ③은 경량부와 신유부인 중현의 입장으로 해석하고 있다. 세친은 『이십론』에서 각 견해에 대해서 특정 학파의 소속을 밝히지 않는다. 이에 규기는 학파 소속의 명칭을 밝히고 있다. 비니타데바는 세 견해를 나누는 것은 규기의 견해와 같이 동일하다. 다만 11송은 바이세시카, 13송에 설일체유부라는 학파의 소속을 밝히고 있고 또 몇 군데에는 외계실재론자라고만 언급하고 있다. 원자의 모임에 대해서 경량부라든가 신유부 중현이라든가는 밝히고 있지 않다.

더 나아가 디그나가의 『관소연론』은 인식대상의 두 조건을 규정하기 위하여 원자로 이루어진 인식대상을 비판한다. ① 다수의 원자로 구성된 인식대상, ② 원자 모임으로

dag rnam par rig pa[3] so so'i yul du mi 'gyur ro zhes bya ba de ji ltar rtogs[4] par bya zhe na | 'di ltar ||

de ni gcig na'ang yul min la |
phra rab rdul du du ma'ang min |
de dag 'dus pa'i ngam[5] ma yin te |
'di ltar rdul phran mi 'grub phyir || 11abcd ||[6]

[외계실재론자:] 세존은 이런 '숨은 의도'를 가지고 색깔/형태 등의 인식 영역이 존재한다고 설명하셨지만, [또 한편으로] 색깔/형태 등이 실로 존재하는데, 그것들(=색깔/형태 등)이 인식에 있어서 각각 대상이 되지 않는다고 하는 것을 어떻게 받아들여야 하는가?

[만약 인식이 외계의 물질을 대상으로 한다면,] 그것(=대상)은

① 하나인 대상(=전체)도 아니고,

② [가까이 모인] 여러 개의 원자(phra rab rdul, paramāṇu)[7]**도 아니고,**

구성된 인식대상, ③ 원자 모임의 형상으로 구성된 인식대상이 그것이다. 디그나가 역시 각 견해에 대한 학파 소속을 특정하지 않지만 『이십론술기』를 바탕으로 살펴보면, ①은 설일체유부, ②는 경량부, ③은 중현의 견해로 미루어 짐작된다. 비니타데바는 『관소연론』에서도 특정 학파의 명칭을 자세하게 언급하지는 않지만 3송 해설에서 유부의 각천 논사를 언급하고 있다.

2 P.N: pa'i

3 N: par

4 P.N: rtog

5 N: pa'i ngam. pa'ang을 pa'i ngam으로 교정하여 번역하였다.

6 P.K.125. 11송.
de ni myi gchig du ma''ng myed |
yul ni rdul phran dagiso |
de bsdus myin gang phyi ru |
rdul phran myi 'grub pa'is so || 11abcd ||

③ **그것들(=원자들)이 모인 것('dus pa, saṃhata)[8]도 아니다.**

---

7 『아비달마대비바사론』(T27, 702a4-702a10) 應知. 極微是最細色. 不可斷截破壞貫穿不可取捨乘履搏掣 非長非短 非方非圓 非正不正 非高非下. 無有細分不可分析 不可睹見不可聽聞 不可嗅嘗 不可摩觸故說極微. 是最細色. 此七極微成一微塵. 是眼眼識所取色中最微細者. "응당 알아야 한다. 원자는 가장 미세한 형태/색깔이다. 단절되거나 파괴되거나 꿰뚫을 수도 없고 취하거나 버리거나 올라타거나 밟거나 치거나 끌어당길 수도 없으며, 길지도 짧지도 않고, 모나거나 둥글지도 않으며, 평평하거나 평평하지 않은 것도 아니며, 높거나 낮지도 않다. 미세한 방향도 없고 그 방향을 쪼갤 수도 없고, 볼 수도 없고 들을 수도 없고 냄새 맡거나 맛볼 수도 없고 만질 수도 없기 때문에 원자라고 한다. 이것은 가장 미세한 형태/색깔(色)이다. 그 일곱 개가 모여서 하나의 미진(微塵)을 이룬다. 이것(=미진)은 눈과 시각적 식(眼識)에 의해서 파악되는 가장 미세한 물질이다." 『아비달마현종론』(T29, 855b6-855b7) 以勝覺慧分析諸色至一極微. 故一極微爲色極少不可析故. "뛰어난 관념적 사유(覺慧)로 분석하면, 모든 색깔/형태(色)는 하나의 원자에 이른다. 왜냐하면 하나의 원자는 더할 수 없을 정도로 작아서 더 이상 분석할 수 없는 색깔/형태이기 때문이다."

paramāṇu라는 용어에 대해서 진제는 인허(鄰虛), 현장은 극미(極微), 반야류지는 미진(微塵)이라고 『이십론』 한역에서 각각 번역하고 있다. 『이십론』에 대한 호법의 주석서 『성유식보생론』에서 의정은 극미(極微)로 번역한다. 『관소연론』에서도 진제, 현장, 의정은 『이십론』의 번역어와 동일하게 번역한다. 반면 현장은 『이십론』에서는 극미라고 번역하는 반면, 『아비달마구사론』에서는 미취(微聚)라고 번역한다. 본 번역은 '물질의 최소 단위'라는 의미로 '원자'라는 용어를 사용한다. 불교철학에서 원자를 다룬 논문은 많지만 대략 정리하면 다음과 같다. 水野弘元(1951, 356), 吉元信行(1982, 167), Frauwallner(1973, 36-53), Dhammajoti(2009, 198-199), 三友健容(2009, 124), 윤영호(2013), 이규완(2017) 등 참조. 415, 각주 22.

8 '원자의 모임'에 대한 산스크리트 용어는 saṃhatā, saṃcita, saṃyoga, saṃcaya, samudita 등을 사용하고 티베트 용어는 'dus pa, tsogs pa, bsags pa 등이 사용된다. 한역어의 경우 『이십론』에서 진제는 聚라고 번역하고 보리류지는 合으로 번역한다. 현장은 새로운 용어를 도입하는데 이를테면 경량부의 원자 모임을 화합(和合), 중현의 원자 모임을 화집(和集)이라고 한다. 이러한 용어 사용은 '원자 결합방식의 차이' 때문이다. 유부의 경우에 '원자가 모인 것'은 원자들이 서로 접근한 것으로 개별 원자들이 모여 있는 상태이다. 즉 원자들이 서로 가까이 모여 무리를 이룬 상태이다. 경량부의 경우에 원자 화합은 간격 없이(無間) 매우 가까이(近接) 모여 있는 상태를 말한다. 유부와 경량부의 차이는 유부의 경우에는 원자들 사이에 어떤 것이 들어갈 여지가 있는 반면, 경량부의 경우에는 그 어떤 것도 들어갈 여지가 없다. 중현의 원자 화집은 원자들이 풍력의 견인력으로 모여 있는 상태를 말한다. 텐진 남카 역(2022), 324. 바비베카(Bhāviveka, 淸辯, 490-570/500-570) 논사는 원자 모임의 용어로 사용되는 티베트어 bsags pa와

왜냐하면, 원자[의 존재][9]는 증명되지 않기 때문이다. [11abcd]

ji skad du bstan par 'gyur zhe na |

gang gzugs la sogs pa'i skye mched gzugs la sogs pa rnam par rig pa so so'i yul yin du zin na de ni gcig pu zhig yin te | ji ltar bye brag pa rnams kyis cha shas can gyi ngo bor brtag[10] pa'i lta bu'am | rdul phra rab du ma'am rdul phra rab de dag nyid 'dus pa zhig tu 'gyur grang na | gcig pu de ni yul ma yin te | cha shas rnams las gzhan pa cha shas can gyi ngo bo gang la'ang mi 'dzin pa'i phyir ro | du ma'ang yul ma yin te | rdul phra rab so so la mi 'dzin pa'i phyir ro | de dag 'dus pa yang yul ma yin te | 'di ltar rdul phra rab rdzas gcig tu mi 'grub pa'i phyir ro ||

'dus pa는 개념상 분명한 차이가 있다고 주장한다. 그에 의하면, 동질류의 많은 원자가 한 토대상에 모인 것이 bsags pa이다. 예를 들면, 항아리처럼 자체의 구성 요소가 되는 동질류의 많은 원자가 결합하는 방식으로 모인 경우가 bsags pa이다. 또 여러 토대에 의지하는 이질류의 많은 원자가 한 장소에 모여 있는 경우를 'dus pa라고 한다. 예를 들면, 코끼리와 말, 마차 등이 모인 군대나 황경나무, 박달나무 등이 모인 숲과 같이 토대가 여럿인 이질류가 모인 경우를 'dus pa라고 한다. 『이십론』의 원텍스트와 비니타데바 주석서에서 bsags pa는 1회 나오고 'dus pa는 21회 나온다. 『관소연론』의 원텍스트와 비니타데바 주석서에서 'dus pa는 57회 나오고 bsags pa는 한 번도 나오지 않는다. 바비베카는 두 용어의 차이를 구별하는 반면, 『이십론』과 『관소연론』에서는 구별없이 사용되고 있다. 화합과 화집에 대한 산스크리트 원어에 대한 확인은 여러 학자들에 의해 연구되었지만 현재까지 정확하게 알려진 것은 없다. 이 문제에 대해서는 이규완, 2017, 72-77 참조.

9 박창환(2010, 227, 각주 11 참조)은 『이십론』에서도 마찬가지이지만 원자에 대한 세친의 언급은 최소의 존재 단위가 무엇이냐라는 존재론적 관점에서 시작되었다기보다는, 우리의 감관을 통해 지각하는 인식의 대상이 과연 어떤 성격의 것이냐고 하는 인식론적 관심의 표현이라고 볼 수 있다면서, 『아비달마구사론』 III-100ab에서도 세친은 원자 개념에 대한 우주론적이고 인과론적인 관심에서 시작된 논의를 종국에는 인식론적인 문제로 전환하여 비판하고 결론을 내린다고 한다.

10 P.N: brtags

[외계실재론자:] 무엇을 말하고 있는 것인가?

[바수반두:] 색깔/형태 등에 대한 인식이 각각 그 [외계의 물질인] 색깔/형태 등의 인식영역(skye mched, āyatana)을 대상으로 하는 것이라면, 그것(=색깔/형태 등 인식의 대상)은

① 바이쉐시카(Bye brag pa, Vaiśeṣika)[11]의 무리들이 생각하는 [부분을 지니면서도 부분과 독립적으로 존재하는] 전체로서의 물체(cha shas can gyi nbo bo, avayavi-rūpa)처럼 하나이거나,

② [가까이 모인] 다수의 원자(rdul phra rab, paramāṇu)이거나,

③ 원자들이 모인 것이 될 것이다.

[그중에서 우선] ① 그 하나는 [인식의] 대상이 되지 않는다. 왜냐하면, 부분(cha shas, avayava)들과 별개의 독립적인 존재로서 '전체로서의 물체는' 어디에서도 파악되지 않기 때문이다.

② 여러 개[의 원자가 가까이 모인 것]도 [인식의] 대상이 되지 않는다. 왜냐하면, [모여 있는 원자들 사이에서] 원자 하나하나가 [따로] 파악되지 않기 때문이다.[12]

---

11 바이쉐시카(Vaiśeṣika)는 인도 육파철학 중의 하나로 6가지 범주(句義), 혹은 10가지 범주(句義)로 세계를 설명한다. 6가지 범주는 ① 실체(實, dravya), ② 속성(德, guṅa), ③ 운동(業, karma), ④ 보편(同, sāmānya), ⑤ 특수(異, viśeṣa), ⑥ 결합(和合, samavāya)이다. 처음의 실체에는 ㉠ 땅(地, pṛithīvi), ㉡ 물(水, āp), ㉢ 불(火, tejas), ㉣ 바람(風, vāyu), ㉤ 허공(空, akāśa), ㉥ 시간(時, kāla), ㉦ 공간(方, diś), ㉧ 영혼(我 ātman), ㉨ 마음(意, manas) 9가지로 나누기 때문에 10구가 된다. 그 가운데 지수화풍의 4대는 원자를 본질로 삼는다. 물질적 실체인 흙, 물, 불, 바람은 더 이상 쪼개지지 않고 눈에 보이지 않으며 결코 파괴되지 않는 원자로 구성되어 있다. 인도의 육파 철학은 바이쉐시카, 요가학파, 미망사, 니야야, 상카라, 베단따이다.

12 유부는 개개의 원자를 인정한다. 각기 개별적인 원자는 원자 단위에서부터 이미 자신의 고유한 성격을 지니고 있다. 예컨대 파란색의 원자, 황색의 원자, 둥근 원자 등이다. 하지만 우리의 감각기능은 개별적인 원자 하나하나를 파악할 수 없고 이 개별 원자가 7

③ 그것들(=원자들)이 모인 것('dus pa, saṃhata)도 [인식의] 대상이 되지 않는다. 왜냐하면, [원자들이 모인 것에서] 하나의 원자[13]는 실체(dravya, rdzas)[14]로서 증명되지 않았기 때문이다.

⌘ 비니타데바 11송 해석

[D.136, 185a2]

gzung ba dang 'dzin pa dngos po med par da dung gi bar du rigs

---

개로 모인 상태(미진)만을 파악할 수 있을 뿐이다. 『아비달마대비바사론』(T27, 64a25-64a28) 問. 爲有一靑極微. 不答有但非眼識所取. 若一極微非靑者 衆微聚集亦應非靑 黃等亦爾. "묻는다. 하나의 파란색 원자가 존재하는가? 답한다. 존재한다. 다만 시각적 식(眼識)이 파악하지 못할 뿐이다. 만약 하나의 원자가 파란색이 아니라면, 많은 원자가 모인다고 하더라도 역시 파란색이 되지 않을 것이다. 황색도 이와 같다."

13 구사론주 바수반두는 AKBh. II-22ab에서 물질의 적취(rūpasaṃghāta) 중 인식 가능한 가장 미세한 물질의 최소 단위(bhedaparyanta)를 원자(paramāṇu)라고 규정한다. 산스크리트 paramāṇu는 비교급 형용사 parama(가장 ~한)와 aṇu(미세한)의 복합어이다. '이런 원자 개념은 기본적으로 바이쉐시카의 자연주의적 철학의 영향하에서 상당히 후대에 설일체유부의 교의학으로 도입된 사상으로 초기 불교 때부터 존재한 것은 아니다. 아비달마 교학의 논서인 『아비달마대비바사론』에 이르러 원자 개념은 이론적으로 불교 교학에 수용되어 교학적 논의의 전제가 된다.' 다음은 『현종론』에 나오는 원자 정의이다. 『아비달마현종론』(T29, 855b6-855b7) 以勝覺慧分析諸色至一極微. 故一極微爲色極少 不可析故. "뛰어난 관념적 사유(覺慧)로 분석함에 의해서 색깔/형태(色)는 하나의 원자에 이른다. 왜냐하면 하나의 원자는 더할 수 없을 정도로 적어서 더 이상 분석할 수 없는 물질이기 때문이다." 각혜(覺慧)는 '논리적 사유'라든가 '관념적 생각' 등으로 해석된다. 여기에서는 '관념적 사유'로 해석한다. 불교의 원자 문제를 다룬 논문은 많지만 대략 제시하면 다음과 같다. 水野弘元(1951, 356), 吉元信行(1982, 167), Frauwallner(1973, 53-36), Dhammajoti(2009, 198-199), 三友健容(2009, 124), 윤영호(2013), 이규완(2017) 등 참조.

14 진제는 物, 현장은 實, 반야류지는 實 … 物로 번역한다.

pa 'ga' yang ma brjod pas de'i phyir 'dir phyi rol gyi don du smra bas[15] phyir gzhil ba'i phyir |

bcom ldan 'das kyis dgongs pa 'dis zhes bya ba la sogs pa smos so |

rang gi sa bon dang snang ba la dgongs nas bcom ldan 'das kyis[16] gzugs la sogs pa'i skye mched yod par gsungs kyi yang dag pa'i don du yod pa'i gzugs la sogs pa de dag rnam par rig pa rnams kyi yul gyi dngos por gyur pa ni ma yin no zhes bya ba ci mngon | de ni 'di skad du sgra ji bzhin du na | gal te 'dir 'ga' zhig rigs pa dang 'gal na ni de'i tshe dgongs pa can du yang brtags[17] pa'i yang rigs na | 'di la ni sgra ji bzhin du na rigs pa dang 'gal ba 'ga' yang med na ci'i phyir ro zhes[18] dgongs pa can du yongs su brtag ces bstan par 'gyur ro | 'dir slob dpon gyis rigs pa dang 'gal ba bstan pa'i phyir | 'di ltar |

de ni gcig na'ang yul min la | zhes bya ba la sogs pa smos so ||

인식대상(grāhya)과 인식주체(grāhaka)의 본질이 없는 것에 대해서 지금까지 어떤 이치도 해명되지 않았기 때문이다. 외계실재론자가 반론(pratyavasthāna)을 제시한다.

'세존은 이런 숨은 의도를 가지고 [색깔/형태 등의 인식영역이 존재한다고 설명하셨지만, 또 한편으로 색깔/형태 등이 실로 존재하는데, 그것들(=색깔/형태 등)이 인식에 있어서 각각 대상이 되지 않는다고 하는 것을 어떻게 받아들여야 하

15 P.N: smr ba

16 P: kyi

17 P: brtag, N: 'ba'

18 P.N: -ro zhes

는가?]'라고 [『유식이십론』에서] 설한다.

세존은 자기의 마음씨앗(sva-bīja)과 나타나는 것(pratibhāsa)을 [인식의 두 가지 발생 조건의] 숨은 의도라고 [주장하시면서] 색깔/형태 등의 인식영역을 설하셨지만, 진짜 의미는 존재하는 그 색깔/형태 등이 모든 인식(vijñapti)의 인식대상이 아니라는 것을 어떻게 이해할 수 있는가? 언급된 것처럼 만약 여기에 어떤 이치와 모순될 때는 '숨은 의도'에 대한 것을 고찰해야 할 것이다. 이것이 이치와 모순되는 경우가 없다면, 왜 숨은 의도라고 하는가? 여기서 논주는 [색깔/형태 등의 인식영역이 있다는] 이치가 모순된다는 [외계실재론자들의 주장을] 설명하기 위하여,

'그것(=대상)은 ① 하나인 대상(=전체)도 아니고, [② 가까이 모인 다수의 원자[19]도 아니고, ③ 그것들(=원자)이 모인 것도 아니다. 왜냐하면 원자의 존재는 증명되지 않기 때문이다]'라고 [『유식이십론』 11abcd송에서] 설한다.

gzugs la sogs pa'i rags[20] pa de gcig pu yang yul ma yin no | rdul phra rab phrag can du gnas pa[21] du ma yang yul ma yin no | rdul phra rab de dag[22] med par gnas pa yang yul ma yin te | 'di ltar

19 다수의 원자로 이루어진 대상을 규기는 설일체유부의 견해라고 주장하고 비니타데바 역시 13송에서 설일체유부의 견해에 귀속시킨다. 다음은 규기의 해석이다.
『유식이십론술기』(T43, 992a25-992a28) 就初頌中 第一句破外道 下三句破小乘. 破小乘中 第一句破古薩婆多毘婆沙師. 下二句 破經部 及新薩婆多順正理師. "처음으로 [다수의 원자가 나타나는 11송] 중에서 제1구는 외도(=바이쉐시카)를 논파하고 아래 3구는 소승을 논파한다. 소승 중에서 제1구는 고비바사인 설일체유부를 논파한다. 제2구는 경량부와 신비바사인 『아비달마순정리론』 논사(=중현)를 논파한다."

20 P.N: pa rags, C: pa'i rigs

21 P.N: -pa

rdul phra rab nyid mi 'grub pa'i phyir ro zhes mdor byas pa'i don to |

bstan bcos byed pas mdor byas pa'i don[23] rgya cher bstan pa'i phyir |

ji skad du bstan par 'gyur zhe na zhes bya ba la sogs pa smos so |

gang khyed kyi rnam par shes pa las logs shig na | gzugs dang sgra la sogs pa'i skye mched gzugs dang sgra la sogs pa'i rnam par rig pa so so'i yul du khas blangs pa de gcig pu zhig yin na bye brag pa rnams kyi cha shas kyi ngo bor rags pa khyon che ba dbang po'i blo[24] gzung bar 'dod pa lta bu 'am | phrag yod par gnas pa'i rdul phra rab du ma yul du 'dod dam | de ste phan tshun ltos[25] pa dang bcas pa'i rdul phra rab de dag nyid 'dus pa dag yul du 'dod grang na ||

그 색깔/형태(=대상) 등은 하나인 대상(=전체)이 되지 않는다. [가까이 모임] 다수의 원자로 이루어진 것도 대상이 되지 않는다. 원자가 그것들(=간극) 없이 [가까이 모여] 있어도 대상이 되지 않는다. 왜냐하면 원자 자체가 성립하지 않기 때문이다는 것이 이 송의 의미이다.

논주는 송의 의미를 널리 설명하기 위하여,

'무엇을 말하고 있는 것인가?'라고 [『유식이십론』에서] 설한다.

---

22 P.N: bar
23 P.N: +de
24 P.N: blo'i
25 P.N: bltos

식(vijñāna)과 별도로 [존재하는] 색깔/형태(rūpa, 色)와 소리(śabda, 聲) 등의 인식영역이 색깔/형태와 소리 등[에 대응하는] 각각의 식의 인식의 대상이 되는 것은 단일한 것으로 존재한다. 바이쉐시카(Vaiśeṣika)가 [원자의] 부분보다 '부분을 지닌 물질'(有分色)[26]이 감각기관의 앎의 인식대상이라고 인정하는 것과 같다. 또는 간격을 띄고서 [가까이 모여 있는] 다수의 원자가 대상으로 인정되든지 또는 원자들이 서로 의존해서 모인 것도 대상이 된다고 인정한다면,

phyogs dang po'i dbang du byas nas |

gcig pu de ni yul ma yin te zhes bya ba la sogs pa smos so |

cha shas can zhes bya ba gcig pu ni yul ma yin te | 'di ltar cha shas rnams las[27] ma gtogs pa cha shas can gzhan gang la yang mi 'dzin te | bum pa dang snam bu la sogs pa thams cad la yang ngos[28] cha dang rgyu skud pa la sogs pa'i cha shas[29] nyid la 'dzin gyi | de dag las gud na bum pa dang snam bu la sogs par mi 'dzin to |

phyogs gnyis pa bstsal pa'i phyir[30] |

du ma yang yul ma yin te zhes bya ba smos so |

---

26 山口益(1977), 26-27. 유분색(avayavirūpa, 有分色)에서 분색(分色)은 부분을 가진 물질의 원자를 의미한다. 추색(麤色, 형체를 띤 물질)은 원자를 가지기 때문에 그렇게 부른다.

27 P.N: la

28 P.N: ngs

29 C: shes

30 P.N: gsal ba'i

du ma phrag can du gnas pa yang yul ma yin te | 'di ltar rdul phra rab so so la 'dzin par khas mi len to | 'di ltar rnam par shes pa lnga'i tshogs ni bsags pa la dmigs so zhes gzhan dag gis khas blangs pa'i phyir ro ||

첫 번째 경우 [즉 하나인 대상(=전체)]에 의하면,

'그것(=대상)은 하나인 대상(=전체)이 아니다'라고 [『유식이십론』에서] 설한다.

즉 부분들(=전체)로부터 제외된 부분은 달리 파악되지 않는다. 병, 천 등 일체는 표면과 가로 실 등의 부분을 취하지만, 그것(=표면과 가로 실)으로부터 분리된 병과 천 등은 파악되지 않는다.[31]

두 번째 경우, [즉 가까이 모인 다수의 원자]를 언급하면,

'[가까이 모인] 다수의 것(=원자)도 대상이 아니다'라고 [『유식이십론』에서]

---

31 AKBh. 189, 16-18. ekatantusaṃyoge paṭasyānupalambhāt | ko hi tadā sataḥ paṭasyānupalambhau pratibandhaḥ | akṛtsnavṛttau paṭabhāgo 'tra syāt na paṭaḥ || 『아비달마구사론』(T29, 66b23-66b27) 一縷合中曾不得衣 唯得縷故. 有誰爲障令不得衣. 若一縷中無全衣轉 則應一縷上有衣分無衣 應許全衣唯集諸分. 非更別有有分名衣. "[눈 등의 감각기관이] 한 가닥의 실과 결합할 때, 옷감은 인식될 [수 없고 오직 실만을 인식할 수 있기] 때문이다. 그때 무엇이 그같이 옷감의 인식을 방해하는가? 만약 한 가닥의 실 중에서 전체 옷감[에 대한 인식]이 일어나지 않는다면, 응당 한 가닥의 실이 옷감의 부분이지만 옷감은 존재하지 말아야 하며 마땅히 전체 옷감은 오직 여러 부분이 모인 것이라는 사실을 인정해야 한다. 즉 옷감이라고 부르는 '부분을 갖는 것(즉 전체)'은 절대 [실과] 별도로 존재하지 않는다." 이를테면 '부분을 갖는 것'(=전체)은 부분과 별도로 존재하는 것이 아니라 부분들이 모인 것(=전체)이다.

설한다.

[가까이 모인 다수의 원자들 간에] 많은 간격(間隙)이 있는 것도 대상이 되지 않는다. 왜냐하면 각각의 원자를 파악할 수 없기 때문이다.[32] 즉 전5식은 [원자가] 모인 것[을 인식대상으로 삼는다는 것을] 다른 이[33]는 허용하기 때문이다.

phyogs gsum pa bstsal[34] ba'i phyir ro[35] |

de dag 'dus pa yang yul ma yin te zhes bya ba la sogs pa smos so |

phan tshun nas nye ste bar med par gnas pa'i rdul phra rab dag kyang yul ma yin te | 'di ltar rdul phra rab ces bya ba gang yang rdzas gcig tu mi 'grub pa'i phyir ro | gal te rdul phra rab dag rdzas su yod par grub na ni de'i phyir ci de dag 'dus pa yul yin nam | 'on te phrag can du gnas pa zhes bsam[36] par yang bya na de dag ni rdzas yod par ma grub bo ||

32 설일체유부의 견해이다. 아비달마의 경우 '전5식은 원자가 모인 것을 인식대상으로 삼는다'라는 것을 핵심 교리로 삼는다. 이 경우 전5식은 무분별지로 개별적 대상을 파악한다. 그런데 개개 원자는 너무 미세하여 파악할 수 없기에 이런 개개 원자들이 모여 있는 공통적 대상을 파악할 수 있다. 즉 개개 원자가 모인 것은 공통적 대상이 아니라 전체상이다. 공통적 대상은 분별지인 제6식인 의식(manovijñāna)만이 가능하다.

33 여기에서 '다른 이'는 '원자가 모인 것'을 인식대상으로 삼는 경량부와 신유부인 중현을 가리킨다. 경량부와 중현이 주장하는 '원자가 모인 것'의 대상은 '원자가 모이는 방식의 차이'에 의해서 구별된다. 390, 각주 6, 395, 각주 12, 398, 각주 22.

34 P.N: bsal

35 P.N: -ro

36 P.N: bsams

세 번째 경우, [즉 원자들이 모인 것]을 언급하기 위하여,

'원자[들]이 모인 것도 대상이 아니다'라고 [『유식이십론』에서] 설한다.

서로 간격 없이(無間) 매우 가까이 [근접하여 모여서] 존재하는 원자[들]도 또한 대상이 되지 못한다. 왜냐하면 원자와 같은 것은 실체로서 성립하지 않기 때문이다. 만약 원자들이 실체로 존재한다는 것이 성립하기 위해서, 왜 그것(=원자)의 모임이 대상이 되는가? 또는 간격을 가지고 [가까이 모여서] 존재하는 [원자도 대상이 되는가?]라고 여기는 그것(=원자)이 실체로 존재하는 것은 성립하지 않는다.

12
송

다수의 원자로 이루어진 외계 대상은 실재하는가?

⌘ 티베트역 12송

[D.136, 7a3]

ji ltar mi 'grub ce na |

'di ltar |

drug gis cig car sbyar bas na |
phra rab rdul cha drug tu 'gyur || 12ab ||[1]

phyogs drug nas rdul phra rab drug gis cig car du sbyar na ni rdul phra rab cha drug tu 'gyur te | gcig gi[2] go gang yin pa der gzhan mi 'byung ba'i phyir ro |

---

1 P.K.125. 12송.
drugis chig char ldan bas na |
rdul phran cha ni drug du'o |
drug rnams mnyam ba'i yul bas na |
gong bu rdul tsam du 'gyur ba'o || 12abcd ||

2 P.N: gis

drug po dag kyang go gcig na |
gong bu rdul phran tsam du 'gyur || 12cd ||

ji ste[3] rdul phra rab gcig gi go gang yin pa de nyid du drug po rnams kyi go yang yin ni des[4] na thams cad go gcig pa'i phyir gong bu thams cad rdul phra rab tsam du 'gyur te | phan tshun tha dad pa med pa'i phyir gong bu gang yang snang bar mi 'gyur ro ||

[외계실재론자:] 어째서 [원자의 존재가] 증명되지 않는 것인가?

[바수반두:] 왜냐하면,

[원자들이 모일 때, 하나의 원자가] 여섯 개[의 다른 원자]와 동시에 결합(sbyar ba, yoga)**한다면, 원자는 여섯 부분**(cha, aṃśa)**을 지니게 되기 때문이다.** [12ab]

만약 [하나의 원자가 전 · 후 · 상 · 하 · 좌 · 우의] 여섯 방향으로부터 여섯 개의 원자와 동시에 결합한다면, 원자는 여섯 부분을 지니게 된다[는 잘못된 결론에 빠질 것이다.] 왜냐하면 하나[의 원자]가 [차지하고] 있는 그 장소에 다른 것(=원자)이 [동시에] 생길 수 없기 때문이다.

[혹은, 중심에 있는 하나의 원자와 결합한] 여섯 개[의 원자] 또한 [그 중심에 있는 원자와] 같은 장소[에 있는 것이]라면, [원자들이 결합한] 덩어리(gong bu, piṇḍa)**는 원자 [하나] 크기가 되어 버릴 것[이기 때문]이다.** [12cd]

---

3 N: snyed
4 N: de ni

[혹은 원자가 여섯 부분을 지니는 것이 아니라고 할 경우] 만약 하나의 원자가 [차지하고 있는] 바로 그 장소는 여섯 개[의 원자]가 차지한 장소[와 같은 곳이]라면, 그러면 [결합한 일곱 개의 원자들은] 모두 [동시에] 같은 장소를 차지하게 되므로 [원자가 결합한] 덩어리 전체는 원자 [하나] 크기가 될 것이다. 왜냐하면, [원자들이 한 공간을 동시에 차지하더라도] 서로 구분되지 않을 것이기 때문이다. [따라서 결합한 것은 모두 원자 하나 크기가 되어] 어떤 덩어리도 보이지 않을 것이다.[5]

---

5 L. Viṃ. 7, 7-8. atha ya evaikasya paramāṇor deśaḥ sa eva ṣaṇṇāṃ | tena sarveṣāṃ samānadeśatvāt sarvaḥ piṇḍaḥ paramāṇumātraḥ syāt parasparāvyatirekād iti na kaścit piṇḍo dṛśyaḥ syāt || "혹은, 하나의 원자가 점유한 장소가 여섯 개[의 원자]가 점유한 장소이다. 그러면 [연결된 원자는] 모두 같은 장소를 점유하게 되기 때문에, [원자가 연결된] 덩어리 전체는 원자 [하나] 크기가 될 것이다. 왜냐하면 [한 공간을 점유하더라도] 서로 배제하지 않을 것이기 때문이다. 따라서 [결합한 것은 모두 원자 하나 크기가 되어] 어떤 덩어리도 볼 수 없을 것이다." 다음은 반야류지역이다. 『유식론』(T31, 67b28-67c1) 若六微塵唯一處者 一微塵處有六微塵. 若如是者 六塵一處. 若一處者則六微塵不可得見. "만약 여섯 개의 미진이 오직 동일한 장소에 있다면, 하나의 미진이 있는 장소에 여섯 개의 미진도 [함께] 있게 된다. 만약 이와 같다면, 여섯 개의 미진이 동일한 장소에 있을 것이고 만약 동일한 장소라면, 곧 여섯 개의 미진은 볼 수 없을 것이다." 다음은 진제역이다. 『대승유식론』(T31, 72b1-72b2) 若一鄰虛處即是六處 一切同一處故 則一切聚物量同鄰虛. "만약 하나의 원자가 머무는 곳이 여섯 개의 [원자가 머무는] 곳이라면, 일체 [존재가] 같은 곳에 [있기] 때문에 모인 사물의 크기는 [하나의] 원자와 같아지게 된다." 다음은 현장역이다. 『유식이십론』(T31, 76a1-76a2) 一極微處若有六微 應諸聚色 如極微量. "하나의 원자가 [있는] 장소에 만약 여섯 개의 원자가 있다면, 마땅히 모든 취색은 [하나의] 원자와 같아야 한다."

⌘ 비니타데바 12송 해석

[D.136, 185b5]

phyi rol[6] gyi don du smra ba rdul phra rab ma grub par yid mi[7] ches nas ji ltar mi 'grub ces dris te | ma grub pa'i rgyu gang yang mi snang ngo snyam du sems so | slob dpon gyis ma grub pa'i rgyu bstan pa'i phyir |

'di ltar drug gis cig car sbyar ba na zhes bya ba la sogs pa smos so |

de nyid rnam par dgrol ba'i phyir |

phyogs drug nas zhes bya ba la sogs pa smos so |

gang gi tshe dbus na 'dug pa'i rdul phra rab la phyogs drug nas 'ongs pa'i rdul phra rab drug gis cig car du sbyar ba de'i tshe phyogs gzhan dang gzhan dag nas sbyar tam | 'on te gcig kho na nas sbyar zhes brjod par bya'o | gal te rdul phra rab drug po dag gis gzhan dang[8] gzhan dag nas cig car du sbyar na ni de'i tshe dbus na 'dug pa'i rdul phra rab cha drug tu 'gyur ro |

ci'i phyir snyam pa la |

gcig gi go gang yin pa der zhes bya ba la sogs pa smos so ||

외계실재론자는 원자가 성립하지 않는다는 주장을 믿지 않는다. [그래

6 D는 ra로 되어 있지만 rol로 교정하여 번역하였다.

7 P.N: ma

8 P.N: -gzhan dang

서] 왜 성립하지 않는가?라고 묻고 [원자가] 존재하지 않을 어떤 이유도 없다고 주장한다. 논주는 [원자가] 존재하지 않는 이유를 설명하기 위하여,

'[원자들이 모일 때, 하나의 원자가] 동시에 여섯 개[의 다른 원자]와 결합한다면, [원자는 여섯 부분을 지니게 되기 때문이다]'라고 [『유식이십론』 12ab송에서] 설한다.

그것을 해석하기 위하여,

'[하나의 원자가 전·후·상·하·좌·우의] 여섯 방향으로부터 [여섯 개의 원자와 동시에 결합한다면, 원자는 여섯 부분을 지니게 된다는 잘못된 결론에 빠질 것이다]'라고 [『유식이십론』에서] 설한다.

중앙에 있는 [하나의] 원자에 여섯 방향(phyogs, dǐg, 方)에서 오는 여섯 원자와 동시에 결합할 때, [여섯 원자는] 서로 다른 한쪽 면(eka-deśena)의 [부분이] 결합하는가? 아니면 오직 전체(avayavin)가 결합(Sbyar ba, yoga)하는가?[9] 만약 여섯 원자가 서로 다른 한쪽 면과 동시에 [모두] 결합하면, 그것의 중앙에 있는 원자는 여섯 개의 부분을 가지게 된다.

9 원자들의 결합에서 중요한 문제는 원자가 부분으로 접촉(分觸)하는가 아니면 전체로 접촉(遍觸)하는가이다. 부분 접촉하면 원자의 정의에 어긋나게 된다. 즉 원자의 정의는 더 이상 쪼갤 수 없는 최소입자로 더 이상 쪼갤 수 없으므로 부분 면이 없다. 부분 면이 없으므로 접촉할 수가 없다. 그러나 전체 접촉하면 원자들이 서로 뒤섞여 전체 하나가 된다. 234, 각주 19 참조. 이 문제에 대해서는 방인(1998), 윤영호(2013), 이규완(2018), 박창환(2010), 那須円照(1997) 등 참조.

왜?라고 질문하기 때문에,

'[왜냐하면] 하나의 [원자가 차지하고 있는 그 장소에 다른 원자가 동시에 생길 수 없기 때문이다]'라고 [『유식이십론』에서] 설한다.

'di ltar dbus su 'dug pa'i rdul phra rab kyi phyogs kyi[10] ngos la 'dug pa'i rdul phra rab gcig gis non pa gang yin pa de'i[11] rdul phra rab gzhan[12] go skabs med de | de'i phyir de ni[13] phyogs gzhan du gnas par bya dgos so | gzhan dag kyang de bzhin du cha drug tu grub bo | de ltar rdul phra rab cha drug 'dus par gyur na des de rdzas su yod par ga la 'gyur | phyogs gnyis pa'i dbang du byas nas |

drug po[14] dag ni go gcig na zhes bya ba la sogs pa smos so |

'di[15] nyid rnam par dgrol ba'i phyir |

ji ste rdul phra rab gcig gi go[16] gang yin pa de nyid ces bya ba la sogs pa smos so |

ji ste dbus na gnas pa'i rdul phra rab gcig gi go gang yin pa de nyid ngos la 'dug pa'i rdul phra rab drug po rnams kyi go yang[17] yin na ni des na rdul phra rab mang po rnam pa[18] go gcig pa'i

---

10 P.N: -kyi
11 P.N: der ni
12 P.N: +gyi
13 P.N: -ni
14 P.N: +de
15 P.N: de
16 P.N: gis
17 P.N: gang
18 P.N: rnams

phyir gong bu thams cad rdul phra rab tsam du 'gyur te | tshul 'dis ri rab la sogs pa yang rdul phra rab tu 'gyur ro |

ci'i phyir snyam pa la phan tshun du[19] |

tha dad pa med pa'i phyir zhes bya ba la sogs pa smos te |

'di ltar phyogs 'di la rdul phra rab thams cad kyang phan tshun tha dad pa[20] med de | de'i phyir de'i gong bu gang yang snang bar mi 'gyur te | ri rab kyang snang bar mi 'gyur bar 'dod do ||

즉 중심에 있는 [하나의] 원자의 부분이 [어느] 한쪽에 있는 한 원자와 결합할 때, 다른 장소에 있는 원자는 [부분을] 가지지 않는다. 따라서 거기(=다른 장소에 있는 원자)에서는 다른 방향을 가지고 있어야 한다. 그 다른 것(=원자)도 똑같이 여섯 부분을 가지게 된다. 이같이 원자가 여섯 부분으로 결합하게 되면, 그것(=여섯 개의 원자가 결합한 것)은 어떻게 실체를 가질 수 있는가? 다음으로 두 번째 경우에 관해서,

'[혹은 중심에 있는 하나의 원자와 결합한 여섯 개의 원자 또한 그 중심에 있는 원자와] 같은 장소[에 있는 것이라면, 원자들이 결합한 덩어리는 원자 하나 크기가 되어 버릴 것이기 때문이다]'라고 [『유식이십론』 12cd송에서] 설한다.

이것을 해석하기 위하여,

---

19 P.N: -du

20 N: -pa

'만약 하나의 원자가 [차지하고 있는 바로 그] 장소[는 여섯 개의 원자가 차지한 장소와 같은 곳이라면, 그러면 결합한 일곱 개의 원자들은 모두 동시에 같은 장소를 차지하게 되므로 원자가 결합한 덩어리 전체는 원자 하나 크기가 될 것이다]' 라고 [『유식이십론』에서] 설한다.

만약 중심에 있는 원자[가 차지하고 있는] 그 같은 장소에 여섯 개의 원자가 있는 장소[와 같은 곳이라]면, 그것으로 많은 원자는 같은 장소에 머물기 때문에 모든 큰 물질(sthūla, 麤物)은 오직 원자 [하나 크기]가 된다. 이런 방법으로 산 등[21]도 원자 [하나 크기]가 되는 것이다.

왜?라고 여기는 사람에 대하여,

'[원자들이 한 공간을 동시에 차지하더라도] 서로 구분되지 않을 것이기 때문이다'라고 [『유식이십론』에서] 설한다.

이 유식학파는 모든 원자가 [한 공간을 동시에 차지하더라도] 서로 구분되지 않기 때문에 그것(=원자가 모인 것)의 덩어리(piṇḍa)도 나타나지 않고 산도 나타나지 않는다라고 주장한다.

---

21 이 단어는 반야류지역에도 보인다. 『유식론』(T31, 67c2-67c3) 若如是者 一切麤物山河等 事亦不可見. "만약 이와 같다면, 모든 큰 사물인 산이나 강 등의 것 또한 볼 수 없을 것이다."

13
송

원자의 모임으로 이루어진 외계 대상은 실재하는가?

⌘ 티베트역 13송

[D.136, 7a5]

kha che'i bye brag tu smra ba rnams nyes pa 'di 'byung du 'ong ngo zhes te | rdul phra rab rnams ni cha shas med pa'i phyir sbyor ba ma yin gyi[1] | 'dus pa dag ni phan tshun sbyor ro zhes zer ba de dag la 'di skad du | rdul phra rab rnams 'dus pa gang yin pa de[2] dag las don gzhan rnams[3] ma yin no zhes brjod par bya'o |

rdul phran sbyor ba med na ni |
de 'dus yod pa de gang gis || 13ab ||[4]

1 P.N: gyis
2 P.N.D: -de (하나 생략 -de)
3 P.N: rnam gzhan
4 P.K.125. 13송.
rdul phran myi 'du ba yin na |
de'i bsdus yod su'i de' |
bag bag kyang ma yin/myin bas |
de'i 'du ba myi 'grubo || 13abcd ||

sbyor ba zhes bya bar bsnyegs so ||

[바수반두:] 카슈미라(kha che, Kāśmira)의 『대비바사론』을 따르는 무리(Bye brag tu smra ba rnams, Vaibhāṣika, 毘婆沙師, =설일체유부)는 "이런 오류가 생긴다"라고 [다음과 같이 주장한다]. "원자들은 부분이 없으므로 [절대로 서로] 결합하지 않는다. [따라서 원자들이 서로 붙지 않고 인접하여] 모인 것('dus pa, saṃghāta)들끼리 서로 결합하는 것이다"라고 주장한다. 그들에게 [다음과 같은 질문이] 제기되어야 한다. "원자들이 [접촉하지 않고 인접하여] 모인 것은 그것(=원자)들과 [본질적으로] 다른 어떤 것이 아니다."

원자가 결합하지 않[는데, 원자들이 인접하여 모인 것끼리는 서로 접촉하여 결합하]는 경우에, 그것(=원자)이 모인 것 안에서 [접촉하여 결합하는 것은 대체] 무엇인가? [13ab]

'결합'이라고 하는 [말이 게송 뒤에] 이어진다.

cha shas yod pa ma yin pas |
de[5] sbyor mi 'grub ma zer cig || 13cd ||

ji ste 'dus pa dag kyang phan tshun mi sbyor ro zhe na | rdul phra rab rnams[6] ni cha shas med pa'i phyir sbyor ba mi 'grub bo zhes ma zer cig | 'dus pa cha shas dang bcas pa yang sbyor bar[7] khas mi len pa'i phyir ro | de bas[8] rdul phra rab rdzas gcig pu mi 'grub bo ||

---

5 P.N: de'i

6 P: gyi rnams, N: gyi rnam

7 P.N: bas

[또한, 반대로 원자들이 모인 것들끼리 결합하는 것이 아니라면, 원자들이] 부분이 없다는 것을 이유로 그것(=원자들)의 결합이 성립되지 않는다고 말해서는 안 된다. [13cd]

또한, 만약 [카슈미라의 논사들이 원자들이] 모인 것들끼리도 [원자와 마찬가지로] 서로 [접촉하여] 결합하지 않[고 인접하여 더 큰 덩어리를 이룬]다고 말[을 바꾸어 다시 주장]하면, [앞에서처럼 그들이] "원자들은 부분이 없으므로 [원자들의] 결합이 성립되지 않는다"라고 말해서는 안 된다. 왜냐하면, 모인 것은 부분을 지니더라도 [집합체 사이의] 결합이 인정되지 않[아서 세상의 어떤 사물도 결합할 수 없게 되]기 때문이다. 그러므로 하나의 실체로서 원자[의 존재]는 증명될 수 없다.

⌘ 비니타데바 13송 해석

[D.136, 186a5]

phyogs dang po ni cha shas dang bcas pa'i phyir rdzas su yod par[9] 'gyur ro | phyogs gnyis pa ni cha shas med pa'i phyir sogs pa yod par mi 'grub bo | de bas na snang bar mi 'gyur ro zhes bsdus pa'i don to | phyogs dang po la bye brag tu smra bas lan gdab pa'i phyir |

---

8 N: de bas na

9 P.N: +mi

rdul phra rab rnams ni zhes bya ba la sogs pa smos so |

gal te rdul phra rab rnams sbyor na ni de'i phyir drug gis cig car du sbyor[10] bas cha drug tu yang 'gyur na | de dag ni cha shas med pa'i phyir mi sbyor ro | de bas na 'di la cha[11] drug gi nyes par 'gyur ba med do | gal te rdul phra rab rnams mi sbyor na gang sbyar bar byed pa[12] de gang gi yin snyam pa la |

'dus pa dag ni zhes bya ba la sogs pa smos te |

'dus pa dag ni cha shas dang bcas pa'i phyir phan tshun sbyor ro | de bas na grags pa dang mi 'gal lo snyam du khas 'che ba'i bye brag tu smra ba rnams sems so ||

첫 번째 경우는 [원자가] 방향(diś)의 부분(avayava)을 가지기(cha shas yod pa, sāvayava, 有方分) 때문에 실재한다는 것이다. 두 번째 경우는 [원자가] 방향의 부분을 가지지 않기(cha shas med pa, niravayava, 無方分) 때문에 다른 것(=원자의 모임)도 성립하지 않는다는 것이다. 그러므로 원자로 구성된 [외계 대상은 성립할 수 없으므로] 파악할 수 없다. 첫 번째 경우를 주장하는 설일체유부가 비판하기를,

'원자들이 [결합하지 않는데, 원자들이 인접하여 모인 것끼리는 서로 접촉하여 결합하는 경우에, 그것(=원자)이 모인 것 안에서 접촉하여 결합하는 것은 대체 무엇인가?]'라고 [『유식이십론』 13ab송에서] 설한다.

---

10 P.N: sbyar
11 P.N: -cha
12 P.N: snang ba

만약 원자들이 결합한다면, 여섯 개의 [원자가 중심에 있는 하나의 원자와] 동시에 결합하기 때문에 [원자는] 여섯 개의 부분[을 가지게] 될 것이다. 그러나 그들(=원자)은 방향의 부분(方分)이 없기에 결합하지 않는다. 그래서 여기에 [원자가] 여섯 개의 부분[을 가지는 것은] 오류가 되지 않는다. 만약 원자들이 결합하지 않는다면, 결합하는 것은 무엇인가?

'[원자들이] 모인 것들도 또한 [결합하는 것이 아니라면, 원자들은 부분이 없다는 것을 이유로 그것(=원자들)의 결합이 성립되지 않는다고 말해서는 안 된다]'라고 [『유식이십론』에서] 설한다.

[원자가] 모이는 것은 방향의 부분을 가지기 때문에 서로 결합[할 수] 있다. 그래서 [원자의 결합은] 상식적인 것으로 잘못된 것이 아니라고 설일체유부는 생각한다.

bstan bcos byed pas de bsal ba'i phyir |

de dag la 'di skad du zhes bya ba la sogs pa smos so |

bye brag tu smra ba de dag la 'di skad du rdul phra rab rnams 'dus pa gang yin pa de rdul phra rab rnams las gzhan nam 'on te ma yin zhes dri bar bya'o | gal te don tha dad pa ma yin no zhes zer na de la nyes par bstan pa'i phyir |

rdul phran zhes bya ba la sogs pa smos so |

gal te rdul phra rab rnams mi sbyor la | 'dus pa'i[13] yang de[14] las don gzhan du mi 'dod na de'i tshe 'dus pa'i sbyor ba gang yin pa de dag gang gi yin par 'dod | rdul phra rab rnams kyi ni ma yin te |

cha shas med pa dang khas mi len pa'i phyir ro | de ni 'dus pa'i yang ma yin te | de dag las don gzhan ma yin pa'i phyir ro |

de dag las[15] don gzhan ma yin pa ni[16] de las ma byung bas 'bras bu khas blang du mi rung ngo | de'i phyir sbyor ba de gang gi yin zhes brjod par bya'o | mdor byas pa snga ma las byed pa'i tshig khong nas dbyung ba'i phyir | sbyor ba zhes bya bar snyegs so zhes bya ba smos te | de ni go sla bas ma bshad do ||

논주는 그것을 부정하기 위하여,

'그들에게 [다음과 같은 질문이] 제기되어야 한다'라고 [『유식이십론』에서] 설한다.

그들 설일체유부에게 다음과 같이 묻는다. 모인 원자들은 다수의 원자와 다른 것인가, 아니면 다르지 않은 것인가? 만약 대상이 [다수의 원자와] 다르지 않다고 한다면, 그것에 대한 오류를 설명하기 위하여,

'원자들[이 접촉하지 않고 인접하여 모인 것은 원자들과 본질적으로 다른 어떤 것이 아니다]'라고 [『유식이십론』에서] 설한다.

만약 다수의 원자가 결합하지 않고 그것(=원자)의 모임이 다수의 [원자

---

13 P.N: pa

14 P.N: +dag

15 P.N: -dag las

16 P.N: -ni

와] 다른 것이라고 인정되지 않는다면, [원자] 모임의 결합방식은 어떠한가? [그것은] 다수의 원자에 [속한 것이] 아니다. [다수의 원자는] 부분이 없으며 [또 원자가 결합한다고 설일체유부가] 시인하지 않기 때문이다.

그것들(=원자)은 모이지도 않고 [원자들이 모인 것은] 그것들(=원자)과 다르지도 않기 때문이다. 그들(=다수의 원자)과 다른 것이 아니라는 것은 거기(=다수의 원자)에서 생기지 않기 때문에 결과로서 인정할 수 없다. 그러므로 그 [원자가] 모인 것은 어떤 것인가라고 물어야 한다. 앞의 송에서 동사를 생략했기 때문에 '결합'이라는 말이[송 뒤에] 보충되어야 한다. 그것은 이해하기 쉽기에 해석하지 않는다.

brgya la bye brag tu smra ba de[17] dag nyes pa des 'jigs te 'dus pa yang sbyor bar[18] mi 'dod du dogs nas |

cha shas yod pa ma yin pas zhes bya ba la sogs pa smos so |

de nyid rnam par dgrol ba'i phyir |

ji ste 'dus pa dag kyang zhes bya ba la sogs pa smos so |

ji ste nyes pa 'di 'byung du 'ong zhes te | 'dus pa dag kyang phan tshun mi sbyor[19] ro zhe na | de lta[20] na ni rdul phra rab rnams cha shas med pa'i phyir sbyor ba med do zhes ma zer cig | ci'i phyir mi[21]

17 P.N: -de
18 N: ba
19 P: sbor
20 N: ltar
21 N: ni

brjod snyam pa la |

'dus pa cha shas dang bcas pa yang zhes bya ba la sogs pa smos so |

'di ltar 'dus pa cha shas dang bcas pa yang sbyor bas khas mi len pa'i phyir ro | gal te 'dus pa cha shas dang bcas pa sbyor bar mi 'dod na[22] ni | de'i tshe rdul phra rab rnams cha shas[23] med pa'i phyir sbyor bar mi 'grub bo zhes smra ba'i mi rigs so | gang gi tshe cha shas dang bcas pa yang mi 'dod pa de'i tshe cha shas med pa ni sbyor ba med pa'i gtan tshigs yin no zhes ma zer cig | de'i phyir de ltar bye brag tu[24] smra ba bsal nas snga ma'i skabs mjug bsdu ba'i[25] phyir |

de bas na rdul phra rab ces bya ba la sogs pa smos so |

gang gi phyir de ltar drug gis cig car du sbyar bas rdul phra rab cha shas drug tu 'gyur ba de'i phyir rdul phra rab rdzas gcig tu mi 'grub bo | cha shas med pa'i phyogs ltar na yang gong bu thams cad mi snang bar 'gyur ba'i rigs te bshad zin to ||

설일체유부는 오류에 떨어질까 두려워서 [원자가] 모인 것의 결합에 대해 인정하지 않는 것을 승낙하기 어렵다고 하면서 [다음과 같이 질문한다].

'[또한, 반대로 원자들이 모인 것들끼리 결합하는 것이 아니라면, 원자들이] 부분이 없다는 것을 이유로 [원자들의 결합이 성립되지 않는다고 말해서는 안 된

22 N: na
23 P.N: -cha shas
24 P.N: -tu
25 N: +ba'i

다]'라고 [『유식이십론』 13cd송에서] 설한다.

그것을 해석하기 위하여,

'만약 [카슈미라 논사들이 원자들이] 모인 것들끼리도 [원자와 마찬가지로 서로 접촉하여 결합하지 않고 인접하여 더 큰 덩어리를 이룬다고 주장하면, 원자들은 부분이 없으므로 원자들의 결합이 성립되지 않는다라고 말해서는 안 된다]'라고 [『유식이십론』에서] 설한다.

따라서 이런 오류가 생긴다. [원자들이] 모인 것은 서로 결합하지 않으므로 다수의 원자 [모임은] 부분이 없기에 결합하지 않는다고 말할 수 없다. 왜 그렇게 말할 수 없는가?

'모인 것은 부분을 지니더라도 [모인 것들 사이의 결합이 인정되지 않아서 세상의 어떤 사물도 결합할 수 없게 되기 때문이다]'라고 [『유식이십론』에서] 설한다.

즉 부분을 가진 [원자가] 모인 것에 대한 결합을 인정할 수 없기 때문이다. 만약 부분을 가진 [원자가] 모인 것의 결합을 인정하지 않는다면, 원자들은 부분이 없기에 결합은 성립하지 않는다라는 말은 이치에 맞지 않는다. 물론 부분을 가진 [원자도] 인정되지 않기에 부분을 가지지 않은 [원자가] 결합하지 않는다는 것도 이유가 될 수 없다. 그러므로 이같이 설일체유부의 주장을 부정하고서 앞 송을 요약하면 다음과 같다. 그러므로

'[하나의 실체로서] 원자[의 존재는 증명될 수 없다]'라고 [『유식이십론』에서]

설한다.

이처럼 여섯 개[의 원자가] 동시에 결합함으로써 원자는 여섯 방향의 부분(方分)을 [가지기] 때문에 원자는 하나의 실체로서 성립하지 않는다. [원자가 방향의] 부분이 없는 경우라도 모든 [원자가 모인] 덩어리(piṇḍa)는 볼 수 없다는 이치로 해석될 수 있다.

14
송

원자는 부분을 가지는가? 가지지 않는가?

⌘ 티베트역 14송

[D.136, 7b1]

rdul phra rab sbyor bar 'dod kyang rung mi 'dod kyang rung ste |

gang la phyogs cha tha dad yod |
de[1] ni gcig tu mi rung ngo || 14ab ||[2]

rdul phra rab kyi shar phyogs kyi cha yang gzhan pa nas 'og gi cha'i bar du yang gzhan te | phyogs kyi cha tha dad na de'i bdag nyid kyi rdul phra rab gcig pur ji ltar rung ||

sgrib[3] dang sgrib par ji ltar 'gyur || 14c ||

---

1 N: da

2 P.K.125. 14송.
phyogs cha tha dad gang yod pa |
de'i gchig du myi rung ngo |
drib dang sgrib kyang ji ltar 'gyur |
phung myin gal te de myin || 14abcd ||

[바수반두:] 또한 원자의 결합을 인정하든 인정하지 않든지

방향의 부분에 대한 구별(phyogs cha tha dad [pa], dig-bhāga-bheda)**이 있는 것이 하나[의 실체]라는 것은 이치에 맞지 않는다.** [14ab]

원자의 앞부분이 [다른 쪽 부분과] 다르고, [뒤 · 왼쪽 · 오른쪽 · 윗부분과] 아랫부분에 이르기까지도 [각각] 다르다. [이런 식으로 원자에] 방향의 부분에 대한 구별이 있다면, 어떻게 그것(=여섯 부분의 구별)을 본질로 하는 원자가 하나[의 실체]라는 것이 이치에 맞겠는가?

[혹은, 원자에 방향의 부분에 대한 구별이 없다면,] 어떻게 [사물에] 그늘진 부분(grib [ma], chāya)**이나 물리적 방해**(sgrib pa, āvṛti)**가 있을 수 있는가?** [14c]

gal te rdul phra rab re re la[4] phyogs kyi cha tha dad pa med na ni nyi ma shar ba'i tshe ngos gzhan ni grib ma[5] 'bab par ji ltar 'gyur te | de la[6] ni gang du nyi ma mi 'bab pa'i phyogs gzhan med do | gal te phyogs kyi phyogs[7] tha dad par mi 'dod na rdul phra rab la rdul phra rab gzhan gyis sgrib par yang ji ltar 'gyur | rdul phra rab gang la yang cha shas gzhan med na gang du 'ong ba'i phyogs la gcig la gcig mi[8] thogs[9] par 'gyur | thogs pa med na ni thams cad go gcig

---

3 P.N: grib

4 P.N: la yang

5 P.N: mi

6 P: del ni

7 P.N: phyogs cha, D: phyogs kyi phyogs이지만, 내용상 phyogs cha로 교정하여 번역하였다.

8 D.P. 모두 mi가 없으나 내용상 첨가하여 번역하였다.

9 P.N: thog

tu gyur pas 'dus pa thams cad rdul phra rab tsam du 'gyur te | de ni bshad zin to ||

만약 하나하나의 원자가 방향의 부분에 대한 구별이 없다면, 왜 해가 떠오를 때 [햇빛이 비추는] 반대쪽에는 '그늘진 부분'(grib ma, chāya)이 있는 것인가? [왜냐하면, 원자에 방향의 부분에 대한 구별이 없다면,] 그것(=원자)은 햇빛이 비추지 않는 또 다른 부분을 지니지 않을 것이[기 때문이]다. 만약 [원자에 있어서] 방향의 부분에 대한 구별이 인정되지 않는다면, 왜 [어떤 하나의] 원자가 다른 원자를 물리적으로 방해할 수 있는 것인가? 어떤 원자에도 [다른 방향과 구별되는] 다른 부분이 없다면, 어떤 방향에서 접근하더라도 서로서로 가로막아 [방해하지] 않을 것이다. 만약 [원자들이 서로] 가로막지 않는다면, [원자들이] 모두 같은 장소를 공유하게 되기 때문에 [원자들이] 모인 것 전체가 원자 하나의 크기가 된다는 것은 앞[의 12송]에서 언급하였다.

grib ma dang sgrib pa rdul phra rab kyi ma yin yang | ci gong bu'i yin pa de ltar yang mi 'dod dam |

rdul phra rab rnams las[10] gong bu gzhan zhig yin par 'dod dam ci na de dag de'i yin |

smras pa | yin no[11] |

gong bu[12] gzhan min de de'i min || 14d ||

10 P.N: la, D: las

11 내용상 부정어 ma를 첨가하여 번역하였다.

gal te rdul phra[13] rab rnams las gong bu gzhan ma yin na de dag de'i ma yin par grub pa yin no ||

[외계실재론자:] [그런] 그늘진 부분이나 물리적 방해(sgrib pa, āvṛtī)가 일어나는 것이 원자에서가 아니라 [원자들이 모인] 덩어리(gong bu, piṇḍa)라고는 인정하지 않는가?

[바수반두:] 어째서 원자들과 다른 [원자들의] 덩어리(piṇḍa)[14]가 그 둘(=그늘진 부분과 물리적 방해)을 지닌다고 인정하는가?

[외계실재론자: 원자와 원자들의 덩어리는 서로 다른 것이] 아니라고 말한다.

> **[바수반두:] 만약 [원자들이 모인] 덩어리가 [원자와 본질적으로] 다른 것이 아니라면, 그것(=덩어리)에는 그것(=그늘진 부분과 물리적 방해)은 없을 것이다. [14d]**

만약 원자들과 [원자들의] 덩어리가 다른 것이 아니라면, 그것들(=그늘진 부분과 물리적 방해)이 그것(=덩어리)에 속하지 않는다는 것이 성립된다.

---

12 P.K.125: phyung

13 C: -phra

14 piṇḍa(덩어리)에 대해 진제와 현장은 취(聚)라고 번역하고 반야류지는 진취(塵聚)라고 번역한다.

⌘ 비니타데바 14송 해석

[D.136, 187a2]

yang rdul phra rab bstsal[15] ba'i phyir |

rdul phra rab sbyor bar 'dod kyang rung zhes bya ba la sogs pa smos so |

rdul phra rab sbyor bar 'dod kyang rung[16] ste | sbyor bar 'dod[17] pa 'dis bdag la ci zhig bya | ye ni gal te rdul phra rab la phyogs kyi cha tha dad par khas len pa de'i tshe | gang la phyogs cha tha dad yod | de ni gcig tu mi rung ngo | phyogs kyi cha tha dad par bshad par 'dod nas |

rdul phra rab kyi shar phyogs kyi cha yang gzhan zhes bya ba la sogs pa smos so |

phyogs kyis mtshon pa'i cha ni phyogs kyi cha ste de yang shar phyogs kyis mtshon pa yang gzhan pa nas 'og gi phyogs kyis mtshon pa'i bar du yang gzhan no | de ltar phyogs kyi cha tha dad na cha du ma yod pa'i rdul phra rab gcig pur ji ltar rung | de ni 'di skad du gang la cha de dag yod pa ni cha las logs shig na gzhan gang yang med de | de'i phyir cha 'dus pa tsam gyi rdul phra rab de gcig tu ga la 'gyur[18] zhes bstan par 'gyur ro | de la 'dir 'gyur te | rdul phra rab la phyogs kyi cha tha dad pa med do snyam pa la ||

---

15 P.N: bsal

16 P.N: +mi 'dod kyang rung

17 P: bar 'bad, N: ba'i 'bad

18 P.N: +ro

다시 원자를 부정하기 위하여,

'원자의 결합을 인정하든 [인정하지 않든지]'라고 [『유식이십론』에서] 설한다.

원자의 결합[19]을 인정하는 것에 대해서 결합을 인정하는 것이 자신에게 무슨 이점이 있는가? 어떤 경우에 만약 원자에 방향의 부분에 대한 구별을 허용한다면, 방향의 부분에 대한 구별이 존재한다. 그것은 단일하지 않다는 것이다. 방향의 부분에 대한 구별이라는 말에 동의함으로써,

'원자의 앞부분도 [다른 쪽 부분과] 다르고, [뒤 · 왼쪽 · 오른쪽 · 윗부분과 아

19 『유식이십론술기』(T43, 994c15-994c16) 觸之與合義一名異. 此名爲聚色 彼名和合色. "접촉(觸)과 결합(合)은 의미는 같고 이름은 다르다. 저것(=觸)을 물질 덩어리(聚色)라고 하고, 이것(=合)을 [원자가] 화합한 물질(和合色)이라고 한다."
원자의 실재성을 인정하는 한, 원자들의 접촉 문제가 지닌 딜레마를 해결해야 한다. 원자가 접촉한다면 원자의 정의에 어긋나고, 접촉하지 않는다면 물질세계를 구성할 수 없다는 것이다. 박창환(2010, 231-232)에 의하면, "이론적 요청을 통해 상정되는 원자 개념과 경험론적인 감각 지각의 세계를 모두 수용하려는 설일체유부 논사들의 문제의식은 결국 원자를 추론을 통해서만 상정 가능한 최소 존재로서의 실체 원자와 지각 내용의 형성에 이바지할 수 있는 최소한의 부피를 가진 복합 원자, 두 가지로 나눈다. 법구(Dharmatrāta)는 사원자(事極微)와 취원자(聚極微), 중현(Saṅghabhadra)은 가원자(假極微)와 실원자(實極微)로 부른다. 이는 결국 이론적 원자와 현실적 지각 내용 간의 틈새를 조금이라도 좁혀 보려는 이론적 고충의 발로라고밖에 볼 수 없다"라고 해석한다. 사원자와 가원자는 원자 정의에 어긋나지 않는 원자지만, 취원자와 실원자는 감각기관으로 지각할 수 있는 최소 단위로 분할 가능하고 부피를 지닌다는 것이다. 결국 유부의 원자접촉 문제가 지닌 딜레마는 원자의 이중구조를 통해서 해결하는 셈이다. 이에 원자의 실재성을 인정하는 불교 학파 간에는 원자들의 결합방식에 대한 다양한 견해를 제시하고 있다. 215, 각주 9.

랫부분에 이르기까지도 각각 다르다]'라고 [『유식이십론』에서] 설한다.

방향(dig)에 의해서 표시되는 부분(bhāga)이 방분(dig-bhāga, 方分)이다. 그것이 앞부분(shar, pūrva)으로 표시되는 것은 [뒷부분으로 표시되는 것과] 다르며, 또한 아랫부분('og gi cha, adhodigbhāga)으로 표시되는 것도 [윗부분으로 표시되는 것과] 다르다. 방향의 부분이 다른데[도 불구하고] 많은 부분을 가진 원자가 어떻게 단일하다고 할 수 있는가? 그것은 말한 대로 그들 부분이 있는 것은 부분을 떠나서는 달리 어떻게도 존재하지 않는다. 그러므로 오직 부분만으로 모인 원자가 어떻게 단일한 [실체가] 되는가를 설명한다. 그것에 대해 여기에서 원자에 다른 방향의 부분은 없다고 간주한다.

de'i phyir grib ma dang sgrib par[20] ji ltar 'gyur zhes bya ba smos so[21] |

cha med pa'i rdul phra rab la grib ma dang sgrib pa mi 'grub bo zhes mdor byas pa'i don bsdus pa'o | bstan bcos byed pas mdor byas pa'i don de[22] rgya cher bstan pa'i phyir |

gal te rdul phra rab re re la zhes bya ba la sogs pa smos so |

gal te rdul phra rab cha shas med pa'i phyir phyogs kyi cha tha dad pa med na de'i dus na nyi ma shar ba'i tshe ngos gcig la grib ma 'bab pa[23] gcig tu nyi ma shar bar ji ltar 'gyur |

---

20 P: sgrib dang sgrib pa, N: grib dang sgrib pa

21 P.N: te

22 P.N: -de

23 P.N: +dang

de ltar 'gyur du mi rung ba ci yod snyam pa la de'i phyir de la ni gang du nyi ma mi 'bab pa'i zhes bya ba la sogs pa smos te |

'di ltar rdul phra rab de la gang nyi mas gsal bar ma gyur pa'i phyogs gzhan ni gang yang med do | de ltar[24] re zhig grib ma med par bstan to ||

'[원자에 방향의 부분에 대한 구별이 없다면,] 어떻게 [사물에] 그늘진 부분(chāya)과 물리적 방해(ārvti)가 있을 수 있는가?'라고 [『유식이십론』 14c송에서] 설한다.

[방향의 부분에 대한] 구별이 없는(niravayava, 無方分) 원자는 그늘진 부분과 물리적 방해가 성립하지 않는다는 것이 이 송의 의미이다. 논주는 송의 뜻을 널리 설명하기 위하여,

'만약 하나하나의 원자가 [방향의 부분에 대한 구별이 없다면, 왜 해가 떠오를 때 햇빛이 비추지 않는 반대쪽에는 그늘이 지는가?]'라고 [『유식이십론』에서] 설한다.

만약 원자에 방향의 부분에 대한 구별이 없고 다른 방향의 구분이 있다면, 해가 떠오를 때 한쪽에는 그늘진 부분이 드리우고 다른 쪽에는 해가 떠오르는데 어떻게 [그늘진 부분이 없게] 되는가? 즉 [그렇게] 될 수 없는 무엇이 있을 것이라고 여기기 때문에,

24 P.N: lta

'그것(=원자)은 해(nyi ma, āditya)가 비추지 않는 [또 다른 부분을 지니지 않을 것이기 때문이다]'라고 [『유식이십론』에서] 설한다.

즉 그 원자에는 해가 선명하게 비치지 않는 다른 [원자에 방향의 부분에 대한] 구별이 없기 때문이다. 이처럼 한편 그늘진 부분이 없다고 설한다.

sgrib pa med par bstan pa'i phyir |

gal te phyogs kyi cha zhes bya ba la sogs pa smos so |

gal te cha shas med pa'i phyir phyogs kyi cha tha dad par mi 'dod na de'i tshe rdul phra rab de la rdul phra rab gzhan gyis sgrib par yang ji ltar 'gyur | ci'i phyir mi 'gyur snyam pa la |

de'i phyir rdul phra rab gang la yang zhes bya ba smos te |

'di ltar cha gzhan gang la rdul gzhan 'ongs pas rdul gzhan thogs par rnam par gzhag pa'i cha gzhan ni rdul phra rab la gang yang med do | gal te thogs pa med na ci nyes snyam pa la | de'i phyir |

thogs[25] pa med na ni zhes bya ba la sogs pa smos so |

gal te rdul phra rab la rdul phra rab gzhan gyis thogs par mi byed na | de'i tshe rdul phra rab thams cad go gcig tu 'gyur te | de'i phyir | thams cad go gcig tu gyur pas ri rab la sogs pa gong bu thams cad rdul phra rab tsam du 'gyur te | de ni sngar bshad zin to ||

물리적 방해가 없다는 것을 설명하기 위하여,

---

25 P.N: thog

'만약 [원자에 있어서] 방향의 부분에 대한 구별이 [인정되지 않는다면, 어떻게 한 원자가 다른 원자를 물리적으로 방해할 수 있는 것인가?]'라고 [『유식이십론』에서] 설한다.

만약 방향의 부분이 없으므로 다른 방향의 부분을 인정하지 않는다면, 그 원자는 다른 원자에 의해 어떻게 물리적으로 방해를 받는가, 물리적 방해를 받지 않는가?

'어떤 원자에 [다른 방향의 부분과 구별되는 방향의 부분이 없다면, 어떤 방향에서 접근하더라도 서로서로 가로막아 방해하지 않을 것이다]'라고 [『유식이십론』에서] 설한다.

즉 [어떤 하나의 원자에도] 어떤 다른 부분에 다른 원자가 오고 나머지 원자가 물리적 방해가 되는 것이 성립하는 다른 부분은 원자에는 전혀 없다. 만약 물리적 방해가 없다면 어떤 과실이 있는가?

'[원자들이 서로] 가로막지 않는다면, [원자들이 모두 같은 장소를 공유하게 되기 때문에 원자들이 모인 것 전체가 원자 하나의 크기로 된다는 것은 12송에서 언급하였다]'라고 [『유식이십론』에서] 설한다.

만약 원자가 다른 원자를 가로막지 않는다면, 원자 모두가 같은 장소를 점유하게 된다. 그 때문에 일체[의 모든 장소가] 같게 되기 때문에 산 등의 모든 큰 대상도 오직 [하나의] 원자만으로 될 것이다. 이것은 앞[의 12송]에서 이미 설했다.

phyi rol gyi don du smra bas 'gro ba'i tshul du |

grib ma dang sgrib pa zhes bya ba la sogs pa smos so |

gal te rdul phra rab cha shas med pa'i phyir grib ma dang sgrib pa mi rigs kyang gong bu cha shas dang bcas pa de yin par ci'i phyir mi 'dod na | bstan bcos byed pas | gong bu dpyad pa'i phyir |

rdul phra rab rnams las zhes bya ba la sogs pa smos so |

kye khyed rdul phra rab rnams las gong bu gzhan zhig yin par 'dod dam ci na grib ma dang sgrib pa de dag de'i yin par 'dod | gal te de dag las de gzhan yin na ni de ltar yang rung ngo | mdo sde pas smras pa ma yin no zhes bya ba smos so | kho bo ni gong bu rdul phra rab las gzhan yin par mi 'dod do | bstan bcos byed pas |

gong bu gzhan min de de'i ming[26] zhes bya ba smos so |

de gnyis[27] dgrol ba'i phyir |

gal te rdul phra rab rnams las gong bu gzhan ma yin na zhes bya ba la sogs pa smos so |

gal te rdul phra rab rnams las gong bu gzhan yin par mi 'dod na ni[28] grib ma dang sgrib pa dag gong bu de'i[29] yin par grub pa yin no ||

외계실재론자가 [말하길] 사람[들이 언급하는 것]처럼,

26 P.N: min

27 P.N: nyid

28 P.N: +de ltar na ni

29 P.N: +ma

'그늘진 부분과 물리적 방해가 [일어나는 것이 원자에서가 아니라 원자들이 모인 덩어리라고는 인정하지 않는가?]'라고 [『유식이십론』에서] 설한다.

만약 원자에 방향의 부분이 없기에 그늘진 부분과 물리적 방해를 가지는 것이 이치에 맞지 않을 때, 큰 사물은 방향의 부분을 갖고 있는데 거기에 왜 [그늘진 부분과 물리적 방해를 가지는 것이] 허용되지 않는가? 논주는 큰 사물이,

'[어째서] 원자들과 다른 [원자들의 덩어리가 그 둘을 지닌다고 인정하는가?]' 라고 [『유식이십론』에서] 설한다.

아! 그대는 원자들로부터 큰 사물이 [되는 것이] 다르다고 시인하는가? 그것으로 인해서 그 그늘진 부분과 물리적 방해가 거기(=큰 사물)에 있다고 시인하는가? 만약 그들(=원자들)로부터 그것(=큰 사물)이 다른 것이라고 한다면, 그것은 그럴 수도 있다. 경량부는 [원자와 원자의 덩어리가 다르다고 말하는 것에 대해서] 그렇지 않다고 설한다. 논주는

'[만약 원자들이 모인] 덩어리가 [원자와 본질적으로] 다른 것이 아니[라면, 덩어리에는 그늘진 부분과 물리적 방해는 없을 것이다]'라고 [『유식이십로』 14d송에서] 설한다.

그 두 가지(=그늘진 부분과 물리적 방해)를 해석하기 위하여,

'만약 [원자들이 모인] 덩어리가 원자들과 [본질적으로] 다른 것이 아니라면, [그것(=덩어리)에는 그것(=그늘진 부분과 물리적 방해)이 없을 것이다]'라고

[『유식이십론』]에서 설한다.

만약 원자들과 [원자들의] 덩어리가 다르다고 시인하지 않는다면, 그늘진 부분과 물리적 방해를 [가진] 큰 사물이 [존재한다는 것은] 성립한다.

15송 원자는 실재하지 않는다

⌘ 티베트역 15송

[D.136, 7b5]

yongs su rtogs[1] pa 'di ni gnas pa'i khyad par te | gzugs la sogs pa'i mtshan nyid ni ma bkag na rdul phra rab ce'am | 'dus pa zhes bsam pa 'dis ci zhig bya zhe na |

de dag gi mtshan nyid gang yin[2] |

mig la sogs pa'i yul nyid dang | sngon po la sogs pa nyid do |

gang mig la sogs pa'i yul sngon po dang | ser po la sogs pa 'dod pa de ci rdzas gcig pu zhig gam | 'on te du ma zhig ces de dpyad par bya'o |

'dis ci zhig bya zhe na |

---

1 P.N: rtog

2 N: yin no

du ma'i nges pa ni bshad zin to ||

[외계실재론자:] 이 비판적 고찰(yongs su rtogs pa, parīkṣā)은 [원자의] 배열(gnas pa, sanniveśa)을 구분[하여 망상분별] 한 것[에 불과한 것]이다.[3] 색깔/형태 등 [대상]의 특징(mtshan nyid, lakṣaṇa)을 부정하지 않는다면, '[그것이] 원자라든가 [원자가] 모인 것이라든가'라는 이런 고민이 무슨 소용이 있는가?

[바수반두: 그렇다면,] 그것들(=색깔/형태 등 대상)의 특징은 무엇인가?

[외계실재론자:] 시각기관 등의 대상인 것(yul nyid, viṣayatva)과 푸른색인 것(sngon po nyid, nīlatva) 등[이 색깔/형태 등 대상의 특징]이다.

[바수반두:] 시각기관 등의 대상이고 푸른색이나 황색(ser po, pīta) 등인 것으로 [그대가] 인정하는 그것(=색깔/형태 등의 대상)이 하나의 실체인지, 혹은 여러 개가 [모인 것인지가] 고찰되어야 한다.

---

3 현장과 진제, 규기는 이 문구를 14송의 끝에 위치 지우고 산스크리트본, 티베트역과 비니타데바의 티베트역 주석서는 15송 첫머리에 둔다. 이 문구가 14송에 속하는지, 혹은 15송에 속하는지의 문제는 그것이 외계실재론자의 주장인지, 논주 바수반두의 주장인지의 문제와 연관된다. 본 번역은 색깔/형태 등이 다수의 원자인지 또는 원자가 모인 것인지에 대한 분석을 근거로 삼지 않고, 오직 색깔/형태 등의 존재를 부정하는 맥락을 근거로 삼아서 이 문구를 외계실재론자의 견해로 간주한다. 이에 따라 본 번역은 이 문구를 15송 서두에 배치한다. 참고로 최근의 『이십론』 번역서에서 Silk(2018, 99)는 14송에 배치했고 『이십론』과 비니타데바의 주석을 번역한 山口益 외(1965, 90)는 15송에 배치했다. 그 외에도 이 문구에 대한 자세한 분석은 박현수(2013), 35-38 참조.

[외계실재론자:] 이에 [어느 쪽인지에] 따라 어떻게 되는가?

[바수반두:] 여러 개[의 원자가 모인 것의]로 결정하는 경우[의 오류]는 [11송에서] 이미 설명하였다.

gcig na rim gyis 'gro ba med |
zin dang ma zin[4] cig car med |
ris chad[5] du mar gnas pa[6] dang |
mig gis mi sod phra ba'ang med || 15abcd ||[7]

gal te mig gi yul sngon po dang ser po la sogs pa gang yin pa de ris su ma chad de rdzas gcig par rtogs nas la rim gyis 'gro bar mi 'gyur te | gom[8] pa gcig bor bas thams cad du son pa'i phyir ro | tshu rol gyi cha zin la pha rol gyi cha ma zin pa cig car du mi 'gyur te | de'i tshe zin pa dang ma zin pa de mi rigs so | glang po che dang rta la sogs pa'i ris su chad pa du ma gcig na 'dug par mi 'gyur te | gcig gang na 'dug pa de nyid na gzhan yang 'dug na de dag ris su chad par ji ltar rung | de gnyis kyis gang non pa dang ma non pa de dag gcig tu ji ltar rung ste | bar na de dag gis stong pa gzung du yod pa'i phyir ro ||

---

4 P.K.125: bzung dang ma bzung

5 P.K.125: bar chad

6 P.K.125: 'jug pa

7 P.K.125. 15송.
gchigis dang ni rims zhes pa |
gchig char bzung dang ma bzung myed |
bar chad du ma 'jug pa dang |
phra dang myi mthong myed par 'gyurd || 15abcd ||

8 P.N: goms

[만약 푸른색인 것 등의 대상이] 하나[의 실체]라면,

① 점진적으로 이동하는 것은 있을 수 없을 것이며,

② [사물의 한쪽 면을] 파악하는 동시에 [반대쪽 면을] 파악하지 못하는 일도 없을 것이며,

③ [한 장소에서] 구별되는 여러 존재가 [함께] 머물지도 [못할 것이며],

④ 시각기관이 미세한 것(phra ba, sūkṣma)**을 볼 수 없는 일도 없을 것이다.**
[15abcd]

만약 시각기관의 대상인 푸른색이나 황색 등이 형태상 나뉘어 있지 않을 때 하나의 실체라고 생각한다면,

① [하나로 이어져 있는] 대지에서 한 걸음씩(rim gyis, krameṇa) 이동하는 것('gro ba, gamana)은 있을 수 없을 것이다. 왜냐하면, [대지에] 한 발 내딛는 것으로 [대지의] 모든 곳에 도달하기 때문이다.

② [어떤 사물을 볼 때 보는 사람과] 마주하는 부분을 파악하고 동시에 [마주하지 않는] 반대편을 파악하지 못하는 일이 일어나지도 않을 것이다. [왜냐하면, 하나의 사물을] 파악하는 그 순간에 [같은 사물을] 파악하지 못하는 것은 이치에 맞지 않[기 때문이]다.

③ 코끼리와 말 등의 [서로] 구별되는 여러 개체는 한 장소(gcig na, ekatra)에 [함께] 머물 수 없을 것이다. 어떤 것이 머물러 있는 바로 그 장소에 다른 것도 머물고 있을 때, 어떻게 그들 [둘]을 구별할 수 있는가? [또한,] 그 둘이 머물면서 머물지 않는 곳이 [있다면,] 어떻게 그들 [둘]이 [머물러 있는 곳을] 한 장소라고 할 수 있는가? 왜냐하면, 그들 [둘] 사이의 공간이 비어 있는 것은 파악될 수 있기 때문이다.

gal te mtshan nyid tha dad pa nyid kyis rdzas gzhan kho nar rtog gi gzhan du ma yin na go | chu'i skye bo phra mo rnams kyang chen po dag dang gzugs mtshungs pas mig gis mi sod par mi[9] 'gyur ro |

de'i phyir nges par rdul phra rab tha dad par brtag par bya ste | de dag gcig[10] tu mi 'grub bo | de ma grub pas gzugs la sogs pa yang mig la sogs pa'i yul nyid du mi 'grub ste | rnam par rig pa tsam du grub pa yin no ||

④ 만약 오직 [대상인 것이나 푸른색인 것 등이라는] 특징의 구분에 의해서 [서로] 다른 실체라는 것이 구별되고 다른 방법으로 [구별되지] 않는다면, 미세한 물벌레들도 거대한 것들[11]과 똑같은 모습이기 때문에 [미세한 물벌레들을] 시각기관이 볼 수 없는 일은 없을 것이다.

그러므로 [시각기관의 대상으로서 색깔/형태 등을 고려할 때는 특징에 의해서 구별하는 것이 아니라,] 반드시 원자의 [관점에서] 구분을 고려해야 한다. [그런데 앞에서 살펴본 것처럼] 그것(=원자)들이 하나[의 실체]인 것으로 성립되지 않는다. 그것이 성립되지 않으면, 색깔/형태 등과 시각기관 등의 대상이라는 것이 성립하지 않는다. [따라서 삼계에 속한 것은] '오직 인식일 뿐'이라는 것이 증명되었다.

9 P.N: -mi

10 P: cig

11 텐진 남카 역(2022), 302. 색깔/형태(rūpa, 色)는 그 크기와 감각기관에 지각되는 양상에 따라 거친 색(sthūlarūpa)과 미세한 색(sūkṣmarūpa)으로 구분된다. 거친 색은 대지와 같은 거대한 크기로부터 빛의 입자와 같은 극히 작은 크기에 이르기까지 그 크기는 다양하다. 미세한 색은 여러 유형이 있는데 가장 미세한 색으로는 원자(paramāṇu)가 있다. 본문에서 언급되는 미세한 물벌레들과 거대한 것들은 거친 색에 포함된다.

⌘ 비니타데바 15송 해석

[D.136, 187b7]

phyi rol gyi don du smra bas slar brgal ba'i phyir |

yongs su rtog pa 'di ni zhes bya ba la sogs pa smos te |

dper na cha shas gnas pa ji lta bu zhig gis gnas pa'i gzugs la sogs pa 'khor lo zhes brjod kyang | de dag 'khor lo'i rang bzhin ma yin pa de bzhin du gzugs la sogs pa zhig pa'i mthar phyin pa la ni rdul phra rab dag ces bya bar med par gnas pa dag la ni 'dus pa zhes bya[12] yang de dag ni rdul phra rab kyi ngo bo nyid kyang ma yin | 'dus pa'i ngo bo nyid kyang ma yin no | de bas na gzugs la sogs pa'i mtshan nyid gang yin pa de ni ma bkag na rdul phra rab ces sam 'dus pa zhes bsam pa des ci zhig bya | de ma bkag pas phyi rol gyi don yang[13] ma bkag pa yin no | bstan bcos byed pas gzugs la sogs pa'i mtshan nyid dri ba'i phyir |

de dag ni mtshan nyid gang yin pa[14] zhes bya ba smos so |

kye gzugs la sogs pa'i mtshan nyid gang yin smos shig | phyi rol gyi don du smra bas |

mig la sogs pa'i yul nyid dang zhes bya ba la sogs pa smos so |

spyir na mig la sogs pa'i dbang po'i yul nyid gzugs la sogs pa

12 P: +ba

13 P: kyang

14 P: -pa

mtshan nyid dang bye brag tu na sngon po dang ser po la sogs pa nyid ni de dag gi mtshan nyid do ||

외계실재론자가 비판하기를,

'이 [비판적 고찰은 원자의] 배열을 구분[하여 망상분별 한 것에 불과한 것]이다'라고 [『유식이십론』에서] 설한다.

예를 들면, 방향의 부분(方分)이 존재하듯이 존재하는 색깔/형태 등에 바퀴가 존재한다고 하지만, 그것은 바퀴의 본질을 가지지 않은 것과 같다. 색깔/형태 등이 파괴되어 원자라고 할 만한 것도 존재하지 않고 [원자가] 모인 것이 존재한다면, 그것(=바퀴)은 원자가 아니다. 그것(=바퀴)은 원자를 본질로 하지도 않고 [원자가] 모인 것을 본질로 하지도 않는다. 그러므로 색깔/형태 등의 특징[을 지닌] 그것이 부정되지 않을 때, 원자라거나 [원자가] 모인 것으로 생각하는 것은 어떤 아무런 이점이 없다. 그것(=원자)은 부정되지 않고 [실제로 존재하기] 때문이다. [그러므로] 외계 대상 또한 아직 부정될 수 없다. 논주는 색깔/형태 등의 특성을 묻기 위하여,

'그것들(=색깔/형태 등 대상)의 특징(mtshan nyid, lakṣaṇa)은 무엇인가?'라고 [『유식이십론』에서] 설한다.

색깔/형태 등의 인식영역의 특징은 무엇인가?라고 말하는 것이다. 외계실재론자는,

'시각기관 등의 대상[인 것과 푸른색인 것 등이 색깔/형태 등 대상의 특징]이

다'라고 [『유식이십론』에서] 설한다.

총체적으로 시각기관 등 감각기관의 대상은 색깔/형태라는 특징을 지닌다. 개별적으로는 푸른색인 것(nīlatva)과 황색인 것(pītatva) 등[이라는] 특징(lakṣaṇa)을 지닌다.

bstan bcos byed pas |

gang mig la sogs pa'i yul zhes bya ba la sogs pa smos so |

khyod kyis gang mig la sogs pa'i yul sngon po dang ser po la sogs pa 'dod pa de ci | cha shas caṇ zhes bya ba rdzas gcig pu zhig gam | 'on te rdul phra rab ces bya ba du ma zhig ces[15] kho bos de dpyad par bya'o |

phyi rol gyi don du smra bas nyes pa ma mthong nas | 'dis ci zhig bya zhes dris te | de ltar na yang ci nyes | bstan bcos byed pas |

du ma'i zhes bya ba la sogs pa smos so |

du ma'i phyogs kyi nyes pa ni | phra rab rdul du du ma'ang min | de dag 'dus pa'ang ma yin te | 'di ltar rdul phran mi 'grub phyir | zhes bya ba'i skabs der bshad zin to ||

논주는,

'시각기관 등의 대상이고 [푸른색이나 황색 등인 것으로 그대가 인정하는 그

15 P: ces

것(=색깔/형태 등 대상)이 하나의 실체인지, 혹은 여러 개가 모인 것인지가 고찰되어야 한다]'라고 [『유식이십론』에서] 설한다.

그대가 시각기관 등의 대상을 푸른색과 황색 등이라고 시인하는 것은 [그것이] 방향의 부분을 지닌 것(sāvayava, 有方分)이라고 하는 단일한 실체인가? 아니면 원자라고 하는 것인가? 나는 그것에 대해서 깊이 숙고했다.

외계실재론자는 오류를 보지 않고서 이것은 어떤 이점이 있는가?라고 묻는다. 이것은 어떤 과실이 있는가? 논주는,

'여러 개[의 원자가 모인 것으로 결정하는 경우의 오류는 11송에서 이미 설명했다]'라고 [『유식이십론』에서] 설한다.

[대상이] 여러 개[의 원자]라고 하는 오류는 많은 원자가 있어서도 아니고, 그것들(=원자들)이 모인 것도 아니다. 원자는 성립하지 않기 때문이라는 그 주제는 이미 [앞에서] 지적했다.

gcig pu'i nyes pa'ang bshad pa nyid de yang bstan pa'i phyir | gcig na rim gyis 'gro ba med |

ces bya ba[16] la sogs pa smos so |

sa la sogs pa cha shas gcig pu zhig yin du zin na srog chags rnams

16 P: -bya ba

rim gyis[17] 'gro bar mi 'gyur ro | tshu rol gyi cha dang pha rol gyi tha dad pa gnyis zin pa dang ma zin pa cig car mi 'gyur ro | gcig na 'dug pa'i glang po che la sogs pa du ma ris su chad par 'dug par mi 'gyur ro | srog chags phra mo rnams kyang blta bar[18] mi snang bar mi 'gyur ro zhes mdor byas pa'i don to | bstan bcos byed pas mdor byas pa'i don de rgya cher bstan pa'i phyir |

gal te mig gi yul zhes bya ba la sogs pa smos so |

gal te mig gi yul sngon po dang ser po la sogs pa ji snyed pa klung dang ngam grog la sogs pas ris su[19] chad par 'dod de | de dag thams cad rdzas gcig par rtog na de'i tshe[20] srog chags rnams rim gyis 'gro bar mi 'gyur ro | ci'i phyir rim gyis 'gro bar mi 'gyur snyam pa la | de ci'i phyir |

gom pa gcig bor bas zhes bya ba la sogs pa smos te |

ji ltar gom pa gcig bor bas[21] bgrod par bya ba mtha' dag tu son pas gom pa dor bas gzhan gyis 'gro ci dgos te | gang du rim gyis 'gro bar 'gyur | 'di ltar sa ni ris su ma chad de cha shas can rdzas su[22] gcig pa cha shas med par 'dod pas de'i phyir rim gyis 'gro bar mi 'thad do ||

[외계 대상이] 단일하다는 오류도 지적되어야 한다. 그것을 설명하기 위하여 [만약 푸른색 등의 시각기관의 대상이] 단일한 실체라면, 순서대로(rim,

17 P: gyi
18 P: ltar
19 P: sum
20 P: tshe
21 P: ba
22 P: -su

kramena) 가는 일은 없다.

'등등이라고 말한다'라고 [『유식이십론』에서] 설한다.

대지(lam, pṛthivī, 地) 등이 방향의 부분을 [지닌] 하나의 사물이 실체일 때, ① 여러 생명체가 순서대로 가는 일은 없는 것이다. ② 이쪽 면의 부분과 저쪽 면의 부분이 두 개의 다른 것으로 동시에 있는 일은 없을 것이다. ③ 한곳에 거주하는 코끼리 등의 존재들이 다른 [말 등의] 종류와 [함께] 거주하는 일은 없을 것이다. [아주] 미세한 생물체도 볼 수 있게 나타날 것이다라는 것이 이 송의 의미이다. 논주는 이 송의 의미를 널리 설명하기 위하여,

'만약 시각기관의 대상인 [푸른색이나 황색 등이 형태상 나뉘어 있지 않을 때 하나의 실체라고 생각한다면,]'이라고 [『유식이십론』에서] 설한다.

만약 시각기관에 대한 푸른색과 황색 등의 [대상이] 강과 급류 등과 [같이] 순서대로 구분되었다고 주장한다. 일체가 같은 실체로 분별되기 때문에 여러 생물체가 순서대로 [대지에] 가지 않게 될 것이다. 왜 순서대로 가지 않는가?

'그것은 왜냐하면 [대지에] 한 걸음 내딛는 것으로 [대지의 모든 곳에 도달하기 때문이다]'라고 [『유식이십론』에서] 설한다.

즉 한 걸음 내디뎌 가는 모든 곳이 도달하는 한 걸음과는 다르기에 어떻게 가야만 하는가? 순서대로 어디로 가야 하는가? 즉 대지(地)는 순서

대로 구분되지 않고 방향의 부분이 있는 하나의 실체이며 방향의 부분이 없는 것(niravayava, 無方分)이라고 시인하기 때문에 순서대로 간다고 하는 것은 이치에 어긋난다.

de ni 'di skad du gcig la yul gyi[23] dngos por snga phyi tha dad pa ji ltar 'grub ces bstan par 'gyur ro | 'di gnyis[24] la nyes pa gzhan bstan pa'i phyir |

tshu rol gyi cha zin la zhes bya ba la sogs pa smos so |

gal te mig gi yul sngon po la sogs pa de dag thams cad gcig tu zin na de'i tshe rtsig[25] pa la sogs pa dag gi tshu rol gyi cha zin la pha rol gyi cha ma zin pa cig[26] car du mi 'gyur ro | ci'i phyir snyam pa la |

de'i tshe zhes bya ba la sogs pa smos te |

'di ltar de'i tshe dngos po gcig la zin pa dang ma zin pa mi rung ngo ||

그것은 이와 같다. 단일한 대상의 본질로서의 전후 구별이 어떻게 성립하는가?라는 것에 대한 이 두 가지 다른 오류를 제시하기 위하여,

'[어떤 사물의] 이쪽 부분은 파악되고 [반대쪽 부분은 파악되지 않는 것이 동

---

23 N: gyis
24 P.N: nyid
25 P.N: gcig
26 P.N: gcig

시에 일어나지도 않을 것이다]'라고 [『유식이십론』에서] 설한다.

만약 시각기관의 대상인 푸른색 등 그것이 모두 단일한 것일지라도 이쪽 부분을 이미 파악한 것과 반대쪽 부분을 아직 파악하지 못한 것은 동시에 이루어질 수 없다. 왜인가?

'그것(=어떤 사물)을 [파악하는 것과 동시에 파악하지 않는 것은 이치에 맞지 않기 때문이다]'라고 [『유식이십론』에서] 설한다.

즉 그것(=어떤 사물)은 하나의 사물에서 이미 파악한 것과 아직 파악하지 못한 것이 [동시에] 있을 수 없다.

yang 'di nyid la nyes pa gzhan bstan pa'i phyir ro[27] |

glang po che dang | zhes bya ba la sogs pa smos so |

gal te ris su chad par snang ba ji snyed pa de dag thams cad gcig tu zin na | de'i tshe gnas gcig gi steng na 'dug pa'i glang po che dang rta la sogs pa du ma ris su chad par 'dug par mi 'gyur ro | ci'i phyir snyam pa la |

gcig gang na 'dug pa[28] zhes bya ba la sogs pa smos te |

'di ltar glang po che gcig gang na 'dug pa de nyid na gzhan yang ba glang dang rta la sogs pa yang 'khod na ni de'i phyir de dag ris

27 P.N: -ro

28 P.N: -pa

su chad par ji ltar rung | 'di ltar sa[29] de ni rdzas gcig pa yin na gcig na[30] gnas pa rnams yul tha dad pa na 'dug par ga la 'gyur | brgya la gzhan na nyes pa des 'jigs nas glang po che la sogs pa gnas phan tshun spangs te 'dug par rtog tu dogs nas[31] ||

또한 그것과 다른 오류를 설명하기 위하여,

'코끼리와 [말 등이 구별되어 동일한 곳에 함께 머물 수 없을 것이다]'라고 [『유식이십론』에서] 설한다.

만약 따로 구분되어 나타나는 정도가 모두 같다면, 그때 한곳에 머무는 코끼리와 말 등 많은 사물은 따로 존재하지 않게 될 것이다. 왜인가?

'하나가 [머물러] 있는 [장소에 다른 것도 머문다면, 어떻게 그 둘의 구분이 있을 수 있는가?]' 라고 [『유식이십론』에서] 설한다.

즉 코끼리 한 마리가 어떤 장소에 있을 때, 그 같은 장소에 다른 소와 말 등이 있다면, 그 때문에 그들을 어떻게 구분할 수 있는가? 즉 그것들의 실체가 같다면, 다른 대상이 같은 곳에 머무[를 수 있]는가? '만약 다른 자가 [이와 같은] 오류가 두려워 코끼리[와 말] 등이 서로 [함께] 머무는 장소에 피해가 있다고 분별하여 걱정하기 때문에,

29 P.N: -sa
30 P.N: -na
31 P.N: na

de gnyis kyis zhes bya ba la sogs pa smos so |

ji ste yul ris su chad par snang ba med na mi rung zhes gnas gcig gis spangs te | glong[32] po che la sogs pa yul so so na 'khod de[33] zhe na | de lta na yang glang po dang rtas gang non pa de gcig tu ji ltar rung ste | de gnyis kyis non pa gang yin pa dang | ma[34] non pa gang yin pa de[35] gcig tu mi 'gyur ro zhes bya ba'i tha tshig go | gnyi gas gnyi ga non par brtag par yang mi rigs so | ci'i phyir snyam pa la |

bar na de dag gis[36] stong pa zhes bya ba la sogs pa smos te |

'di ltar glang po che dang ba glang dang rta'i bar stong pa snang ba'i phyir ro | gal te glang po che'i gor ba glang dang | rtas khyab par gyur la | ba glang dang rta'i gor yang glang po ches khyab na ni de'i bar yang de dag gis khyab par 'gyur te | de bas na bar du yang de gnyis gzung bar 'gyur ro | yang de nyid la nyes pa gzhan bstan pa'i phyir |

chu'i skye bo phra mo zhes bya ba la sogs pa smos te ||

'그 둘은 [머무는 곳과 머물지 않는 곳이 동시에 한 장소에 존재하기 때문이다]' 라고 [『유식이십론』에서] 설한다.

만약 [코끼리와 말이라는 서로 다른] 대상이 구별되어 나타나지 않는 것은

32 P.N: glang

33 P.N: do

34 P.N: mi

35 P.N: -de

36 P.N: gi

타당하지 않으며 한 장소에 머무는 일은 [결코 있을 수] 없다. 코끼리[와 말] 등의 대상이 각각 [동일한 곳에] 산다고 한다면, 그렇다 하더라도 코끼리와 말이 한 장소에 머물 수 있고, 그 둘이 머무는 곳과 머물지 않는 곳은 같지 않다. 둘이 각각 두 개의 장소에 머문다고 분별되는 것도 아니다. 왜인가?

'그 둘 사이가 비어 있는 것이 [파악되어 그 둘이 머무는 곳과 머물지 않는 곳이 동시에 한 장소에 존재하기 때문이다]'라고 [유식이십론에서] 설한다.

즉 코끼리와 소와 말의 사이에 틈이 보이기 때문이다. 만약 코끼리의 위치에 소와 말을 채우고, 소와 말의 위치에 코끼리를 채운다면, 그 중간도 그 두 개에 의해서 채워지게 된다. 그렇게 해서 역시 [그들] 중간에 그 둘은 보이게 될 것이다. 또 거기에 다른 오류를 제시하기 위하여,

'미세한 물벌레들도 [거대한 것들과 같은 모양으로 되기 때문에 미세한 물벌레들을 시각기관이 보지 못하는 일도 없을 것이다]'라고 [『유식이십론』에서] 설한다.

gal te sngon po dang ser po la sogs pa mig gi yul ji snyed pa de dag thams cad gcig tu zin na | de'i tshe chu'i skye bo phra mo rnams kyang khang pa dang ri la sogs pa chen po dag dang rang bzhin gcig pas mig gis mi sod par mi 'gyur te | gcig pu rang bzhin tha dad pa med pa la mig gis sod pa dang mig gis mi sod pa mi rigs so |

gang gi tshe nyes pa 'di 'byung snyam pa la |

gal te mtshan nyid tha dad pa nyid kyis zhes[37] bya ba la sogs pa smos so |

gal te dngos po rnams yul tha dad pa dang | rgyu tha dad pa dang[38] | dus tha dad pas tha dad par mi 'dod kyi mtshan nyid tha dad pa 'ba' zhig gis dngos po tha dad par khas len[39] pa de'i tshe nyes pa 'di dag 'byung bar 'gyur ro | 'dir mtshan nyid ni mig la sogs pa'i yul nyid dang sngon po la sogs pa nyid do | gzhan du ni ma yin na go zhes bya ba la 'dis ni yul tha dad pa la sogs pa ston to ||

만약 푸른색과 황색 등 시각기관의 대상인 그것들이 모두 동일하다면, 그 물속의 미세한 생물도 집과 산 등 큰 것과 같은 본성을 지니기 때문에 시각기관에 의해서 관찰된다. 단일하고 자성의 차별이 없는 것이 시각기관으로 관찰되는 것은 타당하지 않다.

왜 오류가 생기는가?

'만약 [사물의] 특징[40]의 차이가 [오직 실체를 다르게 분별하고 다른 방식으로

37 P.N: -zhes

38 P.N: -pa dang

39 N: yen

40 『유식이십론술기』(T43, 998b10-998b18) 若謂由相此彼差別成別物不由餘義 述曰. 此正量部轉計救義. 謂見如前五義破一 遂作是義. 亦非無隔眼所行境體 皆是一物. 所以者何 由彼地相 此象彼馬 處有差別. 卽成此彼二處地別. 如是四足處各差別. 地卽成四 一蹄之下 東西有殊. 其地卽異 不由異義. 所餘無隔眼所及境 名爲一物. 有隔不及 遂卽成多. 故我宗中 無前五失. "'만약 이를테면 형상(相)으로 인해서 이것과 저것이 구별되고 개별사물이 성립하는 것이지, 다른 의미에 의한 것이 아니라면'에 대해서 논한다. 이것은 정량부에서 분별하여 추구하는 의미이다. 말하자면 다섯 가지 뜻과 같이 보고서 하나를 논파하여 그런 주장을 드러낸다. [정량부도] 역시 간격이 없이 눈[이라는 감각기관]이 행하는 것이란 대상의 본체가 모두 하나의 사물은 아니다[라고 주장한다]. 왜인가? 저

는 분별하지 않는다면, 미세한 물벌레들도 거대한 것들과 같은 모양으로 되기 때문에 미세한 물벌레들을 시각기관이 보지 못하는 일도 없을 것이다]'라고 [『유식이십론』에서] 설한다.

만약 일체 현상의 대상이 차별되고 원인이 차별되고 시간이 차별되기 때문에 차별되는 것을 인정하지 않고 개별적 대상(svalakṣaṇa, 自相)의 차별만으로 사물의 차별을 허용할 때, 이런 오류가 생기게 된다. 여기에서 개별적 대상은 시각기관 등의 대상 자체와 푸른색 자체 등이다. 다른 것이 아니라는 것은 대상의 차별 등을 나타내는 것이다.

de'i phyir da[41] ltar 'di la nyes pa bstan nas mjug bsdu ba'i phyir |

de'i phyir zhes bya ba la sogs pa smos te |

gang gi phyir de ltar gcig gi[42] phyogs la nyes pa mang ba de'i phyir mig la sogs pa'i yul sngon po la sogs pa nges par rdul phra rab tha dad par brtag par bya'o | ji ltar nyes pa med pa de[43] ltar yod snyam pa la ||

땅이라는 특성으로부터 그 코끼리와 저 말이 [존재하는] 장소의 차별이 있기 때문이다. 이것과 저것 둘의 장소에 땅의 차별이 성립한다. 이처럼 네 발의 장소도 각각 차별이 있다. 땅이 곧 네 가지로 성립하며 한 발 아래에 동서가 다르다. 그 땅에 다름이 있는 것이지 다른 의미에서 그런 것은 아니다. 남겨진 간격이 없이 눈[이라는 감각기관]이 미치는 대상을 이름하여 하나의 사물이라고 한다. 간격이 있어서 미치지 못하기에 결국 다수[의 사물들이] 성립한다. 그러므로 우리 학파는 앞의 다섯 가지 과실을 가지지 않는다."

41 N: de

42 P.N: bu'i

43 N: bar

따라서 지금 이런 오류를 지적하고 결론을 정리하면 다음과 같다.

'그러므로 [색깔/형태 등 시각기관의 대상은 반드시 단일한 실체로서가 아니라 원자의 관점에서 그 구별을 고려해야 한다]'라고 [『유식이십론』에서] 설한다.

한쪽에 오류가 많을 때 시각기관 등의 대상인 푸른색 등에는 당연히 원자의 차별[44]이 있다고 생각한다. 즉 오류가 없는 것을 있다고 여기는

---

44 『유식론』(T31, 68b11-68b17) 差別無量處者 此句明何義 若純青一段是一物者 以何義故有多差別 象馬車等不共一處. 若是一者 白象住處 亦應有馬住. 若爾不應有象馬 等住處差別. 又若一者以何義故 象所到處馬等不到. 又若一者 象馬中間何故有空. 是故偈言 差別無量處故. "[여기와 저기의] 차별을 헤아릴 수 없는 곳이라는 이 구문의 분명한 의미는 무엇인가? 만약 순수한 푸른색 한 조각이 하나의 사물이라면, 어떤 의미로 [여기와 저기라는] 많은 차별이 있어서 코끼리, 말, 수레 등이 모두 동일한 장소에 있지 않은가? 만약 이것 [모두가] 하나라면, 흰 코끼리가 머무는 곳은 또한 당연히 말이 머무는 곳이어야 한다. 만약 그렇다면 당연히 코끼리와 말 등이 머무는 곳의 차별은 없어야 한다. 또 만약 하나라면, 어떤 이유로 코끼리가 도달하는 곳에 말 등이 도달하지 못하는가? 또 만약 하나라면 코끼리와 말의 중간은 왜 비어 있는가? 이 때문에 게송에서 '[여기와 저기의] 차별도 헤아릴 수 없는 곳'이라고 하였다." 『대승유식론』(T31, 72c11- 72c19) 不應有多別 類如象馬等軍 亦不應有多別事. 何以故 是一物處多物則在其中 此彼差別云何得成. 復次云何爲一是二所至中間則空. 復次是最細水蟲與大同色 無不可見義. 若汝由相差別色等諸塵 執有別物不由別義 若爾決定約鄰虛別類. 應分別塵差別 則鄰虛不成一物 色等五塵非眼等境界. 是故唯識義得成. "코끼리나 말 등의 군대와 같은 많은 종류의 구별은 마땅히 없어야 하고, 또 많은 사물의 구별도 마땅히 없어야 한다. 왜 그런가? 이 하나의 사물이 있는 곳에 많은 사물이 곧 그 안에 있다고 하더라도, 어떻게 이것과 저것을 구별할 수 있는가? 다시 하나라면, 둘이 머무르는 그 중간이 왜 비어 있는가? 다음 여기에는 가장 미세한 물벌레라 하더라도 [그 물벌레보다 더] 큰 [크기의 사물과] 똑같은 형태를 지니므로 [그 물벌레가 작아서] 보지 못할 이유는 없어야 한다. 만약 그대가 차별되는 형태 등의 특징으로 인하여 구별되는 실체가 있다고 주장하고, 다른 이유가 아니라면, [단일한 실체로서가 아니라] 원자의 관점에서 구별되는 [대상의] 종류를 고려해야만 한다. [그리고 원자의 관점에서] 대상의 차별을 분별한다면, 원자는 하나의 실체로 증명되지 않으므로, 형태/색깔 등의 다섯 대상은 시각기관 등의 대상이 되지 않는다. 이 때문에 오직 인식일 뿐이라는 의미가 증명될 수 있다." 『유식이십론』(T31, 76b8-76b15)

것에 대하여,

de'i phyir de gcig tu mi 'grub bo zhes bya ba smos te |

rdul phra rab de gcig tu mi 'grub po zhes bstan to | de la 'dir 'gyur te | mig la sogs pa'i yul gzugs la sogs pa yod par 'grub ste | kho bo la de tsam gyis chog[45] gi rdul phra rab grub pas ci zhig bya snyam pa la |

de'i phyir de mi 'grub pas zhes bya ba la sogs pa smos so |

gal te rdul phra rab mi 'grub na gzugs la sogs pa yang mig la[46] sogs pa'i yul nyid du mi 'grub ste | de'i phyir yul med pa[47] rnam par rig pa tsam du grub[48] pa yin no zhes bya ba ni mjug bsdu ba'o ||

若處有一亦卽有餘 云何此彼 可辯差別. 或二如何可於一處有至不至 中間見空. 又亦應無小水虫等難見細物. 彼與麤物同一處所量應等故. 若謂由相此彼 差別卽成別物不由餘義則定應許此差別物 展轉分析成多極微. 已辯極微非一實物. 是則離識眼等色等 若根若境皆不得成 由此善成唯有識義. "만약 [어떤] 장소에 하나가 있는데 또 곧 다른 것이 있다면, 어떻게 이것과 저것의 차별을 판별하는가? 혹 [코끼리와 말 등] 두 가지가 동일한 장소에 도달하거나 도달하지 못하는데 [우리는] 어떻게 중간의 빈 곳을 볼 수 있는가? 또 역시 마땅히 작은 물벌레 등 보기 어려운 미세한 사물도 없어야 한다. 저 [미세한 물벌레는] 크기가 큰 사물과 동일한 장소에서 크기가 마땅히 같아지기 때문이다. 만약 형상(相) 때문에 이것과 저것이라는 차별로 즉 다른 사물이 성립하고 다른 것 때문이 아니라면, 분명 마땅히 이렇게 차별화된 사물은 여러 형태로 분석하면 많은 원자로 이루어져 있다는 것을 인정해야 한다. 이미 원자는 하나의 실재하는 사물이 아니라고 분석했다. 이것은 곧 식을 떠나서 눈이라는 감각기관 등과 색깔/형태 등은 감각기관이든 감각대상이든 성립할 수 없다. 이로 인하여 '오직 인식일 뿐'이라는 의미가 잘 성립한다."

45 P: gyi chog, N: gyis mchog

46 P.N: sogs pa yang mig la

47 P.N: bas

48 N: 'grub

'그것(=원자)들이 단일한 것으로 성립되지 않았다'라고 [『유식이십론』에서] 말한다.

그 원자는 단일한 것으로 성립하지 않는다고 설명한다. 따라서 시각기관 등의 대상인 색깔/형태 등이 있다는 것은 성립한다. 우리에게는 오직 그것만으로 충분한데 원자의 성립은 무슨 이익을 주는가?라고 생각하기 때문에,

'그것(=원자)은 성립하지 않고 색깔/형태 등도 시각기관 등의 대상이 되지 않는다'라고 [『유식이십론』에서] 설한다.

만약 원자가 성립하지 않을 때 색깔/형태 등은 시각기관 등의 대상 자체로서는 성립하지 않는다. 따라서 외계 대상이 존재하지 않기에 [삼계에 속한 것은] '오직 인식일 뿐'이라는 것이 성립한다는 결론으로 귀결된다.

16송 지각의 대상은 실재하는가?

⌘ 티베트역 16송

[D.136, 8a4]

tshad ma'i dbang gis na yod dam med pa dmigs kyis dbye bar 'gyur la | tshad ma thams cad kyi nang na yang[1] mngon sum gyi tshad ma ni mchog yin no | don de med na 'di ni bdag gi mngon sum mo snyam pa blo 'di ji ltar 'byung zhe na |

mngon sum blo ni rmi sogs bzhin || 16a ||[2]

don med par yang zhes sngar bstan ba nyid do ||

de yang gang tshe de yi tshe |

---

1 P.N: -yang

2 P.K.125. 16송.
rmi lam stsogs mngon sum lo |
ji ltar de'ng gang tshe de'i tshe |
de'i de dag don myi snang |
ngon sum du ni ji ltar phye || 16abcd ||

khyod kyi[3] don de min[4] snang na |
de ni mngon sum ji ltar 'dod[5] || 16bcd ||

[외계실재론자:] 바른 인식수단(tshad ma, pramāṇa, 量)에 의해 외계 대상이 존재하는지 혹은 존재하지 않는지가 결정된다. 또한, 모든 인식수단 중에서 지각(mngon sum gyi tshad ma, pratyakṣa[6]-pramāṇa, 現量)이 가장 뛰어나다. [따라서] 만약 대상이 존재하지 않는다면, "이것은 나에게 일어나고 있는 [대상에 대한] 지각이다"라고 여기는 이런 인지(blo, buddhi)[7]는 어떻게 생기는가?

[바수반두:] 지각에 대한 인지(mngon sum blo, pratyakṣa-buddhi)는 꿈 등에서 [대상 없이 일어나는 경우]와 같다. [16a]

[꿈과 관련된 논의에서] '대상 없이도' [인식이 가능하다]라는 것은 앞[의 3-4송]에서 [이미] 설명하였다.

더욱이 [그대에게] 그것(=지각에 대한 인지)이 있을 때, 그 순간에 그대의 [지각을 일으켰던] 그 대상이 [이미] 보이지 않는다면, 어떻게 [그대는 지금 인지하고 있는] 그것이 [대상에 대한] 지각이라고 인정할 수 있는가? [16bcd]

---

3 P.N: kyis
4 P.N: mi
5 P.K.125: phye
6 지각(pratyakṣa)의 산스크리트의 어원 분석은 prati(-에 대해서) + akṣa(감관)이 합쳐진 단어로 '감각기관과 관련이 있는 것'이란 의미이다. 한역은 현량(現量)이라고 한다.
7 진제는 智, 현장은 覺으로 번역하고 반야류지의 번역어는 없다.

gang gi tshe yul 'di nyid ni bdag gi[8] mngon sum mo snyam du mngon sum gyi blo de byung ba de'i tshe khyod kyi[9] don de mi snang ste | yid kyi rnam par shes pas yongs su bcad pa dang | mig gi rnam par shes pa yang de'i tshe 'gags pa'i phyir ro | lhag par yang skad cig mar smra bas de mngon sum du ji ltar 'dod | de ltar na de'i tshe gzugs dang ro la sogs pa de dag ni 'gags zin to ||

[또한,] "이 대상이 곧 나에게 일어나고 있는 지각[의 원인]이다"라고 여기는 그런 지각의 인지가 일어날 때, 그 순간에 그대의 [지각을 일으켰던] 그 대상은 [이미] 보이지 않을 것이다. 왜냐하면 ['이것은 나에게 일어나고 있는 지각이다'라는 인지는] 오직 [지각 이후에 일어나는] 내면적 식(yid kyi rnam par shes pa, mano-vijñāna)에 의해서만 확인할 수 있기 때문이며, 그 [자신의 지각을 인지하는] 순간은 [그 내면적 식에 앞서 일어났던] 시각적 식(mig gi rnam par shes pa, cakṣur-vijñāna, 眼識)은 [이미] 소멸했기 때문이다. 또한, 특히(lhag par, viśeṣeṇa) 찰나멸론자(skad cig mar smra ba, kṣaṇikavādin)는 어떻게 그것(=뒤늦은 인지)을 [대상에 대한 직접적인] 지각으로 인정하는가? 그런 경우(=찰나멸론자인 경우) [지각에 대한 인지가 일어나는] 그 순간에 색깔/형태와 맛 등 이러한 것(=외계 대상)들은 [이미] 소멸해 버렸기 [때문이다].

8 P.N: gis

9 P.N: kyis

⌘ 비니타데바 16송 해석

[D.136, 189b4]

'dir mdo sde pas slar brgal ba'i phyir |

tshad ma'i dbang gis zhes bya ba la sogs pa smos so |

'di ni yod do 'di ni med do zhes bya ba ni tshad ma'i dbang gis dmigs kyis[10] dbye bar 'gyur la | tshad ma thams cad kyi nang na yang mngon sum gyi tshad ma ni mchog yin gyi | 'di ltar mngon sum gyis the tshom thams cad ldog ste 'di ni nye ba'i 'bras bu yang med na mngon sum mchog tu zin kyang des cir 'gyur snyam pa la |

don de[11] med na zhes bya ba la sogs pa smos so |

gal te phyi rol gyi don med na de'i tshe[12] gzugs dang sgra la sogs pa 'di ni bdag gi mngon sum mo snyam du sems pa'i blo 'di ji ltar 'byung[13] zhes sems pa'o | gzhan gyi 'dod pa ltar gal te gzugs la sogs pa mngon sum gyis ma myong na de'i tshe gzugs la sogs pa 'di ni bdag gi mngon sum mo zhes gzugs la sogs pa mthong ngo snyam du sems pa'i blo 'di ni[14] ji ltar 'byung zhes bya ba de[15] de'i lan du bstan bcos byed pas |

mngon sum blo ni rmi sogs bzhin | zhes bya ba la sogs pa smos so ||

10 P: kyi

11 P.N: -de

12 P.N: -tshe

13 P.N: 'byung

14 P.N: -ni

15 P.N: -de

경량부[16]가 비판하기에,

'바른 인식수단(pramāṇa, 量)[17]은 [외계 대상이 존재하는지 존재하지 않는지에 대한 근거를 결정한다]'라고 [『유식이십론』에서] 설한다.

"이것은 있고 저것은 없다"라는 것은 바른 인식수단에 의해 인식대상[의 존재 여부가] 분류된다. 모든 바른 인식수단 중에서 지각(pratyakṣa)이 가장 뛰어나다. 즉 지각이 모든 의심을 제거하[지만] 좋은 결과가 없을 때, 지각이 가장 뛰어나다고 할지라도 [그렇다면] 지각은 무엇인가?

---

16 『유식이십론술기』(T43, 998c22) 此則正量 薩婆多等 爲此問起. "이것에 대해 정량부와 살바다 등이 이런 질문을 한다." 규기는 정량부, 유부(살바다) 등이라고 하고 비니타데바는 경량부라고 한다. 하지만 바수반두가 직접 언급한 것이 아니라서 사실 여부는 확인할 수 없다. 적어도 경량부가 논박 대상에 포함된 것은 분명하다. 이는 논의의 후반부에 나오는 찰나멸론자(Kṣaṇikavādin)라는 표현과 그것을 기반으로 하는 대론자의 인식론적 입장을 통해서 알 수 있다. 유리 외 2인(2025), 490 참조.

17 유리(2013), 67-70. 불교의 경우 바른 인식수단(pramāṇa)은 두 종류가 있다. 하나는 지각(pratyakṣa, 現量)이고 다른 하나는 추리(anumāna, 比量)이다. 주지하듯이 불교의 경우 바른 인식수단은 반드시 대상에 의해 발생한다. 대상이 먼저이고 이 대상을 근거로 바른 인식수단이 발생한다. 바른 인식수단의 대상에는 두 가지가 있다. 지각이라는 바른 인식수단의 대상은 개별적 대상(svalakṣaṇa, 自相)이고 추리라는 바른 인식수단의 대상은 공통적 대상(sāmānyalakṣaṇa, 共相)이다. 개별적 대상은 객관적으로 실재하는 대상이고 공통적 대상은 정신적으로 구성된 대상이다. 이에 지각은 언어나 분별이라는 매개 없이 대상을 직접적으로 아는 것이고 추리는 언어나 분별이라는 매개를 통해서 대상을 간접적으로 아는 것이다. 개별적 대상과 공통적 대상이라는 이 두 가지 대상은 근본적으로 다르며 두 가지를 동시에 파악하는 인식은 불가능하다. 참고로 지각에는 네 종류가 있다. 감관지각(indriya-pratyakṣa), 의지각(mānasa-pratyakṣa), 자증지각(svasaṃvedana-pratyakṣa), 요가수행자의 지각(yogi-pratyakṣa)이다. 추리에는 두 종류가 있다. 자기를 위한 추리(svārtha-anumāna)와 타인을 위한 추리(parārtha-anumāna)이다.

'만약 그것(=지각)의 대상이 존재하지 않는다면 ['이것은 나에게 일어나고 있는 대상에 대한 지각이다'라고 여기는 이런 인지는 어떻게 생기는가?]'라고 [『유식이십론』에서] 설한다.

만약 외계 대상이 존재하지 않는다면, 색깔/형태와 소리 등에 대해 우리가 지각한다고 여기는 그 인지는 어떻게 발생하는가? 외계실재론자가 인정하는 것처럼 만약 색깔/형태 등을 지각으로 경험하지 못한다면, 색깔/형태 등에 대해 '나는 [그것을] 지각한다'라고 하면서, 색깔/형태 등을 본다고 여기는 그 인지는 어떻게 발생하는가?라는 외계실재론자의 주장에 대해 논주는 다음과 같이 답한다.

'지각에 대한 인지는 꿈 등에서 [대상 없이 일어나는 경우]와 같다'라고 [『유식이십론』 16a송에서] 설한다.

dper na rmi lam la sogs pa la[18] don med par yang 'di ni bdag gi mngon sum mo snyam pa'i blo 'byung ba de bzhin te | rnam par shes pa 'di nyid don du snang bar 'byung ste | don gang yang med do zhes bya ba'i skabs der sngar bstan pa nyid do | de nyid la yang gtan tshigs lhag par |

de yang gang tshe zhes bya ba la sogs pa smos so |

de nyid rnam par dgrol ba'i phyir |

gang gi tshe 'di ni zhes bya ba la sogs pa smos te |

18 P.N: -la

gang gi tshe 'di ni bdag gi mngon sum du mthong ba'i dngos po la sems pa de lta bu'i blo skad cig ma gsum pas[19] 'byung ba de'i tshe khyod kyi don de mi snang ngo ||

예를 들면, 꿈 등에서 대상이 없어도 "나는 [그것을] 지각한다"라는 인지가 생기는 것처럼, 이 식(vijñāna) 자체는 대상과 [유사하게 마음에] 나타나는 것처럼 생긴다. [꿈과 관련된 논의에서] '대상이 없어도' [식의 발생이 성립한다는] 것은 앞[의 3-4송]에서 언급하였다. 이것에 대한 다른 원인으로서,

'[그대에게] 그것(=지각에 대한 인지)이 있을 때, 그 순간에 그대[가 지각을 일으켰던] 그 대상은 [이미] 보이지 않는다. [그런데] 어떻게 [그대가 지금 인지하고 있는] 그것이 [대상에 대한] 지각이라고 인정할 수 있는가?]'라고 [『유식이십론』 16bcd송에서] 설한다.

그것을 해석하기 위하여,

'이 대상 자체는 [곧 나에게 일어나고 있는 지각의 원인이다라고 여기는 그런 지각의 인지가 일어날 때, 그 순간에 그대에게 지각을 일으켰던 그 대상은 이미 보이지 않을 것이다]'라고 [『유식이십론』에서] 설한다.

이것은 "내가 직접적으로 보고 있다"라고 여기는 사물이 3찰나에 생길 때, 당신에게 [1찰나에 본] 그 사물은 나타나지 않는다.

---

19 P.N: pa

ci'i phyir snyam pa la |

yid kyi rnam par shes pa zhes bya ba la sogs pa smos so |

'di ltar yid kyi rnam par shes pa des de ltar skad cig ma gsum pa la gang bcad pa dang | 'di ltar mig gi rnam par shes pa de'i tshe 'gag[20] pa'i phyir ro | de bas na rtog pa'i dus na don de mngon sum du ji ltar 'dod | de ni 'di skad du[21] dbang po'i rnam par shes pas[22] gzugs la sogs pa mthong ba de ni rnam par mi rtog pa dang | de'i tshe 'gag[23] pa'i phyir te | de ltar gzung bar mi nus so | gang de ltar yongs su gcod pa yid kyi rnam par shes pa de yang don de'i rang gi ngo bo mi 'dzin te | de'i phyir de'i tshe ji ltar don de mngon sum du 'gyur zhes bstan par 'gyur ro | gal te don de dus gzhan na yang gnas pa[24] | gal te phyis mngon sum gyis 'dzin pa de'i tshe nyes pa ci yod snyam du dgongs pa de la |

lhag par yang zhes bya ba la sogs pa smos so |

gal te don de dus gzhan na[25] gnas na ni nyes pa 'di yang med na don de ni skad cig pa ste | de'i phyir skad cig par smra ba la don de shin tu mngon sum du mi 'gyur ro | 'di ltar rtog pa'i dus na de'i tshe gzugs dang ro la sogs pa ni 'gags zin to ||

왜 그런가?

---

20 P.N: 'gags

21 P.N: -du

22 N: pa

23 P.N: 'gags

24 P.N: la

25 N: -na

'["이것은 나에게 일어나고 있는 지각이다"라는 인지는 오직 지각 이후에 일어나는] 내면적 식(mano-vijñāna)에 의해서만 [확인할 수 있기 때문이며, 그 자신의 지각을 인지하는 순간은 그 내면적 식에 앞서 일어났던 시각적 식은 이미 소멸했기 때문이다]'라고 [『유식이십론』에서] 설한다.

왜냐하면 그 식(vijñāna)은 3찰나에 확정되고 시각적 식(眼識)은 그때(=3찰나) 소멸하기 때문이다. 그러므로 식이 [대상을] 분별할 때, 그 대상을 어떻게 지각한다고 인정할 수 있는가? 그것은 다음과 같다. 전5식이 색깔/형태 등을 볼 때, 그것은 무분별(無分別)이고 이때 [색깔/형태 등은 이미] 멸했기 때문이다. 따라서 [전찰나에 이미 멸한 외계 대상은 전5식의] 인식대상이 될 수 없다. 이같이 분별하는 식(=제6식)은 그 대상의 개별적 대상(svalakṣaṇa, 自相)을 취하지 않는다. 따라서 어떻게 그 대상이 지각[의 대상이] 되는가를 설명할 수 있는가? 만약 그 대상이 [지금이 아닌] 다른 때에 있다면, 후에 지각이 [대상을] 취할 때는 어떤 오류가 있는가?

'따라서 [찰나멸론자는 어떻게 그것(=뒤늦은 인지)을 대상에 대한 직접적인 지각으로 인정하는가?]'라고 [『유식이십론』에서] 설한다.

만약 그 대상이 다른 시기에 있다면, 그 오류는 완전히 없어지고 그 대상은 찰나멸 한다. 그러므로 찰나멸론자에 있어서 그 대상은 전적으로 지각[의 대상]이 되지 못한다. 왜냐하면 [대상을] 분별할 때, 색깔/형태와 맛 등은 이미 [전찰나로] 멸해 버렸기 때문이다.[26]

---

26 강형철 외 2인(2025), 488-496 참조.

17
송

기억의 대상과 꿈꿀 때와 깨어났을 때의 대상은 실재하는가?

⌘ 티베트역 17송

[D.136, 8a7]

myong ba med par yid kyi rnam par shes pa dran par mi 'gyur bas don gdon mi za bar myong bar 'gyur te | de ni de mthong ba[1] yin no | de ltar de'i yul gzugs la sogs pa mngon sum du 'dod do zhe na |

myong ba ni don dran pa yin no | zhes de ma[2] grub ste | 'di ltar |

dper na der snang rnam rig[3] bzhin |
bshad zin[4] || 17ab' ||[5]

---

1 본래 문장은 de ni de ma mthong ba이지만, 산스크리트 원문에 따라 ma를 삭제하여 번역하였다.

2 P: -ma

3 P.K.125: rnam shes

4 P.N: zin nas

5 P.K.125. 17송.
smras pa gang she de'is snang na ni |

dper na don med par don du snang ba mig gi rnam par shes pa la sogs pa'i rnam par rig pa 'byung ba de bzhin te[6] bshad zin to | |

[외계실재론자: 이전에] 경험하지 않은 것은 내면적 식(yid kyi rnam par shes pa, mano-vijñāna)이 회상하지 않기 때문에 [기억하고 회상하기 위해서는] 반드시 대상을 경험해야 한다. [또한,] 그것(=경험)은 그것(=대상)을 [직접] '보는 것'(mthong ba, darśana)이다. 이처럼 [경험이란] 그것(=경험)의 대상인 색깔/형태 등에 대한 지각으로 성립된다.

[바수반두:] "경험(anubhāva)은 대상을 회상하는 것이다"라는 그것은 성립되지 않는다. 왜냐하면,

> **예를 들면, 그것(=외계 대상)처럼 [마음에] 나타나는**(snang, abhāsa) **인식이라는 것과 같다고 앞에서 이미 설명했다.** [17ab']

그와 같이 외계 대상이 없더라도 대상처럼 [마음에] 나타나는 시각적 식(mig gi rnam par shes pa, cakṣur-vijñāna) 등의 인식(rnam par rig pa, vijñapti)이 일어난다고 이미 앞에서 설명했기 때문이다.

de las dran par zad || 17b ||

---

rnam par shes pas dran baso |
rmyi lam mthong bas yul myed par |
ma sad par ni myi chud do | | 17abcd | |

6 P.N: de

rnam par rig pa de las dran pa dang mtshungs par ldan pa der snang ba nyid gzugs la sogs pa la rnam par rtog pa yid[7] kyi rnam par rig pa 'byung ste | dran pa byung ba las don myong bar mi 'grub bo |

dper na rmi lam gyi rnam par rig pa'i yul yod pa ma yin pa de bzhin du | gal te gnyid kyis ma log pa'i tshe na yang de ltar yin ni de kho na bzhin du de med par 'jig rten rang rang gis khong du chud pa'i rigs[8] na | de ltar[9] yang ma yin te | de'i phyir rmi lam bzhin du don dmigs pa thams cad don med pa ma yin no zhe na |

de ni gtan tshigs su mi rung ste | 'di ltar ||

rmi lam mthong ba yul med par |
ma sad bar du rtogs[10] ma yin || 17cd ||

[그리고 바로] 그것(=**대상 없는 인식**)**을 원인으로 하여 회상**(dran pa, smaraṇa)**이 일어난다.** [17b]

[왜냐하면,] 그 [대상 없는] 인식을 원인으로 하여 ① 기억(dran pa, smṛti)[11]과 연관되고(mtshungs par ldan pa, samprayukta, 相應), ② 그것(=이전의 인식)처럼 [마음에] 나타나서, ③ 색깔/형태 등으로 분별하는 내면적 인식(yid kyi rnam par rig pa, mano-vijñapti[12] =회상)이 일어난다. [따라서] 기억이

7 P: yin

8 P.N: rig

9 P.N: lta

10 P.N: rtog, P.K.125: chud

11 유식학파의 경우 기억은 대상과 유사한 형상처럼 나타나는 인식에서 생기지만, 외계실재론자의 경우 기억은 식과 별도로 존재하는 외부 대상에서 생긴다.

일어난다고 해서 대상이 경험된다는 것은 증명되지 않는다.

[외계실재론자:] 예를 들면, 꿈에서 인식의 대상이 실재하지 않는 것처럼, 만약 깨어 있는 자도 또한 그와 같다고 한다면, [꿈속의 대상이 실재하지 않는다는 것을 누구나 이해하고 있듯이] 완전히 그와 마찬가지로 사람들은 그것(=외계 대상)이 실재하지 않음을 스스로 알아차렸을 것이다. 그러나 [실제로는] 그렇지 않다. 그러므로 꿈에서처럼 대상에 대한 관찰(dmigs pa, upalabdhi)이 모두 [외계] 대상을 지니지 않는 것이 아니다.

[바수반두:] 그것은 논거(gtan tshigs, jñāpaka)가 되지 않는다. 왜냐하면,

> **꿈에서 보는 대상이 실재하지 않음을 [아직 꿈에서] 깨어나지 못한 [상태에 있는] 자는 알아차리지 못하기 때문이다.** [17cd]

de ltar log par rnam par rtog pa la goms pa'i bag chags kyi gnyid kyis log pa'i 'jig rten ni rmi lam bzhin du yang dag pa ma yin pa'i don mthong te | ma sad kyi bar du de med par ji lta[13] ba bzhin du rtogs pa ma yin gyi | gang gi tshe de'i gnyen po 'jig rten las 'das pa rnam par mi rtog pa'i ye shes thob nas sad par gyur pa de'i tshe de'i rjes las thob pa dag pa 'jig rten pa'i ye shes de mngon du gyur nas yul med par ji lta ba bzhin du khong du chud de de ni mtshungs so ||

이처럼 [실재하지 않는 것을 실재하는 것으로] 진실하지 않게(log pa, vitatha)

---

12 이 용어는 『이십론』에서 1회 등장하는데, mano-vijñapt는 '내면적 인식'이라고 번역하고 mano-vijñāna는 '내면적 식'이라고 번역한다.

13 P.N: lte

분별하는 것이 반복[되어 형성]된 경향성(bag chags, vāsanā)이라는 잠[과 같은 일상]에 빠진 사람들은 꿈에서처럼 역시 실재하지 않는 대상을 [실재하는 것처럼] 보면서, 깨어나지 못하는 한 그것(=외계 대상)이 실재하지 않는다는 것을 정확하게(ji lta ba bzhin du, yathāvat) 이해하지 못한다. [하지만] 그것(=분별)의 교정 수단(gnyen po, pratipakṣa, 對治)인 세간을 넘어선 분별없는 앎('jig rten las 'das pa rnam par mi rtog pa'i ye shes, lokottara-nirvikalpa-jñāna, 出世間無分別智)을 획득하여 깨어난 자(sad pa, prabhuddha)가 되면, 그것(=세간을 넘어선 분별없는 앎)에 뒤따라 얻게 되는 세간에 대한 청정한 앎(de'i rjes las thob pa dag pa 'jig rten pa'i ye shes, tatpṛṣṭha-labdha-śuddha-laukika-jñāna, 後得淸淨世間智)이 나타나서 외계 대상이 실재하지 않는다는 것을 정확하게 이해하게 된다. 그것(=세간을 넘어선 분별없는 앎을 얻은 후 깨어난 자가 되어 세간에 대한 청정한 앎을 얻는 과정)은 그것(=꿈에서 깨면 꿈속의 대상이 실재하지 않는 것이었다고 알아차리게 되는 것)과 동일하다.

⌘ 비니타데바 17송 해석

[D.136, 190a6]

yang mdo sde pas gzhan du slar brgal ba'i phyir |

myong ba med par zhes bya ba la sogs pa smos so |

gang ma myong ba de ni yid kyi rnam par shes pas[14] dran par mi 'gyur na | phyi rol sngon po dang ser[15] po la sogs pa yid kyi rnam par shes pas[16] dran pa las de bas na sngon po la sogs pa'i don gdon mi za bar myong bar 'gyur ro | de ltar 'gyur du zin kyang des cir 'gyur snyam pa la |

de ni mthong ba yin no zhes bya ba la sogs pa smos so |

don gang myong ba de gzugs la sogs pa'i don mthong ba'o[17] snyam du de ltar bsams nas mthong ba'i yul gzugs la sogs pa mngon du 'dod do ||

1) 기억의 대상은 실재하지 않는다

또 경량부가 비판하기를,[18]

'[이전에] 경험하지 않은 것은 [내면적 식이 회상하지 않기 때문에 기억하고 회상하기 위해서는 반드시 대상을 경험해야 한다]'라고 [『유식이십론』에서] 설한다.

---

14 P.N: -shes pas

15 P.N: sngon

16 P.N: pa

17 P.N: ba'i

18 『유식이십론술기』(T43, 1000b6-1000b10) 釋第四句頌. 正量部等 起此覺時 能見已無 如何此時 許有現量 證外境有. 薩婆多等 起此覺時 其境亦無 如何此時 許有現量 證外境有 故說現覺證有外境 爲證不成. "[17송] 제4구의 송을 해석한다. 정량부 등은 이 [지각이라는] 앎이 일어날 때 이미 [대상을] 볼 수가 없는데 어떻게 그때 지각으로 [파악되는] 외계 대상이 존재한다고 증명할 수 있는가?[라고 묻는다.] 유부 등은 이 [지각이라는] 앎이 일어날 때, 그 [앎의] 대상 역시 존재하지 않는데 어떻게 이때 지각이 [파악하는] 외계 대상의 존재를 증명한다고 인정할 수 있는가?[라고 묻는다.] 따라서 현전하는 [대상을 지각하는] 앎이 외계 대상의 존재를 증명한다는 것은 성립하지 않는다는 것이 성립한다[라고 정량부나 설일체유부 등의 학파는 주장한다]."

경험되지 않은 식(vijñāna)[19]은 기억하지 못한다. 외계 대상인 푸른색과 황색 등을 식은 기억한다. 푸른색 등의 대상을 확실하게 경험한 것이다. 즉 그렇다면, 그것(=경험)은 어떻게 되는가?

'그것(=경험)은 그것(=대상)을 [직접] 보는 것이다'라고 [『유식이십론』에서] 설한다.

어떤 대상에 대한 그 경험을 통해서 [우리는] 색깔/형태 등의 대상을 본다. 즉 이미 본 대상인 색깔/형태 등은 분명하게 [실재한다고] 인정된다.

slob dpon gyis[20] 'dir lan du |

myong ba'i don zhes bya ba la sogs pa smos so |

rnam par shes pa las gzhan du gyur pa'i don dran pa yin no zhes bya ba de kho bo[21] la ma grub bo | ci'i phyir ma grub snyam pa la |

'di ltar zhes bya ba la sogs pa smos so |

de nyid dgrol ba'i phyir |

---

19 『성유식보생론』(T43, 92b3-92b6) 有餘師云. 於此最初領受其境 非分別垢之所染故 彼定緣於外色實境. 此亦非理 是不成故. 由非他許離於言詮 色等外境是識所知. 然由內有自證之事. "어떤 다른 논사가 말한다. '여기에서 최초로 그 대상을 받아들인다는 것은 분별의 번뇌에 물드는 대상이 아니기 때문에, 저것은 반드시 바깥 물질의 실제 대상을 조건 삼는다'라고 하였다. 이 또한 이치에 맞지 않는데 성립되지 않기 때문이다. 그들이 말로 드러내는 물질 등의 바깥 대상을 떠나서는 이 식에 알려지는 것(所知)을 인정하지 않기 때문이다. 그러나 안으로 자신이 깨닫는 일이 있다."

20 P.N: gyi

21 P.N: na

dper na don med par zhes bya ba la sogs pa smos so |

dper na gzugs la sogs pa phyi rol na med par yang gzugs la sogs pa'i don du snang ba'i[22] mig gi rnam par[23] shes pa la sogs pa'i rnam par rig pa byung[24] ba de bzhin te | kho bos rnam par shes pa 'di nyid don du snang bar 'byung ste | don gang yang med do zhes bya ba'i bar skabs der bshad zin to ||

논주는 이것에 대한 답변으로,

'"경험(anubhāva)은 대상을 [회상하는 것이다"라는 그것은 성립되지 않는다]' 라고 [『유식이십론』에서] 설한다.

[그러므로] 식과 별개로 [존재하는] 대상이 기억된다는 것은 성립하지 않는다. 왜 성립하지 않는가?

'왜냐하면 [예를 들면, "그것(=외계 대상)처럼 마음에 나타나는 인식이라는 것과 같다"고 앞에서 이미 설했다]'라고 [『유식이십론』에서] 설한다.

그것을 해석하기 위하여,

'예를 들면, 외계 대상이 없더라도 [대상처럼 마음에 나타나는 시각적 식 등의 인식이 일어난다고 이미 앞에서 설명했기 때문이다]'라고 [『유식이십론』에서]

---

22 P.N: ba

23 N: +rig

24 P.N: 'byung

설한다.

예를 들면, 색깔/형태 등이 외계에 존재하지 않아도, 색깔/형태 등의 대상으로 나타나는 시각적 식(cakṣur-vijñāna, 眼識) 등의 인식(vijñapti)이 생기는 것과 같다. 나에게 이 인식은 대상으로 [마음에] 나타나면서 생긴다. 어떤 대상도 존재하지 않는다고 하는 것은 [앞] 송에서 이미 해석했다.

de ltar gyur du[25] zin kyang skabs 'dir ci zhig 'grub snyam pa la | de'i phyir |

de las dran par zad ces bya ba smos so |

de nyid dgrol ba'i phyir |

rnam par rig pa de las zhes bya ba la sogs pa smos so |

gzugs la sogs par snang ba'i rnam par rig pa de las rnam par rtog pa'i yid kyis[26] rnam par rig pa dran pa dang mtshungs par ldan pa[27] 'byung ste | dran pa 'byung ba de las gzhan myong ba mi 'grub pa[28] | de ni 'di skad du myong ba ni dran pa'i rgyu yin[29] la | myong ba ni bdag cag la yod do | gzugs la sogs pa'i don du snang ba'i rnam par shes pa'o ||

그것이 그렇다면, 여기서 어떻게 성립하는가?

25 P.N: na

26 P.N: kyi

27 P.N: par

28 P.N: bo

29 N: min

'그것(=대상 없는 인식)을 [원인으로 하여] 회상(smaraṇa)이 일어난다'라고 [『유식이십론』에서] 설한다.

그것을 해석하기 위하여,

'그 [대상 없는] 인식(vijñapti)을 원인으로 하여 [기억과 연관되고, 그것(=이전의 인식)처럼 마음에 나타나서, 색깔/형태 등으로 분별하는 내면적 인식(mano-vijñapti)이 일어난다]'라고 [『유식이십론』에서] 설한다.

색깔/형태 등으로 나타난 그 인식(vijñapti)에서 분별하는 식이 기억과 상응해서 생긴다. 기억이 생긴다는 것 외에 받아들여지는 것은 성립하지 않는다. 이처럼 경험은 기억의 원인이기에 우리는 경험한다. 색깔/형태 등의 대상으로 [마음에] 나타나는 것은 식(vijñāna)이다.

de bas na gzugs la sogs pa'i don du snang ba'i rnam par shes pa myong ba nyid la[30] dran pa 'byung gi | don gud na yod pas ci zhig bya |

yang mdo sde pas gzhan du brgal ba'i phyir |

dper na rmi lam gyi zhes bya ba la sogs pa smos so |

dper na rmi lam gyi rnam par rig pa thams cad kyi don med par 'byung ba de bzhin du gal te gnyid kyis ma log pa'i dus na yang 'gyur na ni | de'i tshe dper na rmi lam na dmigs pa'i don ni med

30 P.N: las

par[31] 'jig rten rang gis khong du chud pa de bzhin du | gnyid kyis ma log pa na dmigs pa'i don med par 'jig rten[32] rang gis khong du chud pa'i rigs na khong du ma chud de de'i phyir rmi lam bzhin du gnyid kyis[33] ma log pa'i dus na 'byung ba'i blo thams cad don med pa ma yin no ||

2) 꿈꿀 때의 대상과 깨어났을 때의 대상의 차이

그래서 색깔/형태 등의 대상으로 나타나는 식(vijñāna)이라는 경험 그 자체에서 기억이 생기는 것이지, 대상이 따로 존재하여 [기억이 생기는 것은 아니므로] 아무런 이익이 없다.

또 경량부가 비판하기에,

'예를 들면, 꿈에서 [인식의 대상이 실재하지 않는 것처럼]'이라고 [『유식이십론』에서] 설한다.

예를 들면, 꿈에서 모든 인식(vijñapti)이 대상 없이 생기는 것처럼, 만약 자면서 꿈을 꾸는 것이 아닐 때, 꿈에서 인식대상이라는 대상이 없는 것을 세상 [사람들]이 스스로 알게 되는 것처럼, 잠으로 인해서 꿈을 꾸는 것이 아닐 때도 대상이 없는 것을 세상 [사람들]은 스스로 알아야 할 것이다. 그것을 모르기 때문에 자면서 꿈꾸는 것이 아닐 때, 생기는 모든 앎은 대상을 필요로 하지 않는 것이 아니다.

---

31 P.N: med pa'i

32 P.N: +ni

33 P.N: kyi

'dir bstan bcos byed pas |

de ni gtan tshigs su mi rung ste zhes bya ba la sogs pa smos so |

'di ni rmi lam dang mi 'dra ba med de | 'di ltar ji srid du sad par ma gyur pa de srid du rmi lam gyi blo yang yul med par khong du chud par mi 'gyur gyi | nam sad par gyur pa de na khong du chud pa de[34] bzhin du | gnyid kyis ma log pa'i dus 'di na yang log par rnam par rtog pa la goms pa'i bag chags kyi gnyid kyis log pa'i 'jig rten ni rmi lam bzhin du yang dag pa ma yin pa'i don mthong ste | ji srid du ma sad pa de srid du gnyid kyis ma log pa na dmigs pa'i don de med par khong du ma chud do | de ni log pa yang[35] yin la rnam par rtog pa yang yin no zhes bsdu'o[36] | de la goms pa ni log par rnam par[37] rtog pa la goms pa ste | yang dang yang mngon du gyur pa[38] ni goms pa zhes bya'o | log par rnam par rtog pa de las byung ba'i bag chags gang yin pa de la de skad ces bya'o | gnyid dang 'dra ba'i bag chags rnam pa de lta bu de la gnyid ces bya'o | ji lta ba bzhin du rtogs pa ma yin gyi zhes bya ba ni ma nor bar khong du mi chud ces bya ba'i tha tshig go | nam zhig de med par khong du chud par 'gyur snyam pa la |

gang gi tshe de'i gnyen po zhes bya ba la sogs pa smos so ||

여기에 대해서 논주는,

'그것은 논거(jñāpaka)가 되지 않는다'라고 [『유식이십론』에서] 설한다.

---

34 P.N: -de

35 P.N: +ma

36 P.N: bsdus pa'o

37 P.N: -rnam par

38 P.N: 'gyur ba

이것은 꿈과 같지 않다. 즉 예를 들면, 깨어나지 않을 때, 꿈속의 앎 또한 대상이 없다고 말할 수 없다. 또는 [꿈에서] 깨어났을 때, 그것(=대상)을 알게 되는 것과 같다. 잠으로 인해서 이것(=대상)이 허망하지 않다면, 또한 허망한 분별을 반복한 습관으로 꿈속에 있는 세상 사람들은 꿈처럼 실로 진실이 아닌 대상을 보고서 [꿈에서] 깨어나지 않는 한, 잠으로 인해서 허망하지 않은 그 인식대상의 대상이 없다는 것을 알지 못한다. 그것(=꿈에서 깰 때)이 허망하다는 것에 대해 또한, 분별이라고 요약해서 말했다. 거기에 익숙하다는 것은 허망한 분별에 익숙하다는 것이다. 지금 여러 차례 [반복]되는 것을 습관(vāsanā)이라고 한다. 그 허망한 분별에서 생긴 어떤 [반복된] 습관에 근거하여 이처럼 말하는 것이다. 이처럼 알지 못한다고 하는 것은 미혹되지 않은 것으로 [다만] 알지 못한다는 말이다. 그것(=분별)의 교정 수단(對治, pratipakṣa)인 [세간을 초월한 무분별의 지혜를 획득하여 뛰어난 자가 되면, 그것(=세간을 넘어선 무분별의 지혜)에 뒤따라 얻게 되는 그런 세간의 청정한 지혜가 나타나서 외계 대상이 없다는 것을 있는 그대로 이해한다.

'그것(=분별)의 교정 수단[인 세간을 넘어선 분별없는 앎을 획득하여 깨어난 자가 되면 세간을 넘어선 분별없는 앎에 뒤따라 얻게 되는 세간에 대한 청정한 앎이 나타나서 외계 대상이 실재하지 않는다는 것을 정확하게 이해하게 된다]'라고 [『유식이십론』에서] 설한다.

gang gi tshe bag chags de'i gnyen por gyur pa 'jig rten las 'das pa rnam par mi rtog pa'i ye shes thob nas sad par gyur pa de'i tshe 'jig rten las 'das pa[39] de'i rjes las thob pa dag pa 'jig rten pa'i ye shes mngon du 'gyur ro | de mngon sum du gyur nas yul med pa ji lta ba bzhin du khong du chud de | de ni 'di skad du gzugs la sogs pa byis pa'i skye bos yongs su brtags pa dag ni 'jig rten las 'das pa'i ye shes kyi yul ma yin te | gang dag de'i yul gyi dngos por ma gyur pa de dag gi rtog pa'i shes pa dag pa 'jig rten[40] pa zhes bya ba rnams kyis sel to | de bas na de ni mtshungs so | 'jig rten las 'das pa rnam par mi rtog pa'i ye shes thob ces bya ba ni 'jig rten dang mi mthun pas 'jig rten las 'das pa'o | gzung ba dang 'dzin pa'i rnam par rtog pa med pa'i phyir rnam par mi rtog pa'o | de'i rjes las thob pa dag pa 'jig rten pa'i ye shes mngon du gyur zhes bya ba na[41] de'i rjes las thob pa ste | de zhes bya ba ni 'jig rten las 'das pa'i ye shes dang sbyar ro | rjes zhes bya ba ni stobs[42] la bya'o | de ni de'i rjes las thob pa yang yin la dag pa 'jig rten pa'i ye shes kyang yin no zhes bsdu'o | gzung ba dang 'dzin par mngon par zhen pa'i bag chags spangs pa'i phyir dag pa'o | mngon par zhen pa med kyang gzung ba dang 'dzin pa'i rnam par 'byung bas 'jig rten[43] pa'o |

'dir de'i spyi'i[44] don ni spros pa'i bag chags nang na[45] gnas pa yongs su smin[46] pa'i dbang gis gzugs la sogs pa'i don snang ba'i shes pa rnams 'khor ba'i gnas su 'jug ste | gang gi tshe 'jig rten las 'das pa'i ye shes kyis[47] bag chags de dag spangs par[48] gyur pa de'i tshe dag pa 'jig rten pa'i ye shes byung nas yul med par rtogs so ||

---

39 P.N: -'das pa

40 P.N: -rten

41 P.N: ni

42 P.N: stabs

43 P.N: -rten

44 N: +don ni

45 P.N: -na

46 N: rmin

47 P.N: kyi

48 P.N: +gyur par

그것을 교정 수단인 세간을 넘어선 무분별지(lokottara-nirvikalpa-jñāna, 出世間無分別智)를 획득하여 [무명에서] 깨어나게 되었을 때, 후득청정세간지가 현전에 나타나서 대상이 없다는 것을 있는 그대로 이해하게 된다는 것은 [꿈의 경우와] 같다. 그와 같이 중생이 허망하게 분별(遍計所執)하는 색깔/형태(rūpa) 등은 출세간지의 대상이 아니다. 그것(=출세간지)의 대상의 자성이 되지 않는 것(=색깔/형태 등)은 세간 분별지라고 하는 것으로 인해서 제거된다. 그래서 그것은 [꿈의 경우와] 같다. 세상을 초월한 무분별지를 획득한다고 하는 것은 세상과 같지 않고 세상을 초월한 것이다. 인식대상(grāhya)과 인식주체(grāhaka)의 분별이 없는 까닭에 무분별(無分別)이다. 그 위에 얻어진 세간에 대한 청정한 앎(tatpṛṣṭha-labdha-śuddha-laukika-jñāna, 後得淸淨世間智)이 현전한다는 것은 그 뒤에 얻어지는 것이고, '그'라는 것은 '세간을 넘어선 지혜'와 연결된다. '후에'라는 것은 '힘'을 말한다. 그것은 그 후에 얻어진 것이며 또한 '세간에 대한 청정한 앎'이라는 것으로 귀결된다. 인식대상과 인식주체라고 집착하는 습관을 여의기 때문이다. 집착함이 없어도 인식대상과 인식주체의 형상(ākāra)으로 생기는 것이 세상이다.[49]

여기에서 그 총체적인 의미는 다음과 같다. 저장된 내부 습관의 성숙된 힘(vāsanā)으로 색깔/형태 등의 대상의 [형상으로] 나타나는 식(vijñāna)들은 윤회에 들어가서 세상을 초월한 지혜로 인해서 그들 습관이 단절될 때, 청정한 세상의 지혜가 생기기 때문에 대상이 존재하지 않는다는 것을 알게 된다는 것이다.

---

49 44, 각주 53, 191, 각주 32, 328, 각주 33, 347, 각주 17 참조.

18
송

사람들의 인식은 서로 간에 미치는 영향력으로 한정되는가?

⌘ 티베트역 18송

[D.136, 8b6]

gal te rang gi rgyud gyur pa'i khyad par yid las sems can rnams kyi don du snang ba'i rnam par rig pa 'byung[1] gi | don gyi khyad par[2] las ma yin na | brten[3] pa de dang bshad pa de med pas sdig pa'i grogs po dang | dge ba'i bshes gnyen la brten pa dang | dam pa dang dam pa ma yin pa'i chos mnyan pa las sems can rnams kyis[4] rnam par rig pa nges pa ji ltar 'grub[5] par 'gyur |

gcig la gcig gi dbang gis na |
rnam par rig pa[6] phan tshun nges || 18ab ||[7]

---

1 P.N: byung
2 P: pa
3 P.N: rten
4 P.N: kyi
5 P.N: grub
6 P.K.125: rnam par shes pa
7 P.K.125. 18송.

sems can thams cad kyi rnam par rig pa phan tshun gyi dbang gis[8] phan tshun du rnam par rig pa rnams nges par 'gyur te | ci rigs su sbyar ro | gcig la gcig ces bya ba ni phan tshun no | de'i phyir rgyud gzhan gyi[9] rnam par rig pa'i khyad par las rgyud gzhan la rnam par rig pa'i khyad par 'byung[10] gi don gyi khyad par las ni ma yin no ||

[외계실재론자:] 만약 중생(sems can, sattva)들에게 있어 [중생] 자신의 [의식] 흐름에서 겪는 특수한 변화(rang gi rgyud gyur pa'i khyad par, sva-santāna-pariṇāma-viśeṣa)[11]로부터 대상처럼 [마음에] 나타나는(don du snang ba'i, artha-pratibhāsa) 인식이 발생하는 것이지, 특정한 외계 대상(don gyi khyad par, artha-viśeṣa)으로부터 [발생하는 것이] 아니라면, [특정한 사람들과의] 그 교류(brten pa, samparka)나 [스승으로부터의] 그 가르침(bshad pa, deśanā)도 없는데, 나쁜 친구나 좋은 친구와 교류하고 바르거나 바르지 않은 교리(chos, dharma)를 들은 결과를 지닌 중생들에 대한 [좋거나 나쁘게 되는] 인식의 한정(nges pa, niyama)은 어떻게 성립되는가?

[바수반두: 중생들은] 상호 간에 [미치는] 영향력(dbang, ādhipatya)으로 인식을 서로 한정한다. [18ab]

---

gchig la gchigi dbang gis na |
rnam shes chad pa phan tchun tu'o |
gnyid gyis nye bar non pa'i sems |
rmi lam de dang 'bras myi mnyam || 8abcd ||

8 N: gi

9 P.N: gyis

10 P: byung

11 한역은 자상속전변차별(子相續轉變差別)로 번역된다.

모든 중생은 서로의 인식(rnam par rig pa, vijñapti)에 미치는 영향력으로부터 상황에 맞게(ci rigs su, yathāyogam) 인식들을 서로 한정한다. '상호 간에'(gcig la gcig)라는 것은 '서로'(phan tshun)라는 말이다. 그러므로 [교류나 가르침에 따른 좋거나 나쁘게 되는 인식의 한정이란] 어떤 [사람의 마음의] 흐름에서 [일어난] 특정한 인식 때문에 다른 [사람의 마음의] 흐름에서 [또 다른] 특정한 인식이 발생하는 것[을 말하는 것]이지, 특정한 외계 대상 때문[에 발생하는 것]은 아니다.

dper na rmi lam gyi rnam par rig pa'i don med pa bzhin du gal te gnyid kyis ma log pa'i yang de lta na gnyid kyis log pa dang ma log pa na[12] dge ba dang mi dge ba'i las kun tu spyod[13] pa'i 'bras bu phyi ma la 'dod pa dang mi 'dod pa[14] 'dra bar ci'i phyir mi 'gyur |

sems ni gnyid kyis non pas na |
de phyir rmi[15] dang 'bras mi mtshungs[16] || 18cd ||

de ni 'dir rgyu yin gyi[17] don yod pa ni ma yin no ||

[외계실재론자:] 예를 들면, 꿈속에서 인식이 대상이 없[이 발생하]는 것처럼, 만약 잠에서 깨어 있는 사람[의 인식]도 이와 같다면, 무슨 이유로 잠든 사람[이 꿈속에서 일으킨 선하거나 악한 행동]과 깨어 있는 사람의 선한 [행

12 P: ni
13 P.N: dpyad
14 P.N: par
15 N: mi
16 P.K.125: myi mnyam
17 N: gyis

동과] 악한 행동(las kun tu spyod pa, *karma-samudācāra)은 미래에 좋거나 나쁜 결과를 [양쪽이] 동등하게 일으키게 되지 않는 것인가?

[바수반두:] [꿈속에서] 마음(sems, citta)은 몽롱함(gnyid, middha)에 의해 압도된다. 그러므로 꿈속과 [깨어 있을 때의] 결과는 동등하지 않다. [18cd]

이것(= 꿈속에서 몽롱함으로 인한 마음의 약화)이 그것(= 꿈속과 깨어 있을 때의 행동이 각각 다른 결과를 일으키는 것)의 원인이며, 대상이 실재하는 것(yod pa, sadbhāva)[의 여부가 원인]은 아니다.

⌘ 비니타데바 18송 해석

[D.136, 191b4]

gang mdo sde pas slar brgal ba'i phyir |

gal te rang gi rgyur gyur pa'i khyad par nyid las zhes bya ba la sogs pa smos so |

gal te rang gi rgyud la gnas pa'i bag chags gyur pa'i khyad par gyi[18] srog chags rnams kyi gzugs la sogs pa don du snang ba'i rnam par rig pa 'byung gi sngon po la sogs pa'i don gyi khyad par las ma yin na | de'i tshe gang gis sdig pa'i grogs po la brten[19] pa las sems can

18 P.N: gyis

19 N: rten

rnams kyi lus kyi bya ba mi dge ba'i[20] rnam par rig pa nges pa dang | dge ba'i bshes gnyen la brten pa las lus kyi bya ba dge ba'i rnam par rig pa nges pa dang | de bzhin du dam pa'i chos mnyan pas[21] ngag gi bya ba sdig pa las log pa'i rnam pa'i rnam par rig pa nges pa dang | dam pa ma yin pa'i chos mnyan pa las[22] sems can rnams kyi ngag gi bya ba sdig pa la 'jug pa'i rnam pa'i[23] rnam par rig pa nges par[24] sdig pa'i grogs po dang | dge ba'i bshes gnyen la brten pa med la | dam pa dang dam pa ma yin pa'i chos bstan pa med na ji ltar 'grub par brjod de |

de ni 'di skad du ji tsam du sdig pa'i grogs po dang dge ba'i bshes gnyen spyod pa mi dmigs pa de tsam du de'i rjes su byed mi nus so | ji tsam du sgra'i rang bzhin dam pa dang dam pa ma yin pa'i chos thos pa med pa de tsam du de dang mthun par[25] sgrub cing byed mi nus so zhes bstan par 'gyur ro ||

경량부가 비판하기를,[26]

20 P.N: med pa'i
21 P.N: pa'i
22 P.N: la
23 P.N: -rnam pa'i
24 P.N: pa
25 P.N: mthong bar
26 『유식이십론술기』(T43, 1002a17-1002a23) 小乘外道 作如是難. 若諸有情 由自身中心等相續 識自證分 轉變自體 有差別相. 在內識上 似外境現 實非是外. 識緣此起 不由外境. 爲其所緣引識等起 或從種子 轉變差別 乃有現行似境識起. 不由外境爲所緣生. "소승과 외도는 이와 같이 비판한다. 만약 유정들은 자신 가운데 [있는] 마음 등이 상속하고 자증분인 식이 변한 자체는 차별된 형상으로 존재한다. [그것이] 내부 식상에 외계 대상처럼 나타나서 존재하는 것이지, 실재하는 외계 [대상]에 있는 것이 아니다. 식은 이것을 조건 삼아서 발생하는 것이지, 외계 대상을 [조건 삼아서 발생하는 것이] 아니다. 그 인식대상은 식 등을 끌어와 발생시키거나 마음씨앗으로부터 특별하게 변하여 대상과 유사하게 현행한 식을 발생시킨다. [따라서] 외계 대상으로부터 인식대상이 발생하는 것은 아니다."

'만약 [중생들에 있어 중생] 자신의 [식의] 흐름에서 겪는 특수한 변화로부터 [대상처럼 마음에 나타나는 인식이 발생하는 것이지, 특정한 외계 대상으로부터 발생하는 것이 아니라면, 특정한 사람들과의 그 교류나 스승으로부터의 그 가르침도 없는데, 나쁜 친구나 좋은 친구와 교류하고 바르거나 바르지 않은 교리를 들은 결과를 지닌 중생들에 대한 좋거나 나쁘게 되는 인식의 한정은 어떻게 성립되는가?]'라고 [『유식이십론』에서] 설한다.

만약 자신의 [식의] 흐름에 있는 습관이 특수하게 변화하여 생물체들의 모양 등[과 유사한] 대상으로 나타나는 인식(vijñapti)이 생기고, 푸른색 등의 특수한 대상에 의해 [인식이 생기지] 않는다면, 나쁜 친구에 의해서 중생들의 신체의 행위(身業)에 불선(不善)의 인식이 결정되고 스승에 의해서 신체의 행위에 선한 인식이 결정된다. 그와 같이 바른 교리(正法)을 듣는 자는 언어의 행위(口業)의 죄악으로부터 허위의 인식이 결정되고 바르지 않은 교리를 듣는 자는 중생들의 나쁜 언어의 행위가 결정된다. 스승에 의지하지 않고 바르거나 바르지 않은 교리가 설해지지 않는데 어떻게 [그것에 의한 죄의 결과가] 성립할 수 있는가?

그것은 다음과 같다. 나쁜 친구와 스승의 행위를 알지 못하는 한, 그것에 뒤따르는 [결과도 알 수] 없다. 소리를 본질로 하는 바른 교리와 바르지 않은 교리를 듣지 못하는 한, 그것에 부합하는 배움은 있을 수 없다.

bstan bcos byed pas de bstsal[27] ba'i phyir |

---

27 P.N: rtsa

gcig la gcig gi[28] dbang gis na | zhes bya ba la sogs pa smos so |

de nyid dgrol ba'i phyir |

sems can thams cad kyi zhes bya ba la sogs pa smos so |

'di ltar srog chags thams cad kyi rnam par shes pa phan tshun gyi dbang gis rnam par shes pa rnams phan tshun 'byung[29] ba nges par 'gyur ro | ci rigs su sbyor[30] ro zhes bya ba ni sdig pa'i grogs po dang dge ba'i bshes gnyen gyi spyod pa la slob par 'dod pa'i[31] dbang gis de dang mthun par byed pa rnams kyi[32] sdig pa dang | dge ba'i lus kyi las kyi[33] rnam pa'i rnam par rig pa 'byung gi | phyi rol na lus kyi las dang lus ni med do | de bzhin du dam pa dang dam pa ma yin pa'i chos smra bar 'dod pa'i dbang gis nyan pa rnams kyi[34] dam pa dang | dam pa ma yin pa'i chos kyi rnam pa'i rnam par rig pa 'byung gi | phyi rol na sgra ni med de 'di la ci rigs pa zhes bya ba'i don ni 'di yin no | gcig la gcig ces bya ba'i sgra ma grags[35] pas de bas na de'i don bstan pa'i phyir |

gcig la gcig ces bya ba la sogs pa smos te |

de ni go sla bas ma bshad do | de'i phyir de ltar brgal[36] ba'i lan[37] btab nas | srog chags kyi tha snyad thams cad rnam par rig pa

28 N: gis
29 P.N: dbyung
30 P.N: sbyar
31 P.N: pa'i
32 P.N: kyis
33 P.N: -kyi
34 P.N: kyis
35 P.N: grag
36 P.N: rgal
37 P.N: kyi

rnams kyis phan tshun gyi dbang gis 'byung bar bstan pa'i phyir |

rgyud[38] gzhan gyi rnam par rig pa'i khyad par zhes bya ba la sogs pa smos so ||

논주는 [그것을] 부정하기 위하여,

'[중생들은] 상호 간에 [미치는] 영향력으로 [인식을 서로 한정한다]'라고 [『유식이십론』 18ab송에서] 설한다.

그것을 해석하기 위하여,[39]

'모든 중생은 [서로의 인식에 미치는 영향력으로 상황에 맞게 인식들을 서로 한정한다]'라고 [『유식이십론』에서] 설한다.

즉 모든 생물체의 서로의 식(vijñāna)의 영향력이 서로의 식들을 발생시키는 것이다. 다른 종류로 된다는 것은 나쁜 친구와 스승의 행위를 배우고자 하는 바람으로 인하여 저것(=나쁜 친구와 스승)과 상응하여 행하는 사람들의 선악의 신체 행위(身業)의 종류에 따라 인식(vijñapti)이 생기는 것이다. 외계에 [선악의] 신체의 행위(身業)와 신체(身)는 없다. 그와 같이 바른 교리와 바르지 않은 교리를 말하고자 하는 욕망의 힘으로 듣는 자들에게 바른 교리와 바르지 않은 교리의 종류(ākāra)에 따라 인식(vijñapti)이 생긴다. 외계라는 말이 없는데 이것은 어떤 이치인가? '상호

---

38 P.N: rgyu

39 경량부가 비판한 18송에 대한 논주 세친의 해석이다.

간에'라는 말은 상식적인 [용어가] 아니기 때문에 그 뜻을 설명하기 위하여,

"상호 간에'(gcig la gcig, anyonya)라는 것은 ['서로'라는 말이다]'라고 [『유식이십론』에서] 설한다.

이것은 쉬워서 해석하지 않는다. 이상과 같은 비판에 답하였다. 중생[이 부르는] 일체 명칭은 여러 인식(vijñapti)들에 의해서 서로에게 미치는 영향력으로 인하여 생기는 것을 설명하기 위하여,

'[다른] 흐름에서 [일어난] 특정한 인식 [때문에 다른 사람의 마음의 흐름에서 또 다른 특정한 인식이 발생하는 것을 말하는 것이지, 특정한 외계 대상 때문에 발생하는 것을 말하는 것은 아니다]'라고 [『유식이십론』에서] 설한다.

srog chags dang 'brel ba'i tha snyad thams cad ni rgyud gzhan gyi 'gro bar 'dod pa dang | brjod par 'dod pa la sogs pa'i rnam par rig pa'i khyad par las rgyud[40] gzhan la 'gro ba dang smra ba la sogs pa'i rnam par dag[41] pa'i khyad par 'byung gi phyi rol gyi don gyi khyad par lus dang ngag gi tha snyad kyi mtshan nyid las ni ma yin no |

yang phyi rol gyi don du smra bas slar brgal ba'i phyir |

dper na rmi lam gyi zhes bya ba la sogs pa smos so |

dper na rmi lam gyi rnam par rig pa'i[42] don med par 'dod pa de

40 P.N: rgyu

41 P.N: rig

bzhin du[43] gal te gnyid kyis ma log pa'i yang don med par 'dod na | gnyid kyis[44] log pa dang ma log pa na[45] sbyin pa la sogs pa dge ba kun du spyad pa'i 'bras bu phyi ma la 'dod par 'dra bar ci'i phyir mi 'gyur | gnyid kyis[46] log pa dang gnyid kyis ma[47] log pa na srog gcod pa la sogs pa mi dge ba kun du spyod pa'i 'bras bu yang phyi ma la[48] mi 'dod par 'dra bar[49] ci'i phyir mi 'gyur | gnyi ga yang don med par mtshungs na go[50] snyam du sems pa'o |

bstan bcos byed pas de'i lan du sems ni gnyid kyis[51] non pas na zhes bya ba la sogs pa smos so ||

생물체와 관계 있는 모든 명칭은 다른 [식의] 흐름이 행하려는 바람과 말하려는 바람 등의 특정한 인식(vijñapti)에서 다른 [식의] 흐름이 행하고 말하는 것 등의 특수한 인식(vijñapti)이 생기는 것이지, 외계 대상의 차별인 신체와 언어의 명칭의 본질로부터 [생기는 것은] 아니다.

또 외계실재론자가 비판하기 위하여,

'예를 들면, 꿈속에서 [인식이 대상이 없이 발생하는 것처럼, 만약 잠에서 깨

---

42 P.N: pa
43 P.N: -du
44 P.N: kyi
45 P.N: ni
46 P.N: +ma
47 P.N: -ma
48 P.N: -la
49 P.N: N: -'dra bar
50 N: nas so
51 P.N: kyi

어 있는 사람의 인식도 이와 같다면, 무슨 이유로 잠든 사람이 꿈속에서 일으킨 선하거나 악한 행동과 깨어 있는 사람의 선한 행동과 악한 행동은 미래에 좋거나 나쁜 결과를 양쪽이 동등하게 일으키게 되지 않는 것인가?'라고 [『유식이십론』에서] 설한다.

예를 들면, 꿈속에서 인식의 대상이 없다고 인정하는 것처럼, 만약 잠자지 않더라도 대상이 없다고 인정한다면, 잠이 들었을 때와 들지 않았을 때, 보시 등 착한 일을 한 결과가 후세에 인정되는 것과 같게 되지 않는가? 잠이 들었을 때와 들지 않았을 때, 살생 등의 나쁜(不善) 행위의 결과가 어떻게 후세에 인정되지 않는 것인가? 양쪽 모두 대상이 없는 것은 똑같기 때문이다. 논주는 그것의 답으로,

'[꿈속에서] 마음은 몽롱함(gnyid, middha)에 의해 [압도된다. 그러므로 꿈속과 깨어 있을 때의 결과는 동등하지 않다]'라고 [『유식이십론』 18cd송에서] 설한다.

'di ltar rmi[52] lam gyi gnas skabs na ni dge ba'am mi dge ba dag gnyid kyis non pa'i sems kyis kyang byed de | de'i phyir gnyid kyis ma log pa'i dus na byed pa'i dge ba dang mi dge ba dang rmi lam gyi dge ba dang mi dge ba'i 'bras bu mtshungs pa ma yin te | gang gnyid kyis[53] non pa de ni 'dir 'bras bu mi 'dra ba'i rgyu yin gyi don yod pa ni ma yin no | 'di[54] ltar sad pa'i dus na gyengs pa dang 'dres par rnam par rtog pa ngan pas[55] dge ba'i 'bras bu yang chung

52 P.N: smi

53 P.N: kyi

54 P.N: de

bar 'gyur te | de bas na rmi lam gyi gnod pa yang 'bras bu chung ngu'i[56] rgyu yin no | yang 'di ni 'bras bu mi mtshungs pa'i rgyu gzhan yin te | rmi lam na sbyin pa ni len pa po su yang med[57] | su la yang phan 'dogs pa med do | de bzhin du rmi lam na gsad[58] par bya ba yang su yang med yang dag pa'i don du su la yang gnod par byed pa med do |

gnyid kyis[59] ma log pa'i dus na ni srog chags dag kyang yod la | gang dag la sbyin par 'dod pa'i dbang gis len par snang ba 'byung zhing rim gyis bde ba myong bar 'gyur bas phan 'dogs par 'gyur ro | gang dag la gsad par 'dod pa'i dbang gis mtshon gyi rnam pa'i shes pa rig pas mi bzod pa'i tshor ba 'byung ba na 'chi ba'i mtshan nyid gnod par 'gyur ro ||

즉 꿈속 상태에서는 착한 것도 착하지 않은 것도 잠에 의해서 마음이 몽롱해진 상태에서 이것[들]은 일어난다. 그 때문에 잠이 들지 않을 때, 행하는 착한 것과 착하지 않은 것과 [잠이 들었을 때, 행하는] 꿈속에서의 착한 것과 착하지 않은 것의 결과는 같지 않다. 잠에 의해 몽롱한 그것(=마음)이 이것(=착한 것과 착하지 않은 것)에 관한 결과가 같지 않은 이유이지, 대상의 존재[유무]가 [이유는] 아니다. 즉 깨어 있을 때도 혼란스러움(散亂)과 뒤섞인 나쁜 분별 때문에 착한 것의 결과도 작게 된다. 그래서 [그것이] 꿈속에서의 결과가 작게 되는 원인이다. 또 이것은 결과[60]가 같지 않은 다른 원인도 있다. 꿈에서 보시는 받는 자가 아무도 없기에 누

55 P.N: +non pa'i

56 P.N: ba'i

57 P.N: +de

58 N: bsad

59 P.N: kyi

60 결과란 꿈꿀 때와 깨어 있을 때의 행위의 결과인 업보(業報)를 말한다.

구에게 이익을 주지 않는다.

이같이 꿈에서 살해되는 자 역시 아무도 없기에 진짜 누군가를 해치는 자도 없다. 잠에 빠지지 않을 때는 생물체도 있고 또 어떤 사람이 보시하려는 바람의 힘에 따라 그것을 받는다고 보이는 것도 생기고 착한 [행위]를 받기에 이익도 주게 된다. 또 어떤 사람이 살해하려는 바람의 힘에 따라 식(vijñāna)이 원인이 되어 참기 힘든 느낌이 생기고 죽음이라는 관념적 사고가 [우리를] 괴롭힌다.

19
송

죽음이란 타인의 특별한 인식으로 발생하는 변화이다

⌘ 티베트역 19송

[D.136, 9a3]

gal te 'di dag rnam par rig pa tsam du zad na gang la yang lus dang ngag kyang med pas shan pa la sogs pas gsod pa na lug la sogs pa 'chi bar ji ltar 'gyur | 'chi ba de des ma byas na ni shan pa la sogs pa srog gcod pa'i kha na ma tho ba dang ldan par ji ltar 'gyur zhe na ||

'chi ba gzhan gyi rnam[1] rig[2] gi |
bye brag las de dper bya na |
'dre la sogs pa'i yid dbang gis |
gzhan gyi dran nyams 'gyur sogs bzhin || 19abcd ||[3]

1 P: rnam par

2 P.K.125: rnam shes

3 P.K.125. 19송.
gsod pa gzhan gyi rnam shes gyi |
bye bragis phye ji lta bar |
gzhan gyi dran ba nyams par gyurd |

[외계실재론자:] 만약 이것들(=삼계에 속한 것)이 [모두] '오직 인식일 뿐'이고 누구도 신체(lus, kāya)나 언어(ngag, vāc)조차 가지고 있지 않다면, 도살자(shan pa, aurabhirika) 등이 [양을] 살해할 때, 어떻게 양(lug, urabhra) 등은 죽을 수 있는가? 그것(=양)의 죽음이 그(=도살자)가 초래한 것이 아니라면(des ma byas na, atatkṛte), 어째서 도살자 등이 살생의 죄(srog gcod pa'i kha na ma tho ba, prāṇātipāta-avadya)를 지니게 되는가?

[바수반두: 살생에 의한] 죽음이란 다른 사람의 특별한 인식으로 인해 [상대방의 심상 속에 변화가 생기는 것이다.] 예를 들면, 악귀('dre, piśaca) 등의 의지(yid, manas)에 의해서 다른 사람에게 기억상실(dran nyams, smṛtilopa)이 일어나는 것 등과 같다. [19abcd]

dper na 'dre la sogs pa'i yid kyi[4] dbang gis[5] gzhan dag gi[6] dran pa nyams pa dang | rmi ltas su mthong ba dang | 'byung po'i gdon phab par 'gyur ba dang |

rdzu 'phrul dang ldan pa'i yin kyi dbang gis te | dper na 'phags pa kātyā'i[7] bu chen po'i byin gyi[8] brlabs kyis[9] sa ra Nas rmi ltas su mthong ba dang | drang srong dgon pa pa'i yid 'khrugs pas thags zangs ris[10] bzhin du | gzhan gyi rnam par[11] rig pa'i bye brag gis

---

sha za la stsogs pa'i dbang gis | | 19abcd | |

4 P.N: kyis

5 N: gi

6 P.N: gis

7 P.N: ka ta'i

8 P: gyis

9 N: gyis

10 P.N: thag bzangs rigs

sems can gzhan gyi srog gi dbang po dang mi mthun pa'i 'gyur ba 'ga' 'byung ste des[12] bskal pa 'dra ba'i rgyud kyi[13] rgyun chad[14] pa zhes bya ba 'chi bar rig par bya'o ||

예를 들면, 악귀 등의 의지에 의해서 다른 사람들은 기억상실이 되거나, 꿈속에서 [무서운 장면을] 보거나, 악령('byung po, bhūta)이 씌는 [등의] 변화(vikāra)들이 일어난다.

혹은 초능력자(rdzu 'phrul dang ldan pa, ṛddhivat)의 의지에 의해서 [변화들이 일어난다]. 예를 들면, 성스러운 마하카타야나(Mahākātyāyana, 大迦旃延)의 위력으로 사라나(Sāraṇa) 왕이 꿈속에서 [미래를] 보거나, 숲에 사는 선인이 적대감(yid 'khrugs pa, manaḥpradoṣa)[15]을 일으켜서 [아수라의 왕인] 베마치트린(thags zangs ris, Vemacitrin) 왕[이 전쟁에서 패하게 되는 것]과 같다. [그와 같이] 어떤 사람의 특별한 인식의 [영향력이] 다른 중생의 생명력(srog gi dbang po, jīvitendriya, 命根)을 침해하는(dang mi thun pa, virodhin) 변화가 생기고, 그로 인해 '[특정한] 종(種)으로서의 동일성('dra ba, sabhāga, [衆]同分)[을 유지하는] 흐름의 단절'이 죽음이라는 것을 알아야 한다.

---

11 N: pa

12 D: de, P.N: des

13 P.N: kyis

14 P.N: 'chad

15 진제와 반야류지는 嗔心, 현장은 意憤으로 번역한다.

⌘ 비니타데바 19송 해석

[D.136, 192b6]

yang phyi rol gyi don du smra bas slar brgal ba'i phyir |

gal te 'di dag rnam par rig pa tsam du zad na zhes bya ba la sogs pa smos so |

gal te 'gro ba 'dis[16] mtha' dag rnam par rig pa tsam du zad na sems can[17] gang la yang lus med la ngag kyang med de | de'i phyir shan[18] pa la sogs pas gsod pa na lug la sogs pa 'chi bar ji ltar 'gyur | gal te shan[19] pa la sogs pa la lus dang ngag yod la lug[20] rnams kyi lus kyang yod na de'i tshe de dag gis de dag rang gi lug[21] lag dar te gsod pa'am | gzhan la sod[22] ces tshig gis bsgo bas lug[23] rnams 'chi bar 'gyur ro | lus dang ngag med na gsad[24] par bsams pa tsam gyis[25] gzhan dag 'chi bar ji ltar 'gyur te de ltar 'dod na ni gang zag 'ga' zhig khos[26] te gnod par bya ba'i sems bskyed pa de nyid kyis 'chi bar 'gyur ro | ji ste nyes pa 'di dag 'byung du 'ong zhes de dag 'chi ba des byas par mi 'dod na ni de'i tshe lug 'chi ba shan[27] pa

16 P.N: 'di
17 P.N: +thams tad
18 P.N: shen
19 P.N: shen
20 P.N: lus
21 P.N: lus
22 N: gsod
23 P.N: lus
24 P.N: bsad
25 P.N: gyi
26 P.N: khros

rnams kyis ma bsad pas | shan[28] pa la sogs pa srog gcod pa'i kha na ma tho ba dang ji ltar ldan par 'gyur |

bstan bcos byed pas de bsal ba'i phyir |

'chi ba gzhan gyi rnam rig gis[29] | zhes bya ba la sogs pa smos so ||

또 외계실재론자가 비판하기를,

'만약 이것들(=삼계에 속한 것)은 '오직 인식일 뿐'(vijñapti-mātra)으로 존재하고 [누구도 신체와 언어조차 가지고 있지 않다면, 도살자 등이 양을 살해할 때, 어떻게 양 등은 죽을 수 있는가?]'라고 [『유식이십론』에서] 설한다.

만약 이 모든 중생에게 '오직 인식일 뿐'이 존재한다면, 어떤 중생도 신체나 언어가 없기 때문에 도살자 등이 [양 등을] 죽일 때, 양 등은 어떻게 죽게 되는가? 만약 도살자 등에게 신체와 언어가 있고 양 등의 몸도 존재할 때, 그들(=도살자)이 그들 스스로 양을 손으로 죽이고 다른 사람에게 죽이라고 언어로 지시하여 양들을 죽인다. 신체와 언어[의 행위]는 없고 의지의 행위(意業)만으로 죽이고자 한다면, 다른 자가 [양 등을] 어떻게 죽이는가? 이렇게 주장한다면, 어떤 사람 누군가가 해치려는 마음을 내는 것 그 자체에 의해서 [양 등이] 죽게 될 것이다. 만약 이런 과실이 생길 것이라고 하는 그런 죽음을 그(=도살자)가 바라고 인정하지 않는다면, 양의 죽음은 도살자에 의해서 이루어지지 않기 때문에 도살자 등은 살

27 P.N: shen

28 P.N: shen

29 P: rigs gis, N: rig gis

생이라는 죄의 결과(罪果)를 어떻게 획득하게 되는가?

논주는 그것을 부정하기 위하여,

'[살생에 의한] 죽음('chi ba, maraṇa)이란 다른 사람의 [특별한 인식으로 인해 상대방의 심상 속에 변화가 생기는 것이다]'라고 [『유식이십론』 19ab송에서] 설한다.

rnam par rig pa'i bye brag gang[30] gis mtshon gdab par gzas pas phyi rol gyi don du smra bas gzhan gsod par byed do | de bas na rnam par rig pa'i bye brag mtshon cha med pa las gzhan 'chi bar 'gyur ro | dper na 'dre la sogs pa'i yid kyi dbang gis sems can gzhan dag gi dran pa nyams pa la sogs pa byed par 'gyur ro zhes mdor byas pa'i[31] don to | bstan bcos byed pas mdor byas pa'i don de rgya cher bstan pa'i phyir |

dper na 'dre la sogs pa'i yid kyi dbang gis zhes bya ba la sogs pa smos so |

dper na 'dre la sogs pa'i ngan sems kyi sems kyi dbang gis srog chags gzhan dag gi dran pa nyams par 'gyur ba dang mkha' 'gro ma rnams kyi gnod pa'i sems kyi dbang gis gzhan dag gi[32] snying gi khrag 'byin pa dang | de bzhin du lha'i byin gyi rlabs[33] kyis rmi ltas su mthong ba dang |

de bzhin du sngags mkhan gyi yid kyi dbang gis[34] 'byung po'i gdon

30 P.N: -gang

31 P.N: bya ba'i

32 P.N: gis

33 P.N: gyis brlabs

pham par 'gyur ba dang | de bzhin du nam mkha' lding gi sngags byed pa'i yid kyi dbang gis dug sel zhing 'pho ba la sogs par[35] 'gyur ba dang | de bzhin du rdzu 'phrul dang ldan pa'i yid kyi dbang gis gzhan dag gi 'gyur ba rnam pa mang po[36] 'byung ba dang | dper na kā tyā'i[37] bu chen po'i byin gyi rlabs kyis sa[38] ra nas rmi ltas su mthong ba dang | dper na drang srong dgon pa pa rnams kyi[39] yid 'khrugs pa[40] lha ma yin gyi dbang po thags zangs ris[41] pham zhes grags pa de bzhin du shan[42] pa la sogs pa'i gnod sems kyi bsam pa'i rnam par rig pa'i bye brag gis lug[43] la sogs pa gzhan dag gi srog gi dbang po dang mi mthun pa'i 'gyur ba rnam pa 'di lta bu dag 'byung ste | de byung bas ris gcig bskal pa 'dra bas bsdus pa'i sems dang sems las byung ba'i rgyud kyi[44] rgyun 'chad pa'i mtshan nyid 'chi[45] bar 'gyur ro | de lta[46] na gzhan gyi rnam par rig pa'i bye brag gis gzhan dag 'chi bar rig par bya'o ||

특별한 인식(vijñapti)에 의해서 무기를 던져 휘두르는 것이야말로 외계실재론자는 타인을 살해하는 것이라고 한다. 그러나 특별한 인식이라는 무기가 없어도 타인은 죽게 될 것이다. 예를 들면, 악귀 등의 의지

34 P.N: gi
35 N: ser ba
36 P.N: ba
37 P: ka +a'i, N: ka ti'i
38 P.N: gyis brlabs kyis
39 P.N: kyis
40 P.N: bas
41 P.N: bzang rigs
42 P.N: shen
43 P.N: lus
44 P.N: ni
45 P: mchi
46 P: ltar

(manas)에 의해서 다른 사람에게 기억상실이 일어나는 것 등의 변화가 생긴다는 것이 송의 의미이다. 논주는 이 송의 의미를 널리 설명하기 위하여,

'예를 들면, 악귀(piśaca) 등의 의지에 의해서 [다른 사람에게 기억상실이 일어나는 것 등과 같다]'라고 [『유식이십론』 19cd송에서] 설한다.

예를 들면, 악귀 등의 악한 마음(惡心)이라는 의지에 의해서 다른 생물체의 기억이 쇠퇴하고, 여자 악귀(ḍākinī, 荼枳尼)가 [누군가를] 해치려는 의지에 의해 다른 사람의 심장에 있는 피가 흐르게 된다. 그처럼 천신의 가피력으로 인해 꿈에 누군가를 보고 주술자(ṛddhivat)의 의지에 의해서 생긴 악귀에게 패하게 되고, 가루자(garuḍa)[가 행하는] 주술의 의지에 의해서 독을 제거하는 등의 변화가 일어난다.

그와 같이 신통을 갖춘 의지에 의해서 [어떤 것이] 다른 것으로 변하여 많은 상황[들]이 생긴다. 예를 들면, 대가전연의 가피력으로 인하여 사라나 왕이 꿈속에서 누군가를 보는 것과 같다. [또 다른] 예를 들면, 사원에 사는 선인이 적개심[47]을 일으켜서 아수라의 왕인 베마치트린 왕이 [전쟁

---

47 『아비달마구사론』(T29, 88a2-88a4) 有謂動身. 頗有不動身不發語二罪所觸耶. 曰. 有謂仙人意憤 及布灑他時. "이를테면 몸을 움직이는 [경우가] 있다. 몸을 움직이지도 않고 말을 하지도 않고서 이 같은 두 죄에 어긋나게 되는 경우가 있는가? 논한다. 그런 경우가 있다. 이를테면 선인(仙人)의 마음의 분노이거나 포살(布灑)할 때가 그러하다." 『아비달마대비바사론』 권제118 末에서는 '선인이 분노를 품고 저주할 때는 몸을 움직이지도, 말을 하지도 않으면서도 살생을 할 수 있다. 그리고 포쇄타(poṣadha, upavasatha) 즉 포살(布薩) 때, 죄가 있어도 침묵하여 참회하지 않으면, 몸을 움직이지도 않고 말을 하지도 않고서도 거짓말하는 것이 된다'라고 한다.

에서] 패하게 되는 것과 같이, 분노(kopa, 瞋)라고 여겨지는 특별한 인식(vijñapti)[의 영향력이] 양 등 다른 것들의 생명력(命根)과 [사람이라는 종별의 동일성을 유지하던 흐름이] 단절되는 [모종의 변화가 발생하는 것이다. 그러므로] 그런 발생은 순간의 한 부분으로, 마음과 마음 작용의 흐름(rgyud, santāna)이라는 원인이 단절되는 것이 [바로] '죽음'[이라는 것]의 본질이다. 그러므로 다른 사람(他人)의 특별한 인식(vijñapti)으로 인해서 다른 사람이 죽게 된다는 것을 알아야 한다.

20
송

살생은 의지의 힘에 의해서 일어난다

⌘ 티베트역 20송

[D.136, 9a7]

drang srong khros pas dan ta ka'i |
dgon pa ji ltar stongs par 'gyur || 20ab ||[1]

gal te gzhan gyi rnam par rig pa'i bye brag gis sems can dag 'chi bar mi 'dod na |

yid kyi nyes pa kha na ma tho ba chen po dang bcas pa nyid du bsgrub pa na | bcom ldan 'das kyis khyim bdag nye ba 'khor la bka' stsal pa | khyim bdag khyod kyis dan ta ka'i dgon pa dang | ka ling ka'i dgon pa dang ma tang ka'i dgon pa de dag ci zhig gis stongs pa dang | gtsang mar gyur pa ci thos zhes smras pa dang |

---

1 P.K.125. 20송.
dbyig pa+i dgon pa ji ltar na |
drang srong khros pas stong pa bar |
yïd gyis nyes pa sdig tshe bar |
ji ltar de+is grub pa yïn || 20abcd ||

des gau ta ma drang srong rnams khros pas de ltar gyur ces thos so zhes gsol to ||

[바수반두: 다른 사람의 특별한 인식의 영향력으로 죽음이 일어나는 것이 아니라면,] 어떻게 선인(drang srong, ṛṣi)의 분노(khros pa, kopa)로 단다카(Daṇḍaka)숲이 텅 비게 되었는가? [20ab]

'만약 다른 사람의 특별한 인식의 영향력으로 중생들이 죽는 것을 [당신이] 인정하지 않는다면, [어떻게 당신은 선인의 분노로 단다카숲이 텅 비게 되었는지 설명할 수 있는가?]'라고 [『유식이십론』에서] 설한다.

의지(yid, manas)에 의한 과실(nyes pa, *doṣa)이 [신체나 언어에 의한 과실보다] 큰 죄라는 것을 증명할 때, 세존이 거사(khyim bdag, gṛhapati)인 우팔리(Nye ba 'khor, Upāli)에게 말씀하셨다. [세존이] "거사여! 그대는 그 단다카숲과 칼링가(Kaliṇga)숲과 마탕가(Mātaṅga)숲이 왜 텅 비고 청정하게 되었는지 들었는가?"라고 말씀하셨다. "오, 가우타마시여! 선인들의 분노 때문에 그렇게 되었다고 들었습니다"라고 [우팔리가] 답하였다.

yid nyes kha na ma tho cher |
ji ltar de yis 'grub par 'gyur || 20cd ||

gal te 'di ltar rtog ste | de la dga' ba mi ma yin pa de dag gis de na gnas pa'i sems can rnams kha btag gi | drang srong rnams kyis yid 'khrugs pas dogs pa ni ma yin no zhe na | de ltar na las des lus dang ngag gi nyes pa rnams pas yid kyi nyes pa ches kha na ma tho ba chen po dang bcas par 'grub par ji ltar 'gyur te | de'i yid 'khrugs pa tsam gyis sems can de snyed 'chi bar 'grub bo ||

[또, 선인들의 적개심 때문에 그런 것이 아니라면,] 어떻게 의지에 의한 과실이 [신체나 언어에 의한 과실보다] 큰 죄라는 것이 그것(=선인이 적개심을 품는 행위)를 가지고 증명할 수 있는가? [20cd]

만약 "그(=선인)를 신봉하는(dga' ba, abhiprasanna) 그 정령(mi ma yin pa, amānuṣa)들이 그곳(=숲)에 사는 중생들을 사라지게 한 것이지, 선인들의 적개심 때문에 죽은 것이 아니다"라고 [그대가 생각]한다면, 그 경우 [그대는] 어떻게 그 [선인이 적개심을 품는] 행위(las, karman)를 가지고 신체(lus, kāya)나 언어(ngag, vāc)에 의한 과실보다 의지(yid, mano)에 의한 과실이 더 큰 죄라는 것이 증명될 수 있는가? 그(=선인)의 적개심만으로 그만큼 많은 중생이 죽었으므로 [신체나 언어에 의한 과실보다 의지에 의한 과실이 더 큰 죄라는 것이] 증명된다.

⌘ 비니타데바 20송 해석

[D.136, 193b2]

de ltar rigs[2] pas don bstan kyang brgya la gzhan dag khas mi len kyang srid pas de'i phyir | drang srong khros pas dan ta[3] ka'i |

dgon pa ji ltar stongs par 'gyur | zhes[4] bya ba smos so |

2 N: rig pa

3 P.N: dan +da

4 P.N: stong par gyur ces

de nyid rnam par dgrol ba'i phyir |

gal te gzhan gyi rnam par rig pa'i bye brag gis zhes bya ba la sogs pa smos so |

gal te gsod pa po[5] rnams kyis gsod[6] pa'i bsam pa'i rnam par rig pa'i bye brag gis sems can gsad[7] par bya ba dag 'chi bar khyod mi 'dod na | de'i tshe yid kyi nyes pa kha na ma[8] tho ba chen po dang bcas pa nyid du bsgrub par bzhed nas | bde bar gshegs pa thub pas khyim bdag nye ba[9] 'khor la bka' stsal pa | khyod kyis dan ta[10] ka'i dgon pa la sogs pa de dag gna'[11] sngon mi brgya[12] phrag du mas gang ba'i ljongs su gyur pa zhes grags na de[13] ji ltar skad cig tu dgon par gyur te stongs pa dang gtsang mar gyur pa ci thos zhes[14] de skad ces bka' stsal pa dang | des drang srong rnams khros pa de dag de ltar gyur ces bdag gis thos so zhes gsol to | de yid 'khrugs pa tsam gyis de snyed cig 'chi bar ji ltar 'gyur | de ni 'di skad du gal te[15] gsod pa'i rnam par rig pa'i bye brag gis gsad[16] par bya ba rnams 'chi bar mi 'dod na ||

이 같은 이치로서 의미를 드러냈지만, 만약 다른 자가 그것을 시인하

---

5 P.N: pa
6 N: bsad
7 P.N: bsad
8 P: -ma
9 N: bar
10 P.N: kyi dan+da
11 P.N: +na
12 P.N: +stong
13 P: grags na, N: grag na
14 P.N: shes
15 P.N: gang de
16 N: bsad

지 않을 수도 있으므로,

'[다른 사람의 특별한 인식의 영향력으로 죽음이 일어나는 것이 아니라면,] 어떻게 선인의 분노로 단다카(daṇḍaka) 숲이 텅 비게 되었는가?'라고 [『유식이십론』에서] 설한다.

그것을 해석하기 위하여,

'만약 다른 사람의 특별한 인식의 [영향력으로 죽음이 일어나는 것이 아니라면, 어떻게 선인의 분노로 단다카 숲이 텅 비게 되었는가?]'라고 [『유식이십론』 20ab송에서] 설한다.

만약 살해자들이 살해하려는 마음의 특별한 인식으로 살해된 중생이 죽었다는 것을 그대가 시인하지 않는다면, 그때 의지의 잘못에 따라 큰 죄가 생긴다는 것을 증명하고 인정[해야만] 한다. 부처님이 [우팔리] 거사에게 말씀하셨다. [세존]이 "거사여! 그대는 단다카 숲 등이 옛날에는 많은 사람으로 가득 찬 구역이었는데 어떻게 한순간에 [그것은] 절이 되고 텅 비고 청정하게 되었는가?"라고 [우팔리 거사에게] 말씀하시었다. [우팔리 거사는 "오, 가우타마시여!] 그것은 선인들의 분노로 이것들(=숲)은 그와 같이 [텅 비게] 되었다고 들었습니다"라고 답하였다. 오직 그 분노로 [사람들이] 죽게 되었다. 이처럼 만약 살해자의 특별한 인식의 [영향력]에 의해서 살해되는 것들을 죽음으로 인정하지 않는다면,

de'i tshe drang srong rnams kyi[17] yid 'khrugs pa tsam gyis[18] sems can de[19] snyed cig 'chi[20] ba'i mi rigs so zhes bya ba[21] bstan par 'gyur | yid kyi nyes pa zhes bya ba ni yid kyi nyes pa spyad pa la bya'o | dan ta[22] ka'i dgon pa dang | ma taṃga'i dgon pa dang | ka liṃ ka'i dgon pa zhes bya ba de dag ni dgon pa'i ming ngo | stongs[23] pa zhes bya ba ni skye ba[24] med par 'gyur ba'o[25] | gtsang mar gyur ces bya ba ni skye bo med na bshang[26] gci med pa'i phyir gtsang mar gyur ces bya ba'i tha tshig go | brgya la gzhan dag drang srong rnams kyi[27] yid 'khrugs[28] par shes bzhin du mi ma yin pa skabs tshol ba dag gis gsad[29] do zhes zer du dogs nas |

yid nyes kha na ma tho cher | zhes bya ba la sogs pa smos so |

de nyid rnam par dgrol ba'i phyir |

gal te 'di ltar rtog ste zhes bya ba la sogs pa smos so ||

선인들의 적개심만으로 그만큼의 중생이 죽는다는 것은 이치에 어긋난다는 것을 설명한다. '의지의 벌'이란 '마음이 행하는 벌'이다. 단다카 절과 마등가의 절과 까등까의 절이라는 것은 절의 이름이다. '텅 빈 것'

---

17 P.N: kyis

18 P.N: gyi

19 P.N: ji

20 P.N: bar

21 P.N: -bya ba

22 P.N: dan+da

23 P.N: stong

24 P.N: bo

25 P.N: gyur ba'o

26 N: gshang

27 P: drang srong rnams kyis, N: grang srong rnams kyis

28 P.N: 'khrug

29 N: bsad

이라는 것은 '사람들이 없어진 것'이다. '청정하게 된다는 것'(medhyibhūta)은 '사람들이 없어져서 분노가 없어졌기 때문'에 청정하게 되었다는 의미이다. 만약 다른 사람들이 선인들의 적개심(manaḥpradośa)이라고 아는 것과 같이, 사람이 아닌 존재가 기회를 얻어 살해하는 것으로 생각하기에,

'[선인들의 적개심 때문에 그런 것이 아니라면,] 어떻게 의지에 의한 과실이 [신체나 언어에 의한 과실보다 더] 큰 죄가 된다는 것이 그것(=선인이 적개심을 품는 행위)으로 증명되는가?'라고 [『유식이십론』 20cd송에서] 설한다.

그것을 해석하기 위하여,

'만약 다음과 같이 [선인을 신봉하는 정령들이 숲에 사는 중생들을 사라지게 한 것이지, 선인들의 적개심 때문에 죽은 것이 아니다라고 그대가] 생각한다면, [그 경우 어떻게 그 선인이 적개심을 품는 행위를 가지고 신체나 언어에 의한 과실보다 의지에 의한 과실이 더 큰 죄라는 것이 증명될 수 있는가?']라고 [『유식이십론』에서] 설한다.

gal te mi ma yin pa gang dag drang srong rnams la dga'[30] | de dag gi[31] lus dang ngag gi[32] yul de na gnas pa'i sems can rnams kha btag gi | drang srong de dag gi yid 'khrugs pas dogs[33] pa ni ma yin no zhes de'i tshe mi ma yin pa rnams kyi lus dang ngag gi[34] las de[35]

---

30 P.N: +ba
31 P.N: gis
32 P.N: gis
33 P: dog, N: sog
34 P: gis
35 P.N: des

lus dang ngag gi nyes pa rnams pas yid kyi nyes pa ches kha na ma tho ba chen po dang bcas par grub pa[36] ji ltar 'gyur | gang gi tshe kha na ma tho ba chen po dang bcas par grub ce na |

de'i yid 'khrugs pa tsam gyis[37] zhes bya ba la sogs pa smos so |

gang gi tshe lus dang ngag gi spyod pa med par drang srong rnams kyi yid 'khrugs pa tsam 'ba' zhig gis sems can de snyed 'chi bar gyur pa de'i tshe | yid kyi nyes pa kha na ma tho ba chen po dang bcas pa nyid du 'grub bo ||

만약 사람이 아닌 존재(=정령)가 선인들을 좋아하여 그들(=사람이 아닌 존재)의 신체와 언어의 [행위에] 의해서 그곳에 사는 중생이 완전히 사라지게 된 것이다. 그들(=선인들)의 적개심에 의해서 [숲이 텅 비게 되었다고] 의심하는 것이 아니라면, 사람이 아닌 존재들의 신체와 언어의 행위에 의한 [과실보다] 의지의 벌이 큰 죄가 된다는 것은 어떻게 증명되는가? 큰 죄가 된다는 것이 성립한다면,

'그(=선인)의 적개심만으로 [그만큼 많은 중생이 죽었으므로 신체나 언어에 의한 과실보다 의지에 의한 과실이 더 큰 죄라는 것이 증명된다]'라고 [『유식이십론』에서] 설한다.

[그러므로] 신체와 언어의 행위가 없이 선인들의 적개심만으로 중생이 죽게 될 때, 그 의지의 [행위의] 벌이 [신체와 언어의 행위보다 더] 큰 죄가 된다는 것이 증명된다.

---

36 P.N: par

37 P.N: gyi

21
송

붓다는 자신의 마음에 대한 앎과 다른 사람의 마음에 대한 앎을 있는 그대로 아는가?

⌘ 티베트역 21송

[D.136, 9b4]

gal te 'di dag rnam par rig pa tsam du zad na gzhan gyi sems rig pas ci gzhan gyi sems shes sam 'on te mi shes she na |

'dis ci zhig bya |

gal te mi shes na ni gzhan gyi sems rig pa zhes kyang ci skad du bya |

ji ste shes na yang ||

gzhan sems rig pas shes pa ni |
don bzhin ma yin ji ltar dper |
rang sems shes pas || 21abc' ||[1]

1 P.K.125. 21송.
pha rol sems rig pa'is shes |

[외계실재론자:] 만약 이것들(=삼계에 속한 것)이 실로 '오직 인식일 뿐'이라면, 다른 사람의 마음을 아는 자(gzhan gyi sems rig pa, paracittavid)는 [정말로] 다른 사람의 마음을 아는 것인가, 아니면 알지 못하는 것인가?

[바수반두:] 그러면 [각각의 경우가] 어떻게 되는가?

[외계실재론자:] 만약 [그것을] 알 수 없다[고 한다]면, 어째서 '다른 사람의 마음을 아는 자'라고 실로 말할 수 있을 것인가?

한편, 만약 [다른 사람의 마음을] 안다[고 한다]면,

> **어째서 다른 사람의 마음을 아는 자의 앎**(shes pa, jñāna)**이 있는 그대로**(don [ji ltar ba] bzhin [du], yathārtham) **[아는 것이] 아닌가**?
> **[바수반두:] [다른 사람의 마음에 대한 앎**(paracittavid)**은] 자신의 마음에 대한 앎**(svacittajñāna)**과 마찬가지 [로 있는 그대로 알지 못한]다.** [21abc']

de yang ji ltar don ji ltar ba bzhin du ma yin zhe na |

sangs rgyas kyi |
spyod yul ji bzhin ma shes phyir || 21c'd ||

ji ltar de brjod du med pa'i bdag nyid du sangs rgyas kyi spyod yul du gyur pa de ltar des ma shes pa'i phyir de gnyi ga yang don ji lta

---

ji bzhin myi don ji 'ji ltar |
bdagi sems shes myi shes pas |
ji ltar sangs rgyas spyod yulo | | 21abcd | |

ba bzhin ma yin te | log par snang ba'i phyir ro | gzung ba dang 'dzin pa'i rnam par rtog pa ma spangs pa'i phyir ro ||

[외계실재론자:] 어째서 그것(=자신의 마음에 대한 앎)까지도 있는 그대로 [아는 것이] 아닌가?

> **[바수반두:] 왜냐하면, [다른 사람이나 자신의 마음에 대해] 붓다[들이 그들]의 인식영역**(sangs rgyas kyi spyod yul, buddha-gocara)**[을 아는 것]과 같은 방식으로는 알지 못하기 때문이다.** [21c'd]

언어로 표현할 수 없는(nirabhilāpya) 본질과 관련하여 붓다[들이 그들]의 인식영역[을 아는 것]과 같은 방식으로 그처럼 그것(=다른 사람과 자신의 마음)을 [언어로 표현할 수 없는 본질을 지닌 있는 그대로] 알지 못하기 때문이다. 그 양쪽(=다른 사람과 자신의 마음에 대한 앎)은 [실재하지 않는 것을 실재하는 것으로] 진실되지 않게 [마음에] 나타나는 것(log par snang ba, vitatha-pratibhāsa)이므로 있는 그대로가 아니다. 왜냐하면, [다른 사람이나 자신의 마음에 대한 앎이 나타날 때] 인식대상(gzung ba, grāhya)과 인식주체('dzin pa, grāhaka)에 대한 분별이 끊어지지 않았기 때문이다.

⌘ 비니타데바 21송 해석

[D.136, 194a3]

yang phyi rol gyi don du smra bas brgal[2] ba'i phyir |

gal te 'di dag rnam par[3] shes pa tsam du zad na zhes bya ba la sogs pa smos so |

gal te gzung ba dang 'dzin pa dang bral ba'i sems dang sems las byung ba 'ba' zhig kho nar[4] zad na de'i tshe | gzhan gyi sems shes pa thob pa'i rnal 'byor pas | ci gzhan gyi sems shes sam | 'on te mi shes smros shig grub pa'i mtha' smra bas gnyi gar nyes par ma mthong nas | 'dis ci zhig bya zhes dris te | de ni go sla bas ma bshad do |

phyi rol gyi don du smra bas gnyi ga yang nyes par bstan pa'i phyir |

gal te mi shes na ni zhes bya ba la sogs pa smos so ||

또한, 외계실재론자가 비판하기를,

'만약 이것들(=삼계에 속한 것)이 실로 '오직 인식일 뿐'이라면, [다른 사람의 마음을 아는 자는 정말로 다른 사람의 마음을 아는 것인가, 아니면 알지 못하는 것인가?]'라고 [『유식이십론』에서] 설한다.

만약 [삼계에 속한 것이] 인식대상과 인식주체를 여읜 마음과 마음 작용뿐이라면, 오직 다른 사람의 마음을 아는 것(他心智)을 얻은 수행자는 어떻게 다른 사람의 마음을 아는가, 아니면 모르는 것인가에 대해서 말해보아라. '둡타를 말하는 자'[5]는 두 가지 모두를 과실로 보지 않고 이것으

2 P.N: rgal

3 N: pa

4 N: de kho na

5 유리 등 2인(2019), 3-15 참조. 둡타(grub mtha')는 산스크리트 siddhānta의 티베트어

로 인해서 어떠한가?[6]라고 묻는데 그것은 쉬워서 해석하지 않는다.

외계실재론자는 양쪽의 경우 다 오류가 있다고 설명하기 때문에,

'만약 [그것을] 알 수 없다[고 한다]면, [어째서 다른 사람의 마음을 아는 자라고 실로 말할 수 있을 것인가?]'라고 [『유식이십론』에서] 설한다.

gal te rnal 'byor pas gzhan dag gi sems mi shes na de'i tshe gzhan gyi[7] sems rig pa zhes kyang ji skad du bya | 'di ltar gang gzhan gyi sems rig pa de la 'di skad ces brjod de[8] | sgra 'di'i rgyu ni[9] bya ba de med na bya bar ji ltar 'gyur | ji ste nyes pa 'di 'byung du 'ong

---

이다. siddhānta는 siddha(성취)+anta(끝, 궁극)의 합성어로 '확립된 결론', '확립된 설', '궁극적 결론'이라는 뜻이다. 한역 불전에서는 종(宗), 종의(宗義) 등으로 번역되며, 『번역명의대집』에서는 도리(道理), 종인(宗印), 성구경(成究竟) 등으로 번역된다. 둡타는 티베트 불교 개론서이다. 인도불교를 대표하는 4대 학파, 설일체유부, 경량부, 유식학파, 중관학파가 주장하는 그들의 교리를 체계적으로 정리한 티베트 불교 입문서이다. 주지하듯이 티베트에는 겔룩파, 사캬파, 까큐파, 닝마파라는 4종파가 있다. 각 종파가 그들의 둡타를 가지고 있으며 그것으로 불교철학에 입문한다. 이 학파 중에서도 역사적으로 교리적 축적이 많은 겔룩파 둡타를 학계에서도 많이 취급한다. 겔룩파의 둡타는 대개 잠양-장꺄-왕뽀의 둡타로 이어지는데 왕뽀 둡타를 가장 널리 사용한다. 그 이유는 왕뽀 둡타가 구성적으로 가장 체계적이고 내용상으로 가장 완성된 형태를 지니고 있기 때문이다. 하지만 잠양이나 장꺄 둡타도 그 내용을 보면 교리적 보고를 지니고 있기에 학적인 가치가 있다.

6 이 맥락에서 비니타데바는 마음과 마음 작용만을 인정하는 유식학파의 경우 다른 사람의 마음도 존재하지 않는데, 수행자는 어떻게 다른 사람의 마음을 알 수 있는가, 아니면 다른 사람의 마음을 알 수 없는가에 대한 논쟁을 둡타에서는 두 가지 모두를 과실로 보고 있지 않다고 하면서 그것은 쉬워서 여기에서는 언급하지 않는다고 주장한다.

7 P.N: -sems mi shes na de'i tshe gzhan gyi

8 P.N: do

9 P.N: +bya ba yin na

zhes te gzhan gyi sems shes par khas len na | de'i tshe de dag gzung ba dang 'dzin pa'i rnam par 'byung bas don ji lta ba bzhin ma yin par 'gyur ro | bsgom pa shin tu mthar phyin pa'i rnal 'byor pa rnams kyi shes pa don ji lta ba bzhin ma yin par ji ltar 'gyur | de ni 'di skad du gal te gzhan gyi sems shes na de'i tshe gzung ba dang[10] 'dzin pa'i rnam par khas blangs pas rnam par rig pa nyid nyams par 'gyur ro | don mi shes na ni de'i tshe gzhan gyi sems rig pa yod do zhes ma zer cig ces bstan par 'gyur ro |

bstan bcos byed pas don ji lta ba bzhin ma yin pa de khas blangs nas de na[11] ji lta ba bzhin ma yin pa'i dpe bstan pa | dper na |

rang sems shes pa can | zhes bya ba smos so ||

만약 수행자가 다른 사람의 마음을 알지 못한다면, 다른 사람의 마음(他心)을 안다고 어떻게 말할 수 있는가? 즉 다른 사람의 마음을 아는 것을 이같이 [다른 사람의 마음을 아는 것이라고] 말하기 때문이다. 이 말의 원인은 그것이 없다면 그렇게 된다. 이 같은 과실이 생긴 것과 같이 다른 사람의 마음을 아는 것이라고 인정한다면, 그것(=다른 사람의 마음을 아는 것)의 인식대상과 인식주체가 생기는 것이 대상처럼 되지 않는다. 수행의 끝에 수행자들의 식(vijñāna)이 대상과 같은 것으로 [생기지] 않게 된다. 그와 같이 만약 다른 사람의 마음을 아는 것을 인식대상과 인식주체의 형상(ākāra)으로 인정하기 때문에 [다른 사람의 마음을 아는 것에 대한] 인식(vijñapti)이 [생기게] 된다. 대상을 모르는 것은 다른 마음에 대한 인식이 있는 것이 아니라는 것을 나타낸다.

10 P.N: -dang

11 P.N: don

논주는 [다른 사람의 마음을 아는 자의 앎이] '있는 그대로'(yathārtham, don ji ltar ba bzhin du)의 형태가 아닌 것을 승인하기 때문에 '있는 그대로'의 형태가 아닌 것에 대한 예시를 설한다. 예를 들면,

'[다른 사람의 마음에 대한 앎은] 자신의 마음에 대한 [앎과 마찬가지로 있는 그대로 알지 못한다]'라고 [『유식이십론』 21abc'송에서] 설한다.

dper na srog chags rnams kyi rang gi sems 'das pa dang ma 'ongs pa shes pa[12] yang don ji lta ba bzhin du ma yin te | de bzhin du rnal 'byor pa rnams kyis[13] gzhan gyi sems shes pa yang don ji lta ba bzhin ma yin no | gzhan gyi sems rig pa zhes brjod pa ni rtogs so snyam pa'i dbang gis 'gyur ro | 'di ltar de dag gi rnal 'byor gyi dbang gis[14] rang gi sems nyid gzhan gyi sems dang mtshungs pa'i rnam par gsal bar snang[15] ba 'byung ste | dper na de dag gi rnal 'byor gyi stobs kyis 'das pa dang ma 'ongs pa'i dngos po rnam pa[16] gsal bar snang ba'i shes pa 'byung ba lta bu'o | de yang de[17] dag gzung ba'i cha la gzhan gyi sems su sems pa na gzhan gyi sems rig go zhes rtog[18] par byed do |

pha rol gyi dpe ma grub par bsams te | de yang ji ltar don ji lta ba bzhin du ma yin zhes dris so | gal te rang gi sems shes pa don med pa[19] ji lta ba bzhin ma yin par grub na ni de'i tshe dper bstan

12 P.N: -shes pa
13 P.N: kyi
14 N: gi
15 N: -bar snang
16 P.N: rnam
17 P.N: -de
18 P.N: rtogs
19 P.N: -med pa

pa yang rigs na | de nyid ma grub na ji lta ba bzhin ma yin | bstan bcos byed pas gnyi ga yang don ji lta ba bzhin ma yin pa'i gtan tshigs su |

sangs rgyas kyi zhes bya ba la sogs pa smos so ||

예를 들면, 여러 사람이 과거와 미래의 자신의 마음(自心)을 아는 것도 또한 '있는 그대로'의 형태가 아닌 것과 같이, 그와 같이 수행자들이 다른 사람의 마음(他心)을 아는 것[20]도 '있는 그대로'의 형태가 아니다. 다른 사람의 마음을 안다는 말은 분별한다는 말이다. 즉 그들 수행자에 의해서 자신의 마음이야말로 다른 사람의 마음과 같은 형상(ākāra)을 가지고 명료하게 [마음에] 나타나서 생긴다. 예를 들면, 그 수행자의 [수행의] 힘으로 과거와 미래의 모든 것들이 명료하게 [마음에] 나타나는 앎이 생기는 것과 같다. 거기에서도 그것은 인식대상을 다른 사람의 마음으로 생각하면서 다른 사람의 마음을 안다고 분별하는 것이다.

외계실재론자는 예시가 성립하지 않는다고 주장한다. 그것 또한 어떻게 '있는 그대로'의 형태가 아닌가?라고 묻는다. 만약 자신의 마음을 아는 것이 '있는 그대로'의 형태가 아니라는 것이 성립한다면, 그 예시로서 설한 것도 이치에 맞다. 이것은 성립하는 것이 아니기 때문에 논주가 그 두 가지(=자신의 마음을 아는 것과 다른 사람의 마음을 아는 것)는 본래 있는 그대로가 아니기 때문이다.

---

20 山口益(1965), 127, 각주 4. 다른 사람의 마음(他心)을 안다는 이 말은 외계실재론자가 비난한 말 중에 있다. 특히 그것을 거론하는 이유는 외계실재론자가 타심지라고 하는 그 앎을 분별한다는 것이다. 그것은 이취(=인식주체인 능취와 인식대상인 소취)의 세계의 사태에서 여실한 상태 그대로가 아니라고 비난하는 것이다.

'[다른 사람이나 자신의 마음에 대해] 붓다[들이 그들]의 [인식영역을 아는 것과 같은 방식으로는 알지 못하기 때문이다]'라고 [『유식이십론』 21c'd송에서] 설한다.

de nyid dgrol ba'i phyir |

ji ltar de brjod du med pa'i bdag nyid du zhes bya ba la sogs pa smos so |

rang gi sems de dang gzhan gyi sems de yang sangs rgyas bcom ldan 'das rnams kyis ji ltar brjod du med pa'i bdag nyid du thugs su chud pa de bzhin du[21] zhes bya ba la sogs pa smos so |

thugs su chud pa de bzhin du srog chags rnams kyis rang gi sems ma rig | rnal 'byor pas kyang gzhan gyi sems mi[22] rig go | de lta bas na rang gi sems shes pa dang gzhan gyi sems shes pa gnyi ga yang don ji lta ba bzhin du ma yin no | srog chags rnams dang | rnal 'byor pas rang dang gzhan gyi sems brjod du med pa'i bdag nyid[23] du ci'i phyir ma shes snyam pa la de'i phyir |

log par snang ba'i phyir ro zhes bya ba smos so |

'di ltar de dag gi sems de ni gzung ba dang 'dzin pa'i rnam pas log pa'o | de ltar yang dag pa'i don du na de dag gi sems de ni gzung ba dang 'dzin pa dang bral ba yin na | gnyis su med pa'i ngo bo'i sems la gnyis kyi rnam pa ni log pa yin no | de'i phyir gzung ba'i chas bsgribs pas rang dang gzhan gyi sems kyi[24] ngo bo la srog[25]

---

21 P.N: -thugs su chud pa de bzhin du

22 P.N: ma

23 P.N: nyid

24 P.N: -sems kyi

25 N: sogs

chags rnams dang | rnal 'byor pas rang gi sems dang gzhan gyi sems brjod du med pa'i bdag nyid[26] du ma rig ste | de dag rang gi gzung ba'i cha gnyis[27] rang dang gzhan gyi sems lta bur rig pa na rang dang gzhan gyi sems rig go zhes rtog[28] par byed kyi | yang dag pa'i don du na rang dang gzhan gyi sems kyi rang gi ngo bo la ni ma reg go | dper na bum pa'i kha dog 'dra ba'i snam bu zhig gis bum pa gyogs na mthong[29] | snam bu[30] mthong yang srog chags dag bum pa mthong ngo snyam du sems pa de bzhin du 'dir yang de ltar blta'o | gal te srog chags rnams dang rnal 'byor[31] pa dag gi sems kyi ngo bo gnyis su med pa yin na ||

그것을 해석하기 위하여,

'마치 언어로 표현할 수 없는 본질과 관련하여 [붓다들이 그들의 인식영역을 아는 것과 같은 방식으로 그처럼 그것(=다른 사람과 자신의 마음)을 언어로 표현할 수 없는 본질을 지닌 모습 그대로 알지 못하기 때문이다]'라고 [『유식이십론』에서] 설한다.

'그 자심과 타심도 붓다에 의하면, 마치 언어로 표현할 수 없는 [본질을 지닌] 있는 그대로 알지 [못하기 때문이다]'라고 [『유식이십론』에서] 설한다.

'있는 그대로'라는 것은 사람들은 자신의 마음을 모르고 수행자는 다

26 P.N: nyid
27 P.N: nyid la rang
28 P.N: rtogs
29 P.N: -mthong
30 P.N: +ma
31 N: +pa

른 사람의 마음을 모른다는 것이다. 왜 자신의 마음(自心)과 다른 사람의 마음(他心) 두 가지는 모두 있는 그대로가 아닌가? 수행자와 사람들은 자심과 타심을 불가언설(不可言說)[32]의 본성으로서 알지 못한다는 것에 대해서,

'진실되지 않게 [마음에] 나타나기에 [있는 그대로가 아니다. 왜냐하면 다른 사람이나 자신의 마음에 대한 앎이 나타날 때, 인식대상과 인식주체에 대한 분별이 끊어지지 않았기 때문이다]'라고 [『유식이십론』에서 설한다.]

즉 그들의 그 마음은 인식대상과 인식주체의 형상(ākāra)이기 때문에 진실되지 않은(viparīta, 顚倒) 것이다. 즉 여실한 마음으로서 그들의 그 마음은 인식대상과 인식주체를 여읜 것임에도 불구하고 그 둘로 존재하지 않는 본체의 마음에서 두 개의 형상은 진짜가 아니다. 그러므로 인식대상으로 가려지기에 자신과 다른 사람의 마음의 본체에 대하여 사람들과 수행자는 자신의 마음과 다른 사람의 마음에 대해서 말로 표현할 수 없다는 것을 알지 못한다. 그들은 스스로 인식대상의 측면에서 두 가지 자신과 다른 사람의 마음인 것처럼 알고 자신과 다른 사람의 마음을 아는 것이라고 분별하지만, 여실한 뜻으로서 자신과 다른 사람의 마음 자체를 아는 것은 아니다. 예를 들면, 병의 색깔과 비슷한 천으로 병을 덮어 보면 물론 천을 보는데 사람들은 병을 본다고 여긴다. 마음 또한 그와 같다는 것을 알아야 한다. 만약 사람과 수행자들[이 지닌] 마음의 본질이 두 가지로 되지 않는다면,

---

32 이 용어는 앞 10송의 4구 자주(自註)에도 나온다.

ci'i phyir gnyis kyi rnam par 'byung snyam pa la |

gzung ba dang 'dzin pa zhes bya ba la sogs pa smos so |

'di ltar de dag gzung ba dang 'dzin par mngon par zhen pa ma spangs pa'i phyir | ji srid du de ma spangs pa de srid du sems kyi ngo bo gnyis su med du zin kyang gnyis kyi rnam par snang ngo ||

왜 두 가지 종류[의 마음]이 생기는가?

'[다른 사람이나 자신의 마음에 대한 앎이 나타날 때,] 인식대상과 인식주체에 [대한 분별이 끊어지지 않았기 때문이다]'라고 [『유식이십론』에서] 설한다.

즉 그들은 인식대상과 인식주체라는 [분별에 대한] 집착을 끊지 못했기 때문이다. 그것을 단절하지 못하는 하나인 마음의 본질이 둘이 아닌데도 불구하고 두 가지(=인식대상과 인식주체)의 형상(ākāra)으로 나타난다.[33]

33 44, 각주 53, 191, 각주 32, 286, 각주 49, 347, 각주 17 참조.

22
송

유식의 진리는 붓다의 인식영역이다

⌘ 티베트역 22송

[D.136, 9b6]

rnam par rig pa tsam gyis rab tu dbye ba rnam par nges pa mtha' yas la gting mi dpogs shing zab pa'i |

rnam rig tsam du grub pa 'di |
bdag gis bdag gi mthu 'dra bar |
byas kyi de yi rnam pa kun |
bsam yas || 22abcd' ||[1]

bdag 'dra bas rnam pa thams cad ni bsam par mi nus te | rtog ge'i spyod yul ma yin pa'i phyir ro | 'o na de rnam pa thams cad du su'i spyod yul snyam pa la |

1 P.K.125. 22송.
rnam shes tsam du 'grub paru |
bdagis bdagi mthu 'dra bas |
'di bgyis rnam pa thams chad de'o |
sangs rgyas spyod yul bsam du med(=myed) || 22abcd ||

sangs rgyas spyod yul lo || 22d' ||

zhes bya ba smos te | de ni sangs rgyas bcom ldan 'das rnams kyi spyod yul te | shes bya thams cad kyi rnam pa thams cad la mkhyen pa thogs pa mi mnga' ba'i phyir ro |

slob dpon dbyig gnyen gyis mdzad pa nyi shu pa'i 'grel pa rdzogs so |

rgya gar gyi mkhan po dzi na mi tra dang | shI len dra bo dthi dang | zhu chen gyi lo tsā ba ban de ye shes sdes zhus te gtan la phab pa ||

[삼계에 속한 것이] '오직 인식일 뿐'[이라는 것]은 셀 수 없이(mtha' yas, ananta) 많은 확정적 판단(rnam par nges pa, viniścaya)과 세부적 분석(rab tu dbye ba, prabheda)으로 가늠할 수 없는 깊이를 지니고 있다.

나는 내 능력만큼 [삼계에 속한 것은] 이 '오직 인식일 뿐'을 증명하였다. 그러나 [나 바수반두는] 그것(=이 삼계에 속한 것은 오직 인식일 뿐)을 모든 방면에서 생각할 수 없다. [22abcd']

나 같은 자들은 [오직 인식일 뿐임을] 모든 측면에서 생각할 수 없다. 왜냐하면 [그것은] 논리적 사유(rtog ge, tarka)의 영역을 초월하기 때문이다. 그렇다면 모든 방면에서 [생각할 수 있을 때] 그것(='오직 인식일 뿐'인 것의 성립)은 누구의 인식영역(spyod yul, gocara)이라고 여기는가?

[그것은] 붓다[들]의 인식영역이다. [22d']

라고 답한다. 그것(='오직 인식일 뿐'인 것의 성립)은 불세존들의 인식영역이다. [불세존들은] 모든 인식대상(shes bya, jñeya)을 모든 형태(rnam pa, ākāra)로 인식하는 것(mkhyen pa, jñāna)에 방해받지 않기 때문이다.

스승 바수반두가 설하신 유식이십론을 마친다.

인도의 대학승 지나미트라(Jinamitra), 쉴렌드라보디(Śīlendrabodhi)와 벤데 예셰데(Ban de ye shes sde)가 번역하고 편집하여 완성하였다.

⌘ 비니타데바 22송 해석

[D.136, 195a4]

de'i phyir de ltar rnam par rig pa tsam la rgol ba ngan pa'i lan btab po | ci'i phyir rnam par[2] rig pa tsam la cung zad tsam zhig bshad kyi de rnam pa thams cad du ci'i phyir ma bshad snyam pa la |

rnam par rig pa tsam gyi zhes bya ba la sogs pa smos so |

gang gis rab tu byed pa[3] rnam par nges pa mtha' yas pa dang | gang gting mi dpogs[4] shing zab pa'i rnam par[5] rig pa tsam de'i rnam par rig pa tsam du 'grub pa gang yin pa de dag[6] gis rang gi nus pa

2 N: pa
3 P.N: -pa
4 P.N: dpog
5 N: pa

dang mthun par byas kyi | de'i rnam pa kun du[7] ni so so'i skye bo rnams kyis bsam par mi nus te | 'di ltar de ni sangs rgyas bcom ldan 'das rnams kyi spyod yul kho na'o | bstan bcos byed pas tshigs su bcad pa tha ma'i phyed rnam par dgrol ba'i phyir |

de'i rnam pa kun zhes bya ba la sogs pa smos so |

de kho na ma mthong ba rtog pa'i dra ba ma dral ba bdag[8] 'dra bas rnam par[9] rig pa tsam de'i rnam pa thams cad bsam par mi nus so | ci'i phyir snyam pa la ||

이처럼 '오직 인식일 뿐'에 대한 반박을 거칠게 응답할 때, '오직 인식일 뿐'을 조금만 말하고 왜 [그것을] 모든 방면으로 생각하지 않는가?

'[삼계에 속한 것은] 오직 인식일 뿐이라는 것은 [셀 수 없이 많은 확정적 판단과 세부적 분석으로 가늠할 수 없는 깊이를 지니고 있다]'라고 [『유식이십론』에서] 말한다.

세부적 분석과 확정적 판단이 무한하고 깊이를 헤아릴 수 없을 정도로 심오한 '오직 인식일 뿐'이라는 것을 '오직 인식일 뿐'이라고 증명하는 것은 나 자신의 능력만큼 증명하였다. [그러나] 중생들은 그것(=오직 인식일 뿐)을 모든 방면에서 사유할 수 없다. 그러나 '그것(=오직 인식일 뿐)'이라는 것은 붓다의 영역만을 가리킨다. 왜냐하면 논서의 송을 빼고 [송의]

6 P: pa de bdag, N: bde bad
7 P.N: -du
8 N: dag
9 N: pa

반을 해석했다.

'[나 바수반두는] 그것(=이 삼계에 속한 것은 오직 인식일 뿐)을 모든 방면에서 [생각할 수 없다]'라고 [『유식이십론』 22bcd'송에서] 설한다.

그것(=오직 인식일 뿐)을 단지 보지 않고는 분별의 그물은 찢어지지 않고 나(=바수반두) 같은 자들이 '오직 인식일 뿐'이라는 그것을 모든 측면에서 생각할 수 없다. 왜 그런가?

rtog ge'i yul ma yin pa'i phyir zhes bya ba smos so |

'di ltar don dam pa ni rtog pa'i yul ma yin no | bsam pa ni rtog ge'o | de bas na de bsam par mi nus so | rnam par rig pa tsam ni don dam pa yin na ji ltar rtog ge'i[10] yul du 'gyur | gal te de kho na ma mthong ba dag gis rnam pa thams cad bsam par mi nus na de rnam pa thams cad du su'i spyod yul snyam pa la |

sangs rgyas spyod yul lo zhes bya ba smos so |

de nyid dgrol ba'i phyir de ni sangs rgyas zhes bya ba[11] la sogs pa smos so |

sangs rgyas bcom ldan 'das rnams kyis de rnam pa thams cad du thugs su chud de | de bas na de dag gi spyod yul lo | de ci'i phyir de dag gi spyod yul snyam pa la |

---

10 P.N: ge

11 N: -ba

shes bya thams cad kyi rnam pa thams cad la[12] mkhyen pa thogs pa mi mnga' ba'i phyir ro zhes bya ba smos so |

'di ltar rnal 'byor pa'i gtsug gi nor bu sangs rgyas bcom ldan 'das rnams kyis mkhyen pa ni shes bya thams cad kyi rnam pa thams cad la thogs pa mi mnga' ste | 'di ltar lag mthil du skyu ru ra bzhag pa bzhin du de dag 'jig rten pa dang | 'jig rten las 'das pa'i dngos po thams cad mngon sum du mdzad do | de bas na de dag gang la yang thogs par gzugs la 'gyur te | 'di ltar shes bya la sgrib par byed pa'i thogs pa spangs pa'i phyir ro ||

'왜냐하면 [그것은] 논리적 사유(tarka)의 대상이 아니기 때문이다'라고 [『유식이십론』에서] 설한다.

이같이 승의(paramātha, 勝義)는 분별의 대상이 아니다. '생각한다'라는 것은 '분별한다'라는 뜻이다. 그러므로 [각각의 중생들은] 그것(=오직 인식일 뿐)을 생각할 수 없다. '오직 인식일 뿐'이라는 것이 승의이면, 이처럼 분별의 대상이 되기 [때문이다]. 만약 단지 보지 못하는 것을 모든 방면에서 생각할 수 없다면, 그것(=오직 인식일 뿐)은 모든 방면에서 누구의 인식영역이라고 간주되는가?라는 것에 대해서 [그것은] 붓다의 인식영역이라고 말한다. 그것을 해석하기 위하여,

'[그것은] 붓다[들]의 인식영역이다'라고 [『유식이십론』 22d'송에서] 설한다.

그것을 해석하기 위하여, 그것은 붓다의 [인식영역이다]라고 설한다.

---

12 P.N: -la

붓다들은 그 모든 방식(ākāra)으로 누구의 마음을 받아들이는 것인가? 따라서 [오직 인식일 뿐은] 그들(=붓다들)의 인식영역이다. 그 때문에 그것들(=붓다들)의 인식영역이라고 간주된다.

'[불세존들은] 모든 인식대상(jñeya, shes bya, 所知)을 모든 형태(ākāra, rnam pa)로 인식하는 것(jñāna, mkhyen pa)에 방해(*pratighāta)받지 않기 때문이다'라고 [『유식이십론』에서] 설한다.

이처럼 수행자의 보석(cūḍa, ratna)인 붓다들이 인식하는 것은 모든 방면에서 모든 인식대상을 [아는 것에] 거리낌이 없다. 따라서 손바닥으로 나무 열매를 갖는 것처럼, 그것들은 세속과 세속의 행위에서 과거의 모든 대상에 직접 행해진다. 따라서 그것들은 또한 어떻게 [인식하는 것에] 방해가 되는가? 왜냐하면 지식으로 생긴 장애(所知障)의 방해를 제거하였기 때문이다.

nyi shu pa ni rnam phye bas | bdag gi dge ba kha ba dang | zla ba'i zer 'dra gang thob des | 'gro ba sangs rgyas grub par shog | nus la ltos[13] te bgyis pas na | mi shes dbang gis cung zad du | mi[14] 'drar bshad par gyur na yang | mkhas pa rnams kyis bzod par[15] mdzod | rab tu byed pa nyi shu pa'i 'grel bshad | slob dpon dul ba'i lhas mdzad pa rdzogs so ||

rgya gar gyi mkhan po dzi na mi tra dang | shī lendra bo dhi dang |

---

13 P.N: bltos

14 N: ming

15 N: bzang bar

dā na shī la dang | zhu chen gyi lo tsā[16] ba bande ye shes sdes bsgyur cing zhus te gtan la phab pa ||[17]

[나 비니타데바는 바수반두의] 20론을 해설하여 달빛과 같은 선한 근기(善根)를 성취하였다. 그것을 토대로 삼아서 세상 [사람들은] 부처라는 결과(佛果)를 성취한다. [나는 나의] 능력에 의지하여 [나의 능력만큼 이 논을] 지었다. [나의] 무지로부터 조금이라도 [부처의 의도와] 합치되지 않[은 부분이 있다고 하더라도] 후학들은 용서해 주기를 바란다.

인도 학자 지나미트라(Jinamitra), 쉴렌드라보디(Śīlendrabodhi)와 벤데 예셰데(Ban de ye shes sde)가 함께 번역하고 편집하여 완성하였다.

---

16 P.N: tsa

17 P: +gcig zhus, N: +srba mang+ga laM

III

『관소연론』 티베트역, 진제역, 현장역과 비니타데바 티베트역 주석서 원문과 한글 번역

다수의 원자로 구성된 인식대상 비판

1
송

⌘ 티베트역 1송

[D.174, 86a5]

제목: dmigs pa brtag pa'i 'grel pa[1]
저자: phyogs kyi glang po (Dignāga)

rgya gar skad du | ā[2] laṃ ba na pa rī ksha[3] bṛttīka | bod skad du | dmigs pa brtag pa'i 'grel pa | sangs rgyas dang byang chub sems dpa' thams cad la phyag 'tshal lo |

gang dag mig la sogs pa'i rnam par shes pa'i[4] dmigs pa phyi rol gyi don yin par 'dod pa de dag ni de'i rgyu yin pa'i phyir rdul phra rab dag yin pa'm der snang ba'i shes pa skye ba'i phyir de 'dus pa yin par rtog grang na | de la re zhig |

---

1 P.N.C: dmigs pa brtag pa'i 'grel pa | ltar bkod ||
2 P.N: a
3 P.N: ri ksha
4 P: pa

dbang po'i[5] rnam par rig pa'i rgyu |
phra rab rdul dag yin mod kyi |
der mi snang phyir de[6] yul ni |
rdul phran ma yin dbang po bzhin || 1abcd ||[7]

yul zhes bya ba ni shes pas gang gis rang gi ngo bo nges par 'dzin pa yin te de'i rnam par skye ba'i phyir ro | rdul phra mo dag ni de'i rgyu nyid yin du zin kyang de lta ma yin te dbang po bzhin no | de ltar na re zhig rdul phra mo dag dmigs pa ma yin no ||

제목: 인식대상을 설한다

저자: 디그나가

인도말은 Ālambanaparīkṣāvṛttikā이고 티베트말은 Dmigs pa brtag pa'i 'grel pa라고 한다. 부처님과 자비심을 지닌 보살들께 마음을 다해 절 올립니다.

사람들은 시각적 식(眼識) 등의 인식대상을 외계 대상(bāhyārtha)이라고 주장한다. 다수의 원자로 [구성된] 그것들(=외계 대상)은 그것(=식)의 조건(緣)이 [되]기 때문이다. 또는 원자가 모인 것[으로 이루어진 외계 대상]이 거기(=전5식)에 [대상과 유사한 형상으로] 나타나는 식을 낳기 때문에 [원자가 모인 외계 대상을 인식대상이라고] 분별하는 것은 왜 그런가?

5 P: po

6 P.N: de'i

7 TSP II. 711: yady apīndriyavijñapter grāhyāṃśaḥ karaṇaṃ bhavet | atadābhatayā tasyā nākṣavad viṣayaḥ sa tu ||

전5식(根識)의 [발생] 조건이 되는 다수의 원자는 [인식대상이 되기 위한 조건이] 아니다.

거기(=전5식)에 [원자의 형상이] 나타나지 않기 때문에,

그것(=식)의 [인식] 대상은 원자가 아니다.

눈이라는 감각기관(眼根) 등처럼. [1abcd]

대상(*viṣaya, yul, 境)이라는 것은 식(vijñāna)에 의해서 [대상] 자체의 본질이 확실하게 파악된다.[8] 왜냐하면 [식은] 그것(=대상)의 형상(ākāra)으로 [나타나서] 생기기 때문이다. [그래서] 다수의 원자는 그것(=식)의 [발생] 조건(緣)은 될지라도 [대상의 형상을 발생시키지 않기 때문에] 그것(=인식대상)은 될 수 없다. 감각기관(indriya, dbang po, 根)처럼. 왜 그런가? 다수의 원자는 [식 발생의 조건(緣)은 될지라도] 인식대상(*ālambana, dmigs pa, 所緣)은 되지 않는다.

---

8 木村誠司(2020), 49, 참조. 다음은 이 송에 대한 환범들이다.
나야차크라 주석에 인용된 산스크리트 문구이다. viṣayo hi nāma yasya jñānena svabhāvo' vadhāryate || 木村誠司(2020)의 환범이다. viṣayākhyā hi jñānena svarūpa-nirdhāraṇam || 사스트라(1942)의 환범이다. viṣaya iti | jñānena svarūpa(meva) nidhāryate || 山口益 등(1965)의 환범은 다음과 같다. viṣayākhyā hi jñānena svarūpa-nirdhāraṇam ||

⌘ 진제역 1송

[T31, 882c7-882c8]

제목: 『無相思塵論』
저자: 陳那
번역: 眞諦

若說鄰虛 是根本因 不似起故非境. 如根. (1송)

제목: 『무상사진론』

저자: 진나

번역: 진제

만약 원자(paramāṇu, 鄰虛)가 [여섯 가지 식 발생의]

근본 원인(因)이라고 말한다면,

[다수의 원자로 구성된 대상과] 닮은 [식이] 생기지 않기 때문에

[인식]대상(境)[9]이 아니다.

마치 감각기관(根)처럼. (1송)

[T31, 883c22-883c24]

若有人執眼等六識 緣外境起 是人或分別. 鄰虛爲境 是識因故. 或分別鄰虛聚爲境. 似聚識起故.

---

9 『무상사진론』에서 '인식대상'으로 사용되는 용어는 塵, 이외에 境, 境界가 있다. 塵은 40번, 境은 16번, 境界는 7번 나온다.

塵者何相. 若識能了別其體相 如其體相識起. 是故說此名塵. 鄰虛無此事. 若鄰虛實是識因譬如五根. 是故鄰虛非塵.

만약 어떤 이[10]가 시각적 [식] 등의 여섯 가지 식(六識)이 외계 대상(外境)을 조건 삼아 생긴다고 주장한다면, 어떤 이는 혹 [다수가 모인] 하나의 원자가 대상이 [되어 식 발생의 원인이라고] 분별한다. 왜냐하면 이것(=다수가 모인 하나의 원자)이 식의 [발생] 원인(因)이기 때문이다. 혹은 원자의 모임(聚)은 인식대상이 된다고 분별하는 것이다. 왜냐하면 [원자의] 모임[으로 구성된 대상]에 닮은 식(識)이 발생하기 때문이다.

인식대상(*ālambana, dmigs pa, 塵)[11]의 정의(*lakṣaṇa, 相)는 무엇인가? 만약 식이 능히 그것(=대상)의 본질을 요별(了別)한다면 마치 그 본질과 같은 식을 발생시키는 것이다. 이런 까닭에 이것을 설하여 인식대상(塵)이라고 이름한다. [그러나] 원자에는 이렇게 [인식대상이 되는] 일은 없다.[12]

---

10 『무상사진론』에 '어떤 이'(有人)이 두 번, '어떤 모든 논사'(有諸師)는 한 번 나온다.

11 진제의 경우 塵(진)이고 티베트어는 yul(율)이고 현장은 所緣緣(소연연)에 해당한다. 소연연은 소연과 연의 동격한정복합어이다. 현장은 1송에서 소연과 연의 인식론적 역할을 분명히 구분하여 사용한다. 현장이 번역한 소연연이 4연(緣) 중의 하나인지, 아니면 소연(所緣)의 연(緣, 조건)인지를 맥락에 따라 파악해야 한다. 345, 각주 14 참조.

12 이와 같은 견해는 『성유식론』, 『아비달마순정리론』, 『유식이십론술기』 등에도 나타난다. 『유식이십론술기』(T43, 993b14-993b18) 色等極微 我非許有. 設有實體 能生五識 容有緣義 然非所緣. 如眼根等. 於眼等識無彼相故. 遂立量云. 極微於五識設緣非所緣. 彼相識無故. 猶如眼根等. "색깔/형태 등의 원자를 우리는 있다고 허용하지 않는다. 가령, 실체로 존재하여 능히 전5식을 발생시킨다고 하더라도 조건(緣)의 의미는 인정하지만, 인식대상(所緣)은 되지 않는다. 마치 눈이라는 시각기관 등과 같다. 시각적 식(眼識) 등에 그것(=원자)의 형상은 없기 때문이다. 따라서 논증식을 세운다. [주장] 원자는 전5식에 대해 가령 조건(緣)은 되지만 소연(所緣)은 되지 않는다. [이유] 그것(=원자)의 형상이 식에 없기 때문이다. [예증] 마치 눈이라는 시각기관 등과 같다."

만약 원자이면서 실로 이것(=원자)이 식[발생]의 원인이라면 예컨대, 마치 [다수가 모인 하나의 원자나 원자 모임은] 다섯 가지 감각기관(五根)처럼 될 것이다.[13] 이런 까닭에 [다수가 모인 하나의] 원자는 인식대상이 되지 않는다.

⌘ 현장역 1송

[T31, 888b7-888b15]

제목: 『觀所緣緣論』

저자: 陳那

번역: 玄奘

諸有欲令眼等五識 以外色作所緣緣者. 或執極微許有實體 能生識故. 或執和合 以識生時帶彼相故. 二俱非理. 所以者何.

極微於五識 設緣非所緣.

---

13 인식대상이 되기 위해서는 그 인식대상이 식을 발생시켜야 하고 또한 그 인식대상이 '식의 형상'이어야 한다. '식의 형상'이라는 것은 '식상에 나타나는 대상의 형상'의 출처가 외계 대상이 아니라 내부 식이라는 것이다. 즉 내부 식이 대상의 형상의 제공자라는 것이다. 이 두 가지 조건을 갖추어야 비로소 인식대상이 된다. 1송의 경우 실재하는 원자는 식을 발생시킬 때에는 해당되지만 식상의 형상은 되지 못한다는 것이다. 그 예시로 감각기관을 들고 있다. 즉 원자가 식 발생의 원인은 되지만 원자의 형상으로 나타나지 않듯이, 감각기관 역시 식 발생의 원인은 되지만 감각기관의 형상이 식상에 나타나지 않는다는 것이다. 실재하는 원자는 감각기관(根)과 대상(境)을 구성한다. 원자로 구성된 감각기관은 식을 발생시키는 원인이다. 하지만 감각기관의 형상이 식상에 나타나는 것은 아니다. 이처럼 원자는 감각기관처럼 식을 발생시키는 원인은 될지라도 자신의 형상을 식상에 제공하지 않기 때문에 인식대상이 되지 못한다. 346, 각주 16, 363, 각주 82.

彼相識無故. 猶如眼根等. (1송)

所緣緣者 謂能緣識帶彼相起及有實體. 令能緣識託彼而生. 色等極微設有實體能生五識容有緣義 然非所緣. 如眼根等於眼等識無彼相故. 如是極微於眼等識 無所緣義.

제목: 『관소연연론』

저자: 진나

번역: 현장

사람들은 시각[적 식] 등의 다섯 가지 식(=전5식)은 외계 대상(bāhyārtha)을 인식대상(所緣)의 조건(緣)[14]으로 삼[아 발생한다고 주장한다].[15] 어떤 이

14 소연(所緣), 소연연(所緣緣), 소연경(所緣境)이라는 용어는 유식 논서 곳곳에 나타난다. 여기 『관소연론』에도 소연연이라는 용어가 나타나는데 역자는 소연연을 소연의 조건(緣)으로 번역하였다. 또한 소연연, 소연경이라는 용어를 경량부의 인식론적 영역에서 사용하고 있다. 인식을 촉발하는 최초의 외계 대상을 소연연이라고 하고 이 외계 대상이 찰나멸 하고서 식상에 투여한 그것의 형상, 즉 식상에 주어진 외계 대상의 형상을 소연경이라고 한다. 왜냐하면 찰나생멸을 주요 교리로 삼고 있는 경량부의 인식대상은 시차로 인하여 두 층위로 나누어지는데, 하나는 최초 인식 발생에 촉매 역할을 하는 외계 대상(所緣緣)이고, 다음 찰나에 식상에 주어진 외계 대상의 형상(所緣境)이 그것이다. 이처럼 소연연과 소연경이 경량부의 두 가지 인식대상이라는 것은 『순정리론』이나 유식 논서 곳곳에서 발견되고 있다. 한편, 이규완(2022, 245)은 이 세 용어가 법상종의 논의 맥락에서는 거의 동의어로 사용되는 경향이 있다고 하지만, 아비달마 인식론의 전개 과정과 초기 유식의 개념 정립 과정에서는 서로 다른 층위의 인식존재론적 의미를 함축하고 있다고 한다.

15 AKBh. 19, 16-17: kaḥ punar viṣayālambanayor viśeṣaḥ yasmin yasya kāritraṃ sa tasya viṣayaḥ yaḥ cittacaittair gṛhyate tad ālambana || "대상(viṣaya)과 인식대상(ālambana)의 차이는 무엇인가? 어떤 것에 대하여 무엇이 작용을 미칠 때 어떤 것은 무엇의 대상이고 마음과 마음 작용(심소)은 어떤 [대상]을 파악할 때, 그 어떤 것은 마음[과 마음 작용]의 인식대상이 된다." 『아비달마구사론』(T29, 7a26-7a28) 境界所緣復有何別. 若於彼法此有功能 即說彼爲此法境界 心心所法執彼而起 彼於心等名爲所緣. "대

는 원자(paramāṇu)의 실체가 존재한다고 주장하는데, 왜냐하면 [원자는] 능히 식(識)을 발생시키기 때문이다. 또 어떤 이는 [원자가] 모여 [이루어진 외계 대상을 인식대상]이라고 주장한다. 왜냐하면 식이 생길 때에 그것(=원자 모임으로 구성된 외계 대상)의 형상(ākāra, rnam pa)[16]을 띠기 때문이다.

상과 소연의 차이는 무엇인가? 만약 이것이 저것에 작용을 미칠 때, 이것은 저것의 대상이고 마음과 마음 작용들이 이것(=대상)을 파악하여 생길 때 그것은 마음 등에 대하여 인식대상이라고 한다."

16 형상(ākāra) 개념이 교리적 맥락에서 처음 등장한 것은 교리적 체계를 처음으로 시도한 아비달마 교학이다. 아비달마 교학의 소의 경전인 『아비달마대비바사론』으로부터 아비달마 교학을 정비한 『아비달마구사론』과 그 주석서들 이르기까지 다양한 용법으로 사용된다. 『아비달마구사론』에서 형상(ākāra)은 인식영역과 수행 영역에서 사용되는데 대략 네 가지 용법을 지닌다. ① 심과 마음 작용이 동시에 발생하기 위한 다섯 조건 중의 하나인 유행상(sākāra, 有行相), ② 강한 판단(簡擇)을 본질로 삼는 혜 심소의 정의는 행상(ākāra)이다, ③ 4諦를 관하는 16행상(ākāra), ④ 바수반두의 행상(ākāra) 정의인 '소연을 파악하는 종류/품류(prakāra)'이다. 아비달마에서 형상(ākāra) 개념은 福田琢(1993), 양용선(2010) 참조, 유식학파의 형상(ākāra) 개념은 陳一標(2007), 氏家昭夫(1969), 横山紘一(1973), 宮下晴輝(1978), 沖和史(1982), 釋圓信(2007), 伊藤康裕(2013), 北野新太郎(2017) 참조.

불교 인식론에서 이 형상(ākāra)이라는 개념의 용법에 따라서 그 인식론적 특징이 정해진다. 대표적으로 경량부의 인식은 식상에 대상의 형상이 나타나는 것 자체가 바로 인식의 발생이다. 유식학파의 경우에도 경량부의 인식과 마찬가지로 식상에 대상의 형상이 나타나는 것이 인식이다. 그러나 두 학파의 차이는 **식상에 나타나는 형상(ākāra, 行相)의 출처**이다. 외계 대상을 인정하는 경량부의 경우에는 외계 대상이 전찰나로 멸하면서 식상에 자신의 형상을 부여하는 반면 외계 대상을 부정하는 유식학파의 경우에는 내부 식이 변하여 외계 대상의 형상으로 나타나는 것이다. 이에 경량부에서 인식대상과 형상은 동시에 존재하지 않는다. 식만이 현재에 존재하고 식상에 형상을 부여한 외계 대상은 전찰나로 이미 멸했기 때문에 인식대상은 오직 추리에 의해서만 알려진다. 이처럼 형상(ākāra)의 역할에 따라 다양한 분류가 이루어진다. 형상이 식에 존재하는지, 존재하지 않는지에 따라 유형상 인식론과 무형상 인식론으로 구분된다. 또한 유식학파 내에서는 식상에 있는 형상이 진짜인지, 가짜인지에 따라 유상유식파(Sākāravijñānavādin), 무상유식파(Nirākāravijñānavādin)로 구분한다. 또한 중관학자 산타락쉬타는 그의 저서 『중관장엄론』에서 소위 하위 학파로 여기는 경량부와 유식학파를 비판하는데, 그 비판의 방식은 식과 [식상에 있는] 형상의 세 관계를 통해서 이루어진다. 세 관계는 주객동수론(식多: 형상多), 일난반괴론(형상一: 형상多), 다양불이론이 두 가지는 이치에 어긋난다. 왜 그런가?

원자는 전5식에 대해,

가령 [전5식 발생의] 조건(緣)은 [되지만] 인식대상(所緣)은

[되지] 않는다.

그것(=원자)의 형상(ākāra)이 식에 없기 때문이다.

마치 눈이라는 감각기관(眼根) 등처럼. (1송)

인식대상의 조건(所緣緣)이란 말하자면, 인식주체(能緣識)가 그것(=대상)의 형상을 띠고 생기며 실체로 존재한다.[17] 인식주체는 그것(=대상의 형상)에 의탁해서 생기는 것을 말한다. 대상 등의 원자는 가령 실체로 존재하여 능히 전5식을 발생시키기에 [전5식이 발생하는 데에] 조건(緣)의 의미가 있다는 것은 인정되지만, 인식대상으로는 [인정되지] 않는다. 마치 눈이라는 감각기관 등이 시각적 식(眼識) 등에 대해서 그 형상이 없기 때문이다. 이같이 원자는 시각적 식 등에 대해서 인식대상의 의미를 갖지 않는다.

(식多: 형상一)이다. 이런 분류는 산타락쉬타의 『중관장엄론』과 다르마린첸(Dharma Rinchen, 1364-1431)의 그 주석서와 티베트 불교 개론서인 장까와 왕뽀의 『둡타』에도 나타난다. 344, 각주 13, 363, 각주 82, 392, 각주 8.

17 인식주체가 실체로 존재한다는 것이 아니라 인식주체는 형상으로 존재한다는 의미이다. 44, 각주 53, 191, 각주 32, 286, 각주 49, 328, 각주 33.

⌘ 비니타데바 1송 해석

[D.190, 175a3]

제목: dmigs pa brtag pa'i 'grel bshad[18]
저자: Dul ba'i lha (Vinītadeva)

rgya gar skad du | a laṃ bha[19] na pa rikṣa ṭī kā | bod skad du | dmigs pa brtag pa'i 'grel bshad | sangs rgyas dang byang chub sems dpa' thams cad la phyag 'tshal lo | thugs rjes zin pa'i dgongs pa can | thams cad mkhyen la[20] spyi bo yis | phyag 'tshal dmigs pa brtag pa yi | rnam par bshad pa rab tu bya |

gang dag mig la sogs pa'i[21] rnam par shes pa'i zhes bya ba'i tshig dang po 'dis ni rab tu byed pa 'di'i brjod par bya ba dang | phyin ci log gi rgyu mtshan bstan to | dgos pa dang 'brel pa dag ni shugs kyis[22] dpag par bya ste | shugs kyang skabs su bab nas[23] bstan par bya'o | rab tu byed pa 'di'i 'brel pa dang | brjod par bya ba dang dgos pa rnams ni gdon mi za bar brjod dgos so | de lta ma yin na 'brel pa med pa dang brjod par bya ba med pa dang dgos pa med pa'i rab tu byed pa ni nyan pa po rtog pa sngon du gtong ba dag khas mi len to | de lta bas na 'dir gang dag mig la sogs pa'i rnam par shes pa'i dmigs pa phyi rol gyi don yin par 'dod pa de dag rdul phra rab rnams yin pa'am | de 'dus pa yin par rtog grang na zhes

18 P: dmigs pa rtags pa'i 'brel bshad dul ba lhas mdzad pa bzhugs so | |, N: dmigs pa rtags pa'i 'brel bshad dul ba lhas mdzad pa | |

19 P.N: la ba

20 N: pa'i

21 P.N: pa

22 P.N: kyi

23 P.N: na

bya ba 'dis ni spang bar bya ba'i rang bzhin gyi brjod par bya ba bstan to |

de'i rgyu yin pa'i phyir zhes bya ba dang | der snang ba'i shes pa skye ba'i phyir zhes bya ba 'dis ni phyin ci log gi rgyu mtshan bstan to | dgos pa dang 'brel ba dag ni shugs kyis bstan to | de la shugs ni 'di yin par khong du chud par bya ste | phyi rol gyi dmigs pa dag[24] dgag pa'i phyir dang | nang gi rab tu sgrub pa'i phyir rab tu byed pa 'di brtsam mo ||

제목: 인식대상을 해설한다

저자: 비니타데바

인도말은 Ālambanaparīkṣāṭīkā이고 티베트말은 Dmigs pa brtag pa'i 'grel bshad[25]라고 한다. 일체 불보살에게 절 올립니다. [나 비니타데바는] 자비로 가득 찬 일체지자에게 절하고 『관소연론』을 해설한다.

'사람들이 시각적 식(cakṣus-vijñāna, 眼識) 등'이라고 하는 이 첫 말은 이 논이 설할 내용(abhidheya, 所詮, 주제)과 잘못된 원인을 설명한 것이다. 목적(prayojana)과 관계(sambandha)는 간접적으로 유추된다. 간접적이지만 상황에 맞게 설명될 것이다. 이 논의 관계와 설할 내용과 목적들은 반드시 설해야 한다. 그렇지 않으며 관계가 없고 설할 내용이 없고 목적이 없는 논은 분별을 가지고 듣는 자에게는 소용이 없다. 따라서 여기에

---

24 P.N: -dag

25 P: dmigs pa rtags pa'i 'brel bshad dul ba lhas mdzad pa bzhugs so ||, N: dmigs pa rtags pa'i 'brel bshad dul ba lhas mdzad pa ||

사람들이 시각적 식 등의 인식대상을 외계 대상이라고 주장하는 것에 대해서 그것(=인식대상)을 '다수의 원자이거나 [원자의] 모임이라고 분별한다면'이라고 [『관소연론』에서 설한] 것을 논파해야 할 것이다.

'그것(=식)의 원인(因)이기 때문에'와 '거기에 나타나는 식이 생기기 때문에'라는 것은 잘못된 원인을 드러낸 것이다. 즉 목적과 관계는 간접적으로 드러난다. 거기서 간접적이란 이런 것이라는 것을 알아야 한다는 것이다. 이 논은 인식대상이 외계[에 존재한다는] 것을 부정하고 내부[에 존재한다는] 것을 성립시키기 위한 [목적으로] 지었다.[26]

de lta[27] bas na phyi dang nang gi don dag[28] dgag pa dang | rab tu sgrub pa'i phyir rab tu byed pa 'di rtsom pas shugs kyis na[29] 'gog pa dang[30] rab tu sgrub pa dag ni dgos pa nyid yin la | rab tu byed pa ni thabs nyid yin par bstan par 'gyur te | 'di ltar rtog pa sngon du gtong ba rnams ni dgos pa med pa la yang 'jug par mi 'gyur la | thabs ma yin pa la yang ma yin no | 'dir rigs pas phyi rol gyi dmigs pa dgag pa dang | nang gi rab tu sgrub pa 'di ni brjod par bya ba yin no | de nyid[31] 'gog pa dang rab tu sgrub pa dag ni dgos pa yin no | dgos pa de yang rab tu byed pa 'dis byed pas[32] rab tu byed pa ni dgos pa 'di'i thabs yin no | de'i phyir rab tu byed pa dang | dgos pa dag thabs dang thabs las byung ba'i mtshan nyid kyis 'brel

---

26 60, 각주 14 참조.

27 P.N: -lta

28 P.N: -dag

29 N: -na

30 N: dang

31 P.N: gnyis

32 P.N: pa

pa yin no | de lta bas na phyi dang nang gi don dag dgag pa dang | rab tu sgrub pa'i phyir rab tu byed pa 'di brtsam mo zhes bya bar gnas so |

de ltar gnas pa la brgya la 'ga' zhig 'gog pa dang | rab tu sgrub pa 'di dag gis ci zhig bya ste | de dag ni gang du yang mi mkho'o[33] zhes gleng bar byed na 'dir smras pa | dor ba dang | blang ba da g[34] 'gog pa dang rab tu sgrub par byed pa gang dag yod pa de dag ni | de gnyis 'dor ba dang len par byed pa yin no | 'di ltar phyi rol gyi don dor bar bya ba'i phyir 'gog par byed de | ci nas kyang 'gog pa las phyi rol gyi don dor bar bya ba nyid yin par shes nas dor bar bya'o snyam ste 'gog par byed do | de bzhin du rab tu sgrub pa las nang gi[35] don blang bar bya ba nyid yin par shes nas blang bar bya'o snyam ste | rab tu sgrub par byed do | de bas na phyi dang nang dor bar bya ba dang | blang bar bya ba dag dor bar bya ba dang blang ba'i phyir 'gog pa dang | rab tu sgrub par byed pas dgos pa yang bshad pa yin no | de lta na 'o na ni ji ltar tshig dang po 'dis spang bar bya ba'i rang bzhin gyi brjod par bya ba bstan[36] pa de bzhin du | blang bar bya ba'i rang gi ngo bo yang bstan dgos so zhe na | 'dir[37] smras pa | phyi rol gyi don du smra ba rnams ni[38] phyi rol gyi don du yongs su rtogs pas shin tu gnod de |

de'i phyir de kho na tshig dang pos bstan nas gtsor de dag[39] dgag par bya'o | phyis ni zhar la | nang gi ngo bo'i shes bya ni | phyi rol ltar snang gang yin te | don yin zhes bya ba 'dis nang gi len par

33 P.N: mkho
34 P.N: dang
35 N: gis
36 P.N: +par bya
37 P.N: 'dis
38 P: kyi
39 N: -dag

byed de | re zhig 'di ni spyi'i don yin no ||

[인식대상이] 외계 대상이라는 것을 부정(pratiṣedha)하고 내부 대상이라는 것을 정립(prasādhana)하기 위하여 이 논(=『관소연론』)을 지었기 때문에 간접적으로 부정과 정립이 목적이다. 논은 그것을 위한 방편이다. 따라서 분별을 가지고 듣는 자는 목적이 없는 것도 허용하지 않고 방편이 아닌 것도 용인하지 않는다. 여기에 합당한 이치에 의해 외계[에 존재하는] 인식대상을 부정하고 내부[에 존재하는] 인식대상을 정립하는 것이 설할 내용(=주제)이다. 이같이 이 논은 [외계 대상을] 부정하고 [내부 대상을] 정립[하는 것]이 목적이다. 이 목적도 이 논이 가진 것이기 때문에 이 논은 이 목적의 방편이다. 그러므로 논의 목적은 방편과 방편에서 생긴 특징과 연관되어 있다. 결합 관계는 방편과 방편에서 생긴 형태에 따라 존재한다. 따라서 [나 비니타데바는] 외계 대상을 부정하고 내부 대상을 정립하기 위하여 이 논을 지었다.[40]

그러나 적어도 어떤 사람이 부정과 정립이라는 이 둘이 무슨 소용이 있는가?[라고 묻는다면,] 즉 이 둘은 어디에도 필요 없다고 비난하는 것에 대해서 이렇게 말한다. 버릴 것(prahāṇa, 捨)을 부정하고 얻을 것(upādāna, 取)을 정립하고자 하는 사람들에게 그것들 두 가지는 버릴 것과 부정할 것이다. 이같이 외계 대상은 버려야 할 것이기 때문에 부정된다. 부정이라는 점에서 말하면, 외계 대상은 버려야 할 것이라고 알기에 그것(=외계 대상)을 버려야 된다고 생각해서 부정한다. 마찬가지로 정립이라는 점에서 말하면, 내부 대상은 얻어야 할 것이라고 알기에 취해야

40 62, 각주 19.

한다고 생각하는 것이다. 그래서 외계는 버리고 내부는 얻을 것이고 버리고(prahāṇa, 捨) 얻기(upādāna, 取) 위해서는 부정하고(pratiseda, 遮) 정립하는 것(prasādhana, 立)을 목적으로 삼는다고 설명했다.[41] 즉 [사람들이 시각적 식 등이라고 하는] 이 첫 말은 제거해야 할 것을 설명하는 것처럼 정립해야 할 것도 설명해야 한다면. 외계실재론자(bāhyārthavāda)가 외계 대상을 분별하는 것은 대단히 잘못된 것이다.

따라서 그 첫 말이 [나타내는 것으로부터] 주로 그들을 논파해야 한다. 다음으로 내적인 대상(jñeya, 所知, 파악 대상)의 본체는 '외계처럼 나타나는 대상'이라고 하는 이것이 '내적인 대상'을 취하는 역할을 한다. 이것이 [이 논의] 총체적인 의미(samudāyārtha)이다.

yan lag gi don brjod par bya ste |
gang dag mig la sogs pa'i rnam par shes pa zhes bya ba ni rgol ba ril gyis dmigs pa phyi rol gyi don yin par 'dod pa ni ma yin pas de'i phyir gang dag ces bya ba smos so | dbang po gang dag la mig la sogs pa yod pa de dag ni mig la sogs pa ste | sogs pa smos pas ni rna ba la sogs pa yid la thug pa'i bar gzung[42] ngo | 'di ltar yid kyang phyi rol gyi don gyi[43] dmigs pa can du 'dod pa nyid de | de'i phyir de'i dmigs pa yang 'dir tshar gcig tu dgag par[44] bya'o | de

41 『관소연론석』(T31, 889a21-889a23) 諸許眼等識者 於所棄事 及所收事 或捨或取 是觀察果故. 所捨事體 及顚倒因 是所顯示. "모든 시각적 식(眼識) 등을 허용한다는 것은 버릴 것과 받아들일 것, 혹은 제거하고 취한다는 것을 관찰의 결과로 [보기] 때문이다. 버릴 것의 특성이란 잘못된(顚倒) 원인을 드러내어 밝힌다는 것이다." 전도(viparīta, 顚倒)를 327에서는 '진실되지 않은'으로 번역하고 여기에서는 '잘못된'으로 번역하였다. 참고로 275에 나오는 티베트어 log pa(vitatha)는 '진실하지 않은'으로 번역하였다.

42 P.N: bzung

43 P.N: -don gyi

gzhag[45] pas ci zhig bya ste | bstan bcos byed pa gang gis ni[46] de gzhag par bya ba de'i yul logs shig tu 'gog par ni mi byed do | de'i phyir slob dpon chos skyong gis[47] rang gi 'grel bshad las | yid kyi rnam par shes pa'i dmigs pa gzhag pa'i phyir mang po zhig smos pa gang yin pa de ni de nyid shes grang | bdag gis ni de'i bsam pa zab pa'i phyir mi rig go ||

다음은 [이 논의] 개별적인 의미(avayavārtha)이다.

'사람들은 시각적 식(眼識) 등[의 인식대상을 외계 대상이라고 주장한다]'라고 [『관소연론』에서] 설한 것은 대론자가 인식대상을 외계 대상[에서 구하는 것을] 허용하지 않기 때문에 '사람들'이라고 말한 것이다. 사람들이 눈 등으로 가지고 있는 감각기관[48]인 그것들은 눈(眼) 등이다. '등'(等)이라는 것은 귀[라는 감각기관](耳) 등에서 의(意)까지를 포함한다. 의(意)도 외계 대상을 인식대상으로 삼는다고 주장하기 때문에 [여기에서는] 그것(=意)의 인식대상도 함께 부정한다. 그것(=意)이 설정되는 까닭은 무엇인가? 논주(=디그나가)가 그것(=意)을 설정한 것은 그것(=意)의 대상적인 측면

44 N: pa

45 P.N: bzhag

46 P.N: na

47 P: -gis

48 감각기관이란 '무엇을 낳는 힘'으로 증상력(根, indria-✓ind)이다. 눈(眼)이라는 감각기관과 대상(色)을 조건삼아 시각적 식(眼識)이 발생한다. 눈은 시각적 식을 발생시키는 힘(증상력)이다. 『아비달마구사론』(T29, 13b12-13b13) 成根增上義. "감각기관(根)은 증상이라는 뜻으로 성립한다." 『아비달마구사론』(T29, 13a20-13a23) 經中說二十二根 謂眼根 耳根 鼻根 舌根 身根 意根 女根 男根 命根 樂根 苦根 喜根 憂根 捨根 信根 勤根 念根 定根 慧根 未知當知根 已知根 具知根. "경전에서 22개의 감각기관(根)을 설하는데, 이를테면 안근, 이근, 비근, 설근, 신근, 의근, 여근, 남근, 명근, 낙근, 고근, 희근, 우근, 사근, 신근, 동근, 염근, 정근, 혜근, 미지당지근, 이지근, 구지근이다." 365, 각주 91, 471, 각주 21.

(法)을 따로 부정하지 않기 [때문이라고 주장한다]. 그러므로 다르마빨라 논사가 (『관소연론석』) 자주[49]에서 [제6식인] 의식(意識)의 인식대상을 설정하는 것에 대해 비중 있게 언급하고 있는 것을 알고 있는가? [하지만] 나는 그의 심오한 뜻을 잘 모른다.

mig la sogs pa dag gi rnam par shes pa ni | mig la sogs pa'i rnam par shes pa'o | mig la sogs pa'i rnam pa mang po[50] nyid kho nas rnam par shes pa'i rnam pa yang mang ba nyid du bstan par 'gyur bas rnam par shes pa la mang po'i tshig bstan par bya ste dper na | zangs dang lo ma dag la dmar por gyur pa zhes bya ba lta bu'o | dmigs pa phyi rol gyi don zhes bya ba la | phyi rol gyi don ni phyi rol gyi ste | rnam par shes pa la ma gtogs pa zhes bya ba'i tha tshig go | rtogs par bya bas[51] na don te shes par bya zhing gzung

49 『관소연론석』(T31, 889a23-889a28) 此中等言 謂攝他許 依其色根五種之識. 由他於彼一向執爲緣實事故. 意識不然. 非一向故. 許世俗有緣車等故. 縱許意識緣實事境 有其片分. 亦能將識相似之相 離無其境. 於眼等識 境不相離 得成就已 方爲成立. 是故於此不致慇懃. "이 등이라는 말은 저 색깔/형태(色)와 감각기관(根)에 의지하는 다섯 가지 식을 포함한다. 그것에 대해서 한결같이 실사(實事, 실제로 존재하는 것)를 조건으로 삼는다고 주장하기 때문이다. 의식(=제6식)은 그렇지 않다. 왜냐하면 한결같지 않기 때문이다. [시각적 식 등의 다섯 가지 식은] 세속적인 존재(世俗有)를 인정하기에 수레 등을 조건 삼는다고 여기기 때문이다. 식은 비록 실재의 대상을 조건 삼아서 [발생한다고] 할지라도 부분만을 조건 삼는다. 또 식과 서로 유사한 형상이 실제의 경계를 떠나기에 그 대상은 없다. 시각적 식(眼識)은 대상을 서로 떠나지 않고 성취되고 나서야 비로소 성립하게 된다. 그러므로 이것(=의식)에 대해서 은근히 미세하게 논하지 않는다." 인식대상을 논의하는데 현장은 다섯 가지 식의 인식대상을 언급하고 진제는 여섯 가지 식의 인식대상을 말한다. Lin(2007, 217-235)은 현장과 진제의 이런 입장 차는 식의 존재론적 층위에 대한 해석 차이로부터 생긴 것이라고 주장한다. 반면 다르마빨라는 주석서에서 다섯 가지 식의 인식대상만을 언급하고 비니타데바는 여섯 가지 식의 인식대상을 언급한다. 다르마빨라는 다섯 가지 식의 인식대상만을 다루는 이유를 아래와 같이 밝히고 있다. 이 문제를 다룬 논문은 Lin(2007), 김성옥(2018) 참조. 『유식이십론』에도 이와 유사한 문제가 보인다. 162, 각주 19, 364, 각주 84.

50 P.N: ba

bar bya ba'o zhes bya ba'i tha tshig go | don zhes bya ba'i sgra ni 'dir yul gyi rnam grangs yin par bstan par bya'i rdzas yod par byed pa ni ma yin te | 'di ltar 'dus pa yang yul nyid du 'chad par 'gyur mod kyi | 'di rdzas su yod pa ni ma yin no | dmigs pa yin par 'dod pa zhes bya ba ni gzung ba yin par khas len pa zhes bya ba'i tha tshig go | de dag rdul phra rab dag yin pa'am zhes bya ba ni[52] rgol ba de dag rnam par shes pa'i yul rdul shin tu phra ba dag yin par khas len par 'gyur ba'am zhes bya'o[53] | de dag ni rdul yang yin la phra rab kyang yin pas | rdul phra rab dag ste | gang phan chad ches phra ba[54] gzhan med pa'i phyir shin tu phra mo zhes bya ba'i tha tshig go | rdul phra rab 'dus pa kho na skye zhing 'gag mod kyi | 'on kyang gzhan dag 'di dag 'dus pa re re yang dmigs pa nyid yin par 'dod de | ji ltar dbang po rnams kyi nus pa so sor nges pa'i phyir gzugs dang ro la sogs pa gcig tu 'dus pa dag kyang so sor nges pa'i dbang po'i gzung ba yin pa de bzhin du rnam par shes pa yang rdzas yongs su gcod pa la nus pa nges pa'i phyir ||

'눈이라는 감각기관 등의 식'은 '시각적 식(cakṣur-vijñāna, 眼識) 등'이란 뜻이다. '시각적 식 등'에서 [등에 포함되는] 종류가 많기에 식의 종류도 많이 나타나므로 식도 복수로 제시된다. 예를 들면, 구리와 나뭇잎들이 붉게 된다고 하는 것과 같다.[55] 인식대상이 외계 대상(bāhyārtha)이라는 것에서 외계 대상이란 외부[에 있는 대상]을 말한다.[56] [외계 대상이란] 식과 별

---

51 P.N: ba

52 P.N: -ni

53 P.N: pa'o

54 P: ces phra ba, N: ces phra rab

55 여기에서 구리와 나뭇잎들은 감각기관(根)을 비유한 것이고 붉게 된다는 것은 식(識)을 비유한 것이다.

56 『관소연론석』(T31, 889b14) 言外境者 彼執離斯 而有別境. "외계 대상이라는 것은 저들(=다섯 가지 식)을 떠나서 별도로 [외계에] 대상이 없다는 것이다." 다르마빨라도 외경

도로 [외계에 존재한다는] 의미이다. 분별되어야 할 것은 [우리에게 인식]대상으로 '알려져야 할 것'(jñeya, 所知)이고 '파악되어야 할 것'을 말한다. 대상(artha, don, 境)이란 말은 여기에서 대상(viṣaya, yul, 對象)과 동의어로 설해지는 것으로 [객관적] 실체로 존재하는 것이 아니다. 왜냐하면 [원자가] 모인 것[57]도 대상이라고 설하지만, [그것은] 실체로 존재하는 것이 아니기 때문이다. '인식대상'이라고 주장되는 것은 '파악된다는 것'이라는 의미이다. 그것(=인식대상)들은 원자들인가?라는 것은 비판자들이 원자들을 식의 [인식]대상으로 허용하는가?라는 것에 대해서 말하는 것이다. 그것들(=원자들)은 미세하고 매우 작기에 원자들이라고 한다.[58] 그것(=원자)을 능가하는 보다 작은 것이 달리 없기에 지극히 미세(atisūkṣma)하다고 한다. 원자가 모인 것만[59][으로 구성된 외계 대상]이 비록 생기고 멸하지만, 다른 학파는 이 모여 있는 [원자] 하나하나도 인식대상이 된다고 주장한다.[60] 즉 감각기관(根)들 각각의 능력이 정해져 있으므로 색깔/형태(色)와 맛(味) 등이 한곳에 모여 있어도 제각각 정해진 감각기관의 인식대상인 것처럼. 식도 또한 실체를 알 수 있는 능력이 정해져 있기 때문이다.

(外境)이라고 한다.

57 원자가 모이는 방식에 대해서는 200, 각주 8 참조.

58 203, 각주 13 참조.

59 『관소연론석』(T31, 889b19-889b20) 雖復極微唯共聚已而見生滅 然而實體. "비록 재차 원자가 함께 모여 있는 것(共聚)일 뿐이어서 생멸하는 것을 본다고 하더라도, 실체 하나하나를 모두 조건으로 삼는 것이지 총체적으로 모여진 것(總聚)을 조건으로 삼지 않는다."

60 규기는 설일체유부가 이런 견해를 주장했다고 한다. 설일체유부는 원자들이 매우 밀접한 간격으로 모여 있는 것이 대상을 이루고 이 대상이 인식대상으로 된다고 주장한다. 그러나 원자 하나하나는 너무 미세하여 눈으로 파악할 수 없지만, 원자들이 모여 있는 것은 파악할 수 있다는 것이다. 따라서 유부는 원자 하나하나가 모여 있는 외계 대상이 인식대상으로 된다고 주장한다.

rdul re re zhing dmigs pa yin gyi spyi ni ma yin no zhes grag go | 'dus pa yin du zin kyang 'on kyang shin tu phra mo de dag ji ltar dmigs par 'gyur zhe na |

de'i phyir de'i rgyu yin pa'i phyir zhes bya ba smos te |

de dag phra mod kyi | 'on kyang gang gi phyir rdzas su yod pas rnam par shes pa'i rgyu'i dngos por 'gyur ba de'i phyir dmigs par 'dod do | 'di'i bsam pa ni dmigs pa'i don ni rgyu'i don to snyam pa yin te | rkyen rnams ni nang du dmigs pa bstan pa'i phyir dang | rkyen yang rgyu yin pa'i phyir ro | rgyu nyid yin pa 'di yang gzhan gyi ltar rdul phra rab rnams dmigs pa nyid du[61] yongs su brtag pa la phyin ci log gi rgyu mtshan yin te | 'di ltar de dag rnam par shes pa'i rgyu'i dngos por 'gyur ba na phyi rol gyi don du smra ba rnams dmigs pa yin par 'dod do | de'i rgyu yin pa'i phyir zhes bya ba la | de zhes bya ba'i sgras[62] ni rnam par shes pa dang sbyar ro ||

[따라서] 일반적으로 '하나하나가 [모인 다수의] 원자는' 인식대상이 되지 않는다. [원자가] 모인 것[63]일지라도 매우 미세한 그것들(=원자들)이 어떻게 인식대상이 되는가?

'그것(=식)의 [직접적인] 원인(因)이기 때문이다'라고 [『관소연론』에서] 설한다.

그것들(=원자)은 미세하지만, 그것들(=원자)이 실체로 존재한다(實有)

61 P.N: -nyid du

62 P.N: sgra

63 200, 각주 8 참조.

는 것은 식의 [발생] 원인(因)이 되기 때문에 인식대상으로 인정된다는 것이다.[64] 이것에 대한 [상대의] 의도는 인식대상이 [식 발생의] 원인(因)이라는 의미를 지닌다고 여기는 것이다. 조건(緣)들은 내부에 [존재하는] 인식대상을 설명하기 위한 것으로 조건(緣) 역시 원인(因)이라는 [의미이기] 때문이다. 이 원인(因)이라는 것도 다른 학파에서 원자들을 인식대상으로 분별하는 것에 대한 잘못된 근거이다. 왜냐하면 그것들(=원자)이 식의 [발생] 원인으로서의 사물이 될 때, 외계실재론자는 [원자들을] 인식대상이라고 주장하기 때문이다. '그것(=식)의 [발생] 원인(因)이기 때문에'라는 것에서 '그것'이라는 말은 '식'(識)[이라는 용어]과 연결된다.

phyogs gnyis pa nye bar dgod pa'i phyir |

de 'dus pa yin par rtog[65] grang na zhes bya ba smos te |

rnam par shes pa'i dmigs pa rdul phra rab 'dus pa yin par rtog grang na'o | de dag 'dus[66] pa ni de 'dus pa'o | de zhes bya ba'i sgras ni 'dir rdul phra rab dag dang sbyar[67] te | des na rdul phra rab 'dus pa zhes[68] bshad pa yin no | yang ci'i phyir de dag 'dus pa dmigs pa yin par 'dod ce na |

der snang ba'i rnam par[69] shes pa skye ba'i phyir zhes bya ba smos te |

64 『관소연론석』(T31, 889b24-889b25) 有說 其所緣境是識生因. 在諸緣故. "어떤 이가 그 소연경은 식을 발생시키는 원인이라고 말한다. 왜냐하면 모든 조건(緣)이 있기 때문이다."

65 P: rtogs

66 P.N: lus

67 P.N: sbyor

68 P.N: 'dus pa

69 P.N: ba

gang gi phyir mig la sogs pa'i rnam par shes pa ni rtag tu 'dus par snang bar skye ba[70] de'i phyir 'dus pa dmigs par 'dod do | 'dir yang 'dus pa dmigs pa nyid yin par yongs su brtag pa la phyin ci log gi rgyu mtshan ni 'dus par snang ba nyid yin no | gang gi phyir rnam par shes pa 'dus par snang ba de'i phyir gzhan 'dus pa dmigs pa yin no snyam du sems te | 'di ltar rnam par shes pa gang ltar snang bar skye ba de ni de'i yul yin par 'dod do zhes bshad do | rnam par shes pa 'di la de lta bur snang ba yod pas 'di ni der snang ba'o | 'dir yang der zhes bya ba'i sgras[71] ni 'dus pa dang sbyar ro | de ni der snang ba yang yin la rnam par[72] shes pa yang yin pas zhes tshig rnam par sbyar te | der snang ba'i shes pa skye ba zhes tshig bsdu'o | de ltar na 'dir gzhan dag dmigs pa'i mtshan nyid du 'thad pa'i phyir rdul phra rab dang | 'dus pa dag dmigs pa nyid yin no snyam du sems so zhes bya ba ni phyogs snga ma yin no ||

두 번째 주장을 제시하기 때문에,

'저것(=원자)이 모여 [이루어진 외계 대상을 인식대상으로] 분별하는 것은 왜 그런가?'라고 [『관소연론』에서] 설한다.

식의 인식대상이 원자가 모인 것[으로 구성된 외계 대상이라고] 분별한다면, 그것들(=원자들)이 모인 것은 그것(=원자들)이 모인 것이다. 여기에서 '그것'이라는 말은 '원자들'[이란 용어]과 연결된다. 그래서 원자가 모인 것이라고 한다. '그렇다면 왜 그것들(=원자)이 모인 것을 인식대상으로 인정하는가?'

---

70 P.N: bar

71 P.N: sgra

72 P.N: -rnam par

‘거기(=전5식)에 [대상과 유사한 형상으로] 나타나는 식을 낳기 때문에 [원자가 모인 외계 대상을 인식대상으로 분별하는가?]’라고 [『관소연론』에서] 설한다.

시각적 식(眼識) 등은 언제나 [원자가] 모인 것이 [식상에] 나타나서[73] 생기기 때문에 [원자가] 모인 것은 인식대상[이 된다고] 주장한다. 여기에서 또 [원자가] 모인 것을 인식대상이라고 이해하는 것에 대한 잘못된 원인은 [식에] 원자가 모인 것이 나타난다는 것이다. 식은 [원자가] 모인 것이 [식상에] 나타나서 [생기기] 때문에 다른 학파는 [원자가] 모인 것을 인식대상으로 간주한다. 왜냐하면 식은 어떤 것(=대상의 형상)처럼 나타나서 생기는 것을 그것(=식)의 [인식] 대상이라고 인정하기 때문이다. ‘이 식에 그것(=대상의 형상)처럼 나타나서 존재하기 때문에’라는 것은 여기에 ‘그것으로 나타나는’ 것이다. 이 경우에도 ‘그것으로’라는 말은 [‘원자가] 모인 [것’이란 용어와] 관련된다. 그것(=식)이 ‘그것(=원자가 모인 것)으로도 나타나는 식’이라는 문구와 연결된다. 그것으로 나타나는 식(識)이 생긴다는 말로 요약된다. 그러므로 여기에서 다른 학파가 인식대상의 본질이라고 내세우는 원자와 [원자가] 모인 것을 인식대상이라고 여기는 것에 대해 [발생하는] 문제는 앞부분[에서 언급했다].

de la re zhig phyogs snga ma bsal[74] ba'i phyir |

73 『관소연론석』(T31, 889b27-889b28) 如有說云 若識有彼相 彼是此之境. “어떤 이가 ‘만약 식에 그 형상이 있다면, 그것(=형상)이 이것(=식)의 인식대상이다’라고 말하는 것과 같다.”

74 P.N: gsal

dbang po'i rnam par rig pa'i rgyu | phra rab rdul dag yin mod kyi | zhes bya ba la sogs pa smos so |

rdul phra rab rnams ni yang dag pa'i don du na rdzas su yod pa ma yin te | cha shas dang bcas pa nyid du rtog na ni kun rdzob tu yod pa nyid du thal bar 'gyur la | cha shas med pa nyid du rtog na yang grib ma dang sgrib pa la sogs pa med pa nyid du[75] thal bar 'gyur te | de'i phyir 'di dag rgyu nyid lta ga la yin | 'on kyang rdul phra rab rnams rgyu nyid du khas blangs nas | dmigs pa nyid yin pa dag[76] go | rdul phra rab rnams rnam par shes pa'i rgyu'i ngo bor 'gyur mod kyi | 'on kyang gang gi phyir de dag rdul phra rab kyi rnam pa can gyi rnam par shes pa mi skye ba[77] de'i phyir dmigs pa ma yin te | dper na dbang po bzhin no |

dbang po'i[78] rnam par shes pa'i rgyu'i dngos por 'gyur mod kyi de de'i yul yin par ni pha rol po mi 'dod do | 'di ltar rnam par shes pa dbang po'i rnam pa can du mi skye bas so | dbang po'i rnam par rig pa'o[79] zhes bya ba la | dbang po smos pas ni yid la thug pa'i bar dbang po drug car gzung ste | 'dir gtan tshigs ni bshad zin to | phra rab rdul dag ces bya ba 'di ni don go bar zad do ||

이것은 앞에서 논파했기 때문에,

'전5식[의 발생] 조건이 되는 다수의 원자이더라도 [인식대상은 되지 않는다]'라고 [『관소연론』 1a송에서] 설한다.

---

75 P.N: par

76 P.N: dgag

77 P.N: skyed pa

78 P.N: po ni

79 P.N: pa'i

다수의 원자는 진정한 의미로는 실체로 존재하지 않는다. [다수의 원자를] '방향의 부분을 지닌 것'(sāvayava, 有方分)으로 분별한다면, [그 다수의 원자는] 세속적인 존재(saṃvṛtisat, 世俗有)가 된다. [다수의 원자가] '방향의 부분을 지니지 않은 것'(niravayava, 無方分)[80]으로 분별된다고 해도 그늘진 부분(chāya)과 물리적 방해(pratighāta)[81] 등은 존재하지 않는다. 그래서 이것들(=다수의 원자를)을 [식 발생의] 원인(因)이라고 하는 것은 어떤가? 다수의 원자를 [식 발생의] 원인(因)으로 허용하기에 인식대상이 된다. 다수의 원자가 식 [발생의] 원인(因)의 본질이라고 할지라도 그것들(=다수의 원자)이 원자의 형상(ākāra)을 지닌 식을 발생시키기 때문에 인식대상이 되지 않는다. 예를 들면, 감각기관(根)처럼.

전5식의 [발생] 원인이 실체[로 존재하는 원자]라고 하더라도 저것(=감각기관)이 저것(=식)의 대상이 [된다는] 것을 반론자는 인정하지 않는다. 왜냐하면, 식은 감각기관의 형상(ākāra)을 가지고 발생하지 않기 때문이다.[82] 전5식이라는 것에서 감각기관이라는 말은 [눈에서] 의(意)까지의 6가지 감각기관[83]을 [가리키는 것으로] 파악된다. 이것에 대한 이유는 [앞에서] 이미 설했다.[84] [그러므로] 다수의 원자라고 하는 것이 대상[으로 된다는]

---

80 원자가 부분을 가지는 것(有方分)과 부분을 가지지 않는 것(無方分)에 대해서는 『유식이십론』 14송 참조.

81 그늘진 부분과 물리적 방해, 이 두 가지 예시는 『유식이십론』 14송에도 나온다.

82 유식학파에 의하면, 식은 감각기관의 형상을 가지고 발생하는 것이 아니라 내부 식의 형상을 가지고 발생한다. 즉 인식대상이 되기 위한 두 조건 중 하나인 '형상의 제공자'라는 조건에서 형상의 제공자는 원자로 구성된 감각기관이 아니라, 내부 식이라는 것이다. 즉 원자가 제공한 형상이 아니라 내부 식이 제공한 형상이 바로 인식대상이 된다는 것이다. 이 문제에 대해서는 뒤의 7, 8송에서 다룬다. 346, 각주 16.

83 여섯 가지는 눈(眼), 귀(耳), 코(鼻), 입(舌), 몸(身), 정신(意)으로 여기에 대응하는 여섯 가지 대상은 색깔(色), 소리(聲), 냄새(香), 맛(味), 촉감(觸), 현상(法)이다.

것에 대해서는 이미 이해했다.

yin mod kyi zhes bya ba 'dis ni khas len pa'i rgol ba ston te[85] | der mi snang phyir zhes bya ba la | gang la de dag lta bur snang ba yod pa[86] de ni der snang ba ste | der zhes bya ba'i sgras[87] ni rdul phra rab dag dang sbyar ro |

der mi snang ba ni der mi snang ba ste | gsum pa ni 'dir gtan tshigs la blta[88] bar bya ste | de bas rdul phra rab kyi rnam pa can ma yin pa'i phyir zhes bshad pa yin no | de'i zhes bya ba ni dbang po'i rnam par rig pa'i'o |

yul ni rdul phran ma yin dbang po bzhin | zhes bya ba ni ji ltar dbang po rnams yul ma yin pa ltar rdul phra rab rnams kyang de dang 'dra'o zhes bya ba'i tha tshig go | dbang po zhes bya ba'i sgras ni 'dir dbang byed pa rnams brjod do | gal te rnam par shes pa rdul phra rab kyi rnam pa can du ma gyur na de ni de nyid kyis nyes par 'gyur grang | rdul phra rab rnams go skyed[89] par byed pa yin bzhin du | ci'i phyir yul du mi 'gyur zhe na ||

'이지만'이라는 말은 그것을 승인하려고 하는 논자가 있다는 것을 나타낸다. '거기에 나타나지 않기 때문에'라는 것에 대해서, 거기(=식)에 그것(=원자)처럼 나타나서 존재한다는 것은 그것(=다수의 원자)으로 나타난다는 것이고 '그것(=다수의 원자)으로'라는 말은 '다수의 원자'[라는 용어와]

84 162, 각주 19, 355, 각주 49.

85 N: to

86 P.N: -yod pa

87 P.N: sgra

88 P.N: lta

89 P.N: bskyed

연결된다.

그것들(=원자)로 나타나지 않는 것은 그것들(=원자)로 나타나지 않는다. 이 경우에는 제3격(=구격)을 '이유'로 보아야 한다. 거기에서 [인식대상은] 원자의 형상을 가진 것이 아니기 때문이라고 말한다. '거기에서'라는 것은 '전5식'[이라는 것과 연결된다].

대상은 원자[로 구성된 것]이 아니고 '감각기관처럼'이라는 것은 감각기관들은 대상이 아니라는 것과 같다[는 것을 말한다].[90] 다수의 원자도 그것(=감각기관)과 마찬가지라는 말이다. 감각기관(indriya, 根)이라는 말은 여기에서 [식을 발생시키는 뛰어난] 힘(*ādhipatya, 증상력, 영향력)으로 작용한다는 말이다.[91] 만약 식이 원자의 형상(ākāra)을 가지지 않는다면, 그것(=식)은 그것(=감각기관)에 의해 [발생하는] 오류가 [생기게] 될 것이다. [그렇다면] 원자들이 [식을] 발생시키는 것처럼, 그렇다면 왜 [다수의 원자는 인식] 대상이 되지 않는가?

de'i phyir[92] yul zhes bya ba la sogs pa smos te |

'di ltar yul ni gang gi rang gi ngo bo de'i rnam par skye bar nges par 'dzin pa de la bya'o | ni zhes bya ba'i sgra ni gang gi phyir zhes bya ba'i don to | rang gi ngo bo nges par 'dzin pa zhes bya ba la | rang gi ngo bo smos pas ni rang dang spyi'i mtshan nyid du

---

90 『관소연론석』(T31, 889c13) 諸無其相彼非斯境者何謂也. "모두 그 형상(相)이 없는데 왜 그것(=감각기관)이 이것(=식)의 대상(境)이 아니라고 말하는가?"

91 354, 각주 48, 471, 각주 21.

92 P.N: -phyir

bsams[93] pa yin no | de nges par 'dzin pa ni rtog[94] pa ste | yongs su gcod cing 'dzin pa zhes bya ba'i tha tshig go | de'i rnam par skye ba'i phyir ro zhes bya ba ni yul gyi rnam par[95] skye ba ma gtogs par gzhan du rnam par shes pas yul nges par gzung bar mi nus te | de'i phyir sngon po la sogs pa'i rnam par skye ba'i rnam par shes pas sngon po la sogs pa'i don nges par 'dzin to zhes bya'o[96] | 'di la gang zhig byed na | rnam par shes pa 'dis[97] yul nges par 'dzin to zhes tha snyad gdags par bya ba nges par 'dzin pa'i mtshan nyid kyi byed pa[98] ni 'ga' tsam[99] yang med do | ji ltar pha'i rnam pa'i rjes su byed par[100] skye ba'i bus pha'i gzugs 'dzin to zhes bya ba de bzhin du | rnam par shes pa yul gyi rnam pa'i rjes su byed par[101] skye bas kyang yul 'dzin to zhes tha snyad gdags so | de la 'di snyam du rdul phra rab rnams kyi yang de bzhin du de'i rnam par skye bas rang gi ngo bo nges par 'dzin to snyam du sems na ||

'이처럼 대상이라는 것은 [식(vijñāna)에 의해서 대상 자체의 본질이 확실하게 파악된다]' [102]라고 [『관소연론』에서] 설한다.

대상(viṣaya, 境)이란 어떤 것이 자신의 본질[에 닮은] 형상으로 생겨서 확실하게 파악되는 것이다. 'ni'(hi)라는 말은 '그 때문에'라는 의미이다.

---

93 P.N: bsam

94 P.N: rtogs

95 P.N: pa

96 P: no zhes bya'i, N: no zhes bya ba'i

97 P.N: 'di

98 P.N: bya ba

99 P.N: -tsam

100 P.N: pa'i

101 P.N: pa

102 『관소연론석』(T31, 889c13-889c14) 爲此說其名境者. "여기에서 그것(=식)을 인식대상(境)이라고 부른다고 설한다."

자신의 본질이 확실하게 파악된다는 점에서 자신의 본질이란 개별적 대상(svalakṣaṇa, 自相)과 공통적 대상(sāmānyalakṣaṇa, 公相)[103]을 가리킨다.[104] '그것을 확실하게 파악한다'(nirdhāraṇa)라는 말은 '이해한다'(avasāya)라는 것이고 '결정적으로 파악한다'(paricchidya-grāha)라는 말이다. '그것(=대상)[105]의 형상(ākāra)으로 생기기 때문이라는 것'은 대상의 형상으로 생기는 것을 제외하고 달리 식(vijñāna)이 대상을 확실하게 파악할 수 없다는 것을 말한다. 푸른색 등의 형상(ākāra)으로 생기는 식(vijñāna)은 푸른색 등의 대상을 확실하게 파악한다는 것을 [의미한다]. 그렇다면 이 식이 대상을 확실하게 파악한다는 말은 확실하게 파악한다는 것의 작용이 [감각기관들에는] 어떻게든 없다는 것이다. 아버지의 모양에 따라 생긴 자식은 아버지의 형상을 취하는 것과 같다. 식은 대상의 형상에 따라 생기기 때문에 [식이] 대상을 취한다고 하는 것이다. 원자들에 대해서도 똑같이 그것(=식)의 형상으로 생기는 것에 의해 [대상] 자신의 본질이 확실하게 파악된다고 여기기 때문이다.

de'i phyir rdul phra mo dag ni de'i rgyu nyid yin du zin kyang de lta ma yin zhes bya ba la sogs pa smos te |

---

103 267, 각주 17, 481, 각주 54 참조.

104 『관소연론석』(T31, 889c14-889c15) 謂自共相了者定也. 如何此復名爲了耶. "이를테면 개별적 대상(自相)과 공통적 대상(共相)을 요별하는 것은 [각각] 정해져 있다. 왜 여기에 다시 '요별한다'라고 부르는가?"

105 『관소연론석』(T31, 889c15-889c18) 此言意者 同彼相貌而識生起 由隨彼體故 此則說名了彼境也. 而實離識無別所了. 可與其識爲因性耶. "여기에서 말하는 의미는 저 모양(相貌)과 같이 식이 생겨서 그 본질을 따르기 때문에 여기에서 저 대상을 요별한다고 부른다. 그러나 실제로 식을 떠나 별도로 요별되는 것은 없다. [그러므로] 어떻게 그 식이 [인식대상의] 원인의 성질(因性)이 되는가?"

rdul phra rab rnams ni de'i rgyu nyid yin du zin kyang | rnam par shes pa so sor nges pa'i rnam pa'i rjes su mi byed na de ni ji ltar de dag gi rang gi ngo bo 'dzin par 'gyur | nges par mi 'dzin na yang ji ltar yul du 'gyur | de'i rgyu nyid yin du zin kyang zhes bya ba ni rnam par shes pa'i rgyu nyid yin du zin kyang ngo zhes bya ba'i tha tshig go | 'dir dper[106] dbang po bzhin no zhes bya ba smos te | ji ltar dbang po rgyu'i dngos por 'gyur yang | de'i rnam par skye ba'i rnam par shes pas rang gi ngo bo nges par mi 'dzin pas | yul nyid du mi 'dod pa ltar rdul phra rab rnams kyang[107] de dang 'dra bar blta bar bya'o | dbang po yang dmigs pa nyid du thal bar 'gyur du 'ong bas dmigs pa ni rgyu mtshan nyid tsam 'ba' zhig ni ma yin no | de ltar rdul phra rab rnams dmigs pa nyid yin pa bkag nas mjug bsdu ba'i phyir |

de ltar na re zhig ces bya ba la sogs pa smos te |

dmigs pa'i mtshan nyid du mi rung ba'i phyir rdul phra rab rnams dmigs pa ma yin no zhes bya ba'i tha tshig go ||

'다수의 원자는 그것(=식)의 조건(緣)은 될지라도 [대상의 형상을 발생시키지 않기 때문에] 그것(=인식대상)은 아니다'라고 [『관소연론』에서] 설한다.

다수의 원자는 그것(=식)의 원인(因)은 될지라도 식이[108] 제각각 결정한 형상의 실체가 아니라면, 그것(=대상)은 어떻게 자신의 본성을 파악하는가? 확실하게 파악하지 않는다면, 또한 어떻게 대상으로 되는가? '그것(=식)의 조건(緣)은 될지라도'라는 것은 '식의 원인(因)이라 할지라

106 P.N: dpe

107 P.N: dang

108 『관소연론석』(T31, 889c19-889c20) 然非極微一一自體識隨彼狀. "그러나 식은 원자 하나하나 자체가 [모여 구성된 대상과 유사한] 그 형상(狀)에 따라 [생겨나지] 않기 때문이다."

도'라는 의미이다. 이것의 예시가 '감각기관처럼'이라는 말이다. 이처럼 감각기관(根)은 [식 발생의] 원인이지만, 그것(=대상)의 형상으로 생긴 식이 자신의 본성을 확실하게 파악하는 것이 아니기 때문에 [인식]대상으로 인정되지 않는 것과 같다. 다수의 원자도 또한 그렇다고 보아야 할 것이다. 감각기관도 인식대상이 될 때, 오직 인식대상이 [식 발생의] 근거가 되지 않는다. 그러므로 다수의 원자가 [식의] 인식대상으로 된다는 것을 논파했다.[109] 그렇다면,

'왜 그런가?'라고 [『관소연론』에서] 설한다.

[다수의 원자는] 인식대상의 근거로 타당하지 않기 때문에 다수의 원자는 인식대상이 되지 않는다.

'dir sbyor ba ni |

rdul phra rab rnams dmigs pa ma yin te |
rang snang ba'i rnam par shes pa skyed par byed pa ma yin pa'i phyir |
dbang po bzhin no |

chos mi mthun pa[110] ni gzung ba'i cha'o | rang snang ba'i rnam par shes pa skyed par byed pa ma yin pa yang dmigs pa nyid yin na ha

---

109 다수의 원자는 실체로 존재하기 때문에 식 발생의 조건(緣)은 될지라도 인식대상(所緣)은 되지 못한다. 디그나가는 감각기관(根)을 예시로 삼아 설명한다. 즉 '눈'이라는 감각기관은 시각적 식(眼識)을 발생시키는 조건(緣)은 될지라도 인식대상(所緣)은 될 수 없다. 왜냐하면 원자로 구성된 눈이라는 감각기관 자체의 형상을 식상에 제공하지 않기 때문이다. 따라서 원자의 형상은 식상에 나타나지 않는다.

110 P.N: pa'i

cang thal bar 'gyur ba ni gnod pa can gyi tshad ma'o ||

이것에 대한 논증식(sādhana)[111]은 다음과 같다.

[주장] 다수의 원자는 인식대상이 아니다.

[이유] 스스로 [대상의 형상으로] 나타나는 식[112]을 낳지 않기 때문이다.

[예증] 감각기관(根)처럼.

불성립의 법[113](mi mthun pa, 不成因)은 인식대상이다. 스스로 [대상의 형

---

111 이런 논증식은 다르마빨라의 『관소연론석』과 규기의 『유식이십론술기』에도 나타난다. 『관소연론석』(T31, 889c28-29) 此言爲彰非卽能生自識相 故境非極微. 猶如眼等. "[주장] 이렇게 말하는 것은 [원자] 자신이 식의 형상을 능히 발생시키지 않는다. [이유] 왜냐하면 원자는 [인식]대상이 되지 않기 때문이다. [예증] 예컨대, 마치 [원자로 이루어진] 눈이라는 감각기관 등처럼."

『유식이십론술기』(T43, 993b14-993b18) 色等極微我非許有. 設有實體 能生五識 容有緣義 然非所緣. 如眼根等. 於眼等識無彼相故. 遂立量云. 極微於五識設緣非所緣. 彼相識無故. 猶如眼根等. "색깔/형태 등에 원자가 있다고 우리는 인정하지 않는다. 가령 실체가 있어서 전5식을 능히 낳는다면, 조건(緣)의 의미는 있어도 인식대상(所緣)의 [의미는] 없다. 눈이라는 감각기관(眼根) 등처럼, 시각적 식 등은 그것(=대상)의 형상(相)이 없기 때문이다. 따라서 논증식을 세우면 [다음과 같다]. [주장] 원자는 전5식에 대해 조건(緣)은 될지라도 인식대상(所緣)은 안 된다. [이유] 그것(=원자)의 형상(相)이 식에 없기 때문이다. [예증] 예컨대, 눈이라는 감각기관(眼根) 등과 같다."

112 여기에서 식은 실재하는 원자로 구성된 대상을 아는 것이 아니다. 식은 실재하지 않는 대상의 형상처럼 나타나면서 생긴다. 식은 대상의 형상처럼 나타난 것이다. 이에 식은 대상의 형상이다.

113 『관소연론석』(T31, 889c22-889c26) 若由因性許作所緣 根亦同斯. 應成彼也. 斯言前說彼相應理. 故因有不成過. 然而意顯非唯因性. 卽是其根所緣之相. 若如所說因將爲能立者. 則彼因性. 故爲所緣性耶. 於根亦有成不定過. "만약 원인의 성질에 의해서 인식대상이 된다고 허락한다면, 감각기관 또한 그와 같다. 마땅히 그것은 성립한다. 이것은 앞에서 말한 저 상응하는 이치를 설한 것이기 때문이다. 왜냐하면 원인(因)에 **불성인(不成因)**의 과실이 있기 때문이다. 그렇지만 의미는 단지 원인의 성질일 뿐만 아니라, 그

상으로] 나타나는 식이 생기지 않아도 [다수의 원자가] 인식대상으로 되는 것은 큰 오류이며 그것은 잘못된 바른 인식수단(apramāṇa)이다.

yang na |

rdul phra rab rnams ni dmigs pa ma yin te |
rang gi ngo bo[114] nges par mi 'dzin pa'i phyir |
dbang po bzhin no |

chos mi mthun pa ni gzung ba'i cha ste | gzung ba'i cha dmigs pa nyid yin par ni sgrub par 'gyur ro | rang gi ngo bo nges par mi 'dzin pa yang dmigs pa nyid yin na ha cang thal bar 'gyur ba ni gnod pa can gyi tshad ma'o | sbyor ba 'di gnyis ni slob dpon chos skyong gi[115] bshad pa bdag gis bris kyi rang gi[116] bshad pa ni ma yin no | de ltar na re zhig rdul phra rab rnams dmigs pa nyid yin pa bkag pa[117] yin no ||

감각기관이 인식대상의 형상을 나타낸다. 만약 설한 것처럼 원인이 장차 능히 [식 발생의 조건으로] 성립한다면 저 원인의 성질이기 때문에 인식대상의 성질이 되는가? 감각기관에 대해서도 또한 감각기관에 대해서 **불정인**(不定因)의 과실이 성립한다." **불성인**(不成因)이란 결과를 이루지 못하는 원인이다. 어떤 조건이 주어져도 결과가 절대 성립하지 못하는 원인이다. **불정인**(不定因)이란 정해지지 않은 원인 즉 불확정적인 원인이라는 뜻이다. 결과를 보장하지 않는 원인이기에 논리적 근거로는 부적합한 원인으로 취급된다. 김성옥(2018), 171. 원인(因)이란 논증식을 성립시키는 원인을 가리킨다. 『관소연론』에 대한 다르마빨라의 주석서에는 불성인과 불정인의 과실을 지적하고, 비니타데바의 주석서에서 '불성립의 법(mi mthun pa chos)'이란 불정인과 불성인 둘 다를 가리키는 것으로 외경실재론자가 제시한 두 가지 원인, 말하자면 하나는 인식대상은 식을 발생시켜야 한다는 것이고 다른 하나는 식 상에 외계 대상의 형상이 나타나야 한다는 것이 잘못된 것임을 나타낸다.

114 N: +gi

115 P.N: gis

116 N: gis

117 P.N: +nyid

혹은 [다른 논증식이다].[118]

[주장] 다수의 원자는 인식대상이 아니다.

[이유] [대상] 자신의 본성이 확실하게 파악되지 못하기 때문이다.

[예증] 감각기관(根)처럼

불성립의 법(mi mthun pa, 不成因)은 인식대상이다.[119] 인식대상이 인식대상으로 된다는 것은 성립한다. [대상] 자신의 본성이 확실하게 파악되지 않아도 인식대상이 되는 것은 큰 오류이며 그것은 잘못된 바른 인식수단이 된다. 이 두 가지 논증식은 다르마빨라(護法) 논사의 주석[120]에 서술되어 있는 것으로 [논주] 디그나가가 해설한 것이다. 이상으로 다수의 원자가 인식대상이라고 주장하는 [외계실재론자의 견해를] 논파하였다.

---

118 『관소연론석』(T31, 890a6-890a9) 可由斯非彼相者 於諸極微非定了性. 如相識生 是謂決了 旣彼非故. 明知決了. 此亦無由. 應可說非決了性故 惟出此因不是所緣. 如根極微. "왜 저 형상이 없는 것으로 인하여 모든 원자를 결정코 요별하는 성질은 없는가? 마치 [원자의] 형상이 식을 발생시킬 때에 이것은 요별하는 것이 아니기 때문이다. 진정 요별한다는 것은 분명하게 안다는 것이다. 이 또한 이유가 아니다. 마땅히 어찌 결정코 요별하는 것이 아니라고 말하기 때문에 오직 이 원인은 인식대상이 되지 못한다는 것을 나타내는가! 마치 감각기관의 원자와 같다."

119 山口益(1965), 439, 각주 15. 푸른색 등의 형상(ākāra)처럼 생기는 식은 푸른색 등의 대상을 인식하는 것이다. 인식된 푸른색 등은 식의 인식대상(所取分)이다. 그러나 원자에는 단순히 인식하는 작용이 없기에 인식대상(所取分)이 되지 못한다.

120 『관소연론석』(T31, 890a10) 眼識不能了極微色. 無彼相故. 如餘根識. "시각적 식(眼識)은 원자로 [구성된] 색깔/형태(色)를 능히 요별하지 않는다. 왜냐하면 [시각적 식 상에] 저것(=감각기관의 원자)의 형상이 없기 때문이다. 마치 나머지 근식(根識, 전5식)처럼." 『관소연론석』(T31, 890b17-890b18) 復緣眼識不緣青等聚集極微. 爲由彼體非生性故. 如餘根識. "다시 시각적 식(眼識)의 [발생] 조건은 원자가 모인 푸른색 등을 조건으로 삼지 않는다. 왜냐하면 그것(=원자가 모인 것)의 본질은 능히 [식을] 발생시키는 성질이 아니기 때문이다. 마치 나머지 전5식(根識)처럼."

2
송

원자의 모임으로 구성된 인식대상 비판

⌘ 티베트역 2송

[D.174, 86b1]

'dus pa ni der snang ba nyid yin du zin kyang |

gang ltar snang de de las min || 2a ||

don gang zhig rang snang ba'i rnam par rig pa skyed pa de ni dmigs pa yin par rigs te | 'di ltar de ni skya ba'i rkyen nyid du bshad pas so | 'dus pa ni de lta yang ma yin te |

rdzas su med phyir zla gnyis bzhin || 2b ||

dbang po ma tshang ba'i phyir zla ba gnyis mthong ba ni der snang ba nyid yin du zin kyang de'i yul ma yin no | de bzhin du rdzas su yod pa ma yin pa nyid kyis[1] rgyu ma yin pa'i phyir 'dus pa[2] ma yin

1 P.N: kyi

2 P.N: byas

no |

de ltar phyi rol gnyis kar[3] yang |
blo yis yul du mi rung ngo || 2cd ||

yan lag gcig ma tshang ba'i phyir phyi rol gyi rdul phra mo dang tshogs pa zhes bya ba'i don ni | dmigs pa ma yin no 'di la ni ||

[원자가] 모인 [외계 대상]은 거기(=식)에 [원자가 모인 외계 대상의 형상으로] 나타날지라도,

그와 같이 [식상에 원자가 모인 외계 대상의 형상으로] 나타나는 그것은 [인식 대상이] 아니다. [2a]

어떤 대상이 스스로 나타나서 인식(vijñapti, rnam rig)을 발생시키는 것이 인식대상이 되는 것은 이치에 맞다. 왜냐하면 그것은 [식을] '발생시키는 조건'이기 때문이다. 그러나 [원자가] 모인 것은 [실체가 아니기에] 또한 [인식대상이] 되지 못한다.

왜냐하면 [원자가 모인 것은] 실체가 아니기 때문이다. 두 번째의 달처럼. [2b]

감각기관이 손상되었기 때문에 달이 두 개로 보이는 것은 거기(=식)에 [원자가 모인 것으로 구성된 외계 대상의 형상이] 나타나더라도 그것(=식)의 [인식]대상이 아니다. 왜냐하면 그처럼 [원자가 모인 것은] 실체가 아니므로

---

3 P: gar

[식 발생의] 조건이 되지 않기 때문에 [원자가] 모인 [외계 대상은 인식대상]이 되지 않는다.

두 가지(=원자들이거나 원자가 모인 것으로 구성된) 외계 대상은 역시 앎(blo, buddha)**의 대상이 될 수 없다.** [2cd]

왜냐하면 [인식대상이 되기 위한 두 가지 구비조건 중에서] 한 가지 [구비조건을] 결여하였기 때문에 원자와 원자가 모인 [것으로 이루어진] 외계 대상은 인식대상이 될 수 없다.

⌘ 진제역 2송

[T31, 882c8-882c10]

識似聚起 不從彼生. 聚無有體.
譬如二月. 由此二義 外物非塵. (2송)

식은 [원자의] 모임[으로 구성된 대상]에 닮아 발생하는데

그것(=원자의 모임)으로부터 생기는 것은 아니다.

[원자의] 모임(聚)은 실체로 존재하지 않는다.

예컨대, 두 번째의 달[4]처럼.

---

4 山口益 등 (1965), 446. 진제는 二月이라고 하고 현장과 다르마빨라 주석은 第二月이라고 한다. 전자는 dvitaya-candra, 후자는 dvitīya-candra라고 할 수 있다.

이 두 가지 뜻으로 인해서 외계 사물은 인식대상(塵)이 아니다. (2송)

[T31, 882c27-883a5]

若爾鄰虛聚應是境. 如聚識起故. 雖復如此 如其相起 識不從此生. 是故聚亦非塵. 何以故. 若塵能生識 似其體相可信爲塵. 何以故. 可說此塵爲識生緣故. 聚者則不如此. 非實有故. 譬如二月. 由眼根亂識似二月起二月非識境界. 實無有故. 聚亦如此. 離鄰虛無有實體故聚非識境界. 是故外塵由此二義非識境界. 一一分不具故.

만약 그렇다면 원자의 모임은 마땅히 대상(境)이 된다. 왜냐하면 [원자의] 모임[의 형상]과 같은 식을 발생하기 때문이다. 비록 다시 그것(=식)이 그것(=원자의 모임)의 형상(ākāra)처럼 발생한다고 하더라도, 식은 그것(=원자의 모임)으로부터 생기지 않는다. 그러므로 [원자의] 모임도 역시 인식대상이 되지 못한다. 왜인가? 만약 인식대상이 능히 식을 발생시키고 그것(=식)의 본질에 닮는다면, 인식대상이라고 할 수 있다. 왜인가? 이 인식대상이 식을 발생시키는 조건(生緣)이라고 말할 수 있기 때문이다. [그러나 원자의] 모임은 즉 이와 같지 않다. [원자의 모임은] 실체로 존재하는 것(實有)이 아니기 때문이다. 예컨대, 마치 두 번째의 달과 같다. 눈이라는 감각기관이 정상적이지 않아서(亂) 식이 두 번째 달에 닮아 생기지만, 두 번째의 달은 식의 경계가 아니다. [두 번째의 달은] 실체로 존재하지 않기 때문이다. [원자의] 모임도 역시 그러하다. 원자와 별도로 [존재하는] 실체는 없는 까닭에 [원자의] 모임은 식의 경계(=인식대상)가 되지 않는다. 그러므로 외계의 인식대상은 이 두 뜻으로 인하여 식의 경계가 아니다. 왜냐하면 [다수의 원자로 구성된 대상이든, 원자의 모임으로 구성된 대상이든지 간에 두 견해는 인식대상의 두 조건 중에] 하나의 측면은 [구비하였지만, 다른] 하나의 측면을 구비하지 못했기 때문이다.

⌘ 현장역 2송

[T31, 888b16-888b21]

和合於五識 設所緣非緣.
彼體實無故. 猶如第二月. (2송)

[원자가] 모인 [외계 대상]은 전5식에 대해서,

가령 인식대상(所緣)은 [되]지만, 조건(緣)은 [되지] 않는다.

그것(=원자가 모인 외계 대상)은 실로 실체가 없기 때문이다.

마치 두 번째 달처럼. (2송)

色等和合於眼識等有彼相故 設作所緣然無緣義. 如眼錯亂見第二月. 彼無實體不能生故. 如是和合於眼等識無有緣義故. 外二事於所緣緣互闕一支. 俱不應理.

대상 등의 [원자가] 모인 [외계 대상]은 시각적 식 등에 대해서 그 형상(ākāra)이 존재하기 때문에 가령 인식대상(所緣)은 되지만, 조건(緣)의 의미는 없다. 마치 눈이 착란하여 두 번째 달을 보듯이. 그것(=원자가 모인 외계 대상)은 실체가 아니기에 능히 [식을] 발생시키지 못하기 때문이다. 이같이 [원자가] 모인 [외계 대상]은 시각적 식 등[의 발생에] 조건(緣)의 의미를 가지지 않는다. 외계 [대상이 다수의 원자로 이루어져 있다고 주장하거나 원자가 모인 것이라고 주장하는 이] 두 경우는 인식대상[이 구비해야 할 두] 조건[중] 한 가지가 없다. [따라서] 마땅히 [두 견해는] 모두 [인식대상의 두 조건을 갖추었다는] 이치는 타당하지 않다.

⌘ 비니타데바 2송 해석

[D.190, 178b2]

'dus pa yang dgag pa'i phyir |

'dus pa[5] der snang ba nyid[6] yin du zin kyang zhes bya ba la sogs pa smos te |

rnam par rig 'dus pa can du snang mod kyi | 'on kyang 'dus pa dmigs pa ni ma yin te | 'di ltar rnam par rig pa de de las mi skye bas so | de las mi skyer chug na yang dmigs par go ci'i phyir mi 'gyur te[7] |

de'i phyir don gang zhig rang snang ba'i zhes bya ba la sogs pa smos te |

'di ltar don gang zhig rang snang[8] ste bdag nyid du snang ba'i rnam par rig pa skyed pa de ni dmigs pa yin par rung ngo | 'di skad du rnam par shes pa don gang zhig gi ngo bo'i rjes su byed la | de yang skyed par byed pa yin na de'i tshe dmigs pa'i rkyen du rung gi gzhan du ni ma yin no zhes bshad pa yin no | skyed par byed pa kho na dmigs pa yin par 'gyur ro zhes bya ba 'di ga[9] las she na |

'di ltar de ni zhes bya ba la sogs pa[10] smos te ||

---

5 P.N: +nyid

6 P.N: -nyid

7 P.N: zhe na

8 P.N: +ba

9 P.N: gang

10 P.N: -sogs pa

[원자가] 모인 것도 [인식대상이 된다는 것을] 논파하기 위하여,

'[원자가] 모인 [외계 대상]은 거기(=식)에 [외계 대상의 형상으로] 나타[날지라도 인식대상이 아니다]'라고 [『관소연론』에서] 설한다.

인식(vijñapti)은 [원자가] 모인 [것으로 구성된 외계 대상의 형상을] 가지고 나타나더라도, [원자가] 모인 것은 인식대상이 아니다. 그 인식(vijñapti)은 그것(=원자가 모인 것)으로부터 생기지 않기 때문이다. 그것(=원자가 모인 것)에서 생기지 않는데 어떻게 인식대상을 알지 못하는가?

'이처럼 어떤 대상이 스스로 나타나서 [식을 발생시키는 그것이 인식대상인 것은 이치에 맞다]'라고 [『관소연론』에서] 설한다.

왜냐하면 어떤 대상이 스스로 나타나는, 즉 자체로 나타나는 식이 발생할 때, 그 [어떤] 대상이[야말로] 인식대상이 될 수 있기 때문이다. 그것은 다음과 같이 해석된다. 식이 대상 자체의 본질로 작용하고 또한 [대상이] 그것(=식)을 발생시킬 때, [대상은] 인식대상의 원인(所緣緣)이 될 수 없다. [그렇다면] 오직 [식을] 발생시키는 것만이 인식대상이 될 수 있는가?

'왜냐하면 그것은 [식을 발생시키는 조건이 되기 때문이다]'라고 [『관소연론』에서] 설한다.

'di ltar de ni bstan bcos las skye ba'i rgyu mtshan nyid du bshad do | bstan bcos las ni 'di skad du | don gang zhig sems dang sems las byung ba rnams skye ba'i rgyu mtshan yang yin la | de rnams skyes na don de nyams su myong ba'i tha snyad 'dogs par yang byed pa de ni dmigs pa yin no zhes 'byung ngo | 'di skad du | don gang zhig sems dang sems las byung ba rnams skyed par byed la | sems dang sems las byung ba de rnams skyes nas | don de la 'di ltar nyams su myong ngo zhes de lta bu'i tha snyad 'dogs par byed pa'i don de ni dmigs pa zhes bya'o zhes bshad pa yin no |

de'i phyir skye ba'i rgyu mtshan yang yin la zhes smos pas |

dmigs pa'i rkyen skyed par byed pa nyid yin par grub[11] po | de'i rnam pa can nyid ni phyogs 'di la rab tu grags pa'i phyir ma bshad do | de bas na[12] gnyis ka'i mtshan nyid dang ldan pa'i don gang yin pa de dmigs pa yin no zhes bya bar bshad pa yin no | de la 'di snyam du 'dus pa yang skyed par byed pa yin no snyam du sems na | de'i phyir 'dus pa ni de lta[13] yang ma yin te zhes bya ba smos te | 'dus pa ni skyed par byed pa ma yin no | de rnam[14] par rig pa mi skyed na ji ltar dmigs pa yin par 'gyur | ci ste skyed par byed pa ma yin zhe na |

rdzas su med pa'i[15] phyir zhes bya ba[16] smos te ||

'왜냐하면 그것은'이라는 것은 논(sāstra, 論)에서 [식을] 발생시키는 근거를 가리킨다. '논에서'[17]라는 것은 어떤 대상이 마음과 마음 작용들을

11 C: 'grub
12 P.N: -na
13 P.N: ltar
14 N: rnams
15 P.N: -pa'i
16 P.N: -bya ba
17 비니타데바는 단지 '논에서'라고만 하고 다르마빨라는 '아함에서 인용한다'라고 한다. 『관소연론석』(T31, 890b1-890b2) 引阿笈摩. "아함(阿笈摩)에서 인용한다."

발생시키는 근거이며, 그것들(=마음과 마음 작용들)이 발생하면, 그 대상을 경험(anubhava)한 언어적 존재[18](prajñapti)를 인식대상이라고 설한다. 이같이 어떤 대상은 마음과 마음 작용들을 발생시킨다. 그 마음과 마음 작용들이 생기는 것으로부터 그 대상이 경험되어 언어적 존재인 그 대상이 인식대상이다.

'[식을] 발생시키는 근거(kāraṇa)도'라고 [『관소연론』에서] 설한다.

[그것이] 인식대상의 조건으로 생긴다는 것이 성립한다. 그것(=대상)[19]의 형상을 갖는 것은 이 경우에는 이미 결정되어 있기 때문이라고 말하지 않는다. 그러므로 어떤 대상이 [인식대상이 되기 위한] 두 가지 특성을 가지면 [그것을] 인식대상이라고 한다. 그같이 [원자가] 모인 것도 [식을] 발생시킨다고 생각할 때, [원자가] 모인 것은 [실체가 아니기에] 또한 [식을 발생시키는 근거는] 되지 못한다고 한다. [원자가] 모인 것은 [식을] 발생시키지 못한다. 그것(=원자가 모인 것)이 인식(vijñapti)을 발생시키지 않는다면, 무엇이 인식대상이 될 수 있는가? [원자가 모인 것은 식을] 발생시키지 않는가?

'왜냐하면 [원자가 모인 것은] 실체가 아니기 때문이다'라고 [『관소연론』 2b' 송에서] 설한다.

---

18 언어적 존재(prajñapti)에 대해서는 191, 각주 33, 415, 각주 21. 418, 각주 9.

19 『관소연론석』(T31, 890b1-890b4) 是能生性所緣之境. 引阿笈摩 此卽便是說生緣性. 由是生因彼識生 緣共許是其所緣之境 自體相現. 此中無益 故不言之. "이 [두 가지는 식을] 능히 발생시키는 성질로서의 인식대상의 대상이다. 아함을 인용하면, 이것(=인식대상의 대상)은 곧 [식을] 발생시키는 조건으로서의 성질이다. 이것으로 말미암아 원인을 일으키고 저 식이 인식대상의 조건을 낳으면 모두 인식대상의 대상이라는 형상으로 나타난다고 인정한다. 이것은 이익이 없기에 설하지 않는다."

gang gi phyir 'dus pa rdzas su yod pa ma yin pa de'i phyir skyed par byed pa ma yin te | rdzas su med pa rnams la ni 'bras bu skyed pa'i nus pa med do | 'dus pa rdzas su med pa nyid ni 'og nas sgrub par byed do | gang rdzas su yod pa ma yin pa de ni skyed par byed pa ma yin no zhes bya ba 'di la dpe |

zla gnyis bzhin zhes bya ba smos te |

'di ltar rdzas su med pa'i phyir zla ba gnyis pa ni zla ba gnyis par snang ba'i shes pa'i rgyu'i dngos por mi 'gyur ro | de bzhin du 'dus pa yang rang snang ba'i shes pa'i rgyu'i dngos por mi 'gyur ro | gal te zla ba gnyis pas de mi skyed na | 'o na ni de'i[20] rgyu mtshan med pa can du 'gyur ro zhe na |

de'i phyir dbang po ma tshang ba'i phyir zhes bya ba la sogs pa smos te ||

[원자가] 모인 것[21]은 실체로 존재하지 않기 때문에 [식을] 발생시키지 않는다. '실체가 아니라는 것'은 "결과를 낳을 수 없다"라는 말이다. [원자가] 모인 것은 실체가 아니라는 것에 대해서는 뒤에서 논증하겠다. 실체로서 존재(dravyasat, 實有)하지 않는 것이 [식을] 발생시키는 것(=원인)이 아니라고 여기는 것에 대한 예시로서,

'두 번째 달(dvitaya-candra)처럼'이라고 [『관소연론』 2b'송에서] 설한다.

즉 [원자가 모인 외계 대상은] 실체가 아니기 때문에 두 번째 달은 두 번

20 P.N: de

21 『관소연론석』(T31, 890b6-890b7) 又復無有不實之事 能有生起果用功能. "또 다시 실체로 존재하는 것(實事)이 아닌 것이 결과의 작용과 공능을 다시 일으키는 경우는 없다."

째 달로 나타나는 식의 원인인 사물이 되지 않는다. 이같이 [원자가] 모인 것도 스스로 나타나는 식의 원인인 사물이 되지 않는다. 만약 두 번째 달이 그것(=식)을 발생시키지 않고 [식 발생의] 근거가 아니라면,

'감각기관이 손상되었기[22] 때문에 [달이 두 개로 보이는 것은 거기(=식)에 [원자가 모인 것으로 구성된 외계 대상의 형상이 나타나더라도, 그것(=식)의 [인식] 대상이 아니다]]'라고 [『관소연론』에서] 설한다.

rgyu mtshan med pa can ni ma yin te | 'di ltar dbang po nyams pas zla ba gnyis su mthong bar mi[23] 'gyur ro | 'di ltar gang gi tshe mig gi dbang po rab rib kyis nyams par 'gyur ba[24] de'i tshe zla ba gnyis su snang ba'i shes pa skye bar 'gyur te | de zla ba gnyis pas skyed pa ni ma yin no | gang gi tshe de des ma skyed[25] pa de'i tshe | zla ba gnyis kyi shes pa zla ba gnyis par snang du zin kyang | de'i yul ni ma yin no | de bas na skyed par byed pa ma yin pa'i phyir yul du mi 'gyur ro zhes bshad pa yin no | 'dir ma tshang ba zhes bya ba'i sgras ni nyams pa brjod do | de ltar dpe la rab tu[26] bsgrubs nas | dngos po la nye bar sbyor ba'i phyir |

de bzhin du rdzas su yod pa ma yin pa nyid kyi zhes bya ba la sogs pa smos te |

ji ltar zla ba gnyis pa rdzas su med pa'i phyir shes pa'i rgyu ma yin la | rgyu ma yin pa'i phyir de'i yul ma yin pa de bzhin du 'dus pa

---

22 『관소연론석』(T31, 890b8) 根損害故. "감각기관(根)은 손상되었기 때문이다."

23 P.N: -mi

24 P: gyur pa

25 P.N: bskyed

26 N: +tu

yang rdzas su med pa'i phyir shes pa'i rgyu ma yin la | rgyu ma yin pa'i phyir de'i yul ma yin no ||

[감각기관이 식 발생의] 근거가 되지 않는 것은 아니다. 즉 [우리는 정상적인] 감각기관을 가지고 있기에 두 번째 달이 보이지 않는다. 눈이라는 감각기관(眼根)이 눈병으로 손상되면, [존재하지 않는] 두 번째 달이 나타나는 식이 발생한다. 그것(=식)은 두 번째 달 때문에 생기는 것은 아니다. 그것(=두 번째 달)이 그것(=식)에 생기지 않기 때문에 두 번째 달에 대한 앎이 두 번째 달처럼 나타날지라도, 그것(=앎)의 대상은 아니다. 그래서 [식이] 생기지 않기 때문에 [원자가 모인 것은] 대상으로 되지 않는다고 말한다. 여기에서 [감각기관이] 손상되었다는 것은 [감각기관이] 정상적이지 않다는 의미이다. 이와 같은 예시가 성취됨으로써 실체(vastu)에 가깝게 다가갈 수 있다.

'그처럼 [원자가 모인 것은] 실체가 아니므로 [식 발생의 조건이 되지 않기 때문에 원자가 모인 외계 대상은 인식대상이 되지 않는다]'라고 [『관소연론』에서] 설한다.

두 번째 달은 실체로서 존재하지 않기 때문에 식의 [발생] 원인이 아니다. 원인이 아니기 때문에 그것(=식)의 대상이 아닌 것처럼, [원자가] 모인 것도 역시 실체로서 존재하지 않기 때문에 [식의 발생] 원인이 아니다. [식의 발생] 원인이 아니기 때문에 그것(=식)의 [인식]대상이 되지 않는다.

'dir[27] sbyor ba ni |

'dus pa ni rgyu ma yin te |
rdzas su med pa'i phyir |
zla ba gnyis pa bzhin no |

chos mi mthun pa ni rnam par shes pa'o | rdzas su med pa rnams la nus pa med pa ni gnod pa can gyi tshad ma'o |

yang na |

'dus pa ni[28] dmigs pa ma yin te[29] |
rgyu ma yin pa'i phyir |
zla ba gnyis pa bzhin no |

chos mi mthun pa ni gzung ba'i[30] cha ste | gzung ba'i cha rgyu nyid yin pa dang | dmigs pa nyid yin par ni sgrub par 'gyur ro ||

여기에 대한 논증식을 세우면 다음과 같다.

[주장] 원자가 모인 것은 [식 발생의] 원인(因)이 아니다.
[이유] 실체로서 존재하지 않기 때문이다.
[예증] [존재하지 않는] 두 번째 달처럼.

불성립의 법(不成因)은 식(vijñāna)이다. 실체로 존재하지 않아서 [식을 발생시키는 뛰어난] 힘이 없다는 것은 서로 잘못된 바른 인식수단(aparmāṇa)이다.

---

27 P.N: de'i
28 P.N: -ni
29 N: no
30 P.N: pa'i

혹은 [다른 논증식이다].

[주장] 원자가 모인 것은 인식대상이 아니다.

[이유] [식 발생의] 원인이 아니기 때문이다.

[예증] [존재하지 않는] 두 번째 달처럼.

불성립의 법(不成因)은 인식대상이다. [그러므로] 인식대상은 [식 발생의] 원인이라는 것과 인식대상 자체라는 것이 성립한다.

rgyu ma yin pa yang dmigs pa nyid yin na | zla ba gnyis pa[31] la sogs pa yang dmigs pa nyid yin par 'gyur bas ha cang thal bar 'gyur ba ni gnod pa can gyi tshad ma'o | tshad ma 'di gnyis kyang slob dpon chos skyong gis bshad pa yin no | de ltar phyogs gnyis ka bkag nas mjug bsdu ba'i phyir | de ltar phyi rol gnyi gar yang |

blo yi yul du mi rung ngo | zhes bya ba la sogs pa smos te |

de ltar bshad pa'i tshul gyis na gnyi ga ltar na yang phyi rol gyi don rnam par shes pa'i yul du mi rung ngo | phyi rol ni rnam par shes pa las ma gtogs pa'o | gnyi gar zhes bya ba la[32] ni rdul phra rab kyi phyogs dang | 'dus pa'i phyogs ltar ro | blo'i zhes bya ba ni shes pa'i'o |

ci'i phyir mi rung zhe na |

de'i phyir yan lag gcig ma tshang ba'i phyir zhes bya ba la sogs pa

31 P.N: -pa

32 P.N: -la

smos te |

'di ltar rdul phra rab kyi phyogs la ni rgyu nyid yod kyi de'i rnam pa nyid med do | 'dus pa'i phyogs la yang de'i rnam pa nyid yod kyi rgyu nyid med do | de lta bas na yan lag re re ma tshang ba'i phyir rdul phra rab ces bya ba dang | 'dus pa zhes bya ba'i don dmigs pa ma yin no | 'di skad du dmigs pa nyid kyi yan lag gi rnam pa gnyis te | rang gi rnam pa[33] 'jog pa dang | rgyu nyid yin pa'o | 'di yang rdul phra rab dang | 'dus pa dag la med pas | de gnyis yul nyid ma yin no zhes bshad pa yin no | gang las yul ni chos nyid gnyis dang ldan pa'o zhes 'byung ba der yang yan lag de gnyis kho na chos nyid gnyis kyi sgrar brjod par zad do ||

원인이 아닌 것이 또한 인식대상이라면, 두 번째 달 등도 인식대상이 되기에 큰 오류[가 되기에 그것은] 잘못된 바른 인식수단(aparmāṇa)이다. 이 두 가지 바른 인식수단은 다르마빨라 논사의 주석에 서술되어 있다.[34] 이처럼 이 두 가지를 함께 논파하여 그것을 결부시키기 위하여,

'두 가지(=다수의 원자이거나 원자가 모인 것으로 구성된) 외계 대상은 역시 인식대상이 될 수 없다'라고 [『관소연론』 2cd송에서] 설한다.

이처럼 [다수의 원자이거나 원자가 모인 것이라는] 두 가지 방식으로 존재

---

33 N: par

34 『관소연론석』(T31, 890b12-890b13) 總聚不是識之生因. 非實性故. 如第二月. "[원자의] 모임은 식을 낳는 원인(因)이 아니다. 실제로 [존재하는] 성질이 없기 때문이다. 마치 두 번째 달과 같이." 『관소연론석』(T31, 890b13-890b14) 由斯方立非因性故 不是所緣. 還如二月. "그것은 바야흐로 [원자의 모임은 실체가 아니기에 식을 발생시키는] 원인(因)의 성질이 없으므로 인식대상이 되지 못한다. 마치 두 번째 달과 같이."

하는 외계 대상은 식의 [인식]대상이 될 수 없다. '외계'[라는 것]는 식과는 별도로 존재한다[는 의미이다]. '두 가지'라는 것은 [다수의] 원자[를 주장하는 이들]와 [원자가] 모인 것[을 주장하는 이들]을 말한다. '앎'이라는 것은 '식'이다.

어째서 [그 두 가지는 인식대상이] 될 수 없는가?

'왜냐하면 [인식대상이 되기 위한 두 가지 구비조건 중에서] 한 가지 [구비조건을] 갖추지 않았기 때문에 [다수의 원자와 원자가 모인 것으로 이루어진 외계 대상은 인식대상이 될 수 없다]'라고 [『관소연론』에서] 설한다.

[다수의] 원자[를 주장하는 이들]는 [인식대상이 구비해야 할 두 조건 중 하나인] 원인의 성질(因性)은 있지만, 그것(=다수의 원자)의 형상이 [식상에] 없다. [원자의] 모임[을 주장하는 이들]은 그것(=다수의 원자 모임)의 형상은 [식상에] 있지만 [식 발생의 직접적인] 원인(因)은 아니다. 그래서 각각은 [두 가지 조건 중에서] 한 가지를 갖추지 않았기 때문에 [다수의] 원자와 [원자가] 모인 것으로 [구성된 외계] 대상은 인식대상이 되지 못한다. 이처럼 인식대상이 [되기 위해서는] 두 가지 조건[35]을 [구비해야 한다]. [그 두 가지는] 자신의 형상을 가져야 한다는 [조건]과 [인식을 발생시키는 직접적인] 원인이어야 한다는 [조건]이다. 이것도 [다수의] 원자와 [원자가] 모인 것에는 존재하지 않기 때문에 그 두 가지는 인식대상이 되지 못한다고 [1송과 2송에서 설]한다. 그것(=자신의 형상을 가지는 것과 식을 발생시키는 원인이어야 한다는 것)으로부터 인식대상은 [그] 두 가지의 법을 갖는다고 설할 때, 이 '두 가지 법'이란 '두 가지 [조건'이라는] 말로 설한다.

35 인식대상이 구비해야 할 두 가지 조건에 대해서는 6송에서 해명하고 있다.

3 송

원자 모임의 형상으로 구성된 인식대상 비판(1)

⌘ 티베트역 3송

[D.174, 86b3]

kha cig 'dus pa'i rnam pa dag |
sgrub pa yin par 'dod par byed || 3ab ||

don thams cad ni rnam pa du ma can yin pas de la rnam pa 'ga' zhig gis mngon sum nyid du[1] 'dod do | rdul phra rab rnams la yang 'dus par snang ba'i shes pa skyed pa'i rgyu yod do[2] |

rdul phran rnam par[3] rnam rig gi |
don min sra nyid la sogs bzhin || 3cd ||

ji ltar sra[4] nyid la sogs pa ni yod bzhin du yang mig gi blo'i yul ma yin pa ltar rdul phra mo nyid kyang de dang 'dra'o[5] ||

---

1 P: sum du

2 P.N: bskyed pa'i rgyu'i dngos po

3 P: pa

4 P.N: sra ba

어떤 이[6]가 [원자가] 모인 형상(ākāra)들이 [식 상에 나타난다는 것이] 성립한다고 주장한다. [3ab]

모든 대상은 많은 형상(ākāra)을 가지고 있기에 그 어떤 형상 때문에 [대상의] 지각은 이루어진다. 원자들 또한 [원자가] 모인 것으로 [이루어진 외계 대상은 식 상에] 나타나므로 식을 발생시키는 조건이 된다.

원자 [모임]의 형상은 인식(vijñapti)의 [인식] 대상이 되지 못한다. 마치 견고성 등처럼. [3cd]

그처럼 견고성 등이 존재하더라도 시각적 식의 인식대상이 되지 못하는 것처럼, 미세한 원자[가 모인 것]도 역시 이와 마찬가지로 [인식대상이 되지 못한다].

---

5 P: kyang 'dra'o

6 티베트역과 현장역은 '어떤 이'로 진제역에는 '어떤 논사'로 되어 있는 인물에 대해서 규기는 『유식이십론술기』에서 신유부인 중현이라고 한다. 『유식이십론술기』(T43, 992c18-992c19) 正理師說 多極微和集論. 如執實有衆多極微皆共和合和集爲境. "정리논사(=중현)는 다수의 원자가 화집한다고 설한다. 마치 실제로 존재하는 다수의 원자들이 모두 함께 화합하거나 화집하여 대상이 된다고 주장하는 것과 같다." 209, 각주 33, 395, 각주 12, 398, 각주 22.

⌘ 진제역 3송

[T31, 882c10-882c11]

有說. 鄰虛聚成萬物. 識似彼起 故立爲塵.

어떤 이가 설한다. 원자가 모여서 만물(萬物)을 이룬다. 식은 그것(=원자의 모임)에 닮아서 생기기 때문에 인식대상(塵)이 된다.

[T31, 882c11-882c12]

鄰虛體相 若是實有 識不似故非境. 如堅.[7] (3송)

원자의 본질(體相)이 만약 실체로 존재한다면,

식이 [대상의 형상과] 유사하지 않기 때문에 [원자의 모임은] 인식대상(境)이 되지 않는다.

마치 [네 가지 물질적 요소 중 하나인] 견고성(堅)처럼. (3송)

---

7 최근에 확인한 바로는 일본 교토의 黃檗山寶藏院이라는 선종 사찰에서 17세기에 불교 문헌을 정리한 『五論』이라는 저서에 『무상사진론』, 『관소연연론』, 『관소연론석』이 실려 있다. 여기에서도 堅이 아니라 塵으로 되어 있다. 20세기 초에 『대정신수대장경』이 편찬되었으니 시기적으로 좀 오래되었고 현재 확인할 수 있는 문헌 중 하나이기에 여기에 덧붙인다. 티베트역에서도 견(堅)으로 되어 있고 내용상으로도 진(塵)이 아니라 견(堅)이 되어야 맥락상 합당하다. 따라서 본 번역은 진(塵)을 견(堅)으로 교정한다.

[T31, 883a5-883a9]

有諸師說.
是鄰虛聚集成萬物. 有多種相具足立此爲境界. 何以故. 有別相能生證智. 非但鄰虛及鄰虛聚. 是故於鄰虛及鄰虛聚中有相爲六識作境. 境鄰虛相者非塵.

어떤 논사들이 설한다.

원자가 모여서 만물(萬物)이 성립된다. [원자가 모인 만물은] 여러 가지 종류의 형상(ākāra)을 가지고 있기에 이것(=형상)은 [식의] 경계(境界)가 된다. 왜인가? 개별적인 상(別相)[8]이 있어서 능히 증지(앎, 證智)를 일으키기 [때문이다]. 다만 원자와 원자의 모임은 [인식대상이] 아니다. 이런 까닭에 원자와 원자의 모임 중에 형상(相)이 있어서 여섯 가지 식(六識)의 [여섯 가지] 경계(六境)가 된다. [하지만] 원자의 형상을 [지닌 여섯 가지] 경계(境)는 인식대상(塵)이 되지 못한다.

8 유부의 경우 별도로 존재하는 식과 마음 작용은 동일한 소의(所依), 소연(所緣), 형상(行相)을 지니며 동일한 시간(時)에 하나의 실체(事)로서 발생한다. 어떤 소연을 조건 삼아 식이 생길 때에 그 소연을 조건 삼아 수(受), 상(想) 등의 마음 작용이 생긴다. 이에 식과 마음 작용들을 유소의(有所依), 유소연(有所緣), 유행상(有行相)이라는 이명(異名)으로 칭하기도 한다. 여기에서 식은 인식대상의 총체적인 상(總相)을 파악하고 마음 작용들은 인식대상의 개별적인 상(別相)을 파악한다. 예컨대, 느낌을 받아들이는(受) 마음 작용은 느낌을 받아들이는 것의 본질에 따라 인식대상의 형상을 파악하고 개념화하는(想) 마음 작용도 또한 개념화의 본질에 따라 인식대상의 형상을 파악한다. 이렇게 개별적으로 파악된 형상은 마음 작용들 각각의 인식대상의 종류/품류(prakāra)가 된다. 즉 형상(ākāra)은 인식대상을 파악하는 이차근거인 셈이다. 식과 마음 작용이 동시에 발생하는 유부의 경우 인식대상을 파악하는 것과 인식대상의 형상(ākāra)을 파악하는 것은 동시에 이루어진다.

譬如堅等.
鄰虛中有堅濕熱動觸此物實有非眼識境界. 眼識不如其起故. 鄰虛中萬物亦如此.

예컨대, 마치 견고성(堅) 등처럼.

원자 중에 견고함(堅) · 축축함(濕) · 따뜻함(熱) · 움직임(動)[9]의 촉각의 대상(觸)이 있어서 이 사물이 실체로 존재한다고 하더라도, 시각적 식(眼識)의 경계는 아니다. 시각적 식(眼識)은 그런 방식으로 발생하지 않기 때문이다.[10] 원자[로 구성된] 만물 또한 이와 같다.[11]

---

9 이 문구는 현장역이나 티베트역에는 없고 진제역에는 있다. 보통 火의 특성은 煖이란 글자를 사용하는데 진제는 熱로 번역했다.

10 『관소연론석』(T31, 891c7-891c10) 以理究尋不可了自體定在於外. 縱令許彼實有外相 然非識緣. 非彼相性故. 非極微相現. 如似外相顯現之時 此卽是其所緣緣也. 彼相相應故. "이치적으로 깊이 분석하여도 결정코 외계에 존재하는 자체를 요별할 수 없다. 비록 저 실체로 존재하는 외계의 형상을 인정한다고 해도 [이것을] 식[발생]의 조건으로 삼을 수 없다. 왜냐하면 저것(=외계 대상의 형상)이 [식의] 형상이라는 성질을 가지지 않기 때문이다. [식상에] 원자의 형상은 나타나지 않기 [때문이다]. [식상에] 외계의 형상과 유사하게 나타날 때, 그것이 바로 인식대상의 조건(所緣緣)이 [된다]. 왜냐하면 저 [식의] 형상과 상응하기 때문이다." 식은 원자의 형상(ākāra)으로 발생하는 것이 아니라 식의 형상(ākāra)으로 발생한다. 식의 형상이란 내부 식이 변한 대상의 형상으로 식 자체를 말한다.

11 『유식이십론술기』(T43, 992c25-993a1) 其正理師 恐違自宗 眼等五識 不緣假法 異於經部. 若順於古 卽有陳那 五識之上 無微相故 非所緣失. 遂復說言 色等諸法 各有多相 於中一分是現量境. 故諸極微相資各有一和集相 此相實有 各能發生似己相識. 故與五識作所緣緣. "정리 논사(=중현)는 '시각적 식 등 전5식은 가설적인 법(假法)을 조건 삼아 [발생하지] 않는다'라는 자신의 종지가 경량부와 달라서 어긋나는 것을 염려하였다. 만약 구유부(=설일체유부)에 따라서 진나가 [『관소연론』 3송에서] 비판했듯이, 전5식에는 원자의 형상이 없기에 인식대상이 되지 못하는 과실이 있다. 그래서 다시 색깔/형태 등의 모든 법은 각각 다수의 형상을 가지며 그중에 한 부분이 지각의 대상이 된다고 설하였다. 왜냐하면 원자들이 서로 의존하여 각기 하나로 화집한 형상을 가지며 이런(=원자 화집한) 형상은 실제로 존재함으로써 각각 자신의 형상과 유사한 식을 발생시킬 수 있기 때문이다. 그러므로 그것(=원자 화집)은 전5식의 소연으로서의 조건이 될 수 있다." 다음은 『성유식론』이다.

⌘ 현장역 3송

[T31, 888b21-888b29]

有執. 色等各有多相 於中一分是現量境故. 諸極微相資 各有一和集相. 此相實有各能發生己相識. 故與五識作所緣緣. 此亦非理. 所以者何.

和集如堅等 設於眼等識
是緣非所緣. 許極微相故. (3송)

如堅等相雖是實有 於眼等識容有緣義 而非所緣. 眼等識上無彼相故. 色等

『성유식론』(T31, 4b16-4b27) 有執. 色等一一極微不和集時非五識境. 共和集位展轉相資有麤相生 爲此識境. 彼相實有 爲此所緣 彼執不然. 共和集位與未集時體相一故. 瓶甌等物極微等者緣彼相識應無別故. 共和集位一一極微 各各應捨微圓相故. 非麤相識緣細相境. 勿餘境識緣餘境故. 一識應緣一切境故. 許有極微尙致此失 況無識外眞實極微. 由此定知. 自識所變似色等相爲所緣緣見託彼生帶彼相故. 然識變時隨量大小頓現一相. 非別變作衆多極微合成一物. "어떤 이가 주장한다. 색깔/형태 등은 하나하나의 원자가 화집하지 않을 때는 전5식의 대상이 되지 않는다. 함께 [원자가] 화집한 상태에서 발생하여 서로 의존하여 큰 [부피를 지닌] 모습으로 생기고, 이것이 식의 [인식]대상이 된다. 그 모습이 실제로 존재하므로 이것이 인식대상이라고 설한다. [그러나] 그(=중현)가 주장하는 것은 그렇지 않다. 함께 [원자가] 화집한 상태는 모이지 않았을 때와 특성이 같기 때문이다. 병과 사발 등의 사물의 원자 등은 그것의 모습을 조건 삼아 [발생하는] 식에 응당 차별이 없어야 하기 때문이다. 함께 [원자가] 화집한 상태의 하나하나의 원자에 각각 둥근 형상이 없기 때문이다. [부피가] 큰 형상을 대상으로 하는 식은 미세한 대상을 조건 삼는 것이 아니다. 다른 대상의 식이 다른 대상을 조건 삼는다고 말해서는 안 된다. 하나의 식이 응당 모든 대상을 조건으로 삼기 때문이다. 원자가 존재한다고 인정해도 오히려 이런 오류를 지니는데 하물며 식의 외부에 실로 원자는 없구나! 따라서 이것으로부터 반드시 알아야 한다. 자신의 식이 변하여 색깔/형태 등과 유사한 모습[으로 나타난 것]을 인식대상으로서 조건(所緣緣)으로 삼는데, 보는 것이 그것에 의거해서 생기고 인식대상이 그것의 모습을 띠기 때문이다. 그런데 식이 변할 때 부피의 크고 작음에 따라서 단박에 하나의 모습으로 나타난다. 별도로 많은 원자가 변하여 합해져서 하나의 사물을 형성하는 것은 아니다."

極微諸和集相 理亦應爾.

어떤 이(=중현)[12]는 주장한다. 대상 등은 각각 다수의 형상을 지니고 있는데 그중에서 일부분만이 지각(現量, pratyakṣa-pramāṇa)의 대상이다. 왜냐하면 모든 원자의 형상이 서로 의존하여(相資) 각각 하나의 원자가 모인 것의 형상을 가지기 때문이다. 이것(=원자 모임)의 형상(ākāra)은 실제로 존재하여 각각 자기와 [닮은] 형상[을 지닌] 식을 능히 발생시킨다. 그러므로 [원자가 모인] 외계 대상은 전5식[의 발생]에 대해 인식대상의 조건(所緣緣)이 된다. [그런데] 이것은 또한 이치에 어긋난다. 왜 그런가?

[극미가] 모인 것은 견고성(khara) 등과 마찬가지로,
가령, 시각적 식 등[을 발생시키는 데] 대해,
조건(緣)은 될지라도 인식대상(所緣)은 되지 않는다.
왜냐하면 [식상에 나타난] 원자의 형상은 인정되지 않기 때문이다.[13] (3송)

마치 견고함 등의 형상(相)이 비록 실제로 존재한다고 하더라도, 시각적 식 등 위에 [나타나 시각적 식 등을 발생시키는] 조건의 뜻은 인정되지만, 인식대상의 뜻은 인정되지 않는다. 왜냐하면 시각적 식 등 위에 그것(=원자 모임)의 형상(相)이 없기 때문이다. [따라서] 대상 등의 원자가 모인 형

12 209, 각주 33, 390, 각주 6, 398, 각주 22.

13 3송의 3, 4구에 대해서 현장역과 진제역이 같고, 티베트역과 다르마빨라 주석의 의정역, 비니타데바의 티베트역 주석서가 같다. 전자는 비난자의 관점에서 기술하였고 후자는 그렇지 않은 차이가 있다. 山口益(1965, 452, 각주 8)은 다르마빨라 계열의 현장과 다르마빨라의 입장이 다르다라는 것에 대해서 후대에 현장을 다르마빨라 계열에 속한다는 견해는 의심의 여지가 있다고 주장한다.

상도 이치로 보아 역시 [인식대상이 되기 위한 구비 조건을 모두 갖추지 못하였기 때문에 인식대상이 되지 못한다는 것이] 응당 그러하다.

【案】 규기의 『유식이십론술기』에 의하면 여기에서 언급된 '어떤 이'는 중현을 가리킨다. 이에 3송은 현장역이나 티베트역을 보면 중현의 견해를 논파하는 것이다.[14] 즉 다수의 원자가 풍계의 견인력에 의해 간격 없이 배열(*sanniveśa)되어 모여 있는 상태(현장 용어는 화집)는 식을 발생시키는 원인(緣)은 되더라도, 원자가 모인 형상이 식상에 나타나지 않기 때문에 인식대상(所緣)이 되지 않는다는 것이다. 화집에 의하면, 극미 자체의 형상을 인식한다. 극미들이 화집해 있든 있지 않든지간에 극미와 극미 자체의 형상은 같기 때문에 화집된 극미들은 인식될 수 없다는 것이다. 이것에 대한 예시로 네 가지 물질적 요소(四大) 중 하나인 견고성(堅)을 들고 있다. 즉 견고성 등은 시각적 식 등 전5식의 인식대상이 될 수 없다는 것이다. 따라서 원자 모임도 역시 시각적 식의 인식대상이 되지 못한다는 것이다. 하지만 진제의 3송 논의는 현장과 티베트역과는 다르다. 그는 아비달마의 인식론적 영역에서 사용되는 형상(ākāra, 行相)개념을 중심으로 논의하고 있다.

---

14 404, 각주 38 참조.

⌘ 비니타데바 3송 해석

[D.190, 180a2]

de ltar phyogs[15] gnyis ka bkag nas phyogs gsum pa nye bar dgod pa'i phyir |

'di la ni kha[16] cig ces bya ba la sogs pa smos te |

phyi rol gyi don du smra bas[17] phyogs 'di la yang pha khol la sogs pa kha cig rdul phra rab[18] 'dus pa'i rnam pa dag dbang po'i rnam par shes pa'i rgyur 'dod do | de dag 'di skad ces rdul phra rab rnams la ni 'dus pa'i rnam pa yang yod do | rdul phra rab rnams la gang cung zad[19] ci yod pa de thams cad ni | rdzas su yod pa yin no | rdzas su yod pa'i phyir 'dus pa'i rnam pa de[20] rnam par shes pa'i rgyu nyid du 'gyur ro | rags pa'i phyir na rnam par shes pa la rang gi ngo bo yang 'jog par 'gyur te | de bas na rdul phra rab rnams tshul gzhan gyi yul nyid yin no zhes zer ro | ni zhes bya ba'i sgra ni yang zhes bya ba'i sgra'i don du blta bar bya'o | 'dus pa'i rnam pa ni 'dir rags pa'i rnam pa'o | bsgrub pa zhes bya ba ni rgyu'o | rdul phra rab rnams kyi[21] rnam pa ni rab tu phra bar grags pa ma yin nam |

de bas na 'di dag la 'dus pa'i rnam pa 'di ltag la yod srid pa yod du

---

15 P.N: -phyogs

16 P: nam kha, N: nam mkha'

17 P.N: ba'i

18 N: rnaM pa ni

19 P: +cung zad

20 P.N: -de

21 P: -rnams kyi

chug na yang gcig la rnam pa gnyis ji ltar rung zhe na ||

이처럼 두 견해를 논파해 마친다. 다음은 세 번째 견해이다.

'어떤 이[22]가 [원자 모임의 형상들은 식상에 나타난다는 것이 성립한다고 주장한다]'라고 [『관소연론』 1a송에서] 설한다.

외계실재론자는 이것과 또한 다른 것 등에 대해 어떤 이가 원자가 모인 형상이 전5식의 [발생] 원인이라고 주장한다. 그것을 설명하면, 원자들은 [원자가] 모인 형상(ākāra)으로도 존재한다. 원자들에게 조금이라도 있는 어떤 것은 모두 실체로 존재한다. 실체로 존재하기 때문에 [원자가] 모인 것은 식[발생]의 원인(因性)이 된다. [대상이] 부피를 가지기(sthūla, 麤) 때문이라면, 식은 자기의 본성으로 있게 된다. 그러므로 원자들을 다른 방식으로는 대상이라고[도] 한다. [산스크리트] 'ca'라는 말은 '와/과'라는 의미이다. [원자가] 모여서 [구성된] 형상은 여기에서 [대상이] 부피를 가진 형상[으로 존재하는 것]이다. '성립한다'는 것은 '원인'(hetu)이란 의미이다. [그렇다면] 원자들로[23] [구성된] 형상은 미세하게 정해져 있는가?

그러므로 이것들(=원자)이 모인 것[으로 구성된] 형상이라는 것은 어찌 존재하는가? 형상 하나에 어떻게 두 개의 형상이 있을 수 있는가?

22 209, 각주 33, 390, 각주 6, 395, 각주 12 참조.

23 『관소연론석』(T31, 890c18-890c19) 卽此諸微許有微狀 亦有集相. 如何得令兩相共居一事 爲應理乎. "이런 모든 원자에 [개별] 원자의 모습이 있고 [원자들이] 모인 형상도 있다. 어떻게 두 가지 형상(相)이 하나의 [식에] 함께 있는 것이 응당 이치에 맞는가!"

don thams cad ni[24] rnam pa du ma can zhes bya ba la sogs pa smos te |

'di ni 'dir nyes pa ma yin te | gang gi phyir dngos po gzugs can thams cad ni rnam pa du ma can yin pas so | 'di ltar gzugs can[25] thams cad ni 'byung ba chen po bzhi'i ngo bo nyid yin la | de dag kyang sngon po dang dri zhim pa dang | mngar ba dang | rtsub pa la sogs pa'i rnam pa dang ldan pas rnam pa du ma can yin no | yang ji ltar rdul phra rab rnams la rnam pa du ma dang ldan pa 'di yod pa de bzhin du 'dus pa'i rnam pa 'di yang de dag la yod par 'gyur ro | gal te don thams cad rnam pa du ma can yin na | ci'i phyir rnam pa thams cad du mi shes she na ||

'모든 대상은 많은 형상을 가지고 [있기에 그 어떤 형상 때문에 대상의 지각은 이루어진다]'라고 [『관소연론』에서] 설한다.

여기에서 이것은 오류가 아니다. 왜냐하면 형태를 지닌 모든 사물은 많은 형상(ākāra)을 가지고 있기 때문이다. 즉 형태를 지닌 일체[의 사물]는[26] 네 가지 물질적 요소(四大種)를 본질로 삼는다. 그것들(=형태를 지닌 일체)도 푸른색과 좋은 향과 단맛과 거친 촉감 등의 형상을 가지고 있기에 많은 형상을 가지고 있다는 것이다. 이처럼 원자들[로 구성된 대상이] 많은 형상을 지니고 존재하는 것처럼, [원자가] 모인 형상도 역시 그것들

24 P: -thams cad ni

25 P.N: can

26 『관소연론석』(T31, 890c19-890c21) 凡諸有色合聚之物 皆以地等四大爲性. 彼皆自性有勝功能 青黃等相隨事隨根而爲了別. "무릇 일체 물질(有色)이 취합한 모든 사물은 모두가 땅(地) 등의 네 가지 물질적 요소(四大)를 본질로 삼는다. 저 모든 자성에는 뛰어난 공능이 있어서 푸른색, 황색 등의 형상과 사물을 감각기관에 따라 요별한다."

(=형상을 지닌 원자의 모임으)로 존재한다. 만약 모든 대상이 많은 형상을 지닌다면, 왜 [식은] 이런 모든 형상을 알지 못하는가?

de'i phyir de la rnam pa 'ga' zhig gis zhes bya ba la sogs pa smos te |

'di dag rnam pa du ma can yin mod kyi 'on kyang rnam pa 'ga' zhig gis 'di dag mngon sum nyid du 'dod kyi | rnam pa thams cad du ni ma yin te | 'di ltar de dag gi[27] nus pa so sor nges pa'i phyir dbang po rnams ni don thams cad 'dzin pa ma yin no | 'di ni btsun pa sangs rgyas lha'i gzhung lugs kyi rjes su 'brangs nas bshad pa yin te | de ltar na skye mched bcu ni 'byung ba[28] tsam du zad do ||

'그 어떤 형상 때문에 [대상의 지각은 이루어진다]'라고 [『관소연론』에서] 설한다.

이것들(=대상)은 많은 형상을 지니고 있지만, 어떤 형상은 지각으로 인정된다. [하지만] 모든 형상은 [지각으로 인정되지] 않는다. 그것들(=원자의 형상)은 [식을 발생시키는] 각각의 힘(능력)이 결정되어 있기에 감각기관들에 의해서 모든 대상은 파악되지 않는다. 이것은 각천(覺天, Buddhadeva, 1세기경) 논사[29]의 입장에 따라 해석된 것이다. 따라서 10가지 인식영역(=10處)은 오직 물질적 요소(大種)일 뿐이다.[30] 많은 형상을

---

27 P.N: gis

28 N: bar

29 각천은 법구(法救, Dharmatrāta), 묘음(妙音, Ghoṣa), 세우(世友, Vasumitra)와 더불어 아비달마 학파의 4대 논사에 속한다. 그는 유부의 삼세실유설에 대해서 대부동설(待不同說)을 주장한다. 또한 네 가지 물질적 요소(四大腫)와 마음(心)만을 인정하고 2차 물질적 요소(四大所造色)와 마음 작용(心所)은 부정한다.

지니면서 [모든 사물이] 성립하기에 여기에서 진실이 되기 위해서,

de ltar rnam pa du ma can nyid du bsgrubs nas rnal[31] ma dang sbyar ba'i phyir rdul phra rab rnams la yang zhes bya ba la sogs pa smos te |

rdul phra rab rnams la yang 'dus par snang ba'i shes pa bskyed pa'i rgyu'i dngos po yod de | rdul phra rab rnams kyi 'dus pa'i rnam pa can gyi shes pa bskyed do zhes bya ba'i don to | rdul phra rab rnams la 'dus pa'i rnam pa yod pa sgrub par byed pas rdul phra rab rnams la 'dus pa'i rnam pa yod do zhes brjod par bya ba ma yin nam | ci'i phyir 'di skad du rdul phra rab rnams la yang 'dus par snang ba'i shes pa skyed pa'i rgyu yod do zhes smras she na | 'dir

---

30 『아비달마구사론』(T29, 8c7-8c11) 尊者覺天作如是說 十種色處唯大種性. 彼說不然. 契經唯說堅等四相爲大種故. 此四大種唯觸攝故 非堅濕等眼等所取 非色聲等身根所覺 是故彼說理定不然. "존자(尊者) 각천(覺天)은 열 가지 종류의 색처는 오직 물질적 요소(大種)의 성질이라고 한다. 그 말은 그렇지 않다. 경전에서는 오직 견고성 등의 네 가지 특성(相)을 설하여 물질적 요소(大種)라고 하였기 때문이다. 이러한 네 가지 물질적 요소(四大)의 종류는 오로지 촉처에 포섭되고 [색 · 성 · 향 등의 처에는 포섭되지 않기] 때문에 견고성[堅] · 습윤성[濕] 등은 눈이라는 감각기관(眼根) 등에 의해 파악되는 것이 아니[라 몸이라는 감각기관에 의해 파악되는 대상이]고, 색깔/형태(色) · 소리(聲) 등의 경계는 [눈이라는 감각기관 · 귀라는 감각기관에 의해 지각되는 것이지] 몸이라는 감각기관(身根)에 의해 지각되는 것이 아니기 때문에 [다시 말해 물질적 요소(大種)와 색깔/형태 등으로 만들어진 물질을 취하는 감각기관(根)이 포섭하는 곳도 달라서] 그의 설은 결정코 이치에 맞지 않는다."

3송에서 다루고 있는 세 번째 견해는 '원자가 모인 형상들이 식상에 나타나기 때문에 인식 대상이 된다'라는 것이다. 규기는 『유식이십론술기』에서 이 세 번째 견해를 신유부인 중현의 입장이라고 주장한다. 비니타데바는 이 세 번째 견해를 각천 논사의 해석과 연관시킨다. 각천 논사는 원자가 모인 형상들은 각각의 능력이 정해져 있기에 감각기관은 일체 대상을 파악하지 못한다는 것이다. 즉 10가지 인식영역(處)은 오직 네 가지 물질적 요소(四大種)로 구성되어 있기에 대상을 파악하는 능력이 없다는 것이다. 다음은 『아비달마구사론』에 나타나는 각천 논사의 견해이다.

31 P.N: snal

smras pa |

dmigs pa'i cha gnyis rab tu bstan pa'i phyir de skad ces smras te | de la shes pa skyed pa'i rgyu'i[32] dngos po zhes bya ba[33] smras pas ni | rgyu nyid yin par rang gi sgras bstan to | 'dus par snang ba zhes smras pas ni rnam pa 'jog pa dang 'dus pa'i rnam pa yod pa nyid kyang bsgrubs pa yin te | gang gi phyir don gyis ni[34] rnam par shes pa la rang gi bdag nyid la yod pa'i rnam pa 'jog gi med pa ni ma yin pa de'i phyir 'dus pa'i rnam pa yod par yang smras pa kho na yin no | gal te rdul phra rab rnams la rags pa'i rnam pa yod na go |

ji ltar de dag la rdul phra rab ces bya | ji ltar phra mo'i rnam pa de nye bzhin du yang mi 'dzin zhe na ||

'원자들 또한 [원자가 모인 것으로 이루어진 외계 대상은 식상에 나타나므로 식을 발생시키는 조건이 된다]'라고 [『관소연론』에서] 설한다.

원자들에도 [원자가] 모인 것으로 나타나는 식이 생기는 원인이 되는 사물이 있다. 원자들이 모인 형상을 지닌 식이 생긴다는 의미이다. 원자들에 [원자가] 모인 형상이 있는 것을 입증한다면, 원자들에 [원자가] 모인 형상이 있다고 말할 수 있지 않겠는가? 원자들에도 [원자가] 모인 것으로 나타나는 식이 생기는 원인이 있다면, 이것에 대해서 말한다.

인식대상이 [구비해야 할] 두 가지 조건을 설하기 위해서 다음과 같이

32 P: bskyed pa'i rgyu'i, N: bskyed pa'i rgyu ba

33 P.N: - bya ba

34 P.N: -ni

말한다. 식을 발생시키는 원인이라는 특성은 [식 발생의 직접적인] 원인이다. [원자가] 모인 것으로 나타난다고 말하는 것은 [먼저 원자가 모인 대상의] 형상이 설정되어[야만 원자가] 모인 [대상의] 형상이 존재하는 것도 논증된다는 것이다. 대상은 식을 특성으로 존재하는 형상을 가지기 때문에 오직 [원자가] 모인 형상이 존재한다.

만약 원자들에게 큰 형상이 있다면, 그것들을 원자라고 할 수 있는가? 미세한 형상 가까이에 있는 것과 같이 어찌하여 그것은 파악할 수 없는가?

de'i phyir rdul phran rnam pa zhes bya ba la sogs pa smos so |

de nyid rnam par dgrol ba'i phyir |

ji ltar sra ba nyid la sogs pa zhes bya ba[35] smos te |

ji ltar sra ba nyid dang | gsher ba dang | dro ba la sogs pa'i yul rnams yod bzhin du yang | dbang po'i nus pa so sor nges pa'i phyir mig gi blo'i yul nyid[36] du mi 'gyur ba de bzhin du rdul phra mo yang de bzhin du yang mi 'gyur ro | rnam pa de nyid la brten nas kyang 'di dag la rdul phra rab ces tha snyad gdags so | ni zhes bya ba'i sgra ni nyid ces bya ba'i don du blta bar bya'o ||

'[중현이 주장한] 원자[가 모인 외계 대상의] 형상은 [인식대상이 되지 못한다]'[37]라고 [『관소연론』 3c송에서] 설한다.

35 P.N: +la sogs pa

36 P.N: -nyid

이것을 해석하기 위하여,

'마치 견고성 [등처럼]'이라고[38] [『관소연론』 3d송에서] 설한다.

견고성과 습윤성과 온난성 등이 존재하는 것과 같다. 또한 각각의 감각기관의 공능(힘, śakti)이 [식의 발생에] 정해져 있어서 눈이라는 시각기관의 앎은 대상을 본질로 하는 것으로 [성립]하지 않는 것과 같다. 원자도 또한 그와 같지 않다. 저 [원자들의] 형상 때문에 이것들을 원자라는 이름의 언어적 존재라고 한다. [산스크리트] hi는 eva(=실로)라는 의미로 보아야 한다.

---

37 원자가 모인 외계 대상의 형상(ākāra)은 실제로 존재하지만, 인식대상은 되지 못한다. 왜냐하면 견고성이 시각적 앎의 대상이 되지 못하는 것과 같기 때문이다. 즉 대상의 형상 또한 인식을 발생시키는 대상은 되지 못한다는 것이다. 이어지는 5송은 원자가 모인 외계 대상의 형상이 인식대상이 되지 못하는 이유를 더 자세히 설명한다.

38 『유식이십론술기』(T43, 993c14-993c19) 觀所緣緣論 破正理師言. 如堅等相 雖是實有於眼等識 容有緣義 而非所緣. 眼等識上 無彼相故. 色等極微 諸和集相 理亦應爾. 彼俱執爲極微相故. 遂立量云. 極微和集相設於眼等識是緣非所緣. 許極微相故. 猶如堅濕等. "『관소연연론』에서 정리 논사(=중현)의 주장을 논파한다. 견고함 등의 성질과 같이, 비록 [원자가] 실제로 존재하여 시각적 식 등[의 발생의] 조건의 뜻을 가진다고 하더라도, 인식대상은 되지 못한다. 시각적 식 등에는 그것(=대상)의 형상이 없기 때문이다. 물질 등[으로 구성된] 원자가 모인(和集) 형상들도 모두 이치상 응당 그러하다. 그들은 모두 원자의 형상을 주장하기 때문이다. 논증식으로 말한다. [주장] 원자[가 모인] 화집의 형상은 시각적 식 등에 있어서 조건(緣)은 되지만 소연(所緣)은 되지 못한다. [이유] 원자의 형상을 인정하기 때문이다. [예증] 예를 들면, 견고성(堅)이나 습윤성(濕) 등처럼." 396, 각주 14.

4송

원자 모임의 형상으로 구성된 인식대상 비판(2)

⌘ 티베트역 4송

[D.174, 86b5]

de dag ltar na bum pa dang |
kham phor sogs blo mtshungs par 'gyur || 4ab ||

bum pa dang kham phor la sogs pa'i rdul phra mo rnams la ni mang du[1] zin kyang khyad par 'ga' yang med do |

gal te rnam pa'i dbye bas dbye || 4c ||

gal te 'di snyam du mgrin pa la sogs pa'i rnam pa'i khyad par las gang gis ni[2] blo'i khyad par du 'gyur ba'i khyad par yod do snyam du sems na khyad par 'di ni bum pa la sogs pa la yod kyi ||

de ni rdul phran rdzas yod la |

---

1 P: mang

2 P.N: na

med de tshad dbye med phyir ro || 4d ||

그들(=외계실재론자)에 의하면, 병(ghaṭa, 瓶)과 사발(*kumbhaka, 甌) 등의 인식은 비슷하게 될 것이다. [4ab]

병과 사발 등을 [구성하는] 원자들은 대단히 많지만, [병과 사발을 구성하는 원자량에는] 역시 어떤 특별한 [형태의] 차이는 없다.[3]

만약 형상(ākāra)의 차이(bheda)에 의해서 [병과 사발 등이] 구분된다면, [4c]

만약 다음과 같이 [다양한 병들에 있는] 병목(*grīvā) 등[과 같은] 형상의 차이에 의해 어떤 인식의 차이가 있다고 생각한다면, 이 차이는 병 등에도 있다.

그것(=병과 사발에 대한 형상의 차이)은 실체로 존재(dravya-sat, 實有)하는 원자에 있지 않다. 왜냐하면 [병과 사발 등을 구성하는 원자의] 양(pramāṇa, 量)에는 [어떠한 양적인] 차이[도] 없기 때문이다. [4d]

---

3 극미 화집으로 구성된 다양한 대상들의 차별은 있을 수 없다. 병과 사발에 대한 극미의 양이 비슷하더라도 질적인 차이는 달라지지 않는다. 즉 병과 사발의 극미의 양적인 조건이 비슷하기에 우리의 인식에는 아무런 차별이 없다. 극미들의 배열이나 서로 의존하는 것이 다르다고 해서 그 두 대상은 차별되지 않는다. 그러므로 극미 모임(화집)은 인식 발생의 원인(緣)은 되지만, 인식대상(所緣)은 되지 못한다.

⌘ 진제역 4송

[T31, 882c13-882c14]

鄰虛若塵則識無別. 若言相異則識不同.
異相在假. 故體非眞. (4송)

만약 원자가 인식대상(塵)이 된다면, 곧 식은 [인식대상을] 구별하지 못할 것이다. 만약 [원자의] 형상(相, ākāra)이 다르다고 한다면, 곧 식과 같지 않다. [식과] 별도인 형상은 언어적 존재(假名, *prajñapti)로[만] 존재한다. 그러므로 [그 원자 모임의 형상의] 실체는 진실로 [존재하는 것이] 아니다. (4송)

[T31, 883a11-883a16]

何以故. 鄰虛者於萬物中若生識是識則無差別. 以萬物中鄰虛無有異故. 若汝言由相差別故生識異 瓶等諸物相貌不同緣此相故起識有異是義不然. 何以故. 如此相貌差別**於瓶等假名物中不無 於鄰虛**[4]實物中則無鄰虛.

왜인가? 원자가 만물에 대해 식을 발생시키는 원인이라면, 이 식은 곧 [인식대상을] 구별하지 못할 것이다. 만물 가운데 [존재하는] 원자는 다르지 않고 [모두 같기] 때문이다. 만약 그대가 형상(ākāra)의 차별 때문에 식이

4 내용을 고려하여 於瓶等假名物中不無於鄰虛를 於瓶等假名物中不無於鄰虛로 교정하여 번역한다. 여기에서 假名物中不無는 현장의 (T31, 888c6-888c7) 假法上有. "가법상에 있다"에 해당하고, 다르마빨라의 주석은 (T43, 891a28) 此總聚是三佛栗底. "이 [원자의] 총취는 세속(samvṛiti, 三佛栗底)이다"에 해당한다. 415, 각주 21 참조.

다르게 생기고 병 등 모든 사물의 모양(相貌)이 같지 않다고 한다면, 이 형상(ākāra)을 조건으로 삼는 까닭에 식이 다르게 발생하기에 이 뜻은 그렇지 않다. 왜인가? 이처럼 [병과 사발 등] 모양의 차별은 병[과 사발] 등이라고 [이름 붙여진] 언어적 존재(假名)인 사물(物)에 있다. [병과 사발 등이라는] 실물(實物)의 [모양의 차별은] 즉 원자에는 존재하지 않는다.

⌘ 현장역 4송

[T31, 888b29-888c6]

彼俱執爲極微相故. 執眼等識能緣極微 諸和集相復有別失.

瓶甌等覺相 彼執應無別.
非形別故別. 形別非實故. (4송)

瓶甌等物大小等者 能成極微多少同故 緣彼覺相應無差別. 若謂彼物形相別故覺相別者 理亦不然.

그런 두 주장[5]은 [식상에 대상과 유사하게 나타난] 원자의 형상을 주장한다. 시각적 식(眼識) 등은 원자가 모인 형상을 능히 [식 발생의] 조건(緣)으로 삼는다는 주장은 다시 다음과 같은 오류를 지닌다.

병(瓶)이나 사발(甌) 등에 대한 지각(覺)의 형상(相)에 대해,

5 두 주장은 앞에서도 기술했듯이, 하나는 원자가 모인 외계 대상을 인식대상이라고 주장하는 경량부의 견해와 다른 하나는 원자의 형상을 실체라고 인정하는 중현의 견해이다.

그들은 응당 차별이 없다고 주장해야 한다.

왜냐하면 [병이나 사발의] 형태가 달라서 [양자에] 차별이 있다고 할 수 없다.

형태의 차별은 실제로 존재하는 것이 아니고 [언어적 존재로 존재하기] 때문이다. (4송)

병이나 사발 등에 대한 물체의 크고 작음이 같은 것은 능히 [병이나 사발에 대한] 원자의 크고 작음이 같다는 것이 성립하는 것이기에, 그것(=병이나 사발의 원자가 모인 것)을 인식대상의 조건(所緣緣)으로 하는 지각의 형상은 응당 차별이 없어야 한다. 만약 그 사물의 형상이 달라서 지각의 형상이 다르다고 하더라도 [이것] 또한 이치에 맞지 않다.

⌘ 비니타데바 4송 해석

[D.190, 181a2]

de ltar phyogs gsum pa nye bar bkod nas sun dbyung ba de dag ltar na bum pa dang |

kham phor la sogs blo zhes bya ba la sogs pa smos te |

gang dag rdul[6] rab rnams la 'dus pa'i rnam pa yod par khas len pa de dag la brgal zhing brtag par bya ste | rdul phra rab rnams la 'dus pa'i rnam pa gang zhig khas len | re zhig 'jig rten na ni bum pa dang | kham phor dang | phor bu la sogs pa dang | ka ba

6 P.N: +phra

dang dri la sogs pa la 'dus par grags so | 'di dag gi nang na rnam pa gang zhig rdul phra rab rnams la yod par[7] 'dod | gal te bum pa'i rnam pa'o zhe na de'i tshe kham phor la sogs pa 'dus pa thams cad la bum pa'i blo 'byung bar 'gyur ro | 'on te kham phor gyi rnam pa'o zhe na | de'i tshe yang thams cad la kham phor gyi blo 'byung bar 'gyur gyi kha cig la ni bum pa'i blo kha cig la ni kham phor gyi blo zhes bya ba blo tha dad pa dag[8] yin pa 'dir mi 'gyur ro | 'di skad du| blo ni yul la rang gi ngo bo'i rjes su byed cing skye la | yul yang ngo bo gcig pa yin na de ji ltar blo tha dad par 'gyur zhes bshad pa yin no |

de la 'di snyam du | bum pa la ni rdul phra rab med la | kham phor la ni ches nyung ste | de bzhin du ni gzhan dag la yang mang ba dang nyung ba nyid rig par bya'o | de'i phyir mang ba dang nyung ba nyid kyis byas pa'i blo'i khyad par 'di yod do snyam du sems na ||

이같이 세 번째 견해를 제시해 마쳤[지만,] 보다 자세히 반박하고자 한다. 그들(=외계실재론자)에 의하면,

'병과 사발 등의 앎(blo)은 [비슷하게 될 것이다]'라고 [『관소연론』 4ab송에서] 설한다.

어떤 원자들이 모여서 형상으로 존재한다고 인정하는 사람들을 반박하지 않으면 안 된다. 원자들이 모인 형상을 인정하는가? 또 세상 [사람들]은 병과 사발과 밥그릇 등과 기둥과 향 등은 원자가 모인 [형상으로 존

7 P.N: la yod pa

8 P.N: gang

재한다고 주장한다]. 이들 가운데 어떤 형상이 원자들에 있다고 주장하는가? 만약 병의 형상이라고 할 때, 사발 등을 [구성하는 원자가] 모인 모든 것에 병의 앎(blo)이 생기게 된다. 그렇다면 [그것은] 사발의 형상인가? 또 일체 사발의 앎이 생길 때, 어떤 사람은 [그것을] 병이라고 알고, 또 어떤 [다른] 사람은 [그것을] 사발이라고 아는 [이러한] 여러 가지 앎이 생기는 그런 일은 없을 것이다. 이같이 앎은 대상이 [지닌 대상] 자신의 본성에 따라 작용하여 생긴다. 또한 대상의 본질과 같다고 한다면, 그것이 어떻게 다양한 앎으로 되는가라고 이해한다.

거기에 대해서 병의 원자[량]이 많고 사발[의 원자량]은 [병의 원자량]보다 적[게 존재한]다. 이같이 [병과 사발이라는 형태가] 다른 것 역시 [원자량이] 많은 것과 적은 것과 [관련이] 있다는 것을 알아야 한다. [원자량의] 많고 적음에 따라 발생하는 앎의 차이가 거기(=원자가 모인 것)에 있다고 간주되는가?

de'i phyir bum pa dang kham phor la sogs pa'i rdul phra rab rnams la ni zhes bya ba la sogs pa smos te |

'di la ni | nyung ngu dang mang po nyid kyis byas pa'i blo'i khyad par mi rung ste | 'di ltar bum pa la rdul phra rab mang la | kham phor la ches nyung mod kyi | 'on kyang rdul phra rab tu gtogs pa 'dus[9] pa'i rnam pa la rang la yod pa'i khyad par ni 'ga' yang med do | de'i phyir nyes pa de'i so na 'dug ste | gang du rdul phra rab mang ba der ni bum pa che la[10] | gang du ches nyung ba der ni bum pa

9 P.N: lus

10 P.N: ches

chung ngo[11] zhes bya ba 'di tsam[12] zhig tu 'gyur bar zad kyi 'dus pa'i rnam pa 'dra ba las mang po las ni[13] bum pa'i blo | nyung ngu la ni kham phor gyi blo 'byung ngo zhes bya ba 'dir ni mi 'gyur ro | 'dir gzhan gyi tshig gi go skabs bstan pa'i phyir |

gal te rnam pa'i dbye bas dbye zhes bya ba smos so |

de nyid rnam par dgrol ba'i phyir |

gal te 'di snyam du zhes bya ba la sogs pa smos te |

gal te 'di snyam du bum pa'i mgrin pa ni gyen du blta la | de yang zhum pa yin | lto ni rked[14] na 'dug la de yang yangs pa yin te | de lta bu la sogs pa ni 'di'i rnam pa'i dbye ba yin no | kham phor ni kha ni yangs la | zhabs ni zhum pa zhes bya ba la sogs pa rnam pa'i dbye ba yin te | de'i phyir rnam pa'i dbye ba'i sgo nas | bum pa dang kham phor la sogs pa'i blo rnams tha dad par 'gyur ro snyam du sems na'o | rnam pa'i khyad par las zhes bya ba la rnam pa zhes bya ba ni dbyibs te | bkod pa dang | gnas pa zhes bya ba'i tha tshig go ||

'병과 사발 등을 [구성하는] 원자들은 [매우 많지만, 병과 사발 등을 구성하는 원자량에는 역시 어떤 특별한 형태의 차이는 없다]'라고 [『관소연론』에서] 설한다.

이 경우에는 [원자량의] 적고 많음에 의해서 성립되는 앎의 차이는 있을 수 없다. 즉 병에는 원자[량]이 많고 사발은 [병의 원자량]보다 적다고

11 N: ngu

12 P.N: -tsam

13 P.N: po'i

14 P.N: sked

하더라도, 원자로 구성되어 모인 형상으로 존재하는 것에는 차이는 없다. 이런 오류가 있다. 원자[량]이 많은 것에는 병이 크고 [원자량이] 아주 적은 것에는 병이 작다고 하는 이 정도가 되는 것이고, [원자가] 모인 형상과 같은 것이 많을 때, 병의 앎이 적을 때, 사발의 앎이 생긴다고 하는 것은 성립하지 않는다. 이것에 대해 상대방의 반론이 일어날 수 있다는 것을 설명하기 위하여,

'만약 형상의 차이에 의해서 [병과 사발 등이] 구분된다면'이라고 [『관소연론』 4c송에서] 설한다.

이것을 해석하기 위하여,

'만약 다음과 같이 [다양한 병들에 있는 병목 등과 같은 형상의 차이에 의해 어떤 인식의 차이가 있다고 생각한다면, 이 차이는 병 등에도 있다]'라고 [『관소연론』에서] 설한다.

만약 다음과 같이 병목은 위쪽으로 향하고 또 그것은 가늘고 병 가운데 부분이 넓다는 것 등은 이(=병목) 형상의 차이 [때문]이다.[15] 사발의 위쪽은 넓고 아래의 부분은 좁다는 등에도 형상의 차이는 있다. 형상의 차이를 통해서 [대상이 성립하고] 병과 사발 등의 앎들이 구별된다고 생각한다. 형상의 차이에서 '형상'(ākāra)[16]이라는 것은 '모양'이고 [그 형상이] 나

---

15 『관소연론석』(T31, 891a25-891a26) 於其瓨甌咽腹底等珠異狀故 由境有別覺. "병, 사발, 목구멍, 배 등의 모양이 다르기 때문에, 그 대상의 [모양의 차이로] 인해서 [그 대상의] 앎(覺)에도 차이가 생긴다."

16 『관소연론석』(T31, 891a25) 相謂形狀布置有殊. "상(相, ākāra)은 배치의 구분을 지니

열되어 있다는 것을 나타낸다.

rnam pa'i dbye ba yul ma yin pa nyid du bstan pa'i phyir |

khyad par 'di ni bum pa la sogs pa la yod kyi zhes bya ba la sogs pa smos te |

khyod kyi bum pa dang gzhan[17] kham phor la sogs pa'i rnam pa'i khyad par bstan pa gang yin pa de dag gi khyad par 'di ni[18] yod de | de ni kho bo cag kyang mi bsnyon mod kyi | 'on kyang rdul phra rab rdzas su yod pa gang dag yin pa[19] de dag la ni rnam pa'i dbye ba de med do | de ci'i phyir zhe na |

tshad dbye med phyir ro zhes bya ba smos te |

'di ltar rdul phra rab rnams kyi tshad[20] zlum po zhes bya ba gang yin pa de la ni dbye ba med do | bum pa'i rdul phra rab rnams kyang rdzas gzhan kho na yin la ||

형상의 차이[로 인해서] 대상[이 되는 것이] 아니라는 것을 설명하기 위하여,

'이 차이는 병 등에도 있다'라고 [『관소연론』에서] 설한다.

는 형상(形狀)을 말한다."

17 P.N: -gzhan

18 P.N: -ni

19 P.N: -pa

20 P.N: -tshad

그대는 병과 다른 사발 등에 형상의 차이가 있다고 주장하며, 그것들의 그런 차이는 [언어적 존재로][21] 존재한다고 한다. 그것이 우리들과 일치하지는 않지만, 실체로서 존재하는 그것(=원자)들이기에 그 형상의 차이는 존재하지 않는다. 왜 그런가?

'[그것(=병과 사발에 대한 형상의 차이)은 실체로 존재하는 원자에 있지 않다. 왜냐하면] [병과 사발 등을 구성하는 원자]량은 어떠한 [양적인 크기의] 차이도 없기 때문이다'라고 [『관소연론』 4d송에서] 설한다.

왜냐하면 원자들의 크기가 둥글다고 하는 것에는 차이가 없기 때문이다. 병의 원자들은 [그] 실체도 다르다.[22]

---

21 현장은 假法上有라고 하고 진제는 假名物中不無라고 한다. 다르마빨라는 『관소연론석』(T31, 891a28)에서 此總聚是三佛栗底라고 한다. 현장과 진제역에는 모두 임시, 가법, 언어적 존재를 의미하는 upacāra라는 용어가 포함되어 있다. 다르마빨라 주석서에서 三佛栗底는 세속(saṃvṛiti)을 뜻하는 것으로 여기에서 임시, 가법, 언어적 존재의 의미로 사용되었다고 볼 수 있다. 191, 각주 33, 381, 각주 18, 407, 각주 4, 418, 각주 9.

22 200, 각주 7 참조.

5
송

원자 모임의 형상으로 구성된 인식대상 비판(3)

⌘ 티베트역 5송

[D.174, 86b6]

rdul phra rab rnams ni rdzas gzhan yin du zin kyang zlum po la ni dbye ba med[1] do |

de phyir de rdzas med la yod || 5a ||

rnam pa'i dbye ba ni kun rdzob tu yod pa dag kho na la yod kyi rdul phra mo rnams la ma yin no | bum pa la sogs pa ni kun rdzob tu yod pa nyid de[2] |

rdul phran yongs su bsal na ni |
der snang shes pa nyams 'gyur phyir || 5bcd ||

rdzas su yod pa rnams la ni 'brel pa[3] can bsal du zin kyang kha

1 P: ni med
2 P.N: de

dog la sogs pa bzhin du rang gi blo 'dod bar[4] byed do[5] | de lta bas na dbang po'i blo rnams kyi yul ni phyi rol nam yin par[6] 'thad do ||

[병과 사발의] 원자들이 개별적인 실체라고 하더라도 [병과 사발의 각각 형태가] 둥근 것에는 차이가 없다.[7]

그 때문에 그것(=병과 사발의 형태의 차이)은 실체(dravya)가 없다. [5a]

[형태의] 차이는 오직 언어적 존재로 있는 것이지, [모여 있는] 원자들에 있는 것은 아니다.

[각각의] 원자를 제거하면 거기(=식상)에 나타나는(abhāsa)
식(vijñāna)이 사라지기 때문이다. [5bcd]

실체적 존재들[과 그것의] 관계가 분리되면, 색깔 등과 같은 자기의 본성을 지닌 인식(vijñapti)도 사라진다. 그러므로 전5식의 대상이 외계 대상인 것은 타당하다. 원자의 양은 어떤 곳에서도 [어떤 대상이든] 차별이 없다. 만약 원자를 제외한다면, 모든 식은 생기지 않는다. 이 때문에 만물은 모두 '언어적 존재'로만 [존재할 뿐]이다.

---

3 P: ba

4 P: pa

5 P.N: ba med -색깔/형태 등처럼 자기 인식을 주장하지 않는다.

6 P: rol pa ma yin -대상은 외계 대상이 아닌 것은 타당하다.

7 극미에 형태가 있는지의 여부에 관한 것이다. 병을 이룬 극미들은 서로 별개의 개별적인 실체이지만 모두 형태가 둥글다는 점에서는 차이가 없다는 것이다.

⌘ 진제역 5송

[T31, 882c15-882c16]

鄰虛體量衆處無別. 若除鄰虛萬識不起. 是故萬物悉是假名. (5송)

원자의 양[8]이 [같아서] 어떤 곳[이든 어떤 대상이든] 차별이 없다. 만약 원자가 없다면, 모든 식은 생기지 않는다. 이 때문에 만물은 모두 언어적 존재로[만 존재할 뿐]이다. (5송)

[T31, 883a16-883a23]

體量不異故於萬物中鄰虛體量所謂圓細無有差別. 是故萬物相貌非是實有. 是假名有. 是假名相者. 謂瓶等諸物若除鄰虛似瓶等識不生故. 實物者若析相應法似實物識不滅. 如未析時於瓶中五塵識生析竟五塵識亦不滅故五塵等是實有. 由此鄰虛及聚萬物不能生識. 是故外塵非識境界.

[원자의] 양은 차별 없이 [같기] 때문에 만물 가운데에 [있는] 원자의 양은 소위 원만하고 세밀해서 차별이 없다. 이런 까닭에 만물의 모양은 실제로 존재하는 것이 아니다. 오직 '언어적 존재'로만 있을 뿐이다. [그렇다면] 이 언어적 존재(假名, *prajñapti)란 무엇인가?[9] 소위 병 등의 모든 사물

8 원자의 양(量)은 원자의 모임으로 구성된 만물의 크기를 결정한다. 하지만 여기에서는 원자의 양이 많든 적든지 간에 그것으로 구성된 만물의 크기의 구별은 없다고 주장한다. 왜냐하면 만물의 크기는 단지 '언어적 존재'(假名)로 존재하기 때문이다.

9 191, 각주 33, 381, 각주 18, 415, 각주 21 참조.

에 만약 원자가 없다면, 항아리 등에 닮은 식은 생기지 않기 때문이다. 실물(實物)이란 만약 [실물에] 상응하는 [언어적 존재라는] 법을 파괴하[고 분석하여 원자에 이르게 되]더라도 실물에 닮은 식은 없어지지 않는다. 아직 파괴되지 않았을 때, 항아리 가운데에 다섯 가지 인식대상(五塵)의 식이 생긴다면, 모두 파괴되더라도 다섯 가지 인식대상(五塵)의 식도 또한 멸하지 않기 때문에 다섯 가지 인식대상(五塵) 등은 실제로 존재(實有)한다. [그러므로] 이 원자와 [원자의] 모임으로 [구성된] 만물에 근거하여 식은 생길 수가 없다. 이런 까닭에 외계 대상은 식의 [인식] 경계가 되지 않는다.

⌘ 현장역 5송

[T31, 888c6-888c15]

頂等別形唯在瓶等假法上有 非極微故彼不應執. 極微亦有差別形相. 所以者何.

極微量等故. 形別唯[10]在假.
析彼至極微 彼覺定捨故. (5송)

非瓶甌等能成極微有形量別. 捨微圓相故, 知別形在假非實. 又形別物析至極微 彼定捨非青等物 析至極微彼覺可捨. 由此形別唯世俗有 非如青等亦在實物. 是故五識所緣緣體非外色等其理極成.

[병의] 정수리[와 병목] 등의 형태가 다른 것은 오직 병[의 정수리와 병목]

---

10 원문에는 惟로 되어 있다. 惟도 '오직'이라는 뜻이 있지만, 통일성을 위하여 唯로 교정한다. 472 원문 마지막 줄에 있는 惟도 唯로 고쳤다.

등이 언어적 존재의 형상(ākāra)으로 있는 것으로 원자[의 모임]에는 존재하지 않기 때문에 그것을 응당 주장해서는 안 된다. 원자에도 형상의 차별이 있다. 왜 그런가?

원자의 양이 같기 때문이다.

[병이나 사발 등의] 형상의 구별은 오직 언어적 존재(假名, *prajñapti)로만 존재할 뿐이다.

그것(=언어적 존재)을 분석하여 원자에까지 이르[게 되]면, 그것(=언어적 존재)에 대한 지각[의 형상]은 반드시 없어지기 때문이다. (5송)

병, 사발 등은 능히 원자로 이루어져 있[다는 것은 원자량이 같다는 것이]고 모양, 크기의 차별이 없다는 것이다. 미세한 둥근 형상이 사라지기 때문에 모양이 다른 것은 언어적 존재로 있는 것이지 실제로 있는 것이 아니라는 것을 알아야 한다. 또 모양이 다른 사물을 쪼개어 원자에 이르게 되면, 그것의 [지각은] 반드시 사라지지만 푸른색 등의 사물이 쪼개져서 원자에 이르러도 그것의 지각은 사라지지 않는다. 이것으로 말미암아 모양이 다른 것은 오직 세속유(世俗有, saṃvṛti-sat, 임시로 존재하는 것, 언어적 존재)일 뿐, 푸른색 등과 같은 실물에 존재하는 것은 아니다. 그러므로 전5식의 인식대상의 조건(所緣緣)의 본성은 외계 대상 등이 아니라고 하는 것은 논리적으로 지극히 [잘] 성립한다.

【案】 주지하듯이 유부는 색깔(顯色, varṇa)과 형태(形色, saṃsthānam)를 모두 실체로 존재한다고 인정하는 반면, 경량부는 색깔만 인정하고 형태는 단지 색깔의 배열(*sanniveśa)일 뿐으로 언어적 존재로 존재한다고 한다. 형태는 다른 병과 사발에 있어서 원자의 [전체] 양은 같고 단지 형

태는 언어적 존재(=가설적, 임시적)로만 있다는 것이다. 따라서 언어적 존재인 병과 사발 등은 단지 그것의 형상만이 식상에 나타날 뿐, 식을 발생시킬 수 있는 원인은 될 수 없다. 유부와 경량부에 있어서 원자는 무방분이고 원자들은 서로 접촉하지 않는다는 견해는 동일하다. 하지만 유부의 경우 원자들의 모임에는 간격이 있고 경량부의 경우에는 간격이 없다는 차이가 있다. 다음은 경량부 논사 대덕(Bhadanta, 大德)의 말이다. "그러나 대덕은 말한다. 원자들은 실로 서로 접촉은 없고 단지 간격없이 [모여 있는 것을] 접촉한다고 가립할 뿐이다."[11] 이에 따라 원자 모임은 인식대상의 두 조건 중에서 첫째 조건인 식을 발생시키는 원인에 해당하지 않고 둘째 조건인 그것의 형상이 식상에 나타나는 것에는 해당한다. 따라서 원자의 모임은 인식대상이 갖추어야 할 두 조건을 모두 구비하고 있지 않기에 인식대상이 되지 못한다.

⌘ 비니타데바 5송 해석

[D.190, 181b7]

kham phor gyi yang rdzas gzhan ma yin nam | de ji ltar tshad dbye ba[12] med ce na |

de'i phyir rdul phra rab rnams ni zhes[13] bya ba la sogs pa smos te[14] |

---

11 『아비달마구사론』(T29, 11c23-11c24) 然大德說. 一切極微實不相觸. 但由無間假立觸名.

12 P: dbye, N: dbyer

13 N: +bya

gang gi phyir bum pa dang | kham phor la sogs pa'i rdul phra rab rnams rdzas gzhan nyid yin du zin kyang zlum po[15] la tha dad pa med pa de'i phyir rdul phra rab rnams la rnam pa'i dbye ba med do | ji ltar khyed kyi ltar na rdul phra rab rnams las ji[16] dang | ji snyed pa yod pa de thams cad rdzas su yod pa de bzhin du | rdul phra rab rnams la tshad cung zad ci yod pa de thams cad kyang zlum po'i ngo bo nyid yin la | rdul phra rab rnams kyi zlum po yang ngo bo nyid gcig pa kho na yin no | de'i phyir ji ltar de dag gi dbye bas tha dad par 'gyur | 'dus pa'i rnam pa rags par 'dod mod kyi | 'on kyang rdzas su yod pa'i phyir de yang cha shas med pa nyid du 'gyur dgos so | de lta ma yin te | 'di cha shas dang bcas pa yin na rdzas su yod pa nyid du mi 'gyur ro | cha shas med pa'i phyir de la bkod pa tha dad pa lta ga la yod de | gang dag cha shas dang bcas pa de dag ni nus pa sna tshogs pas bkod par 'gyur gyi | cha shas med pa dag ni ma yin no | de ltar rdul phra rab rnams kyi rnam pa'i dbye ba bkag nas mjug bsdu ba'i phyir |

de'i phyir de rdzas med la yod | ces[17] bya ba smos te |

gang gi phyir de ltar bshad pa'i rnam pas cha shas med pa rnams la bkod pa tha dad pa mi srid pa de'i phyir | de ni rdzas su med pa rnams kho na la blta bar bya'o ||

그렇다면 사발의 실체도 다른가? 왜 [사발의] 크기에 차이가 없는가?

'[병과 사발의] 원자들이 [개별적인 실체라고 하더라도 병과 사발의 각각의 형태가 둥근 것에는 차이가 없다]'라고 [『관소연론』에서] 설한다.

---

14 P: smos te, N: smos

15 P.N: pa

16 P.N: ci

17 P: yod zhes, N: yo byad zhes

병과 사발 등의 원자들이 다른 실체를 가지고 있다고 하더라도 둥근 것에는 차이가 없기에 원자들에 형상의 차이는 없다. 이와 같이 그대처럼 어떤 원자들과 그것(=원자)의 일체가 실체로 존재한다고 [주장하는 것]과 같다. 원자들에게 조금이라도 어떤 크기가 있다면, 그것은 모두 둥근 것을 본성으로 하기에 원자들의 둥근 본성은 역시 같다. 그것들(=원자)의 차이가 구별되기에 [원자] 모임이 부피를 지닌(麤) 형상이라고 인정하지만, 실체로서 존재하기 때문에 그것 역시 '방향의 부분'(dig-bhāga, 方分)의 구별이 없는 것이어야 한다. 그렇지 않고 이것(=원자)이 방향의 부분의 구별이 있는 것이라면, 실체로서 존재하지 않는다. [그렇다면] 방향의 부분이 없기(無方分) 때문이라면, 그것(=원자들)의 배열의 차이는 어떻게 존재하는가? 방향의 부분이 있는(有方分) 것은 다양한 공능에 의해서 배열되고 방향의 부분이 없는 것(無方分)은 그렇지 않다. 이처럼 원자들에 형상의 차이가 있다는 것을 논파했기 때문에,

'[그 때문에] 그것(=병과 사발의 형태의 차이)은 실체가 없다'라고 [『관소연론』 5a송에서] 설한다.

이같이 설한 형상은 무방분인 것으로 [원자들의] 배열의 차이는 가능하지 않기 때문이다. 저것(=형상)은 단지 실체가 없다고 본다.

bstan bcos byed pas mdo'i don bstan pa'i phyir |

rnam pa'i dbye ba ni zhes bya ba la sogs pa smos te |

rnam pa'i dbye ba gang yin pa de ni | kun rdzob tu yod pa dag kho na la yod de | cha shas dang bcas pa'i phyir ro | rdul phra rab rnams la ni ma yin te | cha shas med pa'i phyir ro | bye brag pa'i ltar na bum pa la sogs pa rdzas su yod pa nyid yin te | de'i phyir brgya zhig la de bum pa la sogs pa kun rdzob tu yod pa'o zhes bya ba 'di ji ltar shes zhes smra bar gyur na |

de'i phyir bum pa la sogs pa ni kun rdzob tu yod pa nyid ces bya ba la sogs pa smos te |

bum pa la sogs pa ni kun rdzob tu yod pa nyid do zhes bya ba de ltar shes par bya ste | 'di ltar rdul phra rab re re nas yongs su brtsal[18] bar byas na yang bum pa'i rnam pa can gyi shes pa mi skye'o | der snang sh es pa nyams 'gyur phyir | zhes bya ba ni shes pa 'di la de lta bur snang ba yod pas na[19] | 'di ni der snang ba ste | de zhes bya ba'i sgras ni bum pa dang sbyar ro | snang zhes bya ba'i sgras[20] ni 'dra bar brjod do | de ni der snang ba yang yin la | shes pa yang yin pas na | der snang[21] shes pa'o | de nyams pa ni der snang shes pa nyams pa ste | der snang shes pa nyams[22] pa de'i phyir ro | rdul phra rab re re nas yongs su bsal na bum pa la sogs pa'i rnam pa can gyi shes pa mi skyed[23] zin kyang | ci de tsam gyi bum pa la sogs pa kun rdzob tu yod pa nyid du 'gyur ram zhe na ||

논주는 경전[24]의 뜻을 설명하기 위하여,

18 P.N: bsal

19 N: -na

20 P.N: sgra

21 N: +ba

22 P: nyan pa, N: nyam po

23 P.N: ma skyer

24 山口益(1965), 461, 각주 8. 여기에서 '경전'(sūtra)은 단지 다른 경전을 지목하는 것이 아니라 '송'을 의미한다. 中論偈를 中論經, 百論偈를 百論經이라고 하는 것과 같다.

'[병과 사발 등의] 형태의 차이는 [오직 언어적 존재로만 있을 뿐이다]'라고 [『관소연론』에서] 설한다.

형태의 차이는 세속으로 존재하는데 다만 유방분으로 존재하기 때문이다. 왜냐하면 원자들은 무방분으로 존재하지 않기 때문이다. 바이쉐시카(Vaiśeṣika)[25]의 견해에 의하면, 병 등은 실체로 존재한다. 저 [바이쉐시카가] 병 등이 세속으로서 존재한다는 것을 어떻게 알 수 있는가?라고 반론한다면,

'병 등이라는 것은 세속으로 존재한다 등이라고 말한다'라고 [『관소연론』에서] 설한다.

병 등이 세속으로 존재한다고 하는 것과 같다는 것을 알아야 한다. 각각의 원자를 제거하면, 병의 형상을 지닌 식이 사라지기 때문이다. 거기(=식)에 나타나는 식이 사라지기 때문이다는 것은 그 식상에 [병의 형상이] 나타나면, 이것(=식)은 그것(=병)으로 나타나는 것이다. '그것'이라는 말은 '병'과 연결된다. '나타난다'[26]라는 말은 '닮았다'라는 말이다. 그것(=병)은 거기(=식)에 나타난다. 역시 식이기 때문에 거기에 나타나는 것은 '식'이다. '그것이 사라진다'라는 것은 거기에 나타나는 '식이 사라진다'라는 것이다. 거기에 나타나는 식이 사라지기 때문이다. 각각의 원자를 제거하면, 병 등의 형상을 지닌 식은 생기지 않더라도, 어째서 병 등이 세상

25 바이쉐시카는 원자도 인정하고 원자로 구성된 대상의 실체도 인정한다. 『이십론』 11송 비니타데바의 해설 참조.

26 『관소연론』에서도 이 현현(pratibhāsa, 顯現) 개념은 주요한 인식론적 용어로 사용된다. 현현(pratibhāsa)이라는 용어는 58, 각주 8 참조.

에 존재하는가?

de'i phyir |

rdzas su yod pa rnams la ni zhes bya ba la sogs pa smos te |

'di ltar gang dag rdzas su yod pa de dag ni | 'brel pa can bsal kyang rang gi blo yongs su mi 'dor te | dper na kha dog la sogs pa lta bu'o | gal te bum pa la sogs pa yang rdzas su yod pa zhig yin par gyur na ni de'i tshe de dag kyang rang dang 'brel pa can yongs su bsal kyang | rang gi blo mi 'dor bar 'gyur ro | rdul phra rab re re nas yongs su bsal bar byas nas[27] | rdzas rtsom par byed pa'i sbyor ba zhig pa'i phyir | bum pa zhig pas de'i phyir bum pa'i blo mi skye ba yin nam | thams cad kyi thams cad du med pa'i phyir ni ma yin no zhe na |

'dir bshad pa |

gal te rdul phra rab las ma gtogs pa bum pa[28] la sogs pa yan lag can gyi rdzas zhig[29] yod na | de'i tshe rdul phra rab dag la yod do zhes brjod par bya ba ci de dag la ji snyed[30] yod pa'i ngo bos yod dam | 'on te phyogs gcig gis yin | de la rtsom par byed pa'i cha shas ma gtogs pa gang dag gis ni de de la yod par 'gyur ba cha shas can gyi phyogs gcig gis yod pa ma yin no | gal te phyogs gcig gis yod pa ma yin no zhe na | de'i tshe ji snyed yod pa'i ngo bos yod do zhes bya bar gyur to | de'i phyir rdul phra rab dag ji snyed pa de snyed kyi bum pa la sogs pa'i[31] cha shas can du 'gyur te |

---

27 P.N: na

28 N: -pa

29 P.N: shig

30 P.N: +pa'i

des na cha shas can gyi gcig pa nyid nyams par 'gyur ro ||

이와 같이,

'실체적 존재들[과 그것의 관계가 분리되면, 색깔 등과 같은 자기의 본성을 지닌 인식도 사라진다]'라고 [『관소연론』에서] 설한다.

이처럼 어떤 실체적 존재들과 그것들의 관계(sambandhin)가 분리되더라도 자기의 인식은 가능하다. 예를 들면, 색깔/형태 등과 같다. 만약 병 등의 실체가 또한 존재한다면, 그것들(=병 등)도 자신과의 관계가 분리되더라도 자기의 인식을 부정하지 않는다. 각각의 [개별] 원자가 제거됨으로써 실체는 만들어지고 관계되기 때문이다. 병이 깨졌기 때문에 병의 앎이 생기지 않는 것인가? 전체의 전체로 존재하지 않기 때문이라는 것은 아닌가?[라고 외계실재론자가 반론한다]

이것에 대해 말하길,

만약 그것들이 원자와 상관없이 병 등의 부분을 지닌 실체로 존재한다면, 원자들이 존재하므로 (=병 등)은 존재하는가? 만약 한 부분에 의해서라면, 거기에서 만들어지는 [어떤] 부분이 제외된 것에 의해서 거기에 존재하는 것이지 [원자가] 방향의 부분을 가지는 것에 의해서 존재하는 것은 아니다. 만약 한 부분이 존재하지 않는다고 한다면, 존재의 본질은 존재한다. 원자가 존재할 때, 병 등은 방향의 부분을 가지게(有方分) 된

31 P.N: pa

다. 그러면 [대상들은] 방향의 부분을 지닌 단일성으로 존재하게 될 것이다.

'dir sbyor[32] ba ni |

cha shas can ni[33] rdzas su yod pa ma yin te |
dus gcig tu dngos po du ma nye bar len pa'i phyir |
rta ma yin pa nyid la sogs pa bzhin no |

chos mi mthun pa ni rang gi mtshan nyid do | dngos po'i ngo bo nyid yin na ni bshad pa'i rnam pas dus gcig tu dngos po du ma nye bar len pa nyid du mi 'thad pa ni gnod pa can gyi tshad ma'o | de ltar na phyogs gsum char la yang | phyi rol gyi don dmigs pa nyid du mi 'thad do zhes bsgrubs nas[34] mjug bsdu ba'i phyir |

de lta bas na dbang po'i zhes bya ba la sogs pa smos te |

gang gi phyir de ltar rdul phra rab rnams dmigs par mi rung ba de'i phyir dbang po'i blo rnams kyi[35] phyi rol gyi don gyi yul can ma yin no zhes bya bar grub po | de ltar gzhan gyi gzhung lugs bkag nas rnam pa thams cad du dmigs pa bkag nas[36] ||

이것의 논증식은 [다음과 같다].

32 P.N: ro
33 P.N: gyi
34 P.N: na
35 P.N: -kyi
36 P.N: na

[주장] 유방분은 실체로 존재하지 않는다.

[이유] 동시에 많은 사물을 취하기 때문이다.

[예증] [달리는] 말(馬)이 아닌 것 등과 같다.[37]

불성립의 법(不成因)은 개별적 대상(自相)이다. [병 등이] 사물 자체라는 것은 식의 형상 때문에 동시에 많은 사물을 파악한다고 하는 점으로 보아 이치에 타당하지 않은 것은 잘못된 바른 인식수단(apramāṇa)이다. 이같이 세 가지 견해에서 외계 대상이 인식대상으로 되는 것이 이치에 상응하지 않는다고 논해서 마치기 위하여 그것을 정리했다.

'그러므로 감각기관의 [식의 대상이 외계 대상인 것은 타당하다]'라고 [『관소연론』에서] 설한다.

원자들은 인식대상이 될 수 없기에 감각기관의 앎(=전5식)들은 외계 대상을 가지지 않는다는 것이 성립한다. 다른 이의 견해를 논파해 마쳤다. 즉 어떠한 견해[38]라도 인식대상이 되지 않는다. 그 때문에 여기에서는 [외계 대상이 존재한다고] 인정하는 세상 상식을 부정함으로써 [그것을] 인정하는 것에 대해서 반박한다.

---

37 달리는 말(馬)이 아닌 것들 모두가 동시에 결합해도 그것은 말이 아닌 것과 같다는 의미이다.

38 세 가지 견해 모두를 말한다. 첫 번째 견해는 다수의 원자가 모인 외계 대상은 인식대상이 될 수 없다는 것이다. 두 번째 견해는 원자의 모임으로 이루어진 외계 대상도 인식대상이 될 수 없다는 것이다. 세 번째 견해는 원자 모임의 형상도 역시 인식대상이 될 수 없다는 것이다. 디그나가는 『관소연론』 1송-5송에서 원자의 결합방식을 근거로 서로 다른 세 견해를 제시하면서 논박하였다. 이어 6송은 이 논의 핵심 송으로 디그나가가 제창하는 인식대상의 정의를 제시하고 있다.

6
송

인식대상이 갖추어야 할 두 가지 조건

⌘ 티베트역 6송

[D.174, 87a1]

nang gi shes bya'i ngo bo ni |
phyi rol ltar snang gang yin de[1] || 6ab ||

don yin phyi[2] rol gyi don med bzhin du phyi rol lta bur snang ba nang[3] na yod pa kho na dmigs pa'i rkyen yin no |

don[4] rnam shes ngo bo'i phyir |
de[5] rkyen nyid kyang yin phyir ro || 6cd ||[6]

1 P.N: te
2 P: phyir
3 P: rang
4 P: don yin, D.C: -yin
5 P: de'i
6 TSP II. 710: so'rtho vijñāna patvāt tatpratyayatayāpi ca | |

nang gi rnam par shes pa ni don du snang ba dang[7] | de las skyes pa yin pas | chos nyid gnyis dang ldan pa'i phyir nang na yod pa[8] kho na dmigs pa'i rkyen yin no ||

내부(antar, 內)[에 있는] 대상(*jñeya, shes bya, 所知)이 외계 대상처럼 나타난다(abhāsa).[9] [6ab]

외계 대상(bāhyārtha)이 없음에도 불구하고 내부에 있는 것이 외계 [대상과 유사한 형상]처럼 나타나는 것만이 오직 인식대상의 조건(ālambana-pratyaya, 所緣緣)이 된다.

왜냐하면 그것(=내부 대상)은 식(vijñāna)을 본질로 삼기 때문이다.[10] 또한 [내

7 P: dang

8 P: yod

9 宇井伯壽(1979), 72-73. 다음은 까말라실라의 TSP II.710에 나오는 6송의 산스크리트 문장이다. yad antarjñeyarūpaṁ bahirvad avabhāsate | so 'rtho vijñānarūpatvāt tatpratyayatayā 'pi ca || "일체 내부의 소지의 색이 외계처럼 현현한다. 그것이 즉 대상(境, artha)이다. 식의 색(rūpa)이기 때문에 또 그것의 조건(緣)이 된다." 다음은 마드히바 비디야라냐(Mādhava vidyāraṇya, 14세기)의 저술인 Sarvadarśanasaṃgraha (SDS)의 불교 장에 나오는 6송에 대한 산스크리트 문장이다. yad antarjñeyatatattvaṁ tad bahirvad avabhāsate || "일체 내부의 소지의 실성인 것이 외계처럼 현현한다." TSP II와 SDS에 나타나는 문장은 약간 다르다. TSP II는 '알려진 대상으로서의 색'으로 되어 있고 SDS는 '알려진 실성'으로 되어 있다. tattva는 대개 '실성'(實性)으로 번역되기에 그렇게 번역했지만, 여기에서는 별 의미는 없다는 것이다. 문자 그대로 '그 자체', '그것' 정도의 의미이다. 두 저서에 나오는 문장의 차이는 TSP II에 나오는 색(rūpa, 色)의 자리에 SDS는 다른 글자가 나온다는 것이다. 山口益 등(1965, 9)의 환범 문장은 다음과 같다. vijñāna-rūpatvāt tat-pratyayatayāpi ca || (6c-d). 36, 각주 35.

10 『관소연론』 6송에 대한 현장역, 티베트역, 진제역은 그 내용적 차이가 있다. 그중에서 티베트역은 유식학파의 인식대상이 내부 식 자체라는 것을 바로 밝히고 있다. 현장역 6송은 인식대상이 식이라는 직접적인 언급은 보이지 않지만, 진제역 6송은 인식대상은

부 식이] 그것(=인식대상)의 원인이 되기 때문이다. [6cd]

내부(antar)의 식(vijñāna)이 대상[과 유사한 형상]으로 나타나는 것과 그것(=대상의 형상으로 나타나는 식)으로부터 생기기 때문이다. [이런] 두 특성이 있기에 내부에 있는 것(=식)이야말로 인식대상의 조건(所緣緣)이다.

⌘ 진제역 6송

[T31, 882c17-882c18]

於內塵相 如外而顯. 立爲識塵. 識似現故. (6송)

내부의 인식대상[11]의 형상(ākāra)이

외계처럼 나타난다(現顯, pratibhāsa)

[이것이] 식의 인식대상으로 확립된다.

[인식대상은] 식이 [외계 대상과] 유사하게 나타나기 때문이다. (6송)

'식이 나타난 것'이라고 기술되어 있다. 이에 따라 6송은 디그나가의 『관소연론』에 대한 다양한 사상적 해석을 어느 정도 결론지을 수 있는 이론적 근거가 될 것이다. 『관소연론』에 대한 다양한 현대적 해석은 31-32 참조.

11 『관소연론석』(T31, 891b29-891c2) 內聲爲顯不離於識而有所緣 言境體者 是所取分. 是識變爲 境相之義. "내부라는 소리는 식을 떠나지 않는 인식대상(所緣)이 있다는 것이고 대상의 본질이란 말은 인식대상(所取分)이라는 것이다. [내부 대상이란 내부] 식이 변한 대상의 형상이란 의미이다." 유식학파가 주장하는 내부 대상이란 원자로 구성된 형상이 아니라 식이 변한 형상으로 존재한다. 이에 내부 대상이란 바로 식 자체를 가리킨다.

[T31, 883a23-883a29]

若爾何法名塵.
於內塵相如外顯現是名識塵. 外塵實無所有. 於內識中衆生亂心分別故起六塵分別. 此分別如在於外如此顯現. 是四緣中名識緣緣. 以是識體相故由此識生故. 所以者何. 是識作內塵相從內塵生. 具二法故. 是故內塵名境界.

만약 그렇다면, 어떤 법을 인식대상이라고 [정의]하는가?

내부의 인식대상의 형상이 마치 외계 [대상]처럼 나타나는데[12] 이것을 식의 인식대상이라고 부른다. 외계[에 존재하는] 인식대상은 실로 존재하지 않는다. 내부의 식에 따라 중생의 착오하는 마음이 분별하기 때문에 여섯 가지 대상에 대한 분별이 일어난다. 이 분별은 마치 바깥에 있는 것처럼 이같이 나타난다. 이것(=내부의 인식대상의 형상이 외계처럼 현현한 것)은 네 가지 조건(四緣)[13] 중에서 식의 소연연(所緣緣)[14]이라고 불린다. 이것(=내부의 대상)이 [인식대상이 되는 이유는] 식을 본질로 하는 형상

12 다음은 다르마빨라의 이해이다. 『관소연론석』(T31, 891c1-891c5) 是識變爲境相之義. 然在識外別分而住將以爲境違 世之過 如前尙在. 由諸世俗共許於境在外而住. 應云如外此不離識. 其所取分 如外而現 云我見境 生其慢想. "식이 변한 것이 대상의 형상이라는 뜻이다. 그러나 [그것을] 식의 외부에 별도로 존재하는 대상이라고 하면, 세속의 잘못이 여전히 많이 존재하게 된다. 세속들에서는 대상이 외계에 존재한다고 공통으로 인정한다. 마땅히 [대상이] 외계[에 존재하는 것]처럼 식을 떠나지 않는다고 한다. 소취분(=인식대상)이 마치 외계에 나타나는 것을 '나는 대상을 보았다'라고 말하면서 거만한 생각을 일으킨다."

13 네 가지 연(四緣)이란 증상연(增上緣), 등무간연(等無間緣), 인연(因緣), 소연연(所緣緣)이다.

14 『아비달마구사론』(T29, 37a29-37b1) 所緣緣性 卽一切法望心心所隨其所應. "소연연의 본성은 즉 모든 현상(法)으로 마음과 마음 작용에 비추어(望) [각각] 상응되는 바에 따른다." 이종철(2015), 343-344, Poussin(1988), 302-303 참조.

(ākāra)을 갖고 있기 때문이고, 이로 인하여 식이 발생하기 때문이다. 왜 그런가? 이 식은 내부의 인식대상의 형상을 만들고 내부의 인식대상으로부터 [식이] 발생하고 [내부의 인식대상이야말로 인식대상이 구비해야 할] 두 가지 조건(法)을 갖추고 있기 때문이다. 이런 까닭에 '내부의 인식대상'을 [식의] 경계라고 이름하는 것이다.

⌘ 현장역 6송

[T31, 888c15-888c20]

彼所緣緣豈全不有 非全不有. 若爾云何.

內色如外現 爲識所緣緣
許彼相在識 及能生識故. (6송)

外境雖無 而有內色似外境現 爲所緣緣. 許眼等識帶彼相起及從彼生 具二義故.

그 인식대상의 조건(所緣緣)은 어찌 전혀 있지 않거나, 전혀 없지 않은가? 만약 그렇다면 무엇인가?

내부의 대상[15]이 외계처럼 나타나서 식의 인식대상의 조건(所緣緣)이 되고, 그

15 내부의 대상이란 내부 식 안에 있는 마음씨앗(종자)이 익어 뭇조건을 만나서 변한 것이다. 변한 것은 외계 대상과 유사한 형상으로 나타나기도 하고 7가지 현행식(現行識)으로 나타난다. 따라서 유식학파의 경우 외계 대상이라고 할 만한 것들은 없고 단지 식이 변한 것만이 존재한다.

것(=내부의 대상)의 형상이 식에 존재할 뿐 아니라 능히 식을 낳기 때문[에 내부의 대상은 인식대상이 갖추어야 할 두 가지 조건에 부합하기에 바로 인식대상이라는 것]이다. (6송)[16]

외계 대상(外境, *bāhyārtha, don)은 비록 존재하지 않지만, 내부 대상이 외계 경계처럼 나타나서 인식대상의 조건(所緣緣)이 된다. 시각적 식(眼識) 등은 저것(=대상)의 형상을 띠고 생기며 또한 그것(=대상의 형상)으로 생긴다는 [이런] 두 가지 [조건]의 의미를 지니기 때문[에 시각적 식은 인식대상이 된다는 것]이다.[17]

【案】 외계 대상을 부정하는 유식학파의 인식대상은 내부 식이다. 이 내부 식이 변하여 외계 대상처럼 나타난다. 결국 식의 인식대상은 식 자신이다. 『성유식론』에 나타난 유식학파의 인식대상에 대한 정의를 보

16 『관소연론』의 핵심 송이다. 여기에서 디그나가는 유식학파의 인식대상의 본질, 즉 인식대상이 구비해야 할 두 가지 조건을 제시한다. 현장역에는 인식대상이 식 자신이라는 것을 바로 제시하지는 않지만, 티베트역과 진제역은 바로 제시하고 있다.

유식학파의 인식대상의 문제는 중국 법상의 유식 논서 『성유식론』에도 나타난다. 『성유식론』(T31, 4a25-4a28) 五識豈無所依緣色. 雖非無色而是識變. 謂識生時 內因緣力變似眼等色等相現. 卽以此相爲所依緣. "[문] 어째서 5識이 소의(所依)와 소연(所緣)으로 하는 색깔/형태(色)는 존재하지 않는가? [답] 비록 색깔/형태가 없는 것은 아니지만, 이것은 식이 변한 것이다. 말하자면 식이 생길 때에 내부의 인연의 힘(因緣力)이 변하여 눈이라는 [감각기관] 등이 색깔/형태 등이라는 형상(相)으로 나타난다. 곧 이 형상을 소의와 소연으로 삼는다."

현장역은 유식학파의 인식대상이 구비해야 할 두 조건만 제시했지만, 티베트역은 그런 두 조건을 구비한 인식대상이 바로 '내부 식 자체'라고 직접적으로 제시하고 있다. 이처럼 '식 자신'이 바로 자신의 인식대상이라는 점이 드러나는 티베트역 6송으로 인해서 『관소연론』의 사상을 경량부적이라고 하는 주장이 어느 정도 해소될 것이다.

17 시각적 식(眼識)은 인식대상이다. 왜냐하면 인식대상의 두 조건을 시각적 식이 지니고 있기 때문이다. 이 문구는 시각적 식이 인식대상인 이유를 해명하고 있다.

면, "이 시각적 식(眼識) 등이 외계 [대상]을 인식대상의 조건(=소연연)으로 [삼는 일은] 이치상 없어서 반드시 마땅히 자신의 [내부] 식이 변화한 것을 인식대상의 조건으로 삼는다고 인정해야 한다".[18] 다음은 『성유식론술기』이다. "식 상에 반드시 대상의 형상(相)과 닮은 것이 있다. 이것이 인식대상의 의미이다."[19] 다음은 세친의 『섭대승론석』이다. "응당 대상(境)의 뜻이 진실로 있지 않다고 알아야 한다. 만약 대상(境)의 뜻이 진실로 없다면, 識에도 응당 대상(境)이 없는 것으로 대상이 없는 식이 존재한다. 과거와 미래를 인식대상으로 삼는 것처럼, 꿈의 영상을 인식대상으로 삼는 것처럼, 거울 등과 삼매에서 행해지는 영상을 인식대상으로 삼는 것처럼. [대상은 진실로 존재하지 않는다. 외계에 식과] 별도로 실재하는 대상이 없기에 대상이 없는 식이 있다고 말한다. [자신의 식이] 스스로 변한 것을 [식의 인식]대상으로 삼기 때문에 경계의 형상(相)을 성취한다고 말한다. 즉 자기 마음의 영상을 인식대상으로 삼는다는 의미이다.[20] 유식학파의 인식은 실재하는 외계 대상을 아는 것이 아니라 거울과 같은 마음에 대상과 유사한 형상(行相, ākāra)이 현현(顯現, pratibhāsa)하는 것이다.[21]

결국 유식학파의 실질적인 인식대상은 식에 나타난 대상의 형상

---

18 『성유식론』(T31, 4b3-4b4) 此眼等識外所緣緣 理非有故 決定應許自識所變爲所緣緣.

19 『성유식론술기』(T43, 269c5) 識上必有似境之相. 是所緣義.

20 『섭대승론석』(T31, 367b27-367c5) 應知境義非眞實有. 若義實無識應無境 有無境識. 如緣去來 如緣夢像 如緣鏡等及三摩地所行影像 謂應知其相 由無別實境 是故說言有無境識. 由自變爲境 是故說言境相成就. 卽是自緣心影像義.

21 『성유식론』(T31, 10a12-10a13) 了謂了別 卽是行相. 識以了別爲行相故. "요는 요별로, 즉 행상이다. 왜냐하면 식은 요별을 행상으로 삼기 때문이다." D.Vin. 138, 15a, 8-9: rnam par rig pa zhes bya ba ni snang ba dang rnam pa zhes bya ba'i bar du'o | | "인식(vijñapti)이란 현현(pratibhāsa)과 행상(ākāra)을 의미한다." 유식 논서 곳곳에 인식(vijñapti)과 현현(pratibhāsa) 그리고 행상(ākāra)과의 관계가 기술되어 있다.

(ākāra)이다. 경량부의 인식대상도 이런 점에서 연장선상에 있지만, 두 학파의 차이는 형상의 출처방식이다. 두 학파의 인식대상의 차이는 우선 외계 대상의 존재 유무에서 비롯되는데 식이 대상의 형상을 드러내는 방식에 따라 혹은 받아들이는 방식에 따라 두 학파의 인식체계가 결정된다는 것이다. 유식학파는 식상에 나타나는 대상의 형상(ākāra)이 외계 대상이라는 경량부의 설명에 추가하여 내부 식이 변한 형상이야말로 인식대상이라고 주장한다.

⌘ 비니타데바 6송 해석

[D.190, 183a3]

khas blangs pa la grags pas gnod par 'gyur du 'ongs pas[22] rang gi gzhung lugs la dmigs pa rnam par gzhag pa bstan pa'i phyir |

shes bya nang gi ngo bo ni zhes bya ba la sogs pa smos te |

mdo'i don ni shes pa la | shes bya'i rnam pa beg bur chad pa lta bur snang ba gang yin pa de kho na shes pa'i yul yin no zhes bya ba yin no | nang zhes bya ba ni nang ste | de yang 'dir shes pa yin par blta bar bya'o | nang zhes bya ba'i sgra 'di ni rang bzhin gyis[23] bdun pa'i don yin te | des na shes pa la nang zhes bshad pa yin no | shes bya'i ngo bo zhes bya ba ni yul gyi rnam pa gzung

22 P.N: 'ong bas

23 P.N: gyi

ba'i cha zhes bya ba'i tha tshig go | ni zhes bya ba'i sgras[24] ni nges par gzung ba dang | bar du chod pa'i don du blta bar bya'o ||

그러므로 우리 학파(=유식학파)에서 주장하는 인식대상의 정의를 설명하기 위하여,[25]

'내부(antar)에 있는 대상(所知)[26]이 [외계 대상처럼 나타난다]'라고 [『관소연론』 6ab송에서] 설한다.[27]

경전에서 말하길, 식에서 내부의 대상(shes bya)[28]의 형상이 분리되는

---

24 P.N: sgra

25 『관소연론석』(T31, 891b28-891b29) 總撥無所緣境 便有違世 自許宗過 四種緣性於經說故. "소연경(所緣境)이 없다고 폐지해 버리면 곧 세속과 어긋나게 되고 자신의 학파에서 인정하는 것과 어긋나는 잘못이 있게 된다."

26 '내부의 대상'이란 현장역은 내색(內色), 진제역은 내진상(內塵相), 티베트는 nang gi shes bya로 번역되어 있다. shes bya는 대개 한역으로 소지(所知)로 번역된다. 주지하듯이 외계 대상을 부정하는 유식학파에 있어서 내부와 외계의 구별은 없다. 내부가 외계이고 외계가 곧 내부이다. 이에 따라 내부의 대상이란 실체적 존재가 아니라 내부 식이 변한 대상의 형상(ākāra)이다. 내부[에 있는] 대상이란 내부 식이 외계 대상처럼 나타나는 것이다. 대상과 유사한 형상처럼 나타나는 것은 식 자체이다.

27 외계 대상을 부정하고 오직 식만을 인정하는 유식학파의 인식대상은 내부 식이다. 우리의 모든 경험은 결과를 낳을 수 있는 힘(공능, śākti)으로 아뢰야식에 저장된다. 저장된 공능이 익어서 조건을 만나면 변한다. 즉 외계 대상과 유사한 형상(ākāra)으로 변하여 나타나거나 7가지 현행식(現行識)으로 변하여 나타난다. 이때 어떤 힘으로 저장되는 것과 저장된 것이 나타나는 것은 동시로 작용한다. 아뢰야식에 저장된 공능과 외계 대상과 유사한 형상(ākāra)으로 변한 것이나 7가지 현행식으로 나타난 것은 서로 동시에 함께 일어난다는 것이다. 그러나 전찰나의 공능과 후찰나의 공능은 시간차를 두고 서로 발생하는 식으로 진행된다. 이에 외계실재론자들은 식과 인식대상이 서로 함께 발생하는(동시인과) 문제를 7송에서 지적하고 또한 공능에 대해서는 8송에서 지적하고 있다.

28 432, 각주 11 참조.

것처럼 나타나는 것은 오직 식의 대상이다. '내부'(antar, nang)란 '안'(nang)이라는 말이다. 그것은 여기에서는 '식'이라고 보아야 한다. 내부라는 이 말은 개별적 대상을 나타내는 제7격(=처격)의 의미이다. 그 때문에 식이 내부[에 있다]라고 해석한다. [내부에 있는] 대상의 본질이란 [그] 대상이 인식대상(grāhya, 所取分)이라는 것이다. [산스크리트] 'ni'(hi)라는 것은 '확실하게 파악되는 것과 부정되는 것'을 말한다.

phyi rol ltar snang zhes bya ba ni phyi rol lta bur mngon pa ste | rnam par chad pa lta bur zhes bya[29] bya ba'i tha tshig go | de de ltar snang ba'i rgyu mtshan yang nam mkha'i khams snang ba yin no | nam mkha' de ni rnam par shes pa la snang bas na | rnam par shes pa las beg bur chad pa bzhin du | des gzung ba'i char ston par byed de | dper na zla ba'i gzugs brnyan me long gi ngos su 'byung ba na | nam mkha'i khams kyi gzugs brnyan gyi dbang gis khron pa na 'dug pa ltar beg bur chad par snang ba bzhin no | phyi rol gyi yul med na rnam par shes pa'i dmigs pa'i rkyen[30] nyid 'ga' yang yod[31] pa ma yin nam zhe na |

de'i phyir phyi rol gyi don zhes bya ba la sogs pa smos so |

'di la dmigs pa'i rkyen med pa'i nyes pa med de | 'di ltar phyi rol gyi don med mod kyi | 'on kyang nang na phyi rol lta bur snang ba yod pa kho na bas | de ni dmigs pa'i rkyen du 'gyur te | dper na rab rib can gyis[32] skra shad dang | sha sbrang la sogs pa'i rnam pa can gyi blo la | skra shad la sogs pa'i rnam pa lta bu'o | 'di

29 P.N.C: -bya
30 N.C: rkyen
31 P.N: med
32 P.N: gyi

skad du gzung ba'i cha de ni dmigs pa'i mtshan nyid du rung ba'i phyir dmigs pa'i rkyen nyid du bshad do zhes bshad pa yin no ||

'외계처럼 나타난다'라는 것은 '외계처럼 나타난다'라는 것이다. [식과] 분리되어(vyavadhāna) [외계처럼 나타난다는] 것이다. 그것(=식)이 그와 같이 [외계처럼] 나타나는 이유는 무엇인가? [식은] 허공계(ākāśa-dhātu, 虛空界)[33]의 나타남이다. 그 허공(ākāśa)에 식이 나타나면, 식으로부터 분리되는 것이 인식대상(所取)으로 [되어] 드러난다는 것이다. 예를 들면, 달의 영상이 거울 면[34]에 생길 때에는 허공계의 영상에 의해서 연못 속에 있는 것처럼 분리되어 나타나는 것과 같은 것이다. 외계 대상이 없다면, 식의 인식대상의 조건도 없는 것인가?

'외계 대상이 [없음에도 불구하고 내부에 있는 것이 외계 대상과 유사한 형상처럼 나타나는 것만이 오직 인식대상의 원인이 된다]'라고 [『관소연론』에서] 설한다.

이 점에 대해서 인식대상의 조건(所緣緣)이 없다는 것은 잘못이 아니다. 외계 대상이 없는데도 불구하고 내부가 외계처럼 나타난 것이 오직 존재하기 때문에 그것이 인식대상의 조건이 [된다는] 것이다. 예를 들면, 비문증이 있는 사람(taimirika)[35]이 머리카락, 파리 등의 형상을 가진 앎에

33 79, 각주 74 참조.

34 Garfield(2021), 311. 거울에는 공간이 없고 평평하고 광택이 나는 표면만 있다. 이에 거울에 비친 대상은 실제로 존재하는 것이 아니라 환상이다. [인식을 거울에 예시하자면] 거울에 반사되어 비친 대상은 우리의 인식대상이다. 거울에 비친 대상처럼 우리가 인식한 대상은 이 세계에 있는 것처럼 우리에게 나타나지만 실제로는 존재하지 않는다.

35 이 예시는 『이십론』 1송에도 있다. 81, 각주 77.

머리카락 등의 형상이 [나타나는] 것처럼. 저 인식대상이 인식대상의 본질에 적합하므로 인식대상의 조건(所緣緣)이 [된다고] 말하는 것이다.

yang 'di ji ltar dmigs pa'i mtshan nyid du rung zhe na |

de'i phyir rnam shes ngo bo'i phyir zhes bya ba la sogs pa smos te |

gang gi phyir shes pa[36] sngon po dang ser po la sogs pa spros pa'i bag chags yongs su smin pa'i dbang gis sngon po dang ser po la sogs pa'i rnam pa dang ldan par skye ba de'i phyir | sngon po la sogs pa'i rnam pa can yin pas de'i rnam pa can nyid du grub la gang gi phyir sngon po la sogs pa'i rnam pa de rnam par shes pa de'i rkyen yin pa de'i phyir rgyu nyid du yang grub po | de'i rkyen ni de'i rkyen nyid de | de zhes bya ba'i sgra ni rnam par shes pa dang sbyor ro | de'i ngo bo ni de'i rkyen nyid do | de'i rkyen nyid yin pa de'i phyir te | gsum pa 'di ni gtan tshigs la blta bar bya'o ||

그러면 그것(=내부 대상)은 왜 인식대상의 본질에 적합한가?

'왜냐하면 [내부 대상은] 식을 본질로 삼기 때문이다[37]'라고 [『관소연론』 6cd송에서] 설한다.

---

36 P.N: ba'i

37 『관소연론석』(T31, 890b1-890b4) 引阿笈摩 此即便是說生緣性. 由是生因彼識生緣 共許是其所緣之境 自體相現. 此中無益 故不言之. "아함을 인용하면, 이것은 곧 [식을] 능히 발생시키는 성질(能生性)을 가진다. 이것으로 말미암아 원인을 일으키고 저 식이 조건(緣)을 낳으면 모두 인식대상의 대상 자체의 형상이 나타난 것이라고 인정한다. 이 중 이익이 없기에 설하지 않는다." 디그나가가 『관소연론』에서 주장한 인식대상의 본질에 대한 견해를 다르마빨라는 아함에서 설한다고 주장한다.

식(vijñāna)이 푸른색(nīla)과 황색(pīta) 등으로 관습 지워진 잠재력(vāsanā)이 [저장되어 차츰] 익어 푸른색과 황색 등의 형상(ākāra)을 가지고 생기기 때문이다. 푸른색 등의 형상을 가지기 때문에 그것(=식)의 형상을 가지는 것으로 성립한다. [또한] 푸른색 등의 형상은 식 [발생]의 조건이기 때문에 그것(=푸른색의 형상)을 원인으로 해서 [식이 발생하는 것이] 성립한다. 저것(=푸른색의 형상)이라는 조건이 저것(=식)의 [발생] 조건의 본질(緣性)이다. '그것'이라는 말은 '인식'(vijñapti)이라는 말과 연결된다. 그것(=식) 자체는 그것(=대상의 형상)이라는 조건의 본질(緣性)을 말한다. 그것(=식)의 조건인 까닭으로 제3격(=구격)으로 [있는 대상의 형상은] '원인'이라고 보아야 한다.

bstan bcos byed pas mdo'i don rnam par dgrol ba'i[38] thabs kyi mjug bsdu bar bya ba'i phyir |

nang gi rnam par shes pa ni[39] don du snang ba dang zhes bya ba la sogs pa smos te |

gang gi phyir rnam par shes pa ni nang na yod pa'i don gyi rnam pas de'i rnam pa can dang | don gyi rnam pa de yod na de skyes pa de'i phyir | chos nyid gnyis dang ldan pas na nang gi nyid dmigs pa yin par rigs so | 'di skad du | rnam par shes pa ni nang na yod pa'i don gyi rnam par bris pa'i rnam pa lta bur snang ngo | de lta bas na de'i rnam pa can[40] yin te | dper na rgya bris pa'i rnam pas de'i rnam pa can yin pa lta bu'o | gang gi phyir gzung

38 P.N: -ba'i

39 P.N: pa'i

40 P.N: -can

ba'i cha yod na skyes pa de'i phyir | rnam par shes pa de ni de las skyes pa zhes kyang bya ste | de bas na dmigs pa'i[41] cha gnyis ka yod pas 'di ni dmigs pa nyid du rigs so zhes bshad pa yin no ||

논주는 경전의 의미를 해석하는 방법으로 [이상 설한 것을] 정리하기 위하여,

'내부의 식(vijñāna)이 대상[과 유사한 형상으로] 나타나고 [그것으로부터 생기기 때문이다]'라고 [『관소연론』에서] 설한다.

식(vijñāna)은 내부에 있는 대상의 형상(ākāra)이기 때문에 그것(=대상)의 형상을 가지는 것으로 저기(=식)에 대상의 형상이 존재할 때, 저것(=식)이 생기기 때문이다. 두 가지 법을 구비하고 있기에 [식을] 내부의 인식대상이라고 하는 것은 이치에 맞다. 이같이 식은 내부에 있는 대상의 형상과 유사하게 그려진 종류들로 나타난다. 그래서 [식은] 저것(=대상)의 형상을 가지면서 [발생한다]. 예를 들면, 사인이 그려진 형상이 그것(=사인이 그려진)의 형상을 가지는 것과 같다. 인식대상이 있을 때, [식이] 생기기 때문이다. 저 식은 저것(=내부의 식)으로부터 오직 생긴다. 따라서 인식대상이 [구비해야 할] 두 가지를 지닌 이것(=내부의 식)이 인식대상으로 적합하다.

41 P.N: pa

7
송

인식과 인식대상의 발생론적 인과관계

⌘ 티베트역 7송

[D.174, 87a2]

re zhig de ltar snang ba nyid yin la ni reg la[1] | de'i phyogs gcig po lhan cig skyes[2] pa go ji ltar rkyen yin zhe na |

gcig na'ang[3] mi 'khrul phyir na rkyen || 7a ||

lhan cig par gyur du[4] zin kyang 'khrul pa med pa'i phyir gzhan las skyes pa'i rkyen du 'gyur te | 'di ltar gtan tshigs pa dag ni yod pa dang med pa dag[5] ni yod pa dang med pa dag gi de dang ldan nyid na rgyu[6] dang klan pa[7] rgyu dang rgyu ldan pa'i rim gyis skye

---

1 P.N: reg na, D의 rak를 reg으로 교정하여 번역하였다.

2 P: skye

3 P: cha'ang

4 P: tu

5 'di ltar gtan tshigs pa yod pa dang med pa dag으로 교정. P.N: -yod pa dang med pa

6 P.N: ni rgyu dang rgyu 'bras

7 P: 'bras bu

ba dag gi yang mtshan nyid yin par smra'o | yang na |

nus pa 'jog phyir rim gyis yin || 7b ||[8]

rim gyis kyang yin te | don du snang bas[9] de ni rang snang ba dang[10] mthun pa'i 'bras bu skyed par byed par[11] nus pa | rnam par shes pa'i rten can byed pas mi 'gal lo | gal te 'o na ni[12] nang gi gzugs kho na dmigs pa'i rkyen yin na | ji ltar de dang mig la brten na[13] mig gi rnam par shes pa skye zhe na ||

그와 같이 [인식이 외계 대상과 유사한 형상으로] 나타나는 것에 의지[하여 발생할] 경우에 그것(=식)의 일부가 [인식대상과] 동시에 발생하여 [식 발생의] 조건(緣)이 되는가?

[내부 대상과 인식은] 동시[에 발생하더라도] 오류(*doṣa)가 없으므로 [내부 대상은] 인식대상의 [조건이] 된다. [7a]

[내부 대상과 인식이] 동시[에 발생하]더라도 오류가 없으므로 [어떤 것은] 다른 것으로부터 생기는 조건(pratyaya, 緣)이 된다. 이 같은 이유로 인명론자(haitukāḥ)는 존재와 비존재들은 존재와 비존재의 그것들이 속하는 원인과 결과, 원인과 원인을 가진 것(결과)이 순서대로(krameṇa) 발생하

8 TSP II. 710: atha vā śaktyarpaṇāt krameṇāpi so 'rthāvabhāsaḥ svānurūpakāryotpattaye śaktiṃ vijñānācārāṃ karotīty avirodhaḥ ||

9 P.N: ba

10 P: rang dang

11 P.N: pa'i

12 P.N: -ni

13 P.N: nas

는 특성이 있다고 말한다. 또는,

순차적으로 [전찰나의 공능이 후찰나의] 공능[14]을 부여하기 때문이다. [7b]

또한 순서대로 대상으로 나타나는 그것은 자신과 상응하는 결과를 낳는 공능이 식(vijñāna)의 조건(緣)이 되기 때문에 모순되지 않는다. 만약

---

14 『관소연론』에서 인정하는 인식대상(ālambana)은 우리 주변에 산재해 있는 대상에서가 아니라, 눈에 보이지 않고 있는지 없는지조차 알 수 없는 공능(힘, śakti)에서 발생한다고 주장한다.

불교 사상사에서 공능(samartha, śakti, 功能)이란 개념이 사용되는 영역은 인과론이다. 유식학파의 경우 공능이 원인(因)이 되어 우리 눈앞에 있는 수많은 대상이나 그런 대상들에 대한 인식이라는 결과(果)를 발생시킨다. 공능이야말로 일체 생기의 근본 원인이다. 불교 내에서는 대표적으로 경량부와 유식학파가 공능을 주장한다. 유부의 경우 일체는 삼세에 항상 실제로 존재하는 법체의 4연6인5과의 관계로부터 발생하는 반면, 경량부와 유식학파의 경우 일체는 공능으로부터 발생한다. 경량부의 경우 외계 대상을 전적으로 부정하는 유식학파와는 달리 원자가 화합한 가유(假有)의 외계 대상을 인정한다. 이로써 경량부의 인식은 외계에 존재하는 가유(假有)로서의 대상과 내부에 존재하는 공능이라는 두 가지 개념으로부터 발생한다는 것을 알 수 있다. 다음은 외계 대상을 부정하는 유식학파의 공능(=마음씨앗)의 정의이다. 『성유식론』(T31, 8a5-8a6) 何法名爲種子. 謂本識中親生自果功能差別. "어떤 법을 마음씨앗(공능, bīja)이라고 이름하는가? 말하자면 본식(本識, ālaya-vijñāna) 안에서 직접 자기 결과를 낳는 특수한 공능(힘, śakti)을 말한다."

공능을 일체 생기의 원인으로 삼을 때 생기는 문제는 첫째 공능은 어디에서 왔는가, 둘째 공능은 어떻게 존재하는가? 셋째 공능은 어떻게 결과를 낳는가이다. 유식학파의 경우 공능은 6식과 별도로 존재하는 제8식인 아뢰야식에 차곡차곡 저장된다.

『유가사지론』(T30, 581b19) 由於阿賴耶識中有種種界. "아뢰야식에 많고 다양한 계가 있다." 경량부의 경우 공능은 일심(一心)에 있다. 『아비달마순정리론』(T29, 442b1-442b4) 又彼上座 如何可執言. 一心具有種種界 熏習一心多界. … (중략) … 其體雖一而於其內界有衆多. "그 상좌는 그 말을 어떻게 주장할 수 있는가? 일심(一心)은 많고 다양한 계(界)를 구비하고 있는데 일심에 많은 계가 훈습되어 있다. … (중략) … 마음(心)이라는 그 자체는 비록 단일할지라도 그 안에 [선과 불선 등의] 수많은 계가 [훈습되어] 있다."

그 경우에 내부의 대상을 인식대상의 조건(所緣緣)으로 한다면, 그것(=내부 식이 변한 대상)이 어떻게 감각기관에 의지해서 시각적 식(眼識)을 발생시키는가?

lhan cig byed dbang nus pa yi[15] |
ngo bo gang yin dbang po'ang yin || 7cd ||

dbang po ni rang gi 'bras bu las nus pa'i ngo bo nyid du rjes su dpag gi 'byung ba las gyur pa nyid du ma yin no ||

[식과 인식대상이] 동시[에 발생해]도 작용하는 감각기관의 공능(根功能)은 감각기관(根)이다.[16] [7cd]

---

15 P.N: yis

16 『성유식론술기』(T43, 269a26-269b8) 約觀所緣論 陳那卽以五識種子名爲五根 或以 五塵種子名根. 第四卷中護法救義 五識業種名爲五根. … (중략) … 又瑜伽決擇分等 皆以現行種子二法爲眼根等. "『관소연론』에서 디그나가(陣那)는 오식 마음씨앗을 5根이라거나 혹은 오식 마음씨앗을 감각기관(根)이라고 이름한다. 『성유식론술기』 제4권 중에서도 다르마빨라는 오식의 업종자를 오근라고 한다. … (중략) … 또 『유가사지론』 결택분 등에서는 모두 현행과 마음씨앗 이 두 개를 눈이라는 감각기관(眼根) 등이라고 한다."

다음은 감각기관과 공능의 관계이다. 마음과 별도로 마음 바깥에 존재하는 대상(色)은 물질 요소(大種)가 아니라 내부 식(內識) 안에 있는 공능(마음씨앗)이 변한 것이다. 즉 12가지 인식영역은 식이 변하여 나타난 공능의 상태로 존재한다. 눈(眼)이라는 감각기관은 물질적인 상태(有色處)가 아니라 공능의 상태이다. 이처럼 감각기관이 공능의 상태인 것을 감각기관의 공능(根功能)이라고 이름한다. 시각적 식(眼識)은 공능인 눈이라는 감각기관(眼)에 의거해서 공능인 외부 대상(色)을 아는 것이다. 따라서 눈(眼) 등과 대상(色) 등을 비롯한 12가지 인식영역(處)은 공능의 상태로 존재한다.

이처럼 유식학파에 의하면 12가지 인식영역에 속하는 6가지 감각기관과 6가지 대상은 모두 내부의 식 안에 훈습된 마음씨앗(공능)이 변하여 나타난 것이다. 따라서 12가지 인식영역은 원자와 네 가지 물질적 요소로 구성된 물질이 아니라 식 안의 마음씨앗(功能)이 변하여 나타난 근공능(根功能) 경공능(境功能)인 것이다. 즉 마음씨앗(공능)

감각기관은 자신의 결과인 공능 자체에서 추리되는 것이지, [외계의] 물질적 요소(mahā-bhuta, 大種)로부터 추리되는 것은 아니다.

⌘ 진제역 7송

[T31, 882c18-82c19]

是識緣緣 隨生決定 共立功能. 令次第起. (7송)

이 식의 인식대상의 조건(緣緣)이란 [인식대상이] 생기는 것에 따라서 [식이] 결정되기에[17] [식과 인식대상은] 함께 공능(śakti)을 이룬다.[18] [식과 인식대상은

이 변하여 현행한 것이 바로 근(根, 감각기관)이고 경(境, 대상)인 것이다. 따라서 현행한 근공능과 내부 식의 감각기관 마음씨앗(根種子)은 다른 것이 아니라 같은 것이다. 현행한 감각기관을 근공능이라고 이름하는 것은 일시적으로 가설한 것일 뿐이다. 결론적으로 외계 대상을 부정하고 오직 내부 식만을 인정하는 유식학파에 있어서 식의 발생은 물질적인 감각기관과 대상으로부터 발생하는 것이 아니라 내부의 식에 공능으로 저장된 것이 뭇 인연을 만나서 외계로 나타난 것이다. 이렇게 나타난 것은 모두 마음씨앗(공능)의 상태로 존재한다. 이런 공능이 인식을 발생시키는 직접적인 원인(因緣)이다.

17 『관소연론석』(T31, 890a25-890a27) 若爾何謂所緣之相. 凡是境者 理須生其似自相識. 隨境之識彼是能生 彼是所緣. "만약 그렇다면, 어떤 것을 인식대상의 형상(ākāra)이라고 하는가? 무릇 [인식]대상이란 이치상 반드시 자신의 형상과 유사한 식을 발생시킨다. 대상에 따라서 식이 [발생한다면,] 그것이 능히 [식을] 발생시키는 인식대상이 되는 것이다."

18 현장은 인식대상을 '내부 경계의 형상'이라고 하고 티베트역은 '내부 대상의 현현한 것'이라고 하지만, 진제는 '내부 대상의 형상이 현현한 것'이라고 한다. 이에 따라 내부의 것이 외계로 현현한 것이 바로 인식대상이며, 현현시킨 것은 내부 식 자체이다. 따라서 인식대상과 식은 서로 개별적인 존재가 아니라 서로 불가분의 관계를 이루고 있다. 인식대상이 원인이 되어 식이라는 결과가 생기고 식이 원인이 되어 인식대상이라는 결과가 생긴다. 여기에서 공능, 즉 일체 생기의 원인인 공능은 식과 인식대상 둘 모두에게

동시에 발생하지만, 전찰나의 공능과 후찰나의 공능은] 순서대로 발생한다. (7송)

[T31, 883a29-883b8]

問曰. 如塵起識是亦可然. 內塵是識一分共一時起云何得作緣緣.
答曰. 立緣緣者識緣此生無有二故. 緣者或一時共起能成餘法從他生決定隨逐生不生故.

問. 若次第生所緣能緣相云何.
答曰. 若因在前果在後果隨因因不隨果. 若因有果必有若因無果必無. 果隨因或有或無是名因果相. 復次爲安置功能次第故立所緣能緣. 是似塵識次第起爲生似果起功能生識相續.

묻는다. 인식대상이 식을 발생시키는 것도 또한 이러하다. 내부의 인식대상은 식의 일부분으로 [식과] 동시에 발생하는데, 어떻게 [내부의 인식대상이] 인식대상으로서의 조건(所緣緣)이 되는가?

답한다. [내부의 인식대상을] 인식대상으로서의 조건(所緣緣)이라고 확립하는 것은 식이 이것(=인식대상)의 조건(緣)으로 생긴다는 것[을 말한다]. 왜냐하면 [이] 두 가지(=식과 내부의 인식대상)는 [별도로] 존재하는 것이 아니기 때문이다.[19] [여기에서] 조건(緣)이라고 하는 것은 혹 [식과 인식대상이] 같은 시간(一時)에 함께 생기는데, 왜냐하면 능히 [어떤] 다른 것이 생기는

존재한다는 것이다.

19 長尾雅人(2013), 373-388 참조. 인식대상이 내부 식으로부터 변한 것이라고 한다면, 이 둘은 아는 식과 알려지는 식(=인식대상)으로 완전하게 동일한 것이라고 말할 수는 없지만, 완전히 다른 것이라고도 할 수 없다고 한다. 이에 이 둘은 불일불이(不一不二)이면서 동시동처(同時同處)가 아니면 안 된다고 한다. 따라서 하나가 생기면 다른 것도 생기고 하나가 멸하면 다른 것도 멸한다는 것이다.

것에 따라서 [또 어떤] 다른 것이 생기는 것으로 [어떤 것이] 생기거나 생기지 않는 것에 따라서 [또 다른 어떤 것이 생기거나 생기지 않는 것이] 결정되기 때문이다.

묻는다. 만약 [전찰나의 공능과 후찰나의 공능이] 순서대로 발생하는[20] 인식대상(所緣)과 인식주체(能緣)는 [어떠한] 특징을 [가지게] 되는가?

답한다. 만약 원인(因)이 전찰나(先)에 있고 결과(果)가 후찰나(後)에 있다면, 결과는 원인의 영향을 받지만, 원인은 결과의 영향을 받지 않는다. 만약 원인이 있다면 결과도 반드시 있[어야 하]지만, 만약 원인이 없다면, 결과도 반드시 없게 된다. [따라서] 결과는 원인에 따라 존재하거나 존재하지 않는 것인데 [이것이야말로] 원인과 결과(因果)가 [지닌] 특징이다.[21] 다시 다음 공능이 배치되는 순서에 의해서 인식대상(所緣)과 인식주체(能緣)가 성립한다. 이 인식대상에 닮[아서 생기는] 식이 차례대로 발생한다. [인식대상과] 닮은 결과(=식)를 발생시키기 때문에 공능이 생기는 [그것과 동시에] 식을 발생시키며 [둘은 끊임없이] 상속한다는 것이다.

20 순서대로 생긴다는 것은 시간차를 두고 생긴다는 것을 말한다.

21 현장 한역과 티베트역, 그리고 비니타데바의 주석에는 이 언급의 출처를 '인명론자'라고 단정하는 반면 다르마빨라 주석과 진제 한역은 보이지 않는다.

⌘ 현장역 7송

[T31, 888c20-888c27]

此內境相旣不離識 如何俱起 能作識緣.

決定相隨故 俱時亦作緣.
或前爲後緣 引彼功能故. (7송)

境相與識定相隨故 雖俱時起亦作識緣.

因明者說.

若此與彼有無相隨 雖俱時生而亦得有因果相故.
或前識相爲後識緣 引本識中生似自果功能令起不違理故.

이 내부 경계의 형상(ākāra)이 이미 인식(vijñapti)을 떠나지 않는데, 어떻게 함께 발생하며 능히 인식 [발생의] 조건(緣)이 되는가?

반드시 [식과 인식대상은] 서로에게 영향을 미치기 때문에, 동시라고 해도 또한 [식 발생의] 조건(緣)이 된다. 혹은 전찰나는 후찰나의 [인식 발생의] 조건이 되어, 저(=전찰나의) 공능을 끌어오기 때문이다. (7송)

대상의 형상(ākāra)과 인식은 반드시 서로 영향을 미치기 때문에 비록 동시에 일어난다 하더라도 [대상의 형상은] 인식의 조건(緣)이 된다.

인명론자(haitukāḥ)가 말한다.

만약 이것과 저것이 있거나 없거나 간에 서로 영향을 미친다면, 비록 동시에 발생한다고 하더라도 또한 원인과 결과(因果)의 특성이 존재하기 때문이다. 혹은 앞찰나의 인식의 형상(ākāra)이 후찰나[에 발생하는] 인식의 조건이 되는 것은 본식[22](本識, ālaya-vijñāna, 아뢰야식) 중에 자기와 유사한 결과를 낳는 공능(śākti, 마음씨앗)을 이끌어서 [인식을] 낳기 때문에 이치에 어긋나지 않는다.

⌘ 비니타데바 7송 해석

[D.190, 184a1]

'dir gzhan gyi tshig gi go skabs bstan pa'i phyir |

re zhig de ltar snang ba nyid[23] yin la ni rag na zhes bya ba la sogs pa smos pa |

rnam par shes pa la nang na yod pa'i shes bya snang ba nyid ni yin la rag ste | 'di ltar de ni shes bya'i rnam pa nges bris[24] pa'i rnam pa lta bur skye'o zhes bshad na de'i phyogs gcig tu gyur pa dang | lhan cig skyes pa shes bya'i rnam pa gang yin pa[25] de go ji ltar rnam par shes pa de'i rkyen du 'gyur | de lta[26] yin na ni bdag nyid

22 본식(本識)이란 제8식인 아뢰야식(ālaya-vijñāna)이다. 아뢰야식은 일체를 생성할 수 있는 '어떤 힘'(공능)의 저장소이다.

23 P.N: -nyid

24 P.N: byis

25 N: -pa

26 N: ltar

la byed par khas blangs pa dang | ha cang thal bar 'gyur te | 'dzin pa'i cha yang gzung ba'i cha skyed par byed par 'gyur la | ba lang gi rwa gyon kyang phan tshun skyed par byed pa nyid du thal bar 'gyur ba ma yin nam zhes bya ba ni[27] phyogs snga ma'o ||

이것에 대한 비판자의 반박을 설명하기 위하여,

'그와 같이 [인식이 외계 대상과 유사한 형상으로] 나타나는 것에 [의지하여 발생할 때, 그것(=식)의 일부가 인식대상과 동시에 발생하여 식 발생의 조건(緣)이 되는가?]'라고 [『관소연론』에서] 설한다.

식의 내부에 있는 내부 대상(所知)이 [외부로] 나타난다. 그것(=식)이 내부 대상의 형상으로, [즉] 확실하게 그려진 형상처럼 생긴다고 해석한다면, 저것(=식)은 [내부 대상의 형상과] 같은 곳에 있게 된다. [식과] 동시에 생기는 내부 대상의 형상이 어떻게 저 식의 [발생] 조건(緣)이 되는가? 본질에 작용하는 것을 인정하는 것과 크게 모순이 된다. [주체인] 능취분(識)도 또한 인식대상(=소취분)을 발생시킨다. 재차 소의 좌우의 뿔[28]도 서로

27 P: ba'i

28 『관소연론석』(T43, 891c25-892a5) 如何是彼一分得作同生之緣. 其所取分離識無故. 斯之一分復還生識 便成自體相違之過. 復還是彼一分性故. 如能取分斯乃便成. 匪能生性. 但由外相染識而生 此卽相分與識同起 非二同時有因果性. 如牛兩角 又匪於其不異之事同在一時以同伴聲而合說之. 亦非於識別說有境. 斯乃如何名同伴性. 理實如是. 然由相狀差別力故 猜卜爲異而表宣之. 由有見分相分之殊 遂將此識而有差別. "어떻게 저 식의 한 부분이 동시에 식의 [발생] 조건이 되는가? 그 인식대상(소취분)은 식을 떠나서 존재하지 않기 때문이다. [식의] 한 부분이 다시 식을 발생시키기 때문에 다시 어긋나는 오류가 생긴다. 즉 이것은 저것의 한 부분이기 때문이다. 다시 마치 [인식된 것은] 인식하는 것과 같게 된다. 이렇다면 곧바로 능히 발생하는 성질이 없게 된다. 단지 외계의 형상으로 인해서 염식을 일으킨다고 한다면, 그것은 즉 상분과 식이 함께 일어나기에 둘

발생시키는 작용이 있다고 하는 오류에 떨어지는 것이 아닌가?라고 하는 것은 앞에서 다루었다.

'di la bstan bcos byed[29] pas lan gdab par |

gcig cha'ang mi 'khrul phyir na rkyen | zhes bya ba smos so[30] |

de nyid rnam par dgrol ba'i phyir |

lhan cig par gyur du zin kyang zhes bya ba la sogs pa smos so |

'di ni 'dir nyes par mi 'gyur te | gang gi phyir gzung ba'i[31] cha ni lhan cig 'byung[32] bar 'gyur du zin kyang | rkyen gzhan rgyu dang mtshungs pa de ma thag pa dang | bdag po dag las skyes pa'i rnam par shes pa'i dmigs pa'i[33] rkyen nyid du 'gyur bas so | 'di[34] ltar

---

(=상분과 견분)은 동시에 인과의 성질을 가지지 않는다. 소의 두 뿔처럼. 또 서로 다르지 않은 것이 동시에 함께 있는 것은 아니기에 함께한다는 소리로 합쳐서 말할 수 없다. 또 식과 별도로 대상이 있다고 말하지 않는다. 이것을 도대체 어떻게 함께 하는 성질이라고 부를 수 있는가? 이치는 실로 이와 같다. 그러나 [대상과 유사한] 형상[들]의 차별된 힘으로 말미암아 [대상들을] 다른 것이라고 추측(猜卜)하고서 그것(=대상들)을 [언어로] 표현(表宣)하는 것이다. 견분과 상분이 달라서 마침내 장차 이 식은 [대상에 대한] 차별을 가지게 된다."

다르마빨라의 주석서에는 중국 법상 유식 용어인 견분(見分)이 한 번, 상분(相分)이 두 번 나온다. 법상 유식의 식 분석에 사용된 견분과 상분이라는 용어에 대해서 핫토리(1968, 29)는 초월적 차원에서는 '유식'이지만, 경험적 차원에서는 식을 상분, 견분, 자증분으로 3등분하고, 이 중 상분(相分)은 하나의 인식을 다른 인식과 구별하는 역할을 한다고 주장한다.

29 P.N: ces

30 P.N: te

31 P.N: +phyir

32 P.N: byung

33 P.N: -dmigs pa'i

gzung ba'i cha de med par rnam par shes pa de mi 'byung ste | de ni dbyug pa la brten[35] pa'i tshul du dmigs par bya ba 'ga'[36] zhig tu zad kyi | 'di rkyen ril gyi bya ba byed pa'am | rkyen re re la sgro gdags pa ni ma yin no | gal te yang shes pa de gzung ba'i cha de las phan 'dogs pa mi re na ci ste | de med par yang mi 'byung ste | 'di ltar phan mi 'dogs pa la ltos[37] par mi 'gyur la | phan mi 'dogs pa ni med du zin kyang 'ga' yang mi 'byung bar mi 'gyur ro |

gal te rnam pa 'dis gzung ba'i cha yang[38] rgyu nyid du 'gyur na ni 'gyur du zad de | 'gal ba ci zhig yod | ba lang gi rwa gyas gyon dag[39] ni 'khrul ba'i phyir rgyu dang 'bras bu'i dngos po med do | bdag nyid la byed pa yang la lar 'dod pa nyid de | dper na mar me lta bu'o | de ni bdag nyid kho nas bdag nyid gsal bar byed do | cha'i bye brag gis ni bdag nyid la byed pa yang yod re skan | rgyu dang 'bras bu'i dngos po mi 'khrul pa'i rgyu mtshan can yin no zhes bya ba 'di ga las she[40] na ||

이것을 논주는 다음과 같이 답한다.

'[내부 대상과 인식은] 동시[에 발생하더라도] 오류가 없기에 [내부 대상은 인식대상의] 조건이 된다'라고 [『관소연론』 7a송에서] 설한다.

이것을 해석하기 위하여,

---

34 P.N: -'di

35 N: rten

36 P.N: 'ba'

37 P.N: dang

38 P.N: bltob

39 P.N: -dag

40 P: las zhe, N: la zhe

‘동시[에 발생하]더라도 [오류가 없기에 다른 것으로부터 생기는 조건이 된다]’ 라고 [『관소연론』에서] 설한다.

여기에서 이것은 오류가 아니다. 인식대상이라는 것은 [식과] 동시에 생기지만 다른 조건인 인연, 등무간연, 증상연에서 생기는 식의 인식대상의 조건(所緣緣)이 되기 때문이다. 저 인식대상 없이 저 식은 생기지 않는다. 그것은 지팡이에 의지하는 방식으로 어떤 것을 지향할지라도 이것을 전체적인 조건으로 하거나, 하나하나 조건이 증가(adhyāropa, 增)[41] 되는 것은 아니다. 또한 만약 그 식이 그 인식대상에서 증가를 기대하지 못한다면, 그것 없이도 [식은] 생기지 않는다. 증가하지 않는 것에 의지하지 않게 된다. 증가하지 않는 것이란 어떤 것이 없는데도 불구하고 있다고 [반대로 보는] 것이다.

만약 이 형상이 인식대상의 조건이 되는데도 불구하고 무슨 모순이 있는가? 소의 양 뿔이 오류이기 때문에 인과[관계]로 [존재하는] 사물은 없다. 본질에 작용하는 것도 가끔 인정된다. 예를 들면, 등불과 같다. 그것은 자기를 아는 것에서 자기가 선명하게 드러난다. 부분의 구별은 자체로 스스로 적용한다고 하더라도 인과[관계로 맺어진] 사물이 착오가 없는 근거라는 것은 어떤 것인가?

’di ltar gtan tshigs pa dag ni yod pa dang med pa dag gi zhes bya ba la sogs pa smos te |

41 증가(adhyāropa, 增)는 없는 것은 있다고 반대로 보는 것을 말하고, 감소(apavāda, 減)는 있는 것은 없다고 반대로 보는 것을 말한다.

'di ltar gtan tshigs pa dag ni yod pa dang med pa dag gi[42] yod pa dang med pa nyid gang yin pa de ni rgyu dang rgyu dang ldan pa'i rim gyis skye ba dag gi yang mtshan nyid yin par smra ste | gang zhig yod na gang yod la | de med na med pa de ni rgyu[43] yin la | cig shos ni rgyu dang ldan pa yin no | 'di la yang gzung ba'i cha yod na shes pa yod la med na med de | de lta bas na lhan cig 'byung ba de gnyis kyang rgyu dang rgyu dang ldan pa nyid du 'grub po |

gtan tshigs pa dag ces bya ba ni gang dag gtan tshigs kyi tha snyad 'dogs pa de[44] dag ni gtan tshigs pa dag ste | rtog ge ba zhes bya ba'i tha tshig go | de dang ldan pa nyid ces bya ba ni yod pa dang med pa dang[45] ldan pa nyid do | rgyu dang rgyu dang ldan pa zhes bya ba ni rgyu dang 'bras bu dag ces bya ba'i don to | de ltar re zhig yul dang yul can gyi dngos po dus mnyam pa[46] bstan nas | da ni rim gyis yul dang yul can gyi dngos po bstan pa'i phyir ||

'이 같은 이유로 [인명론자는] 존재와 비존재들은 [존재와 비존재들의 그것들이 속하는 원인과 결과, 원인과 원인을 가진 것이 순서대로 발생하는 특성이 있다라고 말한다[47]]'라고 [『관소연론』에서] 설한다.[48]

---

42 P.N: ni

43 P.N: -yod la | de med na med pa de ni rgyu ||

44 P.N: -de

45 P.N: -dang

46 N: mnyis

47 이종철(2015), 292-293. 모든 것이 그럴 수도 있겠지만 종자[와 싹] 등의 익히 알고 있는 인과관계에서 [함께 있는 두 현상 사이에 인과관계가 성립한다는] 이러한 논리는 찾을 수 없으니, 함께 생겨난 뭇 현상 사이에 어떤 식으로 인과관계가 성립하는지 설명해야 할 것이다. 예를 들면, 등불과 빛의 [인과관계], 싹과 그림자의 [인과관계에서] [등불이 빛의 구유인(俱有因)이고 싹이 그 그림자의 구유인이 되는 것]과 같다. 우선, 등불이 빛의 원인인가 아니면 [등불보다] 이전에 생겨난 [등, 심지, 기름 등 인연의] 화합이 등불이

이런 이유로 존재와 비존재들의 존재와 비존재인 그것은 원인과 원인을 가진 것(=결과)의 순서대로 생기는 것을 특징으로 한다. 어떤 것이 있을 때, 어떤 것이 있다고 할 때에 저것이 없다면 저것이 없는 것은 조건(緣)이며 두 번째는 조건(緣)을 가진 것이다. 인식대상이 있다면 식이 존재하고, [인식대상이] 없다면 [식은] 존재하지 않는다. 그러므로 그 두 가지(=식과 인식대상)가 동시에 생긴다고 하더라도 원인과 원인을 갖는 것(=결과)이기에 성립한다.

'이유들'이란 세간적 명성으로 가설된 것들을 '이유'(kāraṇa)라고 한다. [인명론자란] '논리학자'(haitukāḥ)라는 의미이다. '그것들이 속하는'이란 존재와 비존재를 지닌다는 것이다. '조건(緣)과 조건(緣)을 갖는다는 것'은 원인(hetu, 因)과 결과(phala, 果)라는 의미이다. 이상과 같이 대상과 대상을 갖는 것과의 사물이 동시인 것으로 인해서 이것은 순서에 따라 대상과 대상을 가지는 것에 대한 사물을 설하기 때문이다.

나 빛이 생겨나는 것에 대한 원인인가, [싹이 그림자의 원인인가 아니면 그 이전에 생겨난 인연의 화합이] 싹이나 그림자가 생겨나는 것에 대한 원인인가 하는 이러한 문제를 검토해 보아야만 한다. 이 경우에는 A가 있을 때 B가 있고 A가 없을 때 B가 없는, 그러한 [인과관계가 성립하기] 때문에, [등불이 빛의 원인이고 싹이 그림자의 원인이다]. 왜냐하면 논리학자들은 원인과 결과의 정의에 관해서는 다음과 같이, 곧 "필연적으로 A가 있을 때 B가 없으면, A는 원인이고 B는 결과이다"라고 말하고 있기 때문이다. 또한 함께 있는 뭇 현상 사이에는, [어느] 한 [현상]이 있을 때 [다른] 모든 [현상]이 있고 [그] 한 [현상]이 없을 때, [다른] 모든 [현상]이 없으므로 [이들의] 인과관계는 이치에 맞는 일이다.

48 아뢰야식(ālaya-vijñāna)에 저장된 공능, 즉 마음씨앗(종자)이 대상과 유사한 형상(ākāra)이나 현행식을 낳는 과정을 종자生현행이라고 하고 현행한 것들이 종자에 저장(훈습)되는 과정을 현행熏종자라고 한다. 게다가 아뢰야식 안에 있는 종자가 계속 자신의 종자를 낳는 것을 종자生종자라고 한다. 종자생현행과 현행훈종자의 경우 종자와 현행은 각각 因이 되기도 하고 果가 되기도 하면서 서로 동시에 인과관계를 가진다. 하지만 종자生종자, 즉 전찰나의 종자와 후찰나의 종자는 각각 원인(因)이 되기도 하고 결과(果)가 되기도 하면서 서로 시간차를 두고 인과(因果)관계를 가진다.

yang na |

nus pa 'jog phyir rim gyis yin | zhes bya ba smos te |

yang na gzung ba'i cha de[49] nus pa 'jog pa na rim gyis skyed[50] par byed pa'i ngo bo'i yul du 'gyur te | 'di ltar gzung ba'i cha de 'gag pa na | kun gzhi rnam par shes pa la nus pa 'jog par byed do | nus pa de gal te skad cig ma gnyis pa la lhan cig byed pa rnams sgrub[51] na ni de'i tshe skad cig ma gnyis pa kho na la rang dang mthun pa'i rnam par shes pa skyed[52] do | gal te mi sgrub na ni de'i tshe skad cig ma[53] gsum pa'am | bzhi pa la[54] yang rung gang gi tshe 'di sgrub par 'gyur ba de'i tshe | yongs su smin nas rang dang mthun pa'i rnam par shes pa skyed par 'gyur ro | phyogs 'di la ni bdag nyid la byed pa 'gal ba'i phyir dang | phyogs gcig yin pa'i phyir dang | lhan cig skyes pa yin pa'i phyir zhes bya ba la sogs pa'i nyes pa mi srid de | 'di ltar shes pa snga ma la gzung ba'i cha[55] sngon po la sogs pa'i rnam pa yod pa gang yin pa de | sngon po la sogs pa'i rnam pa can gyi shes pa phyi ma skyed par byed do | de'i phyir nyes pa 'di rnams lta srid re skan | gal te nus pas shes pa skyed na | de lta na 'o na ni nus pa kho na yul du 'gyur gyi | gzung ba'i cha snga ma ni ma yin no snyam du sems na |

rim gyis kyang yin te zhes bya ba la sogs pa smos te |

'di ni nyes pa med do | 'di ltar rim gyis kyang gzung ba'i cha de ni

---

49 P.N: -de

50 P.N: byi bskyed

51 P.N: bsgrub

52 P.N: bskyed

53 N: -ma

54 P.N: -la

55 P.N: phyir

rang[56] dang mthun pa'i 'bras bu skyed pa'i phyir kun gzhi rnam par shes pa'i rten can gyi[57] nus pa byed do | gal te gzung ba'i cha des nus pa de gzhag par ma gyur na ni nus pa des shes pa de lta bu skyed par yang mi 'gyur ro | de'i phyir nus pa las skye ba'i shes pa de yang gzung ba'i cha de kho na las skyes pa yin pas 'gal ba 'ga' yang med do | phyogs 'di la ni chos nyid gnyis dang ldan pa shin tu yang 'thad de | 'di ltar gzung ba'i cha des[58] rang dang mthun pa'i shes pa phyi ma de skyed[59] pas de'i phyir chos nyid gnyis dang ldan pa yod do ||

또한

'또는 순서대로 [전찰나의 공능이 후찰나의] 공능을 [부여하기 때문이다]'라고 [『관소연론』 7b송에서] 설한다.

혹은 저 인식대상이 공능(śakti, 功能, 결과를 발생시킬 수 있는 잠재적인 힘)을 가진다면, 순차적으로 발생하는 대상으로 된다. 저 인식대상이 멸할 때, 아뢰야식(ālaya-vijñāna)에 공능으로 저장된다. 저 공능이 만약 2찰나에 함께 성취될 때, 실로 2찰나에 오직 자기와 부합하는 식이 발생한다. 만약 성립하지 않을 때, 3찰나 또는 4찰나에도 수시로 이것이 성취된다. [아뢰야식의 공능이] 성숙함으로 인해서 [조건을 만나면,] 자신과 부합하는 식을 낳는다. 이런 견해는 스스로가 작용하는 모순과 한 부분이기 때문에 함께 생기는 까닭이라는 등의 오류는 있을 수 없다. 앞찰나의 식에서 푸

---

56 N: rab

57 N: gyis

58 N: de

59 P.N: ste bskyed

른색 등의 인식대상의 형상이 존재하는 것에서 후찰나에 푸른색 등의 형상을 지닌 식이 생긴다. 그 때문에 그런 오류는 거의 없다. 만약 공능이 식을 발생시킨다면, 그 경우에 공능이야말로 대상이 된다. 앞찰나의 인식대상이 [인식대상으로] 되지 않는다는 것을 고려하면,

'또는 순서대로 [대상으로 나타나는 그것은 자신과 상응하는 결과를 낳는 공능이 인식의 조건이 되기 때문에 모순되지 않는다]'라고 [『관소연론』에서] 설한다.

이것은 오류가 없다. 또한 순서대로 그 인식대상은 자신과 상응하는 결과를 낳기 때문에 아뢰야식을 의지처로 삼는 공능이다. 만약 저 인식대상이 저 공능을 두지 않는다면, 저 공능이 저 식과 같은 것을 발생시키지 않을 것이다. 공능에서 생긴 저 식은 다만 저 인식대상으로부터 생기기 때문에 어떤 모순도 없다. 이 견해는 [인식대상이 구비해야 할] 두 가지 조건을 가지기 때문에 이치에 어긋나지 않는다. 저 인식대상이 자신과 상응하는 후찰나의 인식을 발생시키기 때문에 [저 인식대상은] 두 가지 조건을 가지면서 존재한다.

'dir gzhan gyi tshig gi go skabs bstan pa'i phyir |

gal te 'o na nang gi gzugs kho na zhes bya ba la sogs pa smos te |

gal te khyod nang gi gzugs kho na dmigs pa'i rkyen yin par 'dod na | de'i tshe ji ltar nang gi gzugs de dang mig la brten nas mig gi rnam par shes pa skye ste[60] | 'di ltar mig sngar snang bar gyur ba'i gzugs

60 P.N: skyed de

gang yin pa de dang lhan cig pa'i mig gis[61] rang gi rnam par shes pa skyed na | nang gi gzugs ni mig sngar snang bar yang mi 'gyur na | de ji ltar nang gi gzugs de dang lhan cig pa'i mig gis mig gi rnam par shes pa skyed[62] ces brjod par bya | de ni nam yang mdun na mi 'dug na | de ji ltar snang bar 'gyur zhes bya ba ni phyogs snga ma'o | bstan bcos byed pas 'di'i lan gdab par |

lhan cig byed dbang nus pa yi | zhes bya ba la sogs pa smos te |

gal te dbang po 'byung ba las gyur pa yin na ni de'i tshe nyes pa 'dir 'gyur na | kho bo cag ni dbang po nyid du 'dod pa'i dngos po[63] yul lhan cig byed pa'i nus pa gang yin pa de dbang po yin par 'dod de | de'i phyir kho bo cag gi ltar na ji ltar gzugs nang gi yin pa de bzhin du mig kyang nang gi kho na[64] yin pas ji skad smras pa'i nyes par lta zhig ga la yod | lhan cig byed dbang zhes bya ba 'di ni yul dang lhan cig byed pa'i dbang por 'dod pa'i zhes bya bar de ltar blta bar bya'o | de lta ma yin gyi dbang po'i dbang po zhes byas nas ni 'brel pa med par 'gyur la | dbang po'i dbang po zhes brjod na mdzes par yang mi 'gyur ro ||

여기에 대론자의 반박을 설명하기 위하여,

'만약 그 경우에 내부의 대상을 [인식대상의 조건으로 한다면, 어떻게 그것이 눈이라는 감각기관에 의지해서 시각적 식을 발생시키는가?]'라고 [『관소연론』에서] 설한다.

61 P.N: gi

62 P.N: bskyed

63 P.N: -dngos po

64 P.N: po

만약 그대가 내부의 대상이야말로 인식대상의 조건이라고 주장한다면, 저 내부에 있는 대상과 눈(眼)을 조건 삼아 시각적 식(眼識)이 생긴다. 눈보다 먼저 이미 나타나 있는 색깔/형태와 함께 눈이 자신의 식을 발생시키고 내부의 대상이 눈보다 먼저 나타나지 않는다면, 저 내부의 대상과 동시에 있는 눈에 의해서 왜 시각적 식이 생기는가?라고 말해야 한다. 그것은 전찰나와 상관없이 나타나는 것으로 전찰나이기 [때문이다]. 논주는 그것에 대해 답한다.

'[식과 인식대상이] 동시[에 발생해]도 작용하는 감각기관의 공능(根功能)은 [감각기관이다]'라고 [『관소연론』 7cd송에서] 설한다.

만약 감각기관이 물질적 요소라면, [앞에서 지적했던 것과 같은] 오류가 있게 될 것이다. 우리는 감각기관으로 허용되는 사물과 동시에 작용하는 공능을 감각기관이라고 주장한다. 그래서 우리는 색깔이 내적인 것처럼, 눈이라는 감각기관도 또한 내적인 것이라고 하는 오류를 가지는가? [식과 인식대상이] 동시에 [발생하여] 작용하는 것은 대상과 동시에 작용하는 감각기관이 허용된다고 보아야 한다. 그렇지 않고 감각기관은 감각기관과는 연관이 없고, 감각기관의 감각기관이라고 말하는 것과 그 연관 관계가 없으며 또 감각기관의 본질을 공능이라고 한다면,

yang dbang po nus pa'i ngo bo nyid yin no zhes bya ba 'di ji ltar shes she na | de'i phyir |

dbang po ni zhes bya ba la sogs pa smos te |

gang gi phyir dbang po ni rang gi 'bras bu rnam par shes pa'i mtshan nyid las nus pa'i ngo bo nyid du rjes su dpag gi | 'byung ba las gyur pa nyid du ni ma yin pas so | 'di ltar 'bras bu las ni rgyu tsam rjes su dpag par nus kyi | rgyu'i khyad par ni ma yin te | khyad par gyi rtags la khyab pa mi srid pa'i phyir ro | ji ltar du ba las me tsam rjes su dpag par nus kyi | me'i khyad par rtswa dang lo ma la sogs pa ma yin pa de bzhin du | 'bras bu'i rnam par shes pa'i mtshan nyid las rgyu tsam rjes su dpag par nus kyi | rgyu'i khyad par 'byung ba las gyur pa nyid la sogs pa ni ma yin te | 'di ltar bye brag tu smra ba'i ltar na ni dbang po 'byung ba las gyur pa yin | btsun pa sangs rgyas lha'i ltar na[65] ni 'byung ba'i ngo bo nyid yin | rnal 'byor spyod pa'i ltar na ni[66] rnam par shes pa'i ngo bo nyid yin | dbu ma pa'i ltar na ni[67] kun rdzob tu yod pa yin | grangs can pa'i ltar na ni nga'o snyam pa yin pas de lta bu la sogs pa'i khyad par rjes su dpag par mi nus so | de lta bas na nus pa rgyu tsam du rjes su dpog par byed pas nus pa tsam rjes su dpog par 'gyur ro | de la 'di snyam du nus pa ni nus pa dang ldan pa la ltos te | nus pa can[68] gzhi med par ni[69] mi rung ngo ||

그러면 감각기관이 공능 자체라고 하는 것을 어떻게 이해하면 좋을까?

'감각기관은 [자신의 결과인 공능 자체에서 추리되는 것이지 외계의 물질적 요소로부터 추리되는 것은 아니다]'라고 [『관소연론』에서] 설한다.

---

65 P.N: -na
66 P.N: -ni
67 P.N: -ni
68 P.N: can
69 P.N: -ni

감각기관은 자기의 결과인 식의 특성인 공능 자체에서 추리되고 물질적 요소라는 성질로 추리되는 것은 아니기 때문이다. '결과'라는 것은 오직 원인이라는 실체로서 추리될 수 있다. 원인의 차별은 [추측될 수] 없다. [원인의] 차이의 근거에 포함될 수 없기 때문이다. 연기로부터 오직 불만을 추측할 수 있지만, 불의 특별성으로부터 풀과 잎 등을 추리할 수 없는 것과 같다. 결과인 식의 특성에서 오직 원인을 추리할 수 있지만, 원인의 차이를 물질적 요소로부터 [추리할 수는] 없다. 설일체유부(Sarvāstivāda, 說一切有部)에 따르면 감각기관은 물질적 요소로부터 성립한다. 대덕 각천(覺天)에 의하면 [감각기관은] 물질적 요소를 본질로 삼는다. 유식학파(Yogācāra, 唯識學派)에 의하면 [감각기관은] 식을 본질로 삼는다. 중관학파(Mādhyamika, 中觀學派)에 의하면 [감각기관은] 세속으로 존재한다. 수론파(Sāṁkhya, 數論派)에 의하면 [감각기관은] 아만(asmimāna, 我慢)이라고 하기 때문이다. 이 같은 차이는 실체로서 추리될 수 없다. 그런 이유로 공능이 다만 원인이라는 것을 추리하기 위하여 [감각기관은] 오직 공능이라고 추측한다.[70] 그 경우에 공능은 공능을 구유하는 것에 의지한다. 공능을 가진 것이 없다는 것은 있을 수 없다.[71]

---

70 177, 각주 23, 468, 각주 17, 471, 각주 20, 474, 각주 25.

71 『유식이십론술기』(T43, 999a11-999b2) 言現量者 諸部說異. 且薩婆多 用世友說 以根名見 根體是現量. 以顯現義是根義故. 此能量境 故名現量. 是持業釋. 法救說 識名見. 能量境故 識名現量. 持業如前. 妙音慧名見. 能量法勝慧 名現量. 正量部說 心心所法 和合名見. 心心所法 合名現量. 經部師說 根識和合 假名爲見 假能量境 假名現量. 吠世史迦 德句義中 覺爲現量. 數論師說 十一根中 五根是現量. 若歸於本 自性是現量. 大乘師說 根名爲現 … (중략) … 小乘有五 外道有二 大乘有四 合有十一種 出現量體 廣如餘處 此略顯示. "지각(現量)에 대한 학파들의 견해는 다르다. 설일체유부는 세우(Vasumitra)의 학설을 채택하는데(用) 감각기관이 [대상을] 보는 것으로 감각기관의 본질을 지각이라고 설한다. 현현이라는 의미가 감각기관의 의미이기 때문이다. 그것은 대상에 대한 인식주체(能量)이기에 지각이라고 부른다. 이것(=지각)은 지업석(持業釋)이다. 법구(Dharmatrāta)는 식이 본다고 설한다. 인식주체가 대상[을 보기] 때문에 식이 지각한다

고 말한다. 앞과 같이 [지각은] 지업석이다. 묘음(Ghosaka)은 지혜(慧)가 [대상을] 본다고 한다. 법을 인식하는 주체인 뛰어난 지혜를 지각이라고 부른다. 정량부(Sammatiya, 正量部)는 심법과 심소법이 화합하여 [대상을] 본다고 설한다. 심법과 심소법이 화합한 것을 지각이라고 부른다. 경량부(經量部)는 감각기관과 식이 화합한 임시적 존재인 인식주체가 언어적 존재(假名)인 대상을 본다고 하는데 [이것을] 임의로 지각이라고 부른다. 바이쉐시카(Vaiśeşika)는 속성의 지시체를 지각하는 것을 지각이라고 한다. 상키야(Samkhya, 數論) 논사들은 11가지 신체 기관 가운데에서 다섯 가지 감각기관이 [대상을] 지각한다고 말한다. 만약 근본으로 돌아간다면 자성을 지각이라고 한다. 대승 논사들은 감각기관이 나타난 것을 [지각이라고] 설한다. … (중략) … 5가지 소승, 2가지 외도, 4가지 대승을 합하여 11종으로 지각의 실체를 명시하였다. 다른 곳(=『성유식론술기』 卷 1, 2, 3, 7)에서 상세하게 설명한 것과 같지만 이곳에서는 간략하게 드러내었다."

8송 외계 대상과 내부 공능의 관계

⌘ 티베트역 8송

[D.174, 87a6]

de yang rnam rig la mi 'gal ‖ 8a ‖

nus pa'i[1] rnam par shes pa la yod kyang rung | bstan du med pa'i rang gi ngo bo la yod kyang rung ste | 'bras bu bskyed pa la khyad par med do |

de ltar yul gyi ngo bo dang |
nus pa phan tshun rgyu can dang |
thog ma med du[2] 'jug pa yin ‖ 8bcd ‖

mig ces bya ba'i nus pa dang | nang gi gzugs la brten[3] nas rnam par shes pa don du snang ba dmigs kyis ma bstan pa[4] skye'o[5] | 'di

1 P: nus pa ni
2 P: dus
3 P.N: rten
4 P.N: phye ba

gnyis kyang phan tshun rgyu can dang | thog ma med pa'i dus can yin[6] te | re su[7] 'ga' na[8] nus pa yongs su smin pa las rnam par shes pas[9] yul gyi rnam pa nyid[10] 'byung la res[11] 'ga' ni de'i rnam pa la nus pa'o | rnam par shes pa ras[12] de gnyis gzhan nyid dang gzhan mi yin pa nyid du ci dgar brjod par bya'o | de ltar[13] nang gi dmigs pa ni chos nyid gnyis dang ldan pa'i phyir yul nyid du mthong ngo[14] | dmigs pa brtags[15] pa'i 'grel pa slob dpon phyogs kyi glang pos mdzad pa'o[16]||

또한 그것(=공능)은 인식(vijñapti)에 방해(*pratighāta, 礙)가 없다. [8a]

공능(=마음씨앗)은 식(vijñāna)에 존재할 수도 있고, 그 자체 존재할 수도 있는지에 대해서는 말할 수 없지만 결과를 발생시키는 것은 차이가 없다.

이와 같이 대상 자체와 공능은 서로 원인(因)이 되어 무시이래로 생긴다.[17] [8bcd][18]

---

5 P: phye ba skye'o

6 P.N: can ma yin

7 P.N: re, C: res

8 P: ni

9 P.N: pa'i

10 P.N: nyid du

11 P: re

12 P.N: las dang

13 P: de ltar na

14 P.N: yul nyid du 'thad do

15 P.N: brtag

16 P.N: mdzad pa rdzogs so

17 『성유식론』(T31, 19c14-19c27) 眼等五根卽種子故. 二十唯識伽他中言. **識從自種生 似**

눈(眼)이라는 공능과 내부의 대상(色)에 의지해서 [생긴] 식(vijñāna)이 대상으로 나타나는 인식대상에는 차이 없이 생긴다. 이 두 가지(=공능과 대상)는 또 서로 원인(因)이 되고 또 무시이래로 존재한다. 혹은 공능이 익어 감에 따라 식(vijñāna)은 대상의 형상(ākāra)으로 생길 때, 또는 그것(=대상)의 형상에 의해서 공능이 [저장된다] 식과 그 두 개(공능과 대상)는 다른 것도 아니고 같은 것도 아니다. 그래서 내부의 [식은] 인식대상이 [갖추어야 할 구비 조건인] 두 가지의 특성을 지니고 있기 때문에 [인식] 대상으로 성립한다.

境相而轉 爲成內外處. 佛說彼爲十. (『이십론』 9송) 彼頌意說. 世尊爲成十二處故. 說五識種 爲眼等根 五識相分爲色等境. 故眼等根卽 五識種. 觀所緣論亦作是說. **識上色功能名五根應理 功能與境色 無始互爲因. (『관소연론』 8송)** 彼頌意言 異熟識上能生眼等色識種子名色功能 說爲五根無別眼等. 種與色識常互爲因 能熏與種遞爲因故. “눈이라는 감각기관(眼根) 등 다섯 가지 감각기관은 곧 마음씨앗이기 때문이다. 『이십론』의 [9]송에서 다음과 같이 말한다. [붓다가] 식은 자신의 마음씨앗으로부터 생겨서 대상과 유사한 모습으로 [나타나서] 생긴다. 내부의 인식영역(=자신의 마음씨앗)과 외부의 인식영역(=대상과 유사한 모습으로 나타난 것)이 [식의 두 가지] 인식영역(處)에서 성립한다. 전5식의 마음씨앗을 눈이라는 감각기관 등으로 설하고 다섯 가지 식의 상분을 색깔/형태 등의 대상이라고 설하신 것이다. 따라서 눈이라는 감각기관 등은 곧 다섯 가지 식의 마음씨앗이다. 『관소연론』 [8송]에서도 역시 다음과 같이 설한다. 이숙식(=아뢰야식) 위에서 능히 시각적 식(眼識) 등 대상의 식을 일으키는 마음씨앗을 색깔/형태의 공능이라고 이름하고 다섯 가지 감각기관(五根)이라고 한다. 별도의 감각기관은 없다. 마음씨앗과 전오식(色識)과 항상 서로 원인이 된다. 능훈(=식)과 마음씨앗은 번갈아 원인이 되기 때문이다.” 177, 각주 23, 465, 각주 70, 471, 각주 20, 474, 각주 25.

18 8송은 대상과 공능의 관계를 다루고 있다. 감각기관은 식과 별도로 존재하는 외계 존재의 상태가 아니라 공능의 상태라는 것이다. 감각기관이 공능의 상태라는 것은 감각기관은 원자와 2차 물질적 요소로 구성된 객관적 실체로 존재하는 것이 아니라 내부 식이 변한 것으로 존재한다는 것이다. 이에 전5식은 물질인 감각기관과 외계 대상으로부터 발생하는 것이 아니라 내부 식이 변하여 공능의 상태에 있는 감각기관과 외계 대상으로부터 생긴다는 것이다. 내부 공능이 변하여 나타난 것이 바로 감각기관이고 외계 대상이다. 따라서 공능인 감각기관으로부터 발생한 전5식은 실재하는 대상을 아는 식이 아니라 내부 공능이 나타난 것이다. 식이 변한 공능과 공능의 상태인 감각기관은 서로 불가분리의 관계에 있다. 이 둘은 서로 인과의 관계를 맺으면서 무시이래로 발생한다.

⌘ 진제역 8송

[T31, 882c19-882c21]

二根共生. 勝能爲根. 於識無礙
更互爲因. 勝能爲塵 互生無始. (8송)

두 가지 감각기관(根, indriya)은 함께 생긴다. 뛰어난 공능(能, śakti)을 감각기관(根)이라고 한다. 식[발생]에 방해(礙, *pratighāta)가 없기에 [무시이래로 공능과 대상은] 서로 원인이 되어 [생긴다]. 뛰어난 공능은 인식대상이 되므로 [공능과 대상은] 서로 시작도 없이 [단절되지 않고 끊임없이] 생긴다. (8송)

[T31, 883b8-883b22]

問曰. 若內塵是識緣緣是緣生經當云何釋. 經言依根緣色眼識得生廣說如經.
答曰. 功能體相能共造果說名爲根.

問. 根者體用云何.
答. 勝能爲體. 此體因何法可比度知. 有由生自果故 是其勝能可得了別. 非有四大色. 此功能於識中無有妨礙. 此功能在識中離識其體不可顯示.

如我所立根與汝所立根同功能爲體. 此有何異. 如此功能及似塵相更互爲因. 如此功能及似塵相生從無始來悉爾. 依功能說名根緣內塵相名境. 是亂識不可言其相得生. 此法更互爲因亦無有始. 何以故. 或功能成熟故起似塵識或似塵識故功能得成. 識者或異二或不異二或不可說. 如此內塵具二法故可爲識境.

묻는다. 만약 내부의 인식대상이 식의 인식대상으로서 조건(所緣緣)이고 [식] 발생의 조건(緣)이라면, 경전에서는 마땅히 어떻게 해석해야 하는가? 경전에서 말하기를 '감각기관(眼)에 의거하고 대상(色)을 조건 삼아서 시각적 식(眼識)이 생긴다'[19]라고 널리 경전에서 설하는 것과 같다.

답한다. 공능(功能, śakti)의 본질이 능히 함께 결과(果)를 만드는 것으로 [이것을] 설하여 [공능을] 감각기관(根, indriya)이라고 이름한다.[20]

묻는다. 감각기관의 본질과 작용은 무엇인가?

답한다. 뛰어난 능력을 본질로 삼는다.[21] 이것(=감각기관)은 어떠한 법과 비교하여 헤아려 알 수 있는가? 자신의 결과를 발생시키기 때문에 이 뛰어난 능력은 [대상을] 요별할 수 있다. 물질적 요소(四大)[로 구성된] 형태/색깔(色, rūpa)은 존재하지 않는다. 이 공능은 식 가운데에 [존재하여도 아무런] 방해가 없다. 이 공능은 식 가운데에 있으며 식을 떠나서는 그 본질을 나타낼 수 없다.

내(=디그나가)가 주장하는 감각기관과 그대[들]이 주장하는 감각기관은 똑같이 공능을 본질로 한다. 여기에 무슨 차이가 있는가? 공능과 인식대상에 닮은 형상(ākāra)은 서로 원인(因)이 된다. 이 공능과 대상에 닮은 형상은 시작도 없이 지금까지 함께 발생한다. [일체가] 공능에 의거해서

---

19 176, 각주 21 참조.

20 '감각기관이 공능(=마음씨앗)이다'라는 명제는 『이십론』 9송과 『관소연론』 7, 8송에 나온다. 또한 『성유식론』의 말나식 부분에 나온다. 177, 각주 23, 465, 각주 70, 468, 각주 17, 474, 각주 25.

21 『성유식론술기』(T43, 416a4-416a7) 隨根立名具五義故. 述曰 勝於境故偏從根稱. 何謂五義. 論五謂依發屬助如根. "[식의 이름을] 감각기관(根)에 따라 이름짓는 것은 다섯 가지 뜻(五義)을 갖추고 있기 때문이다. 술기에서 '[감각기관(根)이] 대상(境)보다 뛰어나기(勝) 때문에 치우쳐서 감각기관(根)에 따라 [시각적 식 등으로] 부른다'라고 말한다. 무엇이 다섯 가지 뜻인가? 논에서 '다섯 가지란 의(依), 발(發), 속(屬), 조(助), 여(如)이다'라고 말한다." 354, 각주 48, 365, 각주 91.

[생기는 것을] 설하여 감각기관(根)이라고 이름하고, 내부의 인식대상의 형상을 조건 삼아 [생기는 것을] 인식대상(境)이라고 이름한다. 이같이 혼란한 식은 그 형상을 발생시킬 수 없다는 것을 말한다. 이 법은 서로서로 원인(因)이 되고 처음도 없[이 발생한]다. 왜인가? 혹은 공능이 성숙한 까닭에 대상에 닮은 식을 일으키고 혹은 대상에 닮은 식인 까닭에 공능을 만들 수 있기 때문이다. 식은 혹 둘(=공능과 대상)과 다르기도 하고 혹은 둘과 다르지 않기도 하며 혹은 말할 수 없는 것(不可說)이[기도 하]다. 이처럼 내부의 인식대상은 두 가지 법을 [모두] 갖추고 있기에 식의 인식대상(境)이다.

⌘ 현장역 8송

[T31, 888c27-889a10]

若五識生唯緣內色 如何亦說眼等爲緣.

識上色功能 名五根應理.
功能與境色 無始互爲因. (8송)

以能發識比知有根 此但功能非外所造故. 本識上五色功能名眼等根. 亦不違理.

功能發識理無別故. 在識在餘雖不可說 而外諸法理非有故 定應許此在識非餘. 此根功能與前境色 從無始際展轉爲因. 謂此功能至成熟位 生現識上五內境色. 此內境色復能引 起異熟識上五根功能. 根境二色與識一異或非一異. 隨樂應說. 如是諸識 唯內境相爲所緣緣 理善成立.

만약 [유식학파에서] 전5식이 생길 [때에] 오직 내부의 대상을 조건으로 한다면, 어떻게 [원자로 이루어진 외계 대상인] 눈(眼) 등을 [인식 발생의] 조건(緣)이라고 설하는가?

> **식 상에 있는 대상(色)의 공능을,**
>
> **다섯 가지 감각기관(五根)이라고 이름하는 것은 응당 이치에 맞다.**
>
> **공능과 경계의 대상(色)은,**
>
> **무시이래로 서로 원인(因)이 된다.** (8송)

능히 [시각적] 식을 일으키는 것을 추리하여 감각기관(根)이 있다는 것을 알지만, [이때 감각기관은 식과 별도로 외계에 존재하는 물질이 아니라], 다만 이 공능[이 변하여 감각기관과 유사한 형상으로 나타난 것으로] 외계[에 존재하는] 2차적 물질적 요소(大種所造)가 아니다. [따라서] 본식상[에 있는] 다섯 가지 대상(五色)의 공능을 눈(眼) 등의 감각기관(根)이라고 이름한다. [이것] 또한 이치에 어긋나지 않는다.

공능이 인식을 일으키는 것도 이치는 다르지 않기 때문이다. 인식에 존재하는 것인지 아니면 그 밖의 다른 곳에 존재하는 것인지, 비록 말할 수 없지만, 외계의 일체 현상은 [인식과 별도로 외계에 존재하는 것이] 논리적으로 성립하지 않기 때문에 반드시 이것(=외계의 일체 현상)은 인식에 존재하지 다른 곳에 존재하는 것은 아니다. 이 감각기관(根)의 공능과 현전하는 경계의 대상(色)은 무시이래로 계속하여 [서로] 원인이 된다. 이를테면 이 공능이 성숙한 지위에 이르러 현식(現識)[22]상에 5가지 내부의 대

22 현재 활동하는 식을 '현행식'(pravṛttivijñāna, 現行識)이라고 한다. 현행식에는 제7식인

상을 낳는다.[23] 이 내부의 대상(內境色)이 다시 능히 이숙식(異熟識)[24] 상의 다섯 가지 감각기관(五根)의 공능을 인기한다. 감각기관(根)과 대상(境), 이 두 가지와 인식은 같기도 하고, 다르기도 하며, 혹은 같지도 않고 다르지도 않다. 즐거움에 따라 응당 설한다. 마치 이같이 모든 인식(諸識)은 오직 내부 대상(內境)의 형상(相, ākāra)만을 인식대상의 조건(所緣緣)[으로 삼는다]라는 주장은 논리적으로 잘 성립한다.

【案】 아뢰야식에 있는 내부 공능이 변하여 외계 대상인 감각기관으로 나타난다. 여기에서 내부의 공능과 외계로 나타난 감각기관은 동일 관계이다. 왜냐하면 감각기관은 물질적 요소로 이루어지는 것이 아니라 내부 식 안에 있는 공능이 변한 것이기 때문이다. 고래로 불교사상에서 감각기관은 식을 발생시키는 뛰어난 능력을 지닌 증상연(增上緣)이다. 감각기관이 증상연인 경우에 그것은 물질적 요소로 존재한다. 하지만 공능이 일체 생기의 원인인 인연(因緣)이기에 공능이 변한 감각기관 역시 증상연이 아니라 인연(因緣)이 되는 것이다. '감각기관은 공능이다'라는 문제에 대해서 논사들은 다양한 입장차를 드러내지만, 결국은 식과 별도로 존재하는 외계 대상은 없고 '이 세계는 오직 인식일 뿐(vijñapti-mātra)이다'로 귀결된다.[25]

말나식과 제6식인 의식과 다섯 가지 감각기관으로 발생하는 전5식이 있다.

23 『성유식론』(T31, 4c4-4c5) 諸有對色皆識變現非極微成. "물질(有對色)은 모두 식이 변해서 나타난 것(變現)으로 [존재하는 것이지], 원자로 이루어져 [존재하는 것은] 아니다."

24 아뢰야식의 다른 이름은 이숙식, 본식, 제8식, 일체종자식 등이다.

25 177, 각주 23, 465, 각주 70, 468, 각주 17, 471, 각주 20.

⌘ 비니타데바 8송 해석

[D.190, 185b7]

nus pa dang ldan pa ni dbang po yin la | de yang 'byung ba las gyur pa yin pas dbang po 'byung ba[26] las gyur pa yin par grub po snyam du sems na | de'i phyir |

de yang rnam rig la mi 'gal | zhes bya ba smos te |

gal te rten zhig gdon mi za bar dgos na | rnam par shes pa de nyid rten yin du zad de | 'di ltar rnam par shes pa la ni yul so sor rnam par rig pa'i ngo bo yin pa'i phyir dang | rang rig pa'i ngo bo yin pa'i phyir gnyi ga la grags so | de'i phyir de nyid las kyis yongs su bsgos pa rten yin du zad de | nus pa ni[27] gang gis na de rnam par shes pa'i rten can du mi rung bar 'gyur ba rnam par shes pa dang lhan cig 'gal ba ni med do | de la 'di snyam du 'byung ba las gyur pa la rnam par gnas pa'i nus pa yang 'bras bu gzhan skyed la | rnam par shes pa la gnas pa yang gzhan skyed :do ||

공능을 지닌 것은 감각기관이다. 그것(=감각기관) 또한 2차 물질적 요소(四大所造)에서 이루어지기 때문에 감각기관은 2차 물질적 요소로부터 설정되는 것이 성립한다고 생각한다면,

'또한 그것은 인식(vijñapti)과 모순되지 않는다'라고 [『관소연론』에서] 설한다.

---

26 P.N: -ba

27 N: na

만약 [인식 발생의] 토대가 반드시 필연적이라면, 저 식(vijñāna)이야말로 [식 발생의] 토대(=所依處)이다. 식은 각각의 대상을 분별하는 자체이기 때문이고 그리고[28] 자신(=식)을 분별하는 자체이기 때문에 두 가지[의 역할을 한다]. 그것 자체 행위로부터 훈습되고 [인식 발생의] 토대가 되더라도, 공능은 식의 근거(所依)가 될 수 없기에 식과 동시에 존재하는 것은 모순이 되지 않는다. 이 경우에 사람들이 생각하기를 물질적 요소로부터 설정된 공능도 어떤 결과를 발생시킨다. 식에 존재하는 것도 또한 다른 [결과를] 발생시킨다.

de[29] lta bas na dbang po ni gdon mi za bar 'byung ba las gyur pa kho na yin par[30] shes par bya'o snyam du sems na de'i dogs pa bsu bar |

nus pa ni rnam par shes pa la yod kyang rung zhes bya ba la sogs pa smos so |

'di la ni rten gyis byas pa'i khyad par med de | 'di ltar nus pa ni gal te rnam par shes pa la rnam par[31] gnas kyang rung | 'on te gzhan la rnam par gnas kyang rung | rnam pa thams cad du des ni

---

28 '식이 대상을 안다'라는 것은 식과 별도로 외계에 존재하는 대상을 식이 아는 것이 아니다. 우리의 일체 경험을 공능으로 저장한 식이 조건을 만나 외계 대상의 형상(ākāra)과 유사하게 나타난다는 것이다. 결국 식 발생의 원인은 내부에 있는 식 자신이고 이것은 대상의 형상으로 드러난다는 것이다. 이때 대상의 형상에 대한 본질은 외계대상이 아니라, 내부 식 자신이다. 이에 식과 나타난 대상의 형상은 서로 인과의 관계를 맺는다. 나타난 대상의 형상이 다시 식에 마음씨앗으로 저장되고 저장된 마음씨앗이 다시 대상의 형상으로 나타난다.

29 P.N: de

30 P.N: yin pa

31 P.N: -rnam par

gzugs mthong ba la sogs pa tsam zhig bya bar zad pas de'i phyir 'bras bu bskyed[32] par bya ba la khyad par med do | bstan du med pa'i rang gi ngo bo la zhes bya ba ni gzhan 'dod pa'i dbang po'i rang gi ngo bo ni dbang pos mi sod pa'i phyir brtag par mi nus so | ma brtags pa yang bstan par mi nus te | de'i phyir gzhan 'dod pa'i dbang po ni[33] bstan du med pa'i rang gi ngo bo yin no | 'o na dbang po'i nus pa de'i rgyu gang yin[34] zhe na ||

따라서 감각기관은 반드시 물질적 요소라고 알아야 한다고 생각하는 사람의 비판을 잠재우기 위하여,

'공능은 식(vijñāna)에 존재할 수도 있고 [그 자체 존재할 수도 있는지에 의해서는 말할 수 없지만, 공능에서 결과가 발생하는 데에는 차이가 없다]'라고 [『관소연론』에서] 설한다.

실로 이것은 [식 발생의 토대라는 작용으로 이루어지는 차이는 없다. 이처럼 공능이 만약 식에 존재할 수도 있고 또는 다른 곳에 존재할 수 있다. 어떤 상황이더라도 저것(=공능)은 대상을 보는 등의 작용만이 있기에 결과를 낳는 작용에는 차이가 없다]. [공능이 식에 존재할 수도 있고 그 자체 존재할 수도 있는지를] 말할 수 없는 본질이라는 것은 비판자가 허용하고 감각기관에 의해 도달될 수 없으므로 그것은 이해할 수 없다. 생각할 수 없는 것은 말할 수도 없다. 비판자가 허용하는 감각기관은 말할 수 없는 그 자체이다.[35] 그러면 감

32 P.N: skyed

33 P.N: na

34 P.N: -yin

35 山口益(1965), 478, 각주 7. 경량부의 '색심호훈설'을 말한다. 식 상에 공능이 있지만, 식 발생의 공능은 물질적 요소(四大)와 2차 물질적 요소(四大所造)로 구성된 감각기관

각기관인 공능의 원인은 무엇인가?[36]

mjug bsdu ba'i[37] thabs kyis de bstan pa'i phyir |

de ltar yul gyi ngo bo dang zhes bya ba la sogs pa smos te |

ji ltar rnam par shes pa 'di dbang po'i nus pa las skye ba de bzhin du | dbang po'i nus pa 'di la yang | dbang po 'phen par byed pa'i rnam par shes pa yang snga ma las skye la | sngon gyi rnam par shes pa de yang dbang po'i nus pa yang snga ma las skye'o | de ltar na 'di lta ste dbang po'i nus pa dang | yul gyi rnam pa can gyi rnam par shes pa 'di gnyis ni phan tshun gyi rgyu can du 'jug la | rgyu dang 'bras bu brgyud pa 'di'i dus kyi thog ma yang med pas 'di gnyis thog ma[38] med pa'i dus par[39] blta bar bya'o | bstan bcos byed pas[40] mdo'i don bstan pa'i phyir |

mig ces bya ba'i zhes bya ba la sogs pa smos te |

mig ces bya ba'i[41] dbang po'i nus par bstan pa gang yin pa dang | nang gi gzugs lhan cig skyes[42] pa'am | sngar byung ba la brten nas ma nges pa'i don gyi rnam pa can gyi rnam par shes pa skye'o | ji ltar phyi rol gyi don du smra ba ltar na nges pa'i don kho na las[43] rnam par shes pa skye ba ltar | 'di la ni de lta ma yin pas de'i

---

(根)이라는 것이다. 이것은 바수반두의 『대승성업론』에 나온다.

36 이 부분은 8송 1구에 대한 해명이다.

37 N: bas

38 P.N: +yang

39 P.N: bas

40 P.N: pa

41 P.N: ba

42 P.N: -skyes

43 P.N: nas

phyir 'di skad du | rnam par shes pa don du snang ba dmigs kyis[44] ma phye ba skye'o zhes bshad do | gzhan dag ni brjod du med pa'i don du snang ba zhes zer te | de ni don shin tu 'brel par mi snang ste | brjod du med pa nyid ni 'dir cung zad kyang mi dgos so ||

[지금 이 논을] 정리하기 위하여 그것을 설명하면,

'이처럼 대상 자체와 [공능은 서로 원인이 되어 무시이래로 생긴다]'라고 [『관소연론』 8bcd송에서] 설한다.

이 식이 감각기관인 공능에서 생기는 것처럼, 이 감각기관인 공능 또한 감각기관[인 공능을] 끌어들이는 식에도 앞서 생기며 앞서 [생긴] 식도 또한 앞선 감각기관인 공능에서 생긴다. 이처럼 감각기관인 공능과 대상의 형상을 가진 식, 이 둘은 서로를 원인으로 가지는 것으로서 발생한다. 이 원인과 결과가 연결되어 시작도 끝도 없이 [생기기] 때문에 이 두 가지는 시작도 [끝도] 없는 시간(무시이래)이라고 보아야 한다. 논주는 대상의 의미를 설명하기 위하여,

'눈(眼)이라는 [공능과 내부의 대상에 의지해서 생긴 식은 대상으로 나타나는 인식대상과 차이 없이 생긴다]'라고 [『관소연론』에서] 설한다.

눈이라는 감각기관이 공능이라고 설해지는 것과 내부의 대상은 동시에 생기는가. 또는 먼저 생긴 저 [내부 대상에] 의지해서 한정되지 않는 대

44 P.N: kyi

상의 형상을 가진 식이 생기는가? 외계실재론자에 의하면, 오직 한정된 대상[45]으로부터 식이 생기는 것처럼, 지금 경우는 그렇지 않기 때문에 식이 대상으로 나타나서 제한되지 않게 생긴다고 한다. 다른 사람들[46]은 그것이 한정되지 않은 대상으로서 나타나는 것이라고 말한다. 그것은 대상과 완전하게 결합해서 나타나지 않는 것이다. 그렇게 말할 수 없는 것은 여기에서는 언급할 필요가 전혀 없다.

'di ltar rang gi mtshan nyid thams cad ni brjod du med pa ste | gal te der snang ba'i shes pa skye ba yin na des na dngos su ci zhig 'grub par 'gyur | 'on te don gyi rnam pa can gyi shes pa skye ba gang yin pa de brjod par mi nus so zhe na | de la yang ci med pa'i phyir brjod par mi nus sam | 'on te rang gi mtshan nyid kyi phyir re zhig gal te med pa'i phyir ro zhe na | de ni rigs pa ma yin te | 'di ltar med pa'i ri bong gi rwa la sogs pa yang rjod[47] par byed do | 'on te rang gi mtshan nyid kyi phyir ro zhe na | 'di la ni lan btab zin to | mig ces bya ba'i nus pa la brten nas zhes bya ba 'dir sogs pa zhes bya :ba'i sgra[48] ni mngon par rtogs par bya ste | des ni mig la sogs pa zhes bya ba la[49] zhes bshad pa yin no | 'o na nus pa de gang las skye zhe na |

'di gnyis kyang phan tshun gyi rgyu can dang zhes bya ba smos te[50] |

45 외계실재론자에 의하면 대상은 식과 별개인 대상으로서 한정되지만, 대상을 부정하는 유식학파의 경우에는 그렇지 않다. 즉 대상은 대상으로 한정되는 것이 아니라 식이 변한 것이기 때문에 식에 한정된다.

46 山口益 등(1965), 483, 각주 2. 그는 경량부라고 주장한다.

47 P.N: brjod

48 P.N: ba 'di

49 P.N: -la

50 N: -te

nus pa de yang dbang po 'phen par byed pa'i rnam par shes pa snga ma las skye zhing | rnam par shes pa de yang nus pa yang snga ma las skye la | nus pa de yang dbang po 'phen par byed pa'i rnam par shes pa zhes snga ma las skye bas | rgyu dang 'bras bu'i ngo bo brgyud pa 'di ni thog ma med pa'i dus can nyid yin no | de ltar na[51] re zhig dbang po'i nus pa dang | rnam par shes pa rgyu dang 'bras bu'i dngos por bstan pa yin no | 'di gnyis kyang phan tshun gyi rgyu can dang | thog ma med pa'i dus[52] pa yin te | zhes bya ba'i tshig 'di kho nas | yul gyi nus pa dang rnam par shes pa phan tshun rgyu mtshan[53] nyid dang | thog ma med pa'i dus can nyid du ston to ||

모든 특성(lakṣaṇa)은 말할 수 없다. 만약 거기(=식)에 [대상의 형상으로 마음에] 나타나는 식이 발생한다면, 우리는 [우리의] 눈앞(현전)에서 무엇을 성취할 수 있는가? 만약 대상의 형상을 지닌 식이 생기는 것을 말할 수 없다고 한다면, 거기에는 아무것도 없으므로 말할 수 없는 것인가? 또는 개별적 대상(自相)[54]이기에 [말할 수 없는] 것인가? 또 만약 아무것도 없으므로 말할 수 없는 것인가? 또는 개별적 대상인 까닭인가? 또 만약 아무것도 없는 까닭이라면 그것은 도리가 아니다. 그것은 존재하지 않고 토끼 뿔 등과 같다고 하더라도 그것은 말할 수 있다. 만약 개별적 대상이기 때문이라고 한다면, 그것은 이미 답했다. 눈이라고 하는 공능에 의지해서라고 하는 등의 말을 이해해야 할 것이다. 그것은 눈 등이라고 말한다. 그러면 그 공능은 무엇으로부터 생기는가?

---

51 P.N: -na

52 N: nus

53 P.N: can

54 267, 각주 17 참조, 367, 각주 103 참조.

'이 두 가지(=공능과 대상)는 또 서로 원인이 되고 [또 무시이래로 존재한다]'라고 [『관소연론』에서] 설한다.

저 공능도 감각기관을 능히 끌어들이는 전찰나의 식에서 생기고 그 식은 또 더 전찰나의 공능에서 생기고 그 공능은 또 더 전찰나의 감각기관을 능히 끌어들이는 식에서 생긴다. 그러므로 이 인과(hetu-phala, 因果)가 계속 발생한다는 특성으로 무시이래라고 한다. 이처럼 어쨌든 감각기관인 공능과 식이 인과의 관계라고 설한다. 이 둘은 또 서로를 원인(因)으로 갖는 것, 또 [그런 관계가] 무시이래이기 때문에 대상의 공능[55]과 식이 서로를 원인으로 하며 [그것을] 무시이래라고 한다.

phan tshun gyi rgyu can nyid bstan pa'i phyir |

55 유리(2021), 88 참조. 아뢰야식 안에 있는 공능(마음씨앗)과 대상의 형상(ākāra)은 서로 원인(因)과 결과(果)의 관계이다. 공능[因]이 변하여 대상의 형상[果]으로 나타나고 대상의 형상[因]은 다시 공능[果]으로 저장된다. 이처럼 마음씨앗(공능)과 형상(ākāra)을 인식 발생의 조건으로 삼는 인식이란 식과 별개로 존재하는 색법인 소의[根]와 소연[境]을 조건 삼아 발생하는 인식이 아니라, 식 안에 있는 마음씨앗과 그 식상에 나타나는 대상의 형상을 조건 삼아 발생하는 인식이다. 이 경우 인식은 대상을 요별하는, 아는 작용이 아니라 스스로 나타나는 것이다. 즉 식은 공능과 대상성을 모두 포함하고 있다. 공능으로서의 식과 대상성으로서의 식이 있는 것이다. 따라서 외부 대상을 부정하고 내부 식 자신에게서 발생하는 인식이란 식이 훈습한 모든 것이 인연을 만나 식상에 표상되는 것(vijñapti)이다. 인식은 아는 것이 아니라 식 자신이 표상되는 것이다. 따라서 이런 인식의 인식대상은 바로 식 자신이다.

결국 내부 식 자체만의 사건으로 이 세계가 펼쳐지는 것이다. 따라서 외계 대상을 부정하고 내부 식 자신에게서 발생하는 인식이란 식이 훈습한 모든 것이 인연을 만나 인식 상에 표상되는 것(vijñapti)이다. 인식은 아는 것이 아니라 인식 자신이 대상의 형상처럼 나타나서 우리에게 '알려진 것'(vijñapti)이다. 이 세상은 오직 우리 개인의 내부가 나타난 것, '알려진 것'(vijñapti)으로만 있는 것이다. 그러므로 이 세계는 오직 인식(vijñapti)일뿐, 외계 대상은 존재하지 않는다.

res 'ga' ni nus pa yongs su smin pa las zhes bya ba la sogs pa smos te |

res 'ga' ni spros pa'i bag chags zhes bya ba'i nus pa yongs su smin pa las rnam par shes pa'i[56] yul gyi rnam pa nyid du 'byung la | res 'ga' ni yul gyi rnam pa can gyi[57] sems las nus pa skye'o | 'di la yang rgyu dang 'bras :bu'i brgyud pa[58] 'di'i rgyun chad pa med pas thog ma med pa'i dus can nyid du shes par bya'o |

yang ci dbang po dang yul gyi nus pa 'di dag rnam par shes pa las tha dad pa zhig yin nam | 'on te ma yin | gal te tha dad pa na de'i tshe ming tsam zhig la ldog par rtogs par zad kyi don ni mthun te | rnam par shes pa la ma gtogs pa'i dbang po dang | dmigs pa dag khas blangs pa'i phyir ro | 'on te tha mi dad na ni de'i tshe nus pa 'di ni dbang :po'o |[59] 'di ni yul lo zhes bya ba'i rnam par gzhag pa 'dir mi 'gyur ro zhe na |

de'i phyir rnam par shes pa dang | de gnyis zhes bya ba la sogs pa smos te ||

서로 원인을 가지고 있다는 것을 설명하기 위하여,

'어떤 때는 공능이 익어 감에 따라 [식은 대상의 형상으로 생기고, 어떤 때는 그것(=대상)의 형상 때문에 공능이 저장된다]'라고 [『관소연론』에서] 설한다.

56 P.N: pa

57 P.N: gyis

58 P.N: bu brgyud pa'i

59 P.N: po

'어떤 때'라는 것은 증장한 습기(vāsanā)라고 하는 공능이 매우 성숙함으로써 식은 대상의 형상으로 생기고 또 어떤 때에는 대상의 형상이 있는 마음 가운데에서 공능이 생긴다는 것을 말한다. 여기에 원인과 결과가 계속 발생하여 상속(santāna, rgyud, 相續)에는 단절이 없기에 무시이래라고 한다는 것을 알아야 한다.

또한 감각기관과 대상이 되는 이들 공능은 식과 다른 것인가, 또는 다르지 않은 것인가? 만약 다르다면, [공능이라는] 이름이 오직 과도하게 생각된다. 식을 떠나 감각기관과 인식대상을 인정하기 때문이다. 만약 다르지 않다면, 이 공능은 감각기관이다. 이것(=공능)이 대상이라고 하는 그런 설정은 없게 될 것이라고 한다면,

'식(vijñāna)과 그 두 가지(=공능과 대상)는 [다른 것도 아니고 같은 것도 아니다]'라고 [『관소연론』에서] 설한다.

gal te dngos kyi tshul dpyad na ni | de'i tshe nus pa rnams gnas skabs kyi khyad par gyi bdag nyid yin pas kun rdzob tu yod pa'i phyir | rnam par shes pa las gzhan nyid dam | gzhan ma yin pa nyid du brjod par bya ba ma yin no | de'i phyir ji skad smras pa'i nyes pa gnyi gar thal ba[60] med do | 'on te 'jig rten gyi tha snyad la brten na ni | de'i tshe ci dgar res 'ga' ni rnam par shes pa de dag las gzhan pa nyid du brjod par bya la | res 'ga' ni gzhan ma yin pa nyid du'o | 'di ltar kun rdzob tu yod pa rnams ni 'jig rten na res 'ga' ni tha dad par tha snyad 'dogs te | dper na tsan dan gyi dri zhes bya ba la sogs pa lta bu'o | res 'ga' ni tha mi dad pa ste | dper na

60 N: bar

gzugs la sogs pa la bum pa zhes bya ba lta bu'o | de ltar phyogs gnyi[61] ga la yang dmigs pa nang gi yin par bstan nas mjug bsdu ba'i phyir |

de ltar na nang gi zhes bya ba la sogs pa smos te |

de ltar na bshad pa'i rnam pas rnam par shes pa dang tha mi dad pa'i dmigs pa la chos nyid gnyis dang ldan pa yod pas yul nyid du 'thad pa yin no ||

만약 실제로 분석하면, 공능들은 분위 차별의 본체라고 하는 점에서 세상에 존재하기 때문이다. [그것은] 식과 다른가, 다르지 않은가?라는 것은 언급되지 않는다. 그 때문에 앞에서 말한 두 가지 경우의 오류에 떨어지지 않는다. 만약 세상 사람들의 말에 근거해서 보면, 바라는 바에 따라 어느 때에는 [그런 대상의] 그러한 공능하고 본질이 다르다고도 할 수 있고, 어느 때에는 본질이 다르지 않다고 말할 수 있다. 그것은 세계[에 있는 것]로서의 존재는 세계에서 어느 때에는 다르다고 설해야 한다는 것이다. 예를 들면, 전단의 향 등처럼. '어느 때'라는 것은 다르지 않다. 예를 들면, 대상 등을 병이라고 하는 것과 같다. 이상과 같이 두 가지 부분에서도 인식대상이 내부의 것이라고 설한 것을 정리하기 위하여,

'내부의 [식은 인식대상이 갖추어야 할 구비 조건인 두 가지 특성을 지니고 있기에 인식대상으로 성립한다]'라고 [『관소연론』에서] 설한다.

이상 설한 바에 의하면 식과 다르지 않은 인식대상은 [인식대상이 되기

---

61 N: gnyis

위한] 두 가지 조건을 가지고 있기에 [인식]대상이라고 하는 것은 이치에 맞다.

【案】 외계대상을 부정하는 유식학파의 인식은 두 개의 형상(ākāra)으로 나타나는 것이다. 그것은 주관의 형상과 대상의 형상이다. 이 인식은 대상의 형상으로 나타나는 것이 대상에 대한 파악이다. 이때 인식대상은 외계대상이 아니라 대상의 형상이다. 대상의 형상의 본질은 외계대상이 아니라 내부 식 자신이다. 이러한 인식의 본질은 대상에 대한 직접적 경험, 즉 대상인식이 아니라 대상형상을 밖으로 나타낸 자기인식이다.

경량부의 형상(ākāra) 개념은 찰나멸하는 가유적 외계대상에 대한 인식을 가능케 하는 매개 장치이다. 유식학파의 형상(ākāra) 개념은 무지에 의해 실재하지 않는 외계대상이 실재하는 형상으로 나타난 것이다.

형상(ākāra)은 전찰나로 멸한 대상과 전적으로 존재하지 않는 대상을 대신할 수 있는 것으로 상정된 개념으로 주체가 대상을 파악하는 방식을 의미한다. 이와 같이 경량부는 형상 인식론을 정초지우고 유식학파는 이론적으로 체계화하여 완성시킨다.

dmigs pa yongs su brtag pa yi | rnam par 'grel ba gsal byas pas | dge ba thob pa gang yin des | 'gro ba sangs rgyas nyid thob shog | dang po'i las can dga' bya'i phyir | rgya cher bshad pa dul ba'i lhas | khams bcu dang ni bral bar byas | de phyir mkhas rnams bzod[62] par gyis | nyes pa 'dzin pa lhur len pas | 'di ni 'dod 'dod dpyad du med | rang gi[63] rnam rtog dbang gis na | nyes pa med pa'am[64] blo

62 P.N: brjod

la snang | dmigs pa brtag pa rgya cher bshad pa slob dpon dul ba'i lha shes bya'i dmigs pa mtha' dag la gzhol[65] ba smra ba'i seng ge mu stegs can glang po che'i :glad pa 'gims[66] par mdzad pas sbyar ba rdzogs so ||

rgya gar gyi mkhan po shākya siṃ ha dang | zhu chen gyi lo tsā[67] ba ban de dpal brtsegs kyis bsgyur cing zhus nas gtan la phab pa'o ||

[나 비니타데바는] 인식대상을 고찰하는 해설을 드러내어 선한 행위(善業)를 획득하고 모든 중생이 부처가 되기를 [원한다]. 비니타데바는 첫 행위(行)를 시작하는 것을 좋아하기에 [이 논을] 자세하게 설명하여 10계를 벗어났다. 그러므로 학자들은 인욕하소서. 잘못된 것에 힘쓰는 것을 좋아하면 바라는 것을 성취하지 못한다. 자신의 분별이 위주가 되면, 잘못이 없어도 [그것을 자신의] 알음알이로 나타낸다. 인식대상을 분석하여 상세하게 설하신 실라바드라(śilabhadra) 스승의 가르침 중에서 모든 인식대상의 세밀한 경계를 논한 부분을 사자좌에 앉으신 위대한 존자께서 설명하신 것을 받아적었으며 이로써 번역이 완성되었다.

인도 학자 사카 심하(śākyasiṃha)와 [티베트의] 대역경사 밴데 발첵이 함께 번역하고 편집하여 완성하였다.

---

63 P.N: gis

64 P.N: pa'ang

65 N: gzhal

66 P.N: klad pa 'gems, C: glad pa 'gems

67 P.N: tsa

역자 후기

비니타데바는 인도의 불교 주석가이다.

이 번역은 비니타데바의 바수반두 『유식이십론』과 디그나가 『관소연론』에 대한 티베트역 유식학 주석서를 국내 불교학계 최초로 우리말로 옮긴 것이다. 또한 『유식이십론』의 티베트역과 『관소연론』의 티베트역과 현장, 진제 두 한역도 함께 번역하였다.

잘 알려진 것과 같이, 현재 불교학계는 티베트 불교 용어에 대한 통일된 우리말 번역어가 확립되어 있지 않은 실정이다. 비니타데바의 티베트역 두 주석서를 우리말로 옮기는 과정에서, 『유식이십론』 주석서는 2025년에 출판된 『유식이십론 – 다섯 가지 버전과 상세한 해설로 읽다』(강형철 · 유리 · 구미숙 역주, 씨아이알)에서 많은 도움을 받았다. 이 역서는 세계 최초로 『유식이십론』의 현존하는 다섯 버전을 우리말로 번역한 것이다. 『관소연론』 주석서 번역은 티베트역뿐만 아니라 현장, 진제 두 한역을 참고하였다. 워낙 내용이 난해하기로 정평이 난 논서이기에, 현존하는 세 판본을 먼저 번역하고 교차 검토하여 내용을 충분히 숙지한 뒤에 비니타데바의 주석서를 번역하였다.

티베트어를 번역하는 과정에서 산스크리트 용어 및 한역 용어와 면밀히 비교하여 우리말 표현 하나하나에 신중을 기했다. 또한 비니타데바의 그 간결한 문장 속에 응축되어 있는 유식학 용어와 개념의 복잡성을 최대한 선명하게 드러내기 위하여 고심하였다.

비니타데바의 유식학 주석서는 유식학이 보여 주는 심층적이고 정교한 인식에 대한 철학적 분석이 여전히 현대에도 유효한 통찰을 제공한다는 점을 잘 보여 준다. 또한 유식 사상에서 불교인식논리학으로 이행하는 일련의 사상적 흐름과 당대의 논쟁을 생생하게 보여 준다는 점에서도 학문적 의의가 크다.

부족한 점이 많으며 번역상의 오류는 모두 역자의 책임이다. 모쪼록 이 작업이 불교학 연구에 도움이 되기를 바란다.

이 책의 출판을 맡아 주신 세창출판사의 관계자분들께 감사의 말씀을 드린다. 특히 불교 문헌의 가치를 존중하면서 정성껏 편집해 주신 이나연 편집자님께 고마움을 전한다.

2025년 12월

역자 유리

약호 및 참고문헌

『이십론』에 대한 티베트역과 비니타데바의 티베트역 주석서, 『관소연론』에 대한 티베트역과 비니타데바의 티베트역 주석서는 모두 데게(sDe dge) 판본을 저본으로 삼았기에 이것에 대한 약호는 구분없이 'D'로 표시한다.

D. sDe dge Edition. Tibetan Tripitaka bsTan 'gyur: preserved at the Faculty of Letters, University of Tokyo. Tokyo: Sekai Seiten Kanko Kyokai. 1980.

N. sNar thang Edition. Microfilms stored in Naritasan Institute for Buddhist Studies, Mibu Catalog.

P. Peking Edition. The Tibetan Tripitaka 影印北京版西藏大藏經: Peking edition, reprinted under the supervision of the Otani University, Kyoto. Kyoto: Tibetan Tripiṭaka Research Institute. 1957.

C. Cone Edition. Microfilms of Co ne bsTan 'gyur edited by the Institute for Advanced Studies of World Religions, stored in Tokyo University Library.

G. Ganden(Golden) Edition.

P.K.125. An edition of the Dunhuang Manuscript Pelliot tibétain 125(7.4× 28.2cm, 1면 6행), *Revue d'Études Tibétaines*, 39, April 2017, pp. 342-360.

D.Vin. 『삼십송』에 대한 비니타데바의 티베트역 주석서. SDe dge. 4070. Hi lb[1]-63a[7].

L.Viṃ. Lévi, Sylvain(1925), *Vijñaptimātratāsiddhi: Deux Traités de Vasubandhu: Viṃśatikā et Triṃśikā*, Paris: Libraire Ancienne Honoré Champion.

AKBh. Vasubandhu, Abhidharmakośabhāṣya(1975), *Abhidharmakośabhāṣyam of Vasubandhu*, Anantalal, Thakur ed., K. P. Jayaswal Research Institute, Patna.

TSP II. Tattvasaṃgrahapañjikā, Shastri Dwarika Das(1968), *Tattvasaṃgraha of Ācārya Śantarakṣita: With the Commentary Pañjikā of Kamalaśīla*, Bauddha Bharati, Varanasi.

T. Taisho shinshu daizokyo(1924-1934년 사이에 편찬),『大正新修大藏經』, 東京: 大藏出版株式會社, 1936.

(T31, 12a13은『대장신수대장경』제31권 12쪽 上段 13행)

『잡아함경』 T. 1, No. 99. 101.

『해심밀경』 T. 9, No. 676.

『아비달마대비바사론』 T. 27, No. 1545.

『아비달마구사론』 T. 29, No. 1558.

『아비달마순정리론』 T. 29, No. 1562.

『아비달마현종론』 T. 29, No. 1563.

『유가사지론』 T. 30, No. 1579.

『관소연연론』 T. 31, No. 1625.

『관소연론석』 T. 31, No. 1624.

『유식론』 T. 31, No. 1588.

『대승유식론』 T. 31, No. 1589.

『유식이십론』 T. 31, No. 1590.

『성유식론』 T. 31, No. 1585.

『유식이십론술기』 T. 43, No. 1834.

『성유식론술기』 T. 43, No. 1830.

『무상사진론』 T. 31, No. 1619.

『섭대승론석』 T. 31, No. 1595.

『남해기귀내법전』 T. 54, No. 2125.

『성유식보생론』 T. 31, No. 1591.

단행본

김윤수 편역(2006),『자은규기의 술기에 의한 주석 성유식론』, 한산암.

가츠라 쇼류 등 저, 김성철 역(2014),『유식과 유가행』, 씨아이알.

가츠라 쇼류 등 저, 박기열 역(2017),『인식론과 논리학』, 씨아이알.

강형철 · 유리 · 구미숙 역주(2025),『유식이십론 — 다섯 가지 버전과 상세한 해설로 읽다』, 씨아이알.

교토불교각종학교연합회(글), 최종남 · 박용진 공역(2024),『새로 쓰는 대장경의 성립과 변천』, 운주사.

마크 시저리츠 저, 강병화 역(2023),『철학으로서의 불교』, 운주사.

바뜨 등 저, 유리 외 공역(2013), 『불교인식론』, 예문서원.

박현수(2013), 「『유식이십론』에서의 artha와 viṣaya에 대한 고찰」, 금강대학교 석사학위논문.

박재용(2014), 『5心에 관한 연구: 식의 俱起와 相續에 대한 논의를 중심으로」, 동국대학교 박사학위논문.

불교 과학 철학 총서 편집위원회 엮음, 게셰 텐진 남카 역(2022), 『물질세계』, 불광출판사.

안성두 외 6인 공저(2010), 『불교경전은 어떻게 전해졌을까』, 불광출판사.

이길산(2021), 「『유식이십론』 연구 — 관념론적 해석을 중심으로」, 서울대학교 박사학위논문.

이지수(2014), 『인도불교철학의 원전적 연구』, 여래.

이종철 역주(2015), 『구사론 계품 · 근품 · 파아품』, 한국학중앙연구원출판부.

이규완(2017), 「極微 해석을 통해 본 世親 철학의 轉移」, 서울대학교 박사학위논문.

이규완(2018), 『세친의 극미론』, 씨아이알.

이규완(2022), 『하운의 유식이십론술기 한글역』, 씨아이알.

얀 웨스터호프 저, 강병화 · 유경 공역(2024), 『인도불교철학』, 불광출판사.

우제선(2006), 『요가행자의 증지』, 무수.

앤디 로트먼 저, 이종복 역(2024), 『아귀: 탐욕에 잡아먹힌 아귀에 대한 열 가지 이야기』, 담앤북스.

윤영호(2013), 「說一切有部의 極微說 연구」, 동국대학교 박사학위논문.

조은별(2018), 「인식대상의 실재성 문제 연구 『관소연연론(Ālambanaparīkṣā)』을 중심으로」, 전남대학교 석사학위논문.

정현주(2019), 「유식무경의 인지과학적 해명」, 전남대학교 박사학위논문.

효도 가즈오 저, 김명우 · 이상우 공역(2011), 『유식불교, 『유식이십론』을 읽다』, 예문서원.

꾼촉 직메 왕뽀 저, 유리 외 공역(2021), 『티베트에서의 불교철학 입문』, 씨아이알.

카지야마 유이치 저, 전치수 역(1989), 『인도불교의 인식과 논리』, 민족사.

폴 윌리엄스 등 저, 안성두 · 방정란 공역(2022), 『인도불교사상』(제2판), 씨아이알.

횡산굉일 저, 김용환 · 유리 공역(2013), 『불교의 마음사상: 유식사상입문』, 산지니.

핫토리 마사아키 저, 이만 역(1991), 『인식과 초월: 유식의 철학』, 민족사.

明石惠達[Akashi, Etatsu](1928), 『藏漢和譯對校 二十唯識論解說』, 龍谷大學出版部. (再刊, 1985)

稻津紀三[Inazu, Kizow](1937), 『世親唯識の根本的研究』, 大東出版社.

宇井伯壽[Ui, Hakuju](1979),『四譯對照唯識二十論硏究』, 岩波書店.
宇井伯壽[Ui, Hakuju]・中村元[Nakamura, Hajime](1958),『陳那著作の硏究』, 岩波書店. (再刊, 1990)
宇井伯壽[Ui, Hakuju]・水野弘元[Mizuno, Kogen] 解說(1963),『大乘佛典の硏究』, 岩波書店. (再刊, 1990)
沖和史[Oki, Kazufumi](1982),「有相唯識と無相唯識」,『講座大乘佛教8 唯識思想』, 春秋社.
加藤純章[Kato, Junsho](1989),『經量部の硏究』, 春秋社.
梶山雄一[Kajiyama, Yuichi](1983),『佛教における存在と知識』, 紀伊國屋書店.
梶山雄一[Kajiyama, Yuichi] 외 7인(1984),『講座大乘佛教9: 認識論と論理學』, 春秋社.
佐々木現順[Sasaki, Genjun](1981),「衆賢による種子說批判: 續轉變差別の理解」,『佛教の歷史的展開に見る諸形態: 古田紹欽博士古稀記念論集』, 創文社.
三枝充悳[Saigusa, Mitsuyoshi](2004),『世親』, 講談社學術文庫.
勝呂信靜[Suguro, Shinjo](1989),『初期唯識思想の硏究』, 春秋社.
勝呂信靜[Suguro, Shinjo](2009),『唯識思想の形成と展開』, 山喜房佛書林.
長尾雅人[Nagao, Gajin]・梶山雄一[Kajiyama, Yuichi]・荒牧典俊[Aramaki, Noritoshi](1991),『大乘佛典-15 世親論集』, 中央公論社.
長尾雅人[Nagao, Gajin](2013),「所緣行相門の一問題」,『中觀と唯識』, 岩波書店.
袴谷憲昭[Hakamaya, Noriaki](2001),『唯識思想論考』, 大藏出版社.
服部正明[Hattori, Masaaki]・上山春平[Ueyama, Shumpei](1970),『佛教の思想 4: 認識と超越〈唯識〉』, 角川文庫.
兵藤一夫[Hyodo, Ichio](2006),『唯識ということ— 唯識二十論 を読む』, 春秋社.
保坂玉泉[Hosaka, Gyokusen](1976),『唯識根本敎理』, 鴻盟社.
富貴原章信[Fukihana, Shoshin](1929-1938),『唯識二十論述記』 窺基(唐) 撰,『國譯一切經; 和漢撰述部』, 岩野眞雄 編 3, 論疏部17, 大東出版社.
富貴原章信[Fukihana, Shoshin](1988),『唯識の硏究』, 國書刊行會.
舟橋一哉[Funahashi, Issai](1969),『業の硏究』, 法藏館. (再刊, 1981)
御牧克己[Mimaki, Katsumi](1988),「經量部」,『インド佛教 I』, 岩波講座 東洋思想 第8巻, 岩波書店.
森章司[Mori, Shoji](2005), 佛教比喩例話辭典, 國書刊行會.
山口益[Yamaguchi, Susumu](1941),『佛教における無と有との對論: 中觀心論入瑜伽行眞實決擇章の硏究』, 山喜房佛書林. (再刊, 1975)
山口益[Yamaguchi, Susumu]・荻原雲來[Ogiwara, Unroi](1936),『和譯稱友俱舍論疏 1-3』, 梵文俱舍論疏刊行會.

山口益[Yamaguchi, Susumu]・佐々木月樵[Sasaki, Gessho](1923),『唯識二十論の對譯研究』, 國書刊行會. (再刊, 1977)
山口益[Yamaguchi, Susumu]・野澤靜證[Nozawa, Josho](1953),『世親唯識の原典解明』, 法藏館. (再刊, 1965)
山田龍城[Yamada, Ryujo](1959),『梵語佛典の諸文獻』, 平樂寺書店. (再刊, 1977)
結城令聞[Yuki, Reimon](1986),『世親唯識の研究 上・下』, 大藏出版社.

Allen, William Cully(2015), *Sanskrit Debate: Vasubandhu's Viṃśatikā versus kumārila's Nirālambanavāda*, New York: Peter Lang Publishing.
Anacker, Stefan(1984), *Seven Works of Vasubandhu: The Buddhist Psychological Doctor, Religion of Asia Series 4*, Delhi: Motilal Banarsidass.
Bloom, Harold(1973), *The Anxiety of Influence: A Theory of Poetry*, Oxford: Oxford University Press.
Buescher, Hartmut(2008), *The Inception of Yogācāra-Vijñānavāda*, Wien: Österreichische Akademie der Wissenschaften.
Cook, Francis H(1999), *The Treatise in Twenty Verses on Consciousness only*, Berkeley: Numaa Center for Buddhist Translation and Research.
Duckworth, Douglas 외 5인(2016), *Dignāga's Investigation of the Percept*, Oxford: Oxford University Press.
Fernando, Tola & Carmen Dragonetti(2004), *Being as Consciousness: Yogācāra Philosophy of Buddhism*, Delhi: Motilal Banarsidass.
Frauwallner, Erich(1951), *On the Date of the Buddhist Master of the Law Vasubandhu, Serie Orientale Roma*, 3, Roma lstituto ltaliano per il Medio ed Estremo Oriente.
Griffiths, Paul J(1986), *On Being Mindless: Buddhist Meditation and the Mind-Body Problem*, La Salle, IL: Open Court.
Hayes, Richard P(1988), *Dignāga on the Interpretation of Signs*, Dordrecht: Kluwer Academic Publishers.
Kochumuttom, Thomas(1982), *A Buddhist Doctrine of Experience: A New Translation and Interpretation of the Works of Vasubandhu the Yogācārin*, Delhi: Motilal Banarsidass.
Kritzer, Robert(2005), *Vasubandhu and the Yogācārabhūmi*, Tōkyō: International Institute of Buddhist Studies of the International College for Advanced Buddhist Studies.

Kapstein, Matthew T(2001), *Reason's traces: identity and interpretation in Indian & Tibetan Buddhist thought*, Boston: Wisdom Publications.

Karunadasa, Yakupitiyage(1967), *The Buddhist Analysis of Matter*, Colombo: Department of Cultural Affairs.

Mimaki, Katsumi, Musashi Tachikawa, and Akira Yuyama(1989). *Three Works of Vasubandhu in Sanskrit Manuscript: The Trisvabhāvanirdeśa, the Viṁśatikā with its Vṛtti, and the Triṁśikā with Sthiramati's Commentary*, (Bibliotheca Codicum Asiaticorum 1), The Centre for East Asian Cultural Studies

La Vallée Poussin, Louis de(1926), *L'Abhidharmakośa de Vasubandhu - Traduit et annoté par Louis de la Vallée Poussin. Troisième chapitre (Vo. II)*, Paris: Librairie orientaliste Paul Geuthner.

Lévi, Sylvain(1925), *Vijñaptimātratāsiddhi: Deux Traites de Vasubandhu: Viṃśatikā et Triṃśikā*, Levi Sylvain Ed., Paris: Librairie Ancienne Honore Champion.

Lévi, Sylvain(1932), *Matériaux pour l'étude du système Vijñaptimātra*, Paris: Bibliothèque de l'École des Hautes Études.

Lusthaus, Dan(2002), *Buddhist Phenomenology: A Philosophical Investigation of Yogācāra Buddhism and the Ch'eng Wei-shih lun*, New York: Routledge.

Matilal, B. K(1986), *Perception. An essay on classical Indian theories of knowledge*, Oxford: Clarendon Press.

Park, Changhwan(2014), *Vasubhandu, Śrīlāta, and the Sautrāntika theory of seeds(Wiener Studien zur Tibetologie und Buddhismuskunde; Heft 84)*, Wien: Arbeitskreis für Tibetische und Buddhistische Studien, Universität Wien.

Paul, Diana Y(1984), *Philosophy of Mind in Sixth Century China: Dharmapāla's "Evolution of Consciousness"*, Stanford, Calif: Stanford University Press.

Robinson, Howard(1994), *Preception*, New York: Routledge.

Sastri, Aiyaswami(1942), *Ālambanaparīkṣā and Vṛtti by Dignāga: With the Commentary of Dharmapāla*, Adyar, Madras: The Adyar Library.

Stcherbatsky, Th.(1962, first edition 1930-1932), *Buddhist Logic I-II*, Leningrad, Reprint: 's-Gravenhage.

Schmithausen, Lambert(1987), *Ālayavijñāna: On the Origin and the Early Development of a Central Concept of Yogācāra Philosophy*, Tokyo: IIBSt.

Sharma, T.R(1993), Vijñaptimātratāsiddhi (Viṃśatikā), with Introduction,

Translation and Commentary, Delhi: Eastern Book Linkers.

Silk, Jonathan A(2018), *Materials Toward the Study of Vasubandhu's Viṁśikā (I)-Sanskrit and Tibetan Critical Editions of the Verses and Autocommentary, An English Translation and Annotations* (Harvard Oriental Series 81), Cambridge: Harvard University.

Tripathi, C. L(1972), *The Problems of Knowledge Yogācāra Buddhism*, Varanasi: Bharat Bharati.

Tzohar, Roy(2011), *Metaphor(Upacāra) in Early Yogācāra Thought And its Intellectual Context, Submitted in partial fulfillment of the Requirements for the degree of Doctor of Philosophy in the Graduate School of Arts and Sciences*, New York: Columbia University.

Wood, Thomas E.(1991), *Mind Only: A Philosophical and Doctrinal Analysis of the Vijñānavāda*, Honolulu: University of Hawaii Press.

논문

강성용(2003), 「바수반두(Vasubhandu)의 논쟁에 대한 이해」, 『불교학연구』 7, 불교학연구회.

강형철(2017), 「가상현실을 통한 불교이론의 재검토」, 『한국불교학』 84, 한국불교학회.

강형철(2021), 「『유식이십론』 2~4송의 재고」, 『동아시아불교문화』 45, 동아시아불교문화학회.

강형철(2024), 「공간의 창조—지옥의 생명체에 관한 바수반두의 해명 중심으로」, 『동아시아불교문화』 64, 동아시아불교문화학회.

김성철(2016), 「『십지경』 '삼계유심'구에 대한 유가행파와 중관학파의 해석」, 『한국불교학』 78, 한국불교학회.

김성옥(2018), 「Ālambanaparīkṣā 제1송 해석의 문제」, 『한국불교학』 88, 한국불교학회.

김성옥(2010), 「'keśa: 눈병 걸린 자에게 나타나는 머리카락' 비유에 관한 고찰」, 『인도철학』 29, 인도철학회.

구미숙(2017), 「『유식이십론』 한역 3본의 경명 변천과 역자 이설에 대한 고찰」, 『동아시아불교문화』 31, 동아시아불교문화학회.

김현구(2020), 「표상일 뿐[vijñaptimātra]에 대한 홀(B.C.Hall)의 분석과 비평」, 『불

교학보』 91, 불교문화연구원.
남수영(1997), 「『유식이십론』의 극미설 비판」, 『인도철학』 7, 인도철학회.
문을식(2007), 「현장의 五種不飜의 음역이론의 연구」, 『불교연구』 26호, 한국불교연구원.
박기열(2017), 「양의 도살에 비유된 타심상속의 단절과 과보 ―『유식이십론』 18~20 시송과 자주를 중심으로」, 『동아시아불교문화』 31, 동아시아불교문화학회.
박기열(2019), 「유식학파의 실재・형상・존재에 관한 인식론적 논증」, 『인도철학』 57, 인도철학회.
박창환(2009), 「法稱(Dharmakīrti)의 감각지각(indriyapratyakṣa)론은 과연 經量部적인가? ―上座 슈리라타(Śrīlāta)의 감각지각 불신론과 이에 대한 世親의 절충론을 통해 본 경량부 前5識說의 전개 과정―」, 『인도철학』 27, 인도철학회.
박창환(2010), 「구사론주 세친의 극미(paramāṇu)실체론 비판과 그 인식론적 함의」, 『불교학리뷰』 8, 금강대학교 불교문화연구소.
박인성(2008), 「『유식이십론』 게송 10에 대한 규기의 해석(1)」, 『한국불교학』 50, 한국불교학회.
방인(1998), 「불교의 극미론(極微論)」, 『철학연구』 65, 철학연구회.
박현수(2013), 「이미지의 본질에 대한 새로운 고찰: 유식」, 『한국시학연구』 37호, 한국시학회.
안성두(2012), 「불가언설성과 교법: 궁극적인 것에 대한 유식학의 접근방식과 붓다의 태도」, 『불교학리뷰』 11, 금강대학교 불교문화연구소.
안성두(2016), 「유식(vijñaptimātra)에 대한 관념론적 해석 비판: 분별과 진여 개념을 중심으로」, 『철학사상』 61, 서울대학교 철학사상연구소.
안성두(2019), 「유식학의 법무아 해석과 그 증득방법」, 『인도철학』 56, 인도철학회.
우제선(2012), 「씨앗으로부터 싹의 발생: 니야야-바이세쉬까 학파와 후기 유가행파의 存在와 因果」, 『보조사상』 37, 보조사상연구원.
우제선(2016), 「玄奘譯 어떻게 解釋할 것인가: 『俱舍論』 〈三世實有說〉의 國譯에 나타난 문제점과 그 해소방안」, 『불교학연구』 48, 불교학연구회.
이규완(2017), 「유식가 세친의 극미설: 극미의 결합방식에 대한 일고찰」, 『동아시아불교문화』 31, 동아시아불교문화학회.
이태승(1998), 「『중관장엄론』의 형상설에 대하여」, 『인도철학』 8, 인도철학회.
이종철(1997), 「12處考」, 『가산학보』 6, 가산불교문화연구원.
이종철(2000), 「vijñāna에 관한 논변」, 『불교학연구』 창간호, 불교학연구회.
이종철(2003), 「와수반두(Vasubhandu, 세친)의 저작 및 사상적 귀속문제(1)」, 『불교학연구』 6, 불교학연구회.

李鍾徹(2004), 「vijñaptiの語形について」, 『印度學佛教學研究』 53/1, 日本印度學佛教學會.

이중표(1988), 「十二處說考」, 『한국불교학』 13, 한국불교학회.

이지수(2007), 「有外境論者와 唯識論者의 對論-『유식이십론』(Viṃśatikā)의 이해를 위하여」, 『인도철학』 23, 인도철학회.

이길산(2022), 「이십론주의 대론자는 누구인가? — 대론자 문제를 통해서 본 『유식이십론』」, 『한국불교학』 102, 한국불교학회.

이길산(2022), 「『유식이십론』과 유식성 개념의 변화 — 『섭대승론』과 『유식이십론』을 중심으로」, 『인도철학』 65, 인도철학회.

이길산(2024), 「바수반두의 쁘라마나 이해 — 『논궤』와 『아비달마구사론』의 차이를 중심으로」, 『한국불교학』 111, 한국불교학회.

이지수(1976), 「認識對象의 外界實在性 問題 : Ālambana-parīkṣā를 中心으로」, 『인도철학』 1, 인도철학회.

이지수(2003), 「유외경론자(有外境論者)와 유식론자(唯識論者)의 대론(對論): 『유식이십론(唯識二十論)』(Viṃśatikā)의 이해를 위하여」, 『인도철학』 23, 인도철학회.

유리(2017), 「세친(世親) 『유식이십론』 제9게송 논고(論考) —특히, '근은 종자이다' 중심(中心)으로—」, 『동아시아불교문화』 31, 동아시아불교문화학회.

유리(2020), 「『成唯識論』의 行相(ākāra)」, 『철학논총』 102, 새한철학회.

유리(2021), 「『유식이십론』의 vijñapti 고찰」, 『철학논총』 104, 새한철학회.

유리(2021), 「디그나가의 Ālambanaparīkṣāvṛtti 역주 —현장역과 티베트 역을 중심으로—」, 『불교학리뷰』 29, 금강대학교 불교문화연구소.

유리(2024), 「진제의 『無相思塵論』 역주」, 『불교학리뷰』 36, 금강대학교 불교문화연구소.

양용선(2023), 「『구사론』 행상(ākāra) 해석을 통해 본 설일체유부의 인식론」, 『불교학보』 101, 동국대학교 불교문화연구원.

조윤경(2019), 「현장의 불전 번역 원칙: 도안 및 구마라집의 번역과 비교하여」, 『불교와 사회』, 11/2, 중앙승가대학교 불교학연구원.

조환기(2001), 「유식(唯識)에서 vijñapti 개념」, 『인도연구』 6/1, 한국인도학회.

阿部真也[Abe, Shinya](2004), 「極微說をめぐって」, 『大正大學綜合佛教硏究所年報』 26, 大正大學綜合佛教硏究所.

伊籐康裕[Ito, Yaseuhilo](2012), 「Ālambanaparīkṣāにおいてālambanaの定義について」, 『久遠硏究論文集』 3, 早稲田大學佛教青年會.

伊藤康裕[Ito, Yaseuhilo](2013),「對象のākāraについて－對象認識に關する世親, 陳那, 安慧の見解－」,『佛教學』54, 佛教思想學會.

Inazu, Kizow(1966),「The concept of vijñapti and vijñāna in the Text of Vasubandhu's Viṃśatikā - vijñaptimātratā-siddhi」,『印度學佛教學研究』15/1, 日本印度學佛教學會.

上田愉美子[Ueda, Yumiko](1987),「唯識學派における相続転変差別の概念(一)」,『印度學佛教學研究』35/2, 日本印度學佛教學會.

上田義文[Ueda, Yoshifumi](1961),「顯現の原語」,『印度學佛教學研究』9/2, 日本印度學佛教學會.

上田義文[Ueda, Yoshifumi](1964),「彌勒, 無着, 世親におけるpratibhāsaの意味」,『干潟博士古稀記念論文集』5, 干潟博士古稀記念會.

上山大峻[Ueyama, Daishun](1987),「敦煌出土・チベット異訳『唯識二十頌』『唯識三十頌』: P.tib.125」,『佛教學研究』43, 龍谷大學仏教學会, ed., 唯識思想の研究 山崎慶輝教 授定年記念論集, 百華苑.

氏家昭夫[Ujiie, Akio](1967),「唯識説における習氣 vāsanāと轉變 pramāṇa について」,『印度學佛教學研究』16/1, 日本印度學佛教學會.

氏家昭夫[Ujiie, Akio](1969),「唯識説におけるākāraの問題」,『印度學佛教學研究』17/2, 日本印度學佛教學會.

宇野惠教[Uno, Duogyo](1984),「ディグナーガの唯識説に関する一考察」,『印度學佛教學研究』32/2, 日本印度學佛教學會.

宇野惠教[Uno, Duogyo](1985),「ディグナーガ(D)の唯識説に関する一考察(II)」,『印度學佛教學研究』34/1, 日本印度學佛教學會.

大崎昭子[Osaki, Akiko](1971),「唯識二十論におけるarthaについて」,『佛教學セミナ-』14, 大谷大學佛教學会.

落合俊典[Ochiai, Toshinori](2006),「唯識論序と大乘唯識論序」,『印度哲學佛教學』21, 北海道印度哲學仏教學会.

落合俊典[Ochiai, Toshinori](2008),「唯識二十論後序の著者」,『印度學佛教學研究』56/2, 日本印度學佛教學會.

小谷信千代[Odani, Nobuchiyo](1975),「santatipariṇāmaviśeṣaとvijñānapariṇāmaについて」,『印度學佛教學研究』24/1, 日本印度學佛教學會.

加藤純章[Kato, Junsho](2012),「補說「極微の和集と和合」」,『豊山學報』54, 真言宗豊山派總合研究院.

加藤純章[Kato, Junsho](2012),「『倶舎論』における「相続の特殊な変化」(saṃtatipariṇāma-viśeṣa 相続転変差別): 積集説から転変説へ(覚え書)」,『豊

山學報』 55, 真言宗豊山派總合研究院.

神谷靜治[Kamiya, Inji](1978), 「觀所緣論第一偈について」, 『印度學佛教學研究』 27/1, 本印度學佛教學會.

菊地哲[Kikuchi, Tetsu](1994), 「唯識無境について一考察」, 『宗教研究』 67卷 4号, 日本佛教學會.

菊地哲[Kikuchi, Tetsu](1996), 「唯識無境と相違識相智について」, 『佛教學セミナ-』 63号, 大谷大學佛教學會.

北野新太郎[Kitano, Shintaro](2003), 「artha-vijñapti(意識)とは何か?」, 『印度學佛教學研究』 51/1, 日本印度學佛教學會.

北野新太郎[Kitano, Shintaro](2005), 「Vijñapti についての再考察」, 『印度學佛教學研究』 54/1, 印度學佛教學研究學會.

北野新太郎[Kitano, Shintaro](2020), 「スティラマティにおける「所縁」の二義性について ― 唯識三十頌 安慧釋における用例を中心として」, 『印度學佛教學研究』 68/1, 日本印度學佛教學會.

木村誠司[Kimura, Seiji](2020), 「『觀所緣論』 小記」, 『駒澤大學佛教學部論集』, 駒澤大學佛教學部研究室.

佐久間秀範[Sakuma, Hidenori](2012), 「法相宗所傳のインド瑜伽行派諸論師の系譜の再考」, 科學研究費助成事業研究成果報告書より.

佐々木現順[Sasaki, Genjun](1996), 「『俱舍論』における相續轉變差別について」, 『印度學佛教學研究』 45/2, 日本印度學佛教學會.

白館戒雲[Shiratate, Kaiun](1993), 「チムゼ-(mChims mDzod)に言及される經量部說」, 『印度學佛教學研究』 41/2, 日本印度學佛教學會.

泄田道造[Syoda, Dojo](1994), 「分別とその對象について」, 『印度學佛教學研究』 42/2, 日本印度學佛教學會.

菅原泰典[Sugawara, Yasunori](1987), 「唯識家としての陳那」, 『印度學佛教學研究』 35/2, 日本印度學佛教學會.

勝呂信靜[Suguro, Shinjo](1982), 「二取・二分論-唯識說の基本的思想」, 『法華文化研究』 8卷, 法華經文化研究所.

高木訷元[Takagi, Shingen](1965), 「瑜伽疏と陳那との関係再考」, 『印度學佛教學研究』 10/2, 日本印度學佛教學會.

竹村牧男[Takemura, Makio](1976), 「vijñaptiについて -チベット譯 「攝大乘論」の用例を中心に」, 『宗教研究』 49, 日本宗教學會.

武邑尚邦[Takemura, Shoho](1954), 「陳那の唯識說」, 『印度學佛教學研究』 3/1, 日本印度學佛教學會.

長澤實導[Nagasawa, Jitsudo](1953),「vijñaptiとvijñāna」,『印度學佛教學研究』1/2, 日本印度學佛教學會.

長澤實導[Nagasawa, Jitsudo](1953),「唯識實性: vijñaptimātratāについて」,『日本佛教學會』18, 日本佛教學會年報.

長澤實導[Nagasawa, Jitsudo](1956),「無相思塵論の形態論的検討」,『印度學佛教學研究』4/2, 日本印度學佛教學會.

那須実秋[Nasu, Jisshu](1953),「唯識二十論の還梵」,『印度學仏教學研究』3/2, 日本印度學佛教學會.

那順円照[Nasu, Ensho](1997),「アビダルムの極微論」,『佛教學研究』53, 龍谷佛教學會.

那順円照[Nasu, Ensho](1999),「ヴァスバンドゥの外界非実在論」,『佛教學研究』55, 龍谷佛教學會.

那順円照[Nasu, Ensho](2007),「『唯識二十論』における唯識無境の論理」,『印度學佛教學研究』56/1, 印度學佛教學研究學會.

那須円照[Nasu, Ensho](2019),「『唯識二十論』における他心智の研究」,『印度學佛教學研究』67/2, 日本印度學佛教學會.

原田和宗[Harada, Waso](1989),「VasubandhuとDignāgaの交涉(一)」,『佛教學會報』14, 高野山大學佛教學研究室.

原田和宗[Harada, Waso](1999),「『唯識二十論』ノート(1)」,『仏教ぶんか』9, 九州龍谷短期大學仏教文化研究所.

原田和宗[Harada, Waso](1996, 1997, 1998, 1999),「〈經量部の‘單層の’識の流れ〉という概念Aの疑問(Ⅰ/Ⅱ/Ⅲ/Ⅳ)」,『インド學チベット學研究』第1/2/3/4号, インド哲學研究會.

原田和宗[Harada, Waso](2001, 2002),「〈經量部の‘單層の’識の流れ〉という概念Aの疑問(Ⅴ)」, 상동, 제5호.

早島理[Hayashima, Satoru](1989),「極微説管見: 瑜伽行唯識學派を中心に」,『龍谷大學大學院研究紀要』11, 龍谷大學大學院研究紀要編集委員會.

兵藤一夫[Hyodo, Kazuo](1982),「心(citta)の語義解釋」,『佛教學セミナー』36, 大谷大學佛教學會.

兵藤一夫[Hyodo, Kazuo](1990),「三性説における唯識無境の意義(1)」,『大谷學報』69-4, 大谷學會.

兵藤一夫[Hyodo, Kazuo](1991),「三性説における唯識無境の意義(2)」,『大谷學報』70-4, 大谷學會.

船山徹[Hunayama, Toolu](1990),「部分と全体一インド仏教知識論における概要

と後期の問題点」,『東洋學報』62, 東洋協會學術調査部.

富貴原章信[Fukihara, Shoshin](1954),「二十論の唯識義」,『大谷大學研究年報』7, 大谷大學大谷學会.

福田琢[Fukuda, Takumi](1993),「倶舍論において'行相'」,『印度學佛教學研究』41/2, 印度學佛教學研究學會.

藤隆生[Fuji, Ryusei](1957),「唯識無境の考察」,『佛教學研究』14/15, 竜谷大學佛教學會.

藤本智董[Fujimoto, Chito](1957),「唯識無境の解繹に就いて」,『印度學佛教學研究』5/1, 印度學佛教學研究學會.

舟橋尚哉[Funahashi, Naoya](1986),「ネパール写本対照による『唯識三十頌』の原典考 並びに『唯識二十論』第一偈第二偈の原本について」,『佛教學セミナー』43, 大谷大學佛教學会.

御牧克己[Mimaki, Kacheumi](1971),「初期唯識論書におけるSautrāntika説」,『東方學』43, 東方學會.

宮下晴輝[Miyashita, Haruki](1978),「心心所相應におけるākāraにづいて」,『印度學佛教學研究』26/2, 日本印度學佛教學會.

神子上惠生[Mikogami, Esho](1967),「瑜伽師地論に於ける極微説批判」,『印度學佛教學研究』15/2, 印度學佛教學研究學會.

神子上惠生[Mikogami, Esho](1996),「唯識學派による外界對象の考察(1) — TattvasaṃgrahaとTattvasaṃgrahapañjikāの第23章 外界對象の考察」,『インド學チベット學研究』第1号, インド哲學研究會.

神子上惠生[Mikogami, Esho](1996),「唯識學派による外界對象の考察(2) — TattvasaṃgrahaとTattvasaṃgrahapañjikāの第23章 外界對象の考察」,『龍谷大學論集』449, 龍谷學会.

神子上惠生[Mikogami, Esho](1997),「唯識學派による外界對象の考察(3) — TattvasaṃgrahaとTattvasaṃgrahapañjikāの第23章 外界對象の考察」,『インド學チベット學研究』第2号, インド哲學研究會.

水野弘元[Mizuno, Kogen](1951),「佛教における色(物質)の概念について」,『宇井伯壽還暦記念論集』, 岩波書店.

森山清徹[Moriyama, Juntolu](2015),「世親の『倶舍論』『唯識二十論』とウァッヤヤナ, ウッディヨタカラ」,『大乗仏教と浄土教』135, 小澤憲珠名誉教授頌寿記念 論集.

森山清徹[Moriyama, Juntolu](2015),「ウァッヤヤナ, ウッディヨタカラと世親の『唯識二十論』『倶舍論』(上)」,『佛教學部論集』99, 佛教大學佛教學部論集.

森山清徹[Moriyama, Juntolu](2016),「ウァツヤヤナ, ウッディヨタカラと世親の『唯識二十論』『俱舍論』(下)」,『佛教學部論集』100, 佛教大學佛教學部論集.

吉元信行[Yosimoto, Nobuyuki](1985),「說一切有部による種子說批判-過去. 未來の業と善法の 種子」,『任生台生博士頌壽記念 佛教の歷史と思想』, 大藏出版.

芳村博實[Yoshimura, Hiromi](1978),「初期唯識論書におけるvijñaptiをめぐつて」,『印度學佛教學硏究』27/1, 印度學佛教學硏究學會.

芳村博實[Yoshimura, Hiromi](1978),「vijñaptiについての一考察(1)」,『佛教學硏究』34, 龍谷大學佛教學會.

芳村博實[Yoshimura, Hiromi](1987),「vijñaptiについての一考察(2)」,『佛教學硏究』43, 龍谷大學佛教學會.

横山紘一[Yokoyama, Koitsu](1973),「唯識思想における認識作用の一考察ー特に,顯現と行相とを中心にして」,『東方學』46, 東方學會.

陳一標(2007),「唯識學「行相」(ākāra)之硏究」,『正觀』43卷, 中華佛學硏究所.

釋圓信(2007),「從ākāra的意涵探討經量部的認識論」,『全國佛學論文聯合發表會論文集』第18屆, 圓光佛學硏究所.

Yong Tsun, Nyen(2020),「Ālambanaparīkṣā第3偈に關する護法釋の再検討」,『印度學佛教學硏究』68/3, 日本印度學佛教學會.

Yong Tsun, Nyen(2022),「Remarks on Yijing's 義淨 Diction in His Translations」,『印度學佛教學硏究』70/3, 日本印度學佛教學會.

Balcerowicz, Piotr & Nowakowska, Monika(1999), "Vasubandhu: The Proof of the Sole Existence of the Contents of Consciousness in Twenty Verses (Viṃśatikā-vij ñaptimātratā-siddhi)," *Studia Indologiczne* 6.

Cox, Collett(1988), "On the Possibility of a Nonexistent object of Consciousness: Sarvāstivādin and Dārṣṭāntīka Theories," *Journal of the International Association of Buddhist Studies* 11/1.

Feldman, Joel(2005), "Vasubandhu's Illusion Argument and the Parasitism of Illusion upon Veridical Experience," *Philosophy East and West* 55.

Frauwallner, Erich(1930), "Dignāga's Ālambanaparīkṣā Text, Übersetzung und Erläuterungen," *Wiener Zeitschrift für die Kunde des Morgenlandes* 37.

Frauwallner, Erich(1957), "Vasubandhu's Vādavidhi," *Wiener Zeitschrift für die Kunde Süd-und Ostasiens* 1.

Frauwallner, Erich(1959), "Dignāga: Sein Werk und Seine Entwicklung," *Wiener*

Zeitschrift für die Kunde Süd und Ostasiens 3.

Fei, Zhao(2016), "A Study of the Usages and Meanings of Ākāra in Abhidharma," University of Washington.

Hall, Bruce Cameron(1986), "The Meaning of vijñapti in Vasubandhu's Concept of Mind," *Journal of the International Association of Buddhist Studies* 9/1.

Hanneder, Jürgen(2007), "Vasubandhus Viṃśatikā 1-2 anhand der Sanskritund tibetischen Fassungen," Konrad Klaus & Jens-Uwe Hartmann (eds.,) *Indica et Tibetica: Festschrift für Michael Hahn zum 65. Geburtstag von Freunden und Schülern überreicht*(Wiener Studien zur Tibetologie und Buddhismuskunde 66), Wien: Arbeitskreis für tibetische und buddhistische Studien Universität Wien, 207-214.

Hillis, Gregory A(1993), "An Introduction and Translation of Vinītadeva's Explanation of the First Ten Stanzas of [Vasubandhu's] Commentary on His "Twenty Stanzas", with Appended Glossary of Technical Terms," Ann Arbor: University Microfilms.

Jaini, Padmanabh S(1958), "On the Theory of Two Vasubandhu," *Bulletin of the School of Oriental and African Studies*, University of London, Vol. 21, No. 1/3.

Jaini, Padmanabh S(1959), "The Sautrāntika Theory of bīja," *Bulletin of the School of Oriental and African Studies*, University of London, Cambridge University, Vol 22, No 1/3.

Kern, Iso(1988), "The Structure of Consciousness According to Xuanzang," *Journal of the British Society for Phenomenology* 19(3).

King, Richard(1998), "Vijñaptimātra and the Abhidharma Context of Early Yogācāra," *Asian Philosophy* 8.

Kellner, Birgit & Taber, John(2014), "Studies in Yogācāra-Vijñānavāda idealism I: The interpretation of Vasubandhu's Viṃśatikā," *Asiatische Studien: Zeitschrift der Schweizerischen Asiengesellschaft = Études asiatiques: revue de la Société Suisse - Asie*, Vol. 68(3-4).

Kano, Kazuo(2008), "Two Short Glosses on Yogācāra texts by Vairocanarakṣita: Viṁśikāṭīkāvivṛti and Dharmadharmatāvibhāgavivṛti," In Francesco Sferra, ed., *Sanskrit Texts from Giuseppe Tucci's Collection. Part I(Manu scripta Buddhist Serie Orientale Roma 104)*, Rome: Istituto Italiano per l'Africa e l'Oriente.

Lamotte, Étienne(1976), "Histoire du Bouddhisme indien." *Publication de l'Institut Orientaliste de Louvain* 14, Université de Louvain, Institut Orientaliste, Louvain-La-Neuve. (Reproduction anastatique de l'édition originale, parueen 1958 dans la "Bibliothèque du Muséon" no 43).

Lamotte, Étienne(1988), "Karmasiddhiprakarana: the Treatise on Action by Vasubandhu," trans, L.M. Pruden, Berkeley: Asian Humanities Press. Vinītadeva (dul ba'i lha). rab tu byed pa niy shu pa'i grel bshad, P5566.

La Vallée Poussin, Louis de(1920), "*Vasubandhu. Viṃśakakārikāprakaraṇa, Traité des vingt Ślokas avec le commentaire de l'auteur,*" *Le Muséon* 13.

Lin, Chen-Kuo(2009), "Object of cognition in Dignāga's Ālambanaparīkṣāvṛtti: On the controversial passages in Paramārtha's and Xuanzang's translations," *Journal of the International Association of Buddhist Studies* 30.

Matsuoka, H(2013), "Sāntarakṣita in Defence of the Ālambanaparīkṣā. 2ab," *Journal of Indian and Buddhist Studies* 61, no 3.

Nasu, Ensho(2013), "A Study of the Theory of "Consciousness-Only with No External objects" Discussed in Dharmapala's Vijñaptimātratāsīddhiratnasaṃbhava," *Journal of Indian and Buddhist Studies*, Vol. 61, No 3.

Oetke, Claus(1992), "Doctrine and Argument in Vijñānavāda-Buddhism," *Wiener Zeitschrift für die Kunde Südasiens* 36.

Schmithausen, Lambert(1967), "Sautrāntika-Voraussetzungen in Viṁśatikā und Triṁśikā," *Wiener Zeitschrift für die Kunde Süd- und Ostasiens* 11.

Schmithausen, Lambert(1983), "Sautrāntika-Voraussetzungen im Viṃśatikā und Triṃśatikā," 加治洋一 譯, 「二十論と三十論にみられる經量部的前提」, 『佛教學セミナ-』 37, 大谷大學佛教學会.

Schmithausen, Lambert(2005), "On the Problem of the External World in the Ch'eng wei shih lun," Tokyo: The International Institute for Buddhist Studies.

Silk, Jonathan A(2017), "Materials Toward the Study of Vasubandu's Viṁśikā (II) - An edition of the Dunhuang Manuscript Pelliot tibétain 797," *Revue d'Etudes Tibétaines* 39.

Tola, Fernando and Dragonetti, Carmen (1982), "DIGNĀGA'S ĀLAMBANAPARĪKṢĀVṚTTI," *Journal of Indian Philosophy*, Vol.10, N0.2, 105-134.

Wayman, Alex(1979), "Yogācāra and the Buddhist Logicians," *Journal of the International Association of Buddhist Studies* 2 (1).

Yamabe, Nobuyosh(1990), 「Bīja Theory in Viniścayasaṃgrahaṇī」, 『印度學佛教學研究』, 38/2, 日本印度學佛教學會.

사전류

宮本和吉[Kanmoto, Kazuyoshi] 등 다수 編(1935), 『岩波哲學辭典』, 岩波書店.

宇井伯壽[Ui, Hakuju](1953), 『佛教辭典』, 東成出版社.

芳村修基編[Yoshimura, Shyuki](1956), 『チベット語字典』, 龍谷大學東方聖典研究会.

Monier-Williams, Monier(1963), *Sanskrit-English dictionary*. Varanasi: Motilal Banarsidass.

H.A. JÄSCHKE(1980), *A TIBETAN-ENGLISH DICTIONARY*, Delhi: MOTICAL BANARSIDASS.

中村元[Nakamula, Hajime](1981), 『佛教語大辭典』, 東京書贊.

ANIL.K.GUPTA(1980), *SANSKRIT TIBETAN-ENGLISH VOCABULARY*, Delhi: SRI SATGURU PUBLICATIONS.

Chandra, Das(1985), *Chandra Das TIBETAN-ENGLISH DICTIONARY*, Kyoto: RINSEN BOOK COMPANY.

荻原雲来[Ogiwara, Unrai](編纂) · 辻直四郎[Tsuji, Naoshiro](協力) · 鈴木學術[Suzuiki Gakujutsu Zaidan](編) (1986), 『漢譯對照梵和大辭典』, 講談社.

赤沼智善[Akanuma, Tomoyoshi] 編(1994), 『印度佛教固有名詞辭典』, 法藏館.

A.A. MACDONEL(2003), *A Sanskrit-English Dictionary*.

Tsepak, Rigzin(2008), *Tibetan-English Dictionary of Buddhist Terminology*, Dharamshala: Library of Tibetan Works and Archives.

橫山紘一[Yokoyama, koitsu](2010), 『唯識佛教辭典』, 春秋社.

찾아보기

인명

개념어

저자 소개

비니타데바(Vinītadeva, 調伏天)

비니타데바의 생몰연대는 현재까지 정확히 알려져 있지 않다. 현존하는 13종의 저술 가운데 유식학(唯識學) 주석서는 3종이며, 나머지는 모두 불교인식논리학자 다르마끼르티의 저술에 대한 주석서이다. 그의 저술로 미루어 볼 때, 그는 불교인식논리학이 전성기를 구가하던 7-8세기 무렵에 활동한 것으로 추정된다. 전승에 따르면, 그는 어려서부터 소승과 대승의 교리를 두루 공부하였으며, 이후 나란다 대학에서 계율의 스승으로 활동하였다고 한다. 후대 학자들은 그를 불교 주석가로 부른다.

역주자 소개

유리(兪悧)

부산대학교 철학과에서 석사 과정은 하이데거를, 박사 과정은 동양 불교철학 유식학을 전공하고 수료하였다. 2011-2014년 동안 인도 다람살라에 있는 티베트 망명 정부 소속인 The Library of Tibetan Works and Archives(LTWA)에서 티베트어와 티베트 불교를 공부하였다. 2024년에는 교토 류코쿠대학교 세계불교문화연구센터에서 누마타 장학금 연구원으로 활동하였다. 번역서는 『인도인의 논리학』(공역), 『불교의 마음 사상 ―유식사상 입문』(공역), 『불교인식론』(공역), 『티베트 밀교 만다라 명상법』(공역)이 있고, 저서로는 『티베트에서의 불교철학 입문』(공저, 2021년 세종도서 학술부문 선정), 『유식이십론 ―다섯 가지 버전과 상세한 해설로 읽다』(공저, 2025년 대한민국학술원 우수학술도서 선정, 제22회 불교출판문화상 한길번역상 수상)가 있다. 논문은 「世親 『유식이십론』 제9게송 論考 ―특히, '근은 종자이다' 中心으로」, 「『成唯識論』의 行相(ākāra)」, 「『유식이십론』의 vijñapti 고찰」, 「디그나가의 Ālambanaparīkṣāvṛtti 역주 ―현장역과 티벳역을 중심으로」, 「진제의 『無相思塵論』 역주」 등이 있다.